A ECONOMIA
DO BEM E DO MAL

TÍTULO ORIGINAL:
Economics of Good and Evil

Copyright © Tomáš Sedláček, 2012
Originalmente publicado em checo como *Ekonomie dobra a azla*, 2012
por Nakladatelství 65. Pole.

AUTOR
Tomáš Sedláček

Direitos reservados para todos os países de língua portuguesa por

CONJUNTURA ACTUAL EDITORA
Sede: Rua Fernandes Tomás, 76-80, 3000-167 Coimbra
Delegação: Avenida Engenheiro Arantes e Oliveira, 11 – 3º C – 1900-221 Lisboa –
Portugal
www.actualeditora.pt

TRADUÇÃO
Luís Filipe Silva

REVISÃO
Inês Guerreiro

DESIGN DE CAPA
FBA

PAGINAÇÃO
Rosa Baptista

IMPRESSÃO E ACABAMENTO
Papelmunde

Junho, 2018

DEPÓSITO LEGAL
442128/18

Toda a reprodução desta obra, por fotocópia ou qualquer outro processo, sem
prévia autorização escrita do Editor, é ilícita e passível de procedimento judicial
contra o infrator.

Biblioteca Nacional de Portugal – Catalogação na Publicação

SEDLACEK, Tomás

A economia do bem e do mal: em busca do sentido da economia,
desde Gilgamesh a Wall Street. – (Fora de coleção)
ISBN 978-989-694-238-0

CDU   33

A ECONOMIA DO BEM E DO MAL

EM BUSCA DO SENTIDO DA ECONOMIA, DE GILGAMESH A WALL STREET

Tomáš Sedláček

Para Chris, o meu jovem filho, que (estou convencido) já compreende mais do que serei capaz – talvez, há muito tempo, também eu tenha compreendido. Que escrevas, um dia, um livro superior a este.

Conhece-te, e escrutar a Deus não ouses;
Dos Homens só é próprio o estudo do Homem.
Posto neste istmo de grandeza média,
Ente de obscuro engenho e forma tosca:
Sábio assaz para dar-se ao ceticismo,
Fraco para seguir o Estoico orgulho;
Se obrar deve, ou não deve duvidoso;
Se como um deus julgar-se, ou como um bruto;
Qual há de preferir se a mente ou corpo;
Nasce para morrer, para errar pensa;
É na ignorância tal qual na ciência
Quer ele saiba muito ou pouco;
De Razão, e Paixão confuso caos;
A si mesmo se engana, ou desengana;
Para elevar-se, e decair formado;
Senhor de tudo, e sempre dependente;
De verdade, juiz, e do erro escravo;
Do mundo glória, zombaria, enigma!

Alexander Pope, *Ensaio sobre o Homem*[*]

---

[*] Segundo tradução de Francisco Bento Maria Targini, Barão de São Lourenço, Londres: Oficina Tipográfica de C. Whittingham, 1819, 205–207. [*N. do T.*]

ÍNDICE

PREFÁCIO DE VÁCLAV HAVEL 13

AGRADECIMENTOS 15

INTRODUÇÃO: A HISTÓRIA DA ECONOMIA:
DA POESIA À CIÊNCIA 17

PARTE I: A ECONOMIA NA ANTIGUIDADE E MUITO ANTES 33

1. O Épico de Gilgamesh: sobre a eficácia, a imortalidade
   e a economia da amizade 35
2. O Antigo Testamento: a mundanidade e a bondade 61
3. Grécia Antiga 111
4. Cristandade: a espiritualidade no mundo material 151
5. Descartes, o mecânico 189
6. A colmeia do vício de Bernard Mandeville 201
7. Adam Smith, ferreiro da economia 211

PARTE II: PENSAMENTOS BLASFEMOS 231

8. A vez da avidez: a história do querer 235
9. Progresso, o novo Adão e a economia do Sabat 251
10. O eixo do bem e do mal e as bíblias da economia 273
11. A história da mão invisível do mercado e do *Homo economicus* 283
12. A história dos espíritos animais: o sonho nunca dorme 299
13. Metamatemática 311
14. Donos da verdade: ciência, mitos e fé 325

CONCLUSÃO: ONDE MORAM OS SERES SELVAGENS 351

NOTAS... 359

BIBLIOGRAFIA.. 421

PREFÁCIO

Tive a oportunidade de ler o livro de Tomáš Sedláček antes de ser publicado na República Checa em 2009, com o mesmo título, e era óbvio que se tratava de uma abordagem pouco convencional sobre uma disciplina científica que – de acordo com o consenso geral – é excecionalmente entediante. Obviamente que o livro me arrebatou, e fiquei com curiosidade de perceber que nível de interesse despertaria nos leitores. Terá gerado tanta atenção na República Checa, para espanto quer do autor quer do editor, que, ao fim de poucas semanas, se tornara *best-seller* e tema de debate entre especialistas e o público em geral. Por coincidência, Tomáš Sedláček integrava, na época, o Conselho Económico Nacional do governo checo, e a sua postura e visão de longo prazo contrastava fortemente com o ambiente político turbulento, pouco habituado a pensar além das eleições seguintes.

Ao invés de nos servir respostas presunçosas e egocêntricas, o autor coloca com humildade uma série de questões fundamentais: o que é a ciência económica? O que significa? De onde vem esta nova religião, como por vezes é chamada? Quais as suas potencialidades e limitações e fronteiras, se as houver? Porque dependemos tanto do constante aumento do crescimento e do crescimento do aumento do crescimento? De onde vem a ideia do progresso, e para onde nos conduz? Porque existe tanta obsessão e fanatismo nos debates económicos? Questões que ocorrerão a qualquer pessoa ponderada, mas cujas respostas raramente são dadas pelos economistas.

Grande parte dos nossos partidos políticos age com um enfoque materialista muito estreito, apresentando programas que colocam as áreas económica e financeira no topo; só no fundo da lista deparamos com outras áreas, como a cultura, enfiadas talvez à pressa ou para acalmar alguns loucos. Estejam à direita ou esquerda do espectro ideológico, a maioria dos partidos – consciente ou inconscientemente – aceita e dissemina a tese marxista da base económica e da superstrutura espiritual.

Talvez se deva ao facto de se confundir habitualmente a economia, enquanto disciplina científica, com a mera contabilidade. No entanto, de que nos serve a contabilidade, quando muito do que molda as nossas vidas é difícil, ou mesmo impossível, de representar aritmeticamente? Pergunto-me o que faria um economista-contabilista, se tivesse por missão otimizar o trabalho de uma orquestra filarmónica. Talvez eliminasse todas as pausas existentes nos concertos de Beethoven. Afinal, não servem para nada. Apenas atrasam o concerto, e os membros da orquestra, se não tocam, não devem ser pagos.

As questões do autor desmontam estereótipos. Tenta libertar-se dos constrangimentos da especialização e transpor as fronteiras das disciplinas científicas, numa expedição além dos limites da economia e da sua ligação com história, filosofia, psicologia e mitos antigos – que são não apenas uma lufada de ar fresco, mas necessárias para compreender o mundo do século XXI. Ao mesmo tempo, trata-se de um livro perfeitamente legível e acessível ao leigo, fazendo da ciência económica uma forma de aventura. Nem sempre encontramos a resposta exata à eterna questão da sua finalidade, mas, sim, outros motivos para observar com maior profundidade o mundo e o papel do homem.

Durante o meu cargo presidencial, Tomáš Sedláček pertenceu à geração de jovem colegas que prometiam uma nova perspetiva sobre os problemas do mundo contemporâneo, sem o fardo das quatro décadas do regime comunista totalitário. Pressinto que as minhas expectativas se cumpriram e acredito que o leitor também apreciará o livro.

Václav Havel

AGRADECIMENTOS

Na edição checa do presente livro, incluí uma brevíssima nota de agradecimento. Não foi uma boa ideia, pelo que, desta vez, serei mais verborreico. O livro demorou vários anos a nascer, após inúmeras conversas, centenas de palestras e muitas obras lidas noite adentro.

Devo esta obra aos meus dois grandes mestres, o professor Milan Sojka (que me orientou neste trabalho) e H. E. Milan «Mike» Miskovsky (que me deu a inspiração para este tópico, há muitos anos). Dedico-a à memória de ambos, pois já não se encontram entre nós.

Devo agradecer ao meu grande mestre Lubomír Mlčoch, com quem tive a honra de trabalhar, como professor assistente, nas suas aulas de Ética Comercial. Agradeço imensamente ao professor Karel Kouba, ao professor Michal Mejstřík e ao professor Milan Žák pelas suas orientações. Agradeço à minha turma de Filosofia Económica de 2010, pelos comentários e opiniões.

Gostaria de agradecer à professora Catherine Langlois e a Stanley Noller, da Universidade de Georgetown, por me terem ensinado a escrever, e também ao professor Howard Husock, da Universidade de Harvard. Gostaria de exprimir a minha imensa gratidão à Universidade de Yale, por me ter oferecido uma bolsa muito generosa, durante a qual concebi parte substancial do livro. Obrigado, Yale World Fellows, e à malta da Betts House.

Um grande agradecimento ao fabuloso Jerry Root, por nos ceder a sua cave durante um mês inteiro para trabalharmos no livro sem barulhos, e pelo cachimbo e tabaco; a David Sween, por ter concretizado o projeto; e a James Halteman, pelos livros. Obrigado, Dušan Drabina, pelo apoio nos tempos mais difíceis.

Tenho a honra de agradecer a muitos filósofos, economistas e pensadores: professor Jan Švejnar, professor Tomáš Halík, professor Jan Sokol, professor Erazim Kohák, professor Milan Machovec, professor Zdeněk Neubauer, David Bartoň, Mirek Zámečník e ao meu irmão mais novo, o grande pensador Lukáš. Aceitem a minha gratidão e admiração. Jamais conseguirei agradecer o suficiente ao resto da família, em particular ao meu pai e à minha mãe.

O meu maior agradecimento pela ajuda específica neste livro destina-se à equipa que cooperou nas versões checa e inglesa. Tomáš Brandejs, pelas ideias, fé e coragem; Jiří Nádoba, pela edição e supervisão; Betka Sočůvková, pela paciência e resistência; Milan Starý, pelos desenhos, criatividade e gentileza; Doug Arellanes, pela tradução exaustiva; e Jeffrey Osterroth, pela revisão detalhada do inglês.

Duas grandes mentes ajudaram-me a escrever e editar partes do livro: Martin Pospíšil e Lukáš Tóth, meus colegas intelectuais. Agradeço-lhes imenso pelas ideias brilhantes, pelos debates acesos e pela investigação, bem como pelo trabalho árduo em determinados capítulos, dos quais foram coautores. Também gostaria de agradecer aos meus colegas na ČSOB, a.s., pelo ambiente de trabalho criativo e pelo apoio.

A minha esposa, Markéta, deu-me apoio quando mais ninguém o faria. Obrigado pelos seus sorrisos e ideias (é socióloga, pelo que devem imaginar as nossas discussões ao jantar). Este livro pertence-lhe realmente.

Mas o meu grande agradecimento vai para aquele cujo nome nem sequer conheço...

INTRODUÇÃO

A HISTÓRIA DA ECONOMIA: DA POESIA À CIÊNCIA

O tecido da realidade não é material, mas feito de histórias.
Zdeněk Neubauer

Não existe ideia, por mais antiga e absurda, que não melhore
o nosso conhecimento [...]
Vale tudo [...]
Paul Feyerabend

O homem sempre procurou compreender o mundo em seu redor. Nesta senda, foi ajudado por histórias que tentavam explicar a realidade, e que a nossa perspetiva moderna conota como pitorescas – tal como as gerações vindouras conotarão as nossas. E, no entanto, é profundo o poder secreto destas histórias.

Uma delas refere-se à história da economia como disciplina do saber, que teve início há muito tempo. Xenofonte escreveu por volta de 400 a.C. que, «mesmo que um homem não tenha posses, existe um saber que é a ciência da economia»[1]. Em tempos idos, a economia era a ciência de gestão doméstica[2], posteriormente tornou-se subconjunto das disciplinas religiosas, teológicas, éticas e filosóficas. Aos poucos, acabou por adotar uma forma muito própria. Talvez sintamos, por vezes, que a economia perdeu os tons e cambiantes que lhe eram próprios, neste mundo tecnocrático em que reinam o preto e o branco. Mas a história da economia está cheia de cores.

A economia, tal como hoje a conhecemos, é um fenómeno cultural, produto da nossa civilização. *Produto,* não no sentido intencional de *produzido* ou inventado, como um motor a jato ou um relógio. A diferença jaz no facto de compreendermos o funcionamento do jato e do relógio – sabemos o que lhes deu origem. Sabemos (mais ou menos) desmontar as suas peças individuais e voltar a montá-las. Sabemos ligá--los e desligá-los[3]. Não é o caso com a economia. A sua origem foi amplamente inconsciente, espontânea, descontrolada, não planeada, e sem obedecer à batuta do maestro. Antes de se emancipar como área de estudo, a economia habitava, contente, no meio dos subconjuntos da filosofia – a ética, por exemplo –, distante do conceito atual de economia enquanto ciência matemático-dotativa que encara as «ciências moles» com um desprezo nutrido pela arrogância positivista. Mas a nossa «educação» milenária assenta numa base mais funda e vasta e, normalmente, sólida. Vale a pena conhecê-la.

MITOS, HISTÓRIAS E A CIÊNCIA ORGULHOSA

Seria tolice pensar que a análise económica começou com a era científica. Muito antes, eram os mitos e as religiões que se encarregavam de explicar o mundo, colocando as mesmas perguntas que hoje fazemos; este papel foi, entretanto, assumido pela ciência. Assim, para compreendermos este elo, temos de mergulhar nos antiquíssimos mitos e filosofias. Eis a razão de ser deste livro: por um lado, buscar o pensamento económico nos mitos da Antiguidade e, por outro, procurar estes mitos na economia atual.

Considera-se que a economia moderna terá começado em 1776, com a publicação de *Riqueza das Nações*, de Adam Smith. A nossa era pós--moderna (nitidamente mais humilde do que a era científica precedente)[4] compreende o valor de investigar o passado remoto, bem como o poder da história (dependência do caminho), da mitologia, da religião e da fábula. «A separação entre a história de uma ciência, a sua filosofia e a ciência em si mesma desfaz-se no ar, como acontece com a separação entre ciência e não-ciência; atenuam-se aos poucos as diferenças entre o científico e o não-científico.»[5] Iremos, portanto, vasculhar nos textos mais recônditos da nossa civilização. Procuraremos indícios emergentes do pensamento económico no épico do rei sumério Gilgamesh e exploraremos as abordagens dos autores judaicos, cristãos, clássicos e medievais sobre temas económicos. Adicionalmente, analisaremos em pormenor as teorias dos fundadores da economia contemporânea.

O estudo da história de uma determinada disciplina não consiste, como se julga, numa apresentação inútil dos seus rumos frustrados, nem numa inventariação das tentativas e erros (até que *nós* descobrimos a fórmula certa). A história representa o mais vasto âmbito de estudo de um menu criado pela própria disciplina. Nada existe fora da história. A história do pensamento ajuda-nos a sair da lavagem cerebral que cada época impõe ao intelecto, a ver para lá das preferências intelectuais em voga e a recuarmos alguns passos para melhor apreciar o conjunto.

O estudo das narrativas da Antiguidade não se destina apenas a beneficiar historiadores, nem a compreender como pensavam os nossos antepassados. Estas narrativas contêm um poder intrínseco, mesmo quando substituídas ou contrariadas por narrativas ulteriores. Pode usar-se como exemplo a disputa mais famosa da história: a que ocorreu entre a narrativa do geocentrismo e a narrativa do heliocentrismo. Como todos sabemos, na batalha entre heliocentrismo e geocentrismo, venceu o heliocentrismo, apesar de continuarmos a dizer geocentricamente que o Sol se *levanta* e se *põe*. Mas o Sol nem se levanta nem se põe: se algo se levanta, é a nossa Terra (em volta do Sol), não o Sol (em volta da Terra). O Sol não gira em torno da Terra; a Terra é que gira em torno do Sol – assim nos é dito.

Além disso, estas antigas narrativas e as imagens e arquétipos que examinaremos na primeira parte do livro têm-nos acompanhado ao longo dos tempos e ajudaram a moldar a nossa abordagem ao mundo, bem como a nossa perceção enquanto espécie. Ou, nas palavras de C. G. Jung, «A verdadeira história do espírito não se conserva nos livros, mas no organismo vivo, psíquico, de todos nós»[6].

O DESEJO DE PERSUADIR

Os economistas deviam acreditar no poder das narrativas; Adam Smith acreditava. Como explica em *The Theory of Moral Sentiments*, «o desejo de ser ouvido, ou o desejo de persuadir, de liderar ou orientar os outros, parece representar um dos nossos desejos naturais mais intensos»[7]. Refira-se que esta frase foi dita pelo alegado pai da ideia de que *o interesse próprio é o nosso desejo natural mais intenso*. Dois outros grandes economistas, Robert J. Shiller e George A. Akerlof, escreveram recentemente: «A mente humana está orientada para pensar em termos narrativos [...] por sua vez, a motivação humana decorre, em grande parte, de vivermos a história das nossas vidas, uma história que contamos a nós mesmos e que cria o contexto da nossa motivação. A vida seria apenas "uma treta após outra", se estas histórias não existissem. O mesmo se aplica à confiança da nação, da empresa ou da instituição. Os grandes líderes são os principais criadores de histórias.»[8]

A citação original provém de «A vida não é uma treta após outra. A vida é sempre a mesma treta, repetida vezes sem conta». Uma verdade, sem dúvida, e os mitos (as nossas grandes narrativas) são «revelações de hoje sobre o que sempre foi e será»[9]. Ou, por outras palavras, os mitos são aquilo que «jamais aconteceu, mas sempre foi»[10]. E, no entanto, as nossas teorias económicas modernas, que se baseiam numa modelização rigorosa, não são mais do que estas metanarrativas recontadas numa linguagem diferente (matemática?). Pelo que se torna necessário aprender esta história desde o início – num sentido lato, pois *jamais será um bom economista aquele que for apenas economista*[11].

E, uma vez que a economia pretende compreender a existência como um todo, numa postura imperialista, há que aventurarmo-nos além da nossa disciplina, para *compreendermos a existência como um todo*. E, se for parcialmente verdade que «a salvação depende de conseguirmos eliminar a escassez material e conduzir a humanidade para uma nova era de abundância económica [e que] daqui deriva logicamente que o novo sacerdócio deve ser composto por economistas»[12], devemos ter presente este papel fundamental e aceitar uma responsabilidade social mais lata.

A ECONOMIA DO BEM E DO MAL

Tudo na economia aborda, em última análise, a economia do bem e do mal. Histórias sobre pessoas, por pessoas, a pessoas. Mesmo os modelos matemáticos mais sofisticados são, a bem dizer, narrativas, parábolas, tentativas de englobar (racionalmente) o mundo que nos rodeia. Tentarei demonstrar que a história contada pelos mecanismos económicos dos nossos tempos ilustra uma «vida boa», conceito que nos chega da Grécia antiga e das tradições hebraicas. Tentarei demonstrar que a matemática, os modelos, as equações e as estatísticas são apenas as pontas do icebergue da economia; que o corpo principal deste icebergue do conhecimento económico contém tudo o resto; e que os debates económicos são realmente batalhas entre várias narrativas e metanarrativas, e não o que pensamos serem. Hoje, tal como no passado, queremos que os economistas nos ajudem a distinguir o bom do mau.

Nós, os economistas, fomos treinados para evitar juízos normativos e opiniões sobre esta diferenciação. E, contudo, ao contrário do que dizem os manuais, a economia é predominantemente uma disciplina normativa. Não só descreve o mundo como lhe diz o que devia ser (devia ser eficaz, devia haver uma concorrência perfeita, o ideal era existir um crescimento elevado do PIB com inflação baixa, qual o custo de alcançar uma forte competitividade, etc.). Com este intuito, criaram-se modelos, parábolas modernas, mas estes modelos irrealistas (intencionalmente irrealistas, na sua maioria) pouco refletem o *mundo real*. Um exemplo do nosso quotidiano: se, num programa televisivo, for colocada a um economista a pergunta aparentemente inócua de qual é o nível de inflação atual, imediatamente surge uma segunda pergunta (e, se não surge, o próprio economista é capaz de adiantar a resposta) em que se tenta conotar este nível de inflação como *bom* ou *mau*. Mesmo quando a questão é técnica, os analistas referem-se a *bom* e *mau* e apresentam juízos *normativos*: *devia* ser mais baixa (ou mais elevada).

Apesar deste facto, a economia tenta, como que em pânico, evitar termos como «bem» e «mal». Mas não consegue. Pois, «se a economia fosse uma empreitada verdadeiramente neutra em termos de valores, seria de esperar que os membros da profissão económica tivessem desenvolvido todo um corpo de pensamento económico»[13]. Como vimos, isto não acontece. Um fator favorável, sob o meu ponto de vista – mas há que admitir que a economia é, em último caso, uma ciência essencialmente normativa. Segundo Milton Friedman, em *Essays in Positive Economics*, a economia *deve* ser uma ciência positiva neutra de valores, capaz de descrever o mundo tal como é, e não como devia ser. Mas até o comentário «a economia *deve* ser uma ciência positiva» é uma *declaração normativa*. Não descreve o mundo tal como é, mas como devia ser. Na vida real, a economia não é uma ciência positiva. Se fosse, não seria preciso *torná-la*. «Obviamente, vários homens da ciência, e vários filósofos, usam a doutrina positivista para contornar a necessidade de abordarem questões fundamentais perplexas – em suma, para evitar a metafísica.»[14] Por sinal, a isenção de valor representa, em si mesma, um valor, um grande valor para os economistas. É um paradoxo que uma disciplina focada no estudo dos valores pretenda ser isenta de valores. Outro paradoxo é o seguinte: uma disciplina que acredita na *mão invisível do mercado* pretende estar isenta de mistérios.

Logo, no presente livro coloco as seguintes questões: existe uma economia do bem e do mal? Compensa praticar o bem ou este existe fora do cálculo económico? Será o egoísmo inato na humanidade? Se contribuir para o bem comum, pode ser desculpado? Se a economia não quiser tornar-se um mero modelo econométrico mecânico-atributivo, vazio de significado (ou aplicação), faz sentido colocarem-se estas perguntas.

Além disso, não faz sentido recear os termos «bem» e «mal». O seu uso não implica uma moralização. Todos possuímos uma *ética* internalizada que rege as nossas ações. Da mesma forma, todos nós professamos uma fé (o ateísmo não deixa de ser uma fé como qualquer outra). Acontece o mesmo com a economia, tal como disse John Maynard Keynes: «Os homens práticos que se julgam livres de qualquer influência intelectual são habitualmente escravos de algum economista morto [...]. Porém, cedo ou tarde, são as ideias, e não os interesses adquiridos, que representam um perigo, seja para o bem, seja para o mal.»[15]

INTRODUÇÃO | 23

A INTENÇÃO DESTE LIVRO: METAECONOMIA

A presente obra é composta por duas partes: na primeira, procuramos identificar o pensamento económico no mito, na religião, na teologia, na filosofia e na ciência. Na segunda parte, procuramos identificar mito, religião, teologia, filosofia e ciência no pensamento económico.

Buscaremos as respostas em toda a nossa história, desde os primórdios da cultura até à atual era pós-moderna. Não pretendemos examinar todo e qualquer momento que ajudou a modificar a perceção económica do mundo nas gerações posteriores (nem na nossa), mas examinar certos pontos do desenvolvimento: quer determinadas épocas históricas (a era de Gilgamesh e as eras dos hebreus e cristãos, etc.) quer personalidades relevantes que influenciaram o desenvolvimento do contexto económico do ser humano (Descartes, Mandeville, Smith, Hume, Mill, etc.). Queremos contar a história da economia como disciplina do saber.

Por outras palavras, mapear o desenvolvimento do *etos económico*. Colocar questões que surgiram antes de qualquer pensamento económico – quer filosófica quer, até certo ponto, historicamente. Esta área situa-se nos limites da economia – e, por vezes, além destes limites. Podemos denominá-la *proto-economia* (aproveitando um termo da proto-sociologia), mas talvez seja mais adequado *metaeconomia* (aproveitando um termo da metafísica)[16]. Neste sentido, «o estudo da economia é demasiado restrito e fragmentário para conduzir a uma perspetiva válida, a não ser quando complementado e completado pelo estudo da metaeconomia»[17]. Os elementos mais importantes de uma cultura ou disciplina analítica, tal como a economia, encontram-se nos *pressupostos fundamentais* que os adeptos de todos os vários sistemas desse período adotam inconscientemente. Pressupostos aparentemente tão óbvios que os seguidores nem notam o processo de adoção, pois nunca lhes ocorreram alternativas, como refere o filósofo Alfred Whitehead no seu *Adventures of Ideas*.

O que fazemos? E porquê? Podemos (eticamente) fazer tudo o que (tecnicamente) nos é possível[18]? E qual é a finalidade da economia? Porque nos damos ao trabalho? Que crenças são as nossas, e de onde surgiram (inclusive as inconscientes)? Se a ciência for «um sistema de crenças com o qual estamos comprometidos», que crenças são estas[19]? Uma vez que a economia se tornou, entretanto, uma disciplina fundamental que explica e altera o mundo, são perguntas que requerem respostas.

Com uma certa atitude pós-moderna, tentaremos analisar a meta-economia mediante uma abordagem filosófica, histórica, antropológica, cultural e psicológica. Este livro pretende captar o desenvolvimento da perceção da vertente económica do ser humano e refletir sobre ela. Quase todos os principais conceitos que regem a economia, consciente e inconscientemente, têm um largo historial, e as suas raízes estendem-se além do alcance da economia, e inclusive além da própria ciência. Tentemos agora examinar os primórdios da crença económica, a génese de todas as suas ideias e a sua influência na economia.

PARA UMA ECONOMIA COM TODAS AS CORES

Acredito que os economistas da atualidade desconsideraram as múltiplas cores da economia e ficaram obcecados com o culto a preto e branco do *Homo economicus*, o qual ignora a temática do bem e do mal. Infligimos a nós mesmos uma cegueira; deixámos de ver as mais importantes forças motrizes dos atos humanos.

Acredito que há tanto a aprender com os nossos filósofos, mitos, religiões e poetas como há com os modelos matemáticos estritos do comportamento económico. Acredito que a economia devia procurar, descobrir e debater os seus valores intrínsecos, não obstante temos sido educados a encará-la como uma ciência isenta de valores. Acredito que nada disto é verdade e que existem mais elementos religiosos, míticos e arquétipos na economia do que existe matemática. Acredito que a economia atual coloca demasiada ênfase no método e ignora a substância. Acredito e tenciono demonstrar que é vital para os economistas, bem como para o grande público, estudarem um leque de fontes mais amplo, tais como o Épico de Gilgamesh, o Antigo Testamento, Jesus ou Descartes. Compreendemos melhor os traços do nosso pensamento quando averiguamos a sua origem histórica, quando estes pensamentos andavam, por assim dizer, desnudos – e conseguimos ver melhor as origens e fontes das ideias. Só então seremos capazes de identificar as nossas principais crenças

INTRODUÇÃO | 25

(económicas) – na complicada malha que é a sociedade moderna, na qual passeiam, fortes, mas incógnitas.

Acredito que um bom economista deve ser um bom matemático ou um bom filósofo, ou ambos. Acredito que temos colocado demasiada ênfase no lado matemático e negligenciado o lado humano, conduzindo assim à evolução de modelos enviesados e artificiais, com pouco uso para o entendimento da realidade.

Acredito que é importante estudar a metaeconomia. Devemos ir além da economia, estudar as crenças «por detrás do pano», ideias que representam, habitualmente, pressupostos inauditos mas dominantes das nossas teorias. Para grande surpresa, a economia encontra-se repleta de tautologias, das quais nem os economistas estão cientes. Acredito que a perspetiva não histórica que predomina na economia está errada. Acredito que é fundamental estudarmos a evolução histórica das ideias que nos moldam se quisermos analisar o comportamento humano.

O presente livro é uma contribuição para o choque de longa data entre economia normativa e positiva. Acredito que o papel assumido pelos mitos e parábolas normativas nos tempos antigos é hoje desempenhado pelos modelos científicos. Não que represente um problema, mas há que admiti-lo sem reservas.

Acredito que as questões económicas têm acompanhado a humanidade desde épocas muito anteriores a Adam Smith. Acredito que a busca de valores na economia não começou com Adam Smith, mas culminou com ele. O pensamento vigente, que reivindica descender da economia clássica de Smith, negligenciou o aspeto ético. O tema do bem e do mal dominava os debates clássicos e, no entanto, hoje é um tema praticamente herético. Acredito ainda que a leitura popular dos textos de Adam Smith está incorreta. Acredito que a contribuição deste autor para a economia é mais lata do que o mero conceito da mão invisível do mercado e do surgimento do *Homo economicus* egoísta e egocêntrico, embora Smith não tenha usado sequer esse termo. Acredito que a sua contribuição mais influente para a economia teve lugar no plano ético. Os outros pensamentos, os temas de especialização ou inclusive a mão invisível do mercado foram expressos muito antes dele. Procuro demonstrar que o princípio da mão invisível do mercado é muito antigo, tendo sido desenvolvido séculos antes de Adam Smith. Há indícios deste conceito no Épico de Gilgamesh, no pensamento hebraico e na Cristandade, e ele manifesta-se explicitamente nos textos de Aristófanes e de Tomás de Aquino.

Acredito que nos encontramos na época mais indicada para reformular a abordagem económica, pois hoje, em plena crise da dívida, os povos estão sensíveis ao tema e dispostos a ouvir. Acredito que não aprendemos as lições de economia ensinadas na catequese, como a história de José e do Faraó, e, no entanto, dispomos de modelos matemáticos sofisticados. Acredito que devemos reconsiderar a nossa opinião a respeito do crescimento imparável. Acredito que a economia pode ser uma ciência maravilhosa capaz de apelar a um vasto público.

De certa forma, este livro representa um estudo do *Homo economicus*, mas, mais importante, da história dos espíritos animais que lhe são intrínsecos. Tentaremos analisar a evolução do lado racional e também do lado irracional dos seres humanos.

AS FRONTEIRAS DA CURIOSIDADE E UMA DECLARAÇÃO DE RENÚNCIA

Uma vez que a economia ousou imperialisticamente aplicar o seu sistema de pensamento aos territórios tradicionais dos estudos religiosos, da sociologia e da ciência política, porque não remar contra a corrente e avaliar a economia sob a perspetiva dos estudos religiosos, da sociologia e da ciência política? Se a economia moderna ousa explicar o funcionamento das igrejas ou realiza análises económicas dos laços familiares (retirando novas e interessantes aferições), porque não examinar a economia teórica como se fosse um sistema de religiões ou de relações pessoais? Por outras palavras, porque não tentamos alcançar uma visão antropológica da economia?

Para observar a economia sob esta perspetiva, há que ganhar distância, antes de mais. Temos de nos aventurar até às suas zonas limítrofes – e, preferivelmente, ir mais além. Inspirando-nos na metáfora de Ludwig Wittgenstein, em que o olho observa o campo visual do objeto, mas nunca o próprio objeto (Wittgenstein, *Tratado Lógico-Filosófico*, secção 5.6), é sempre necessário sair da economia e, se tal não for possível, recorrer a um espelho. No presente livro, utilizaremos espelhos de

INTRODUÇÃO | 27

natureza antropológica, mítica, religiosa, filosófica, sociológica e psicológica – tudo que nos proporcione um reflexo.

Temos de apresentar duas desculpas, no mínimo. Em primeiro lugar, se observarmos o nosso reflexo em tudo o que nos rodeia, iremos obter uma imagem fragmentada e discrepante. Este livro não pretende apresentar um sistema de relações intrincadas (pelo mero motivo de tal sistema não existir). Além disso, apenas lidaremos com o legado da nossa cultura e civilização ocidental e não estudaremos outros legados (tais como o confuciano, o islâmico, o budista, o hinduísta e muitos outros, onde encontraríamos imensas ideias estimulantes se o fizéssemos). Também não perscrutaremos, por exemplo, a totalidade da literatura da Suméria. Iremos debater o pensamento hebraico e cristão na vertente económica, mas não estudaremos todas as teologias antigas e medievais. Temos por meta escolher as principais influências e conceitos revolucionários que formaram a abordagem desarticulada da economia atual. A justificação desta abordagem ampla e algo desconexa encontra-se na ideia há muito tempo proposta por Paul Feyerabend em que «vale tudo»[20]. Não é possível prever de que poço a ciência beberá inspiração para o seu futuro desenvolvimento.

A desculpa seguinte refere-se à possível simplificação ou distorção das áreas que o autor considera importantes, ainda que se situem totalmente noutro plano. A ciência atual aprecia a proteção do muro de marfim construído em parte pela matemática, em parte pelo latim e pelo grego e pela história, axiomas e outros rituais sagrados, para que os cientistas possam refugiar-se imerecidamente dos críticos provenientes de outras disciplinas e do público. Mas a ciência tem de ficar exposta; caso contrário, como disse corretamente Feyerabend, torna-se uma religião elitista para os iniciados, irradiando feixes totalitários sobre o público. Nas palavras do economista americano de origem checa Jaroslav Vanek, «feliz ou infelizmente, a nossa curiosidade vai além da nossa área profissional»[21]. Se este livro inspirar novas ideias para a fusão da economia com estas áreas, terá cumprido a sua razão de ser.

Não abordamos exaustivamente a história do pensamento económico. O autor pretende, pelo contrário, complementar alguns capítulos da história do pensamento económico com uma perspetiva e análise mais vasta, identificando influências que podem escapar à atenção dos economistas e do público em geral.

Talvez valha a pena referir que este texto contém inúmeras citações. Proporcionar uma maior aproximação com as ideias valiosas de épocas distantes implica apresentar as palavras originais dos autores*. Se nos limitássemos a parafrasear textos antigos, a autenticidade e o espírito da era evaporar-se-ia – representando uma perda terrível. As notas de rodapé oferecem a possibilidade de um estudo mais profundo dos problemas apresentados.

CONTEÚDO: SETE ÉPOCAS, SETE TÓPICOS

O livro divide-se em duas partes. A primeira faz um trajeto pela história, com sete paragens focadas especificamente em sete tópicos, que serão posteriormente resumidos na segunda parte. A segunda parte é, portanto, temática; recolhe tópicos da história e integra-os. Desta forma, o livro assume-se como uma matriz, podendo ser seguido historicamente, tematicamente ou de ambos os modos. Os sete tópicos são:

A vez da avidez: a história do consumo e do trabalho

Começamos com os mitos mais antigos, nos quais se assume que o trabalho é a vocação primeva do ser humano, trabalho enquanto prazer, e depois (por causa da insaciabilidade), enquanto maldição. Deus ou os outros deuses amaldiçoam quer o trabalho em si (Génesis, mitos gregos) quer o excesso deste (Gilgamesh). Analisaremos o nascimento do desejo e da luxúria, ou seja, da procura. Examinaremos então o ascetismo sob vários preceitos. A seguir, predomina o desprezo de Agostinho por este mundo; Aquino vira o pêndulo, e o mundo material torna-se

---

* Respeitando este espírito, e também para aproximar as citações em causa do idioma de origem, recorremos às traduções disponíveis em língua portuguesa, cujas edições nos foi possível e prático consultar, e delas retirámos os excertos correspondentes, devidamente assinalados na bibliografia, juntamente com a edição em língua inglesa. Nestes casos, a referência bibliográfica mencionará o título da edição portuguesa, e a página ou secção indicadas serão as dessa edição. Nos demais casos, conservou-se a referência do original na íntegra. [N. do T.]

alvo de atenção e apreço. Até então, predominava o cuidado da alma, e marginalizavam-se desejos e necessidades corporais e mundanos. Nova viragem do pêndulo para o lado contrário, na direção do consumo individualista-utilitário. Apesar deste facto, desde o começo que o homem se vê conotado enquanto criatura de natureza inatural, pois, por algum motivo, se faz rodear de posses externas. Quer a insaciabilidade material quer a insaciabilidade espiritual definem metacaracterísticas básicas do ser humano, manifestando-se desde os primeiros mitos e narrativas.

Progresso (naturalidade e civilização)

Atualmente, embriaga-nos a ideia do progresso, mas, no início de tudo, esta ideia nem sequer existia[22]. O tempo era cíclico, e a humanidade não contemplava alterações históricas. Contudo, mais tarde, os hebreus desenvolveram uma noção linear do tempo, que foi transmitida (ou amplificada) pelos cristãos e acolhida por nós. Como surgiu esta noção de progressão do progresso e do crescimento em prol do próprio crescimento?

A economia do bem e do mal

Analisaremos uma questão fundamental: compensa (economicamente) praticar o bem? Começaremos pelo Épico de Gilgamesh, em que não havia uma relação moral aparente entre o bem e o mal; posteriormente, no pensamento hebraico, a ética tornou-se fator de explicação histórica. Os antigos estoicos não permitiam que se calculasse o proveito retirado da prática do bem, mas, por outro lado, os hedonistas consideravam que todos os atos sujeitos a recompensa seriam, à partida, bons. O pensamento cristão quebrou uma causalidade explícita entre bem e mal ao introduzir a misericórdia divina e fez transitar a recompensa da prática do bem, ou do mal, para uma vida após a morte. Este tema culmina com Mandeville e Adam Smith, na famosa disputa sobre vícios privados que originam proveitos públicos. Posteriormente, John Stuart Mill e Jeremy Bentham edificaram o utilitarismo a partir do mesmo princípio hedonista.

A história da ética foi sendo governada pela tentativa de criar uma fórmula para as regras éticas do comportamento. No último capítulo, apresentaremos a tautologia da MaxUtilidade e abordaremos o conceito do MaxBem.

A história da mão invisível do mercado e o Homo economicus

Quão antiga é a ideia da mão invisível do mercado? Há quanto tempo existia o conceito, antes de Adam Smith? Tentarei demonstrar que o prenúncio da mão invisível do mercado é praticamente ubíquo. A ideia de que podemos gerir a utilização do nosso egoísmo natural, e de que este mal se transforma em bem por via indireta, é um conceito filosófico e mítico bastante antigo. Também veremos o desenvolvimento do etos do *Homo economicus*, o nascimento do «homem económico».

A história dos espíritos animais: o sonho nunca morre

Aqui, examinaremos o outro lado dos seres humanos – o imprevisível, normalmente *arracional* e arquétipo. Os nossos espíritos animais (uma espécie de contraparte da racionalidade) são influenciados pelo arquétipo do herói e pelo nosso conceito da representação do bem.

Metamatemática

Quem terá dado à economia a ideia de que os números explicam o mundo? Aqui, pretendemos apresentar o processo e o motivo pelo qual se transformou a economia numa disciplina de atribuição mecanista. Porque acreditamos que na matemática existe a melhor forma de descrever o mundo (e, inclusive, o mundo de interações sociais)? A matemática representa realmente o coração da economia ou apenas uma ponta do icebergue analítico desta disciplina do saber?

Donos da verdade

Em que acreditam os economistas? Qual é a religião dos economistas? E que aspeto tem a verdade? Desde a época de Platão que se tenta expurgar o mito da ciência. Será a economia uma disciplina normativa ou uma ciência positiva? Antigamente, a verdade pertencia ao domínio da poesia e das histórias, mas hoje vemo-la como tendo uma natureza científica e matemática. Onde se adquire a verdade? E quem é o «detentor da verdade» na presente época?

TEMAS PRÁTICOS E DEFINIÇÕES

Sempre que mencionamos a economia, referimo-nos à sua perceção atual e em voga, cuja melhor representação se encontra em Paul Samuelson. O termo *Homo economicus* refere-se ao conceito primário da antropologia económica. Deriva do conceito do indivíduo racional, que, conduzido por motivos rigorosamente egoístas, procura maximizar o seu proveito. Evitaremos questionar se a economia é, ou não, uma ciência em si mesma. Portanto, embora a adjetivemos ocasionalmente como ciência social, na prática referimo-nos à *disciplina económica*. Encaramos a «economia» com uma disciplina mais lata do que a mera produção, distribuição e consumo de bens e serviços. Consideramos que a economia é o estudo das relações humanas, por vezes exprimíveis por números, um estudo relativo a elementos passíveis de comércio, mas que também engloba aquilo que não se pode comercializar (amizade, liberdade, eficiência, crescimento).

Fui abençoado na vida com três experiências. Trabalhei durante muitos anos no meio académico, estudando, investigando e ensinando teoria económica (lidando com dilemas metaeconómicos). Também servi durante vários anos como conselheiro de política económica – para o nosso ex-presidente da República Checa, Václav Havel, para o nosso ministro das Finanças e, enfim, para o nosso primeiro-ministro (sobre a aplicação prática da política económica). Também tenho o dever e (frequentemente) o prazer de assinar uma coluna regular no jornal económico mais importante do nosso país, em que debato aspetos filosóficos e práticos da economia para um público mais vasto (simplificando os temas e tentando criar uma fusão de diferentes áreas de investigação). Esta experiência ensinou-me os limites e vantagens das várias facetas da economia. Tenho sido alvo de uma esquizofrenia tripla (Qual o significado da economia?; De que modo se pode usar para fins práticos?; e Como a podemos relacionar com outras áreas de uma forma compreensível?). Para o bem ou para o mal, o livro que aqui apresento é resultado dela.

PARTE I

A ECONOMIA NA ANTIGUIDADE
E MUITO ANTES

1

O ÉPICO DE GILGAMESH:

SOBRE A EFICÁCIA, A IMORTALIDADE E A ECONOMIA DA AMIZADE

Ó Gilgamesh, para onde corres tu? A vida eterna que procuras,
não a encontrarás [...]
Faz de cada dia um dia de festa, dança e goza dia e noite!
O Épico de Gilgamesh

O Épico de Gilgamesh foi escrito há quatro mil anos[1] e trata-se do mais antigo texto literário conhecido da Humanidade. Chegam-nos da Mesopotâmia os primeiros registos escritos, bem como as relíquias humanas mais antigas. Um facto que diz respeito não só à nossa civilização, mas à Humanidade em geral[2]. O épico inspirou várias narrativas ulteriores, que hoje se encontram na nossa mitologia em versões mais ou menos distorcidas, quer se refiram ao dilúvio ou à procura da imortalidade. Contudo, já nesta obra, a mais antiga da história do ser humano, têm um papel importante certas questões por nós consideradas de foro económico – portanto, se quisermos iniciar uma escavação ao passado da economia, este é o período mais remoto a que podemos ir. Por outras palavras, a sua pedra basilar.

Dos tempos anteriores ao épico sobrevive apenas uma fração das relíquias materiais, meros fragmentos de registos escritos que abordam, principalmente, temas económicos, diplomáticos, bélicos, mágicos e religiosos[3]. Como indica (algo cinicamente) Niall Ferguson, historiador de economia, «sobreviveram para nos relembrar que quando os seres humanos começaram a produzir registos escritos das suas atividades não o fizeram para escrever História, a poesia ou filosofia, mas para fazer negócio»[4]. No entanto, o Épico de Gilgamesh comprova o oposto – apesar de os primeiros fragmentos inscritos em argila (contendo anotações dispersas e assuntos contabilísticos) dos nossos antepassados versarem sobre negócios e guerras, a primeira narrativa escrita fala de uma grande amizade e aventura. E, espantosamente, não encontramos quaisquer referências a dinheiro e guerras; por exemplo, nem uma única vez, em todo o épico, se descrevem atos de compra e venda[5]. Não há conquistas de umas nações por outras, nem indícios sequer de ameaças violentas. Trata-se de uma história de natureza e de civilização, heroísmo, ousadia, um desafio aos deuses e ao mal; um épico sobre a sabedoria, a imortalidade e também sobre a futilidade.

Não obstante tratar-se de um texto importantíssimo, tem passado ao lado dos economistas. Não existe literatura económica dedicada ao Épico de Gilgamesh. E, contudo, nele encontramos a primeira meditação económica da nossa civilização; os primórdios de conceitos tão familiares para nós, como o mercado e a sua mão invisível, a problemática do uso das riquezas naturais e a necessidade de maximizar a eficácia. Aborda o dilema do papel dos sentimentos, o termo «progresso» e o estado natural, e o tópico da divisão abrangente de trabalho decorrente da construção das primeiras cidades. O presente capítulo representa a primeira tentativa, necessariamente imperfeita, de analisar o épico à luz da economia[6].

Primeiramente, faremos um resumo do enredo do Épico de Gilgamesh (adiante falaremos dele em pormenor). Gilgamesh, o governante da cidade de Uruk, é um semideus super-humano: «dois terços deus e um terço homem»[7]. O épico inicia-se com a descrição de uma muralha perfeita, impressionante e imortal, que Gilgamesh ergue em torno da cidade. Como castigo pela forma impiedosa com que trata trabalhadores e súbditos, os deuses enviam o selvagem Enkidu para travar Gilgamesh. No entanto, os dois tornam-se amigos e juntam-se para formar um duo invencível que realiza atos heroicos. Adiante, Enkidu morre, e Gilgamesh parte em busca da imortalidade. Sobrevive a inúmeros obstáculos e armadilhas, mas a imortalidade escapa-se-lhe das mãos, às vezes por um fio. O final da narrativa retoma o início do épico – o cântico que enaltece a muralha de Uruk.

AMOR IMPRODUTIVO

A história centra-se na tentativa de Gilgamesh de erguer uma muralha como nunca se havia visto. Gilgamesh tenta aumentar a eficácia e o desempenho dos súbditos a qualquer custo e impede-os inclusive de terem contacto com as esposas e os filhos. Não é de admirar que o povo se queixe aos deuses:

> Aos jovens de Uruk atormenta injustamente:
> Gilgamesh não deixa que o filho se reúna livremente ao pai. [...]
> «Não permite Gilgamesh que a jovem se una ao prometido.»
> Da filha do guerreiro, da prometida ao mancebo, continuamente escutava a deusa o lamento.[8]

Relaciona-se diretamente com o aparecimento da cidade como sendo o local que gere o território rural envolvente. «Distanciavam-se dos vizinhos da aldeia; já não eram família nem conhecidos, mas súbditos, cujas vidas eram vigiadas e comandadas pelos oficiais militares e civis, pelos governadores, vizires, cobradores de impostos, soldados, todos responsáveis perante o rei.»[9]

Um princípio tão distante e contudo tão familiar. Continuamos a acatar esta visão de Gilgamesh, de que as relações humanas – e, portanto, a nossa própria humanidade – perturbam o trabalho e a eficiência; de que as pessoas teriam um melhor desempenho se não «desperdiçassem» o tempo e energia em assuntos não produtivos. Hoje em dia, ainda consideramos *im*produtivas as atividades próprias do *ser humano* (as relações pessoais, o amor, a amizade, a beleza, a arte, etc.); excetuando, talvez, a reprodução, da qual se pode dizer que é a única atividade literalmente (!) produtiva – no sentido de *re*produtiva.

Este esforço para maximizar a eficácia a qualquer custo, esta primazia do aspeto económico em detrimento do aspeto humano reduz as pessoas, de um lado ao outro do espectro da humanidade, a meras unidades produtivas. A designação singela, de origem checa, «robô»[10] expressa este sentimento na perfeição: deriva de *robota*, um antigo termo checo e eslavo que significa «trabalho». Uma pessoa reduzida à função de trabalhador é um robô. Karl Mark teria aproveitado bem o Épico, se o usasse como fácil exemplo pré-histórico da exploração do indivíduo, alienando-o da família e até de si mesmo![11]

Governar um povo reduzido à função de humanos-robôs tem sido o sonho dos tiranos desde o início dos tempos. Todos os déspotas encaram as relações familiares e as amizades como uma concorrência à eficácia. A tentativa de reduzir o indivíduo à unidade produtiva também se encontra nas utopias sociais – ou distopias, diga-se antes. Pois a economia em si mesma pede apenas humanos-robôs, como demonstra perfeitamente – ainda que de forma penosa – o modelo do *Homo economicus*, que é uma mera unidade de produção e consumo[12]. Eis alguns exemplos deste tipo de utopia ou distopia: na sua visão do Estado ideal, Platão não quer que as famílias guardiãs eduquem os filhos; pelo contrário, estes devem ser entregues a uma instituição especializada aquando do nascimento[13]. O conceito também surge nas distopias *Admirável Mundo Novo*, de Aldous Huxley, e *1984*, de George Orwell. Nestes dois romances, as relações humanas e os sentimentos (ou expressões de personalidade) são proibidos e castigados impiedosamente. O amor é «desnecessário» e improdutivo, tal como a amizade; ambos podem ser destrutivos para o sistema totalitário (como bem demonstra *1984*). A amizade é inútil, pois os indivíduos e a sociedade conseguem sobreviver sem ela[14]. Como C. S. Lewis afirmou, «A amizade é inútil, tal como a filosofia e a arte [...]. Como fator de sobrevivência, pode não ter valor, mas é uma das coisas que nos fazem viver»[15].

Em grande medida, o pensamento económico dos nossos dias adotou este conceito. Os modelos económicos neoclássicos encaram o trabalho como um *input*, uma variável, da função produtiva, mas não sabem incorporar o fator humano (pois é demasiado humano!) na sua conceptualização – e, no entanto, não têm qualquer problema com humanos-robôs. Como Joseph Stiglitz afirma:

Um dos grandes «truques» (há quem lhes chame «perspicácias») da economia neoclássica é tratar o trabalho como outro fator produtivo. O resultado, *output*, é determinado a partir de uma função de *inputs*, variáveis – aço, máquinas e trabalho. A matemática trata o trabalho como matéria-prima vulgar, como o aço e o plástico. Mas o trabalho não é uma matéria-prima como as restantes. Pois nem o aço se incomoda com o tipo de ambiente em que trabalha, nem o bem-estar do aço nos causa qualquer tipo de preocupação.[16]

DERRUBEMOS OS CEDROS

Mas há um fator, que frequentemente se confunde com a amizade, de que a sociedade e a economia muito necessitam: até as culturas primordiais estavam cientes do valor da cooperação ao nível laboral – hoje chamamos-lhe colegialidade, companheirismo ou, usando um termo caído em desgraça, camaradagem. Estas «relações menores» são úteis e necessárias para a sociedade e para as empresas, pois o trabalho faz-se com mais eficácia e rapidez quando as pessoas convivem num nível humano e são afáveis entre si. O espírito de equipa é uma promessa de melhor desempenho; e criar este espírito (*team-building*) é inclusive alvo de empresas especializadas, que se contratam para o efeito[17].

Mas a amizade genuína, um dos principais temas do Épico de Gilgamesh, tem uma base totalmente distinta do espírito de equipa. A amizade, tal como C. S. Lewis fielmente descreve, é não económica, não biológica, inútil para a civilização e desnecessária como relacionamento (ao contrário do relacionamento erótico e do amor maternal, que são necessários numa perspetiva puramente reprodutiva)[18]. Mas é na amizade – algo à parte, como um subproduto ou fator externo – que se formam as ideias e realizam os feitos capazes de mudar a natureza da sociedade[19]. A amizade consegue contrariar o funcionamento inveterado de um sistema, nas áreas em que o indivíduo, sozinho, não teria coragem de agir.

A princípio, também Gilgamesh considera a amizade desnecessária e improdutiva, até se tornar amigo de Enkidu e perceber que isso traz benefícios inesperados. Eis um belo exemplo do poder da amizade, daquela capaz de alterar (ou desmontar) um sistema e transformar uma pessoa. Enkidu, enviado pelos deuses com o intuito de castigar Gilgamesh, torna-se seu fiel amigo, e juntos decidem enfrentar os deuses. Nem Gilgamesh nem Enkidu jamais teriam reunido coragem para, sozinhos, cometerem tais ousadias. A amizade ajuda-os a ultrapassarem situações que, isoladamente, nenhum deles conseguiria enfrentar. É habitual encontrarmos nos dramas míticos fortes ligações de amizade – como os académicos religiosos costumam descrever, os amigos «sentem medo e estimulam-se mutuamente antes da batalha, procuram conforto nos seus sonhos, ficam transfigurados perante a irreversibilidade da morte»[20].

Unido pelos laços da amizade e do objetivo partilhado, Gilgamesh esquece a construção da sua muralha protetora (abandonando assim o seu maior propósito de vida) e acaba por abandonar a cidade, *sair* da segurança das muralhas, da civilização, do terreno familiar (que ele próprio construiu). Entra na floresta selvagem, querendo compor a ordem do mundo – matar Humbaba, a personificação do mal.

> Na Floresta esconde-se o cruel Humbaba,
> Matemo-lo
> E todo o mal seja banido da terra [...]
> Deixai que parta, derrubarei o cedro,
> O meu nome obterá a eternidade.[21]

Paremos por instantes no derrube dos cedros. A madeira era um artigo valioso na antiga Mesopotâmia. Procurar esta madeira era arriscado, e apenas os valentes se atreviam a tal. O perigo de tais expedições é simbolizado no épico pela presença de Humbaba na floresta. «Humbaba era o guardião da Floresta dos Cedros, ali colocado por Enlil para impedir os intrusos de levarem a madeira valiosa.»[22] No épico, dá-se destaque à coragem de Gilgamesh quando manifesta a intenção de cortar toda a floresta de cedros (obtendo assim uma grande riqueza, que é direito dos heróis).

Além disso, os cedros eram considerados sagrados, e as florestas de cedros representavam o santuário do deus Shamash. Graças à amizade, Gilgamesh e Enkidu decidem enfrentar os deuses e tornar uma árvore sagrada um mero material (de construção) de fácil acesso, integrando-o na construção da cidade, na edificação da civilização e, portanto, «escravizando» o que fazia parte da natureza selvagem. Eis um perfeito proto-exemplo da deslocação da fronteira entre o sagrado e o profano (secular) – e que serve também, até certo ponto, como ilustração primordial da noção de que a *natureza se destina a fornecer* matérias-primas e recursos de produção às cidades e às pessoas[23]. «O abate dos cedros foi considerado um "êxito cultural", pois Uruk não dispunha de madeira para construção. Considera-se que Gilgamesh terá assegurado assim o material valioso para a cidade. Ato que também pode ser um mau agouro dos nossos "êxitos culturais", que tornaram os seres vivos, e não apenas as árvores, matérias-primas, fornecimentos, bens [...]. A transformação de uma árvore cósmica em material de construção é um exemplo que Gilgamesh nos deixou, e ao qual temos fervorosamente aderido.»[24]

Testemunhamos aqui uma mudança histórica importante: as pessoas sentem-se mais naturais num meio não natural: a cidade. Entre os mesopotâmicos, era a cidade o *habitat* do povo; para os hebreus (como veremos adiante), continuava a ser a natureza, devido à sua origem nómada. Começou com os babilónios – o rural torna-se mera fonte de matérias-primas, de recursos (e os humanos, fonte de recursos humanos). A natureza deixa de ser o jardim em que os seres humanos foram criados e colocados, do qual deviam cuidar e onde deviam residir – tornando-se um mero reservatório de recursos naturais.

A secção do épico que descreve a expedição de Gilgamesh e Enkidu a Humbaba também esconde outro motivo pelo qual Gilgamesh foi celebrado – as lendas atribuem-lhe a descoberta de vários oásis do deserto que facilitaram as viagens dos mercadores na antiga Mesopotâmia. «A descoberta de vários poços e oásis abriu uma passagem pelo deserto, do Eufrates médio até ao Líbano, e terá revolucionado as viagens de longo curso na Mesopotâmia superior. Se Gilgamesh foi tradicionalmente o primeiro a realizar esta viagem, na sua expedição à floresta dos cedros, é lógico que deva receber o crédito pela descoberta de técnicas de sobrevivência que tornaram possível a travessia do deserto.»[25] Gilgamesh torna-se herói, não apenas devido à sua força, mas também pelas suas descobertas e feitos, cuja importância foi, em grande parte, económica – o ganho direto resultante dos materiais de construção, no caso do abate da floresta de cedros, o facto de impedir Enkidu de devastar a economia de Uruk e a descoberta das novas rotas pelo deserto durante a sua expedição.

ENTRE ANIMAL E ROBÔ: HUMANO

A subjugação da natureza selvagem foi um ato que Gilgamesh ousou cometer graças à amizade de Enkidu. Mas, no final, a revolta contra os deuses acabará por, paradoxalmente, cumprir o plano original por estes traçado: a amizade do selvagem Enkidu faz Gilgamesh renunciar à construção da muralha. E, ao mesmo tempo, inadvertidamente e por causa desta mesma experiência, confirma a teoria em que acreditava: afinal, as relações humanas foram realmente um obstáculo para a construção da sua famosa muralha. Abandona-a, inacabada, e parte em viagem com o amigo. Já não busca a imortalidade na construção de uma muralha, mas na realização de feitos heroicos, ao lado do amigo para toda a vida.

A amizade muda os dois amigos. Gilgamesh deixa de ser o tirano frio e odiado que reduz homens a robôs e torna-se uma pessoa com sentimentos. Larga o seu orgulho sombrio dentro das muralhas de Uruk e entrega-se às aventuras na natureza com os seus espíritos animais[26]. J. M. Keynes aplicou este termo para descrever a espontaneidade inerente dos nossos atos, embora não pensasse necessariamente na animalidade; mas talvez possamos, neste contexto, entrar em consideração com a parte animal do nosso ser (que se supõe racional-económico). A essência animal do amigo, Enkidu, é transferida para Gilgamesh (afastam-se da cidade, adentrando-se na natureza e respondendo ao apelo da aventura).

E a transformação de Enkidu? Se Gilgamesh simbolizava a perfeição quase divina, a civilização e também a tirania urbana e determinada, que prefere máquinas a súbditos, Enkidu representava no início o polo radicalmente oposto. Personificava a animalidade, a imprevisibilidade, a indomabilidade e a selvajaria. A sua natureza animalesca é apresentada em descrições físicas: «O corpo tapizado de pelagem, [...] os anéis do cabelo rijos como a cevada.»[27] No caso de Enkidu, a amizade com Gilgamesh simboliza o culminar da transformação numa pessoa. Ambos os heróis tornam-se – vindos de polos opostos – seres humanos.

Neste contexto, pode ser útil analisar uma dimensão psicológica da história: «Enkidu [...] é o alter ego de Gilgamesh, o lado animal e negro da sua alma, o complemento do seu coração inquieto. Quando Gilgamesh descobre Enkidu, passou de tirano odiado a protetor da cidade. [...] Os dois titãs são humanizados pela experiência da amizade, que torna o semideus e o semianimal semelhantes a nós.»[28] Talvez existam dentro de nós duas propensões, uma económica, racional, que quer mandar nas coisas, maximizadora, focada na eficiência, e assim por diante; e a outra, selvagem, animalesca, imprevisível, bruta. Se quisermos ser humanos, temos de ficar *algures entre os dois extremos*, ou incorporar *ambos*. Regressaremos a este tópico na segunda parte do livro.

BEBE A CERVEJA, COMO É COSTUME DA TERRA

Como se tornou Enkidu parte da civilização, humano? Antes da transformação de Enkidu em pessoa civilizada, Gilgamesh prepara-lhe uma armadilha. Ordena à prostituta Shamhat: «devota ao selvagem os tratos da mulher.»[29] E, quando Enkidu se levanta depois de seis dias e sete noites de sexo, nada é como dantes.

Dos sortilégios dela por fim saciado,
quis então reunir-se à manada.
As gazelas fitaram-no, fitaram Enkidu, começaram a correr,
e dele recuaram as bestas do ermo.
Perdia-se de Enkidu o seu corpo tão puro,[30]
As pernas tolhidas, e a manada que dispersava!
Prostrado, não podia Enkidu correr como antes,[31]
mas agora tinha em si o espírito, era largo de discernimento.[32]

Enkidu acaba por perder a natureza animal, pois «repulsará a manada, embora haja nela medrado»[33]. É levado para a cidade, vestido, oferecem-lhe pão e cerveja:

Come o pão, Enkidu,
como é propício à vida,
bebe a cerveja, como é costume da terra.[34]

Perante isto, o que sucedeu foi o seguinte: «tornou-se humano.»[35] Enkidu juntou-se a uma sociedade (especializada), que lhe oferecia algo impossível de obter na natureza vazia de cultura. Distanciou-se da natureza

– *atravessou* as muralhas da cidade. E, desse modo, tornou-se uma pessoa humana. Mas a transformação é irrevogável. Enkidu não pode regressar à vida anterior porque «dele recuaram as bestas do ermo»[36]. A natureza não deixa regressar quem abandonou o útero. «A natureza, de onde [o indivíduo] veio, continua do lado de fora, do outro lado das muralhas. Torna-se estranha e desagradável.»[37]

No momento de renascimento, a transição do estado animal para um estado humano, o épico mais antigo do mundo sugere um pormenor assaz importante. Aqui observamos o que, nas primeiras culturas, se considerava o início da civilização. Aqui se descreve a diferença entre as pessoas e os animais ou, melhor dizendo, os selvagens. Aqui se descreve o nascimento, o despertar de um ser humano consciente e civilizado. Testemunhamos a emancipação da humanidade da sua origem animal, tal como uma escultura emerge da pedra. De um estado de satisfação das necessidades individuais em que recorre de forma primária e não mediada à natureza sem qualquer intenção de a transformar, Enkidu entra na cidade, protótipo da civilização e da vida envolta num ambiente *artificial alheado* da natureza. «Continuará a viver na cidade, num mundo criado por pessoas; viverá ali rica, segura e confortavelmente, comerá pão e beberá cerveja, alimentos estranhos laboriosamente preparados por mãos humanas.»[38]

A história da nossa cultura é dominada pela tentativa tornar os seres humanos o mais autónomos possível dos caprichos da natureza[39]. Quanto mais desenvolvida for uma civilização, melhor o indivíduo se encontra protegido da natureza e das influências naturais, e melhor consegue manter um ambiente controlado ou *estável* ao seu gosto. A nossa degustação já não depende das colheitas, da existência de caça ou das estações. Conseguimos manter uma temperatura estável no interior do nosso lar, mesmo durante os invernos mais frios ou os verões mais tórridos.

Também nos deparamos com uma primeira tentativa da *estabilização* do ambiente vital no Épico de Gilgamesh – no exemplo da própria construção da muralha que envolve Uruk e que lhe permitiu tornar-se o berço da civilização[40]. A estabilização aplica-se igualmente à atividade humana, ao trabalho humano. O ser humano é mais produtivo quando se dedica à tarefa em que se especializou, e, se puder depender do trabalho alheio para satisfazer as suas outras necessidades, a sociedade como um todo enriquece. Este raciocínio remonta a épocas passadas, quando o indivíduo era obrigado a coser as suas próprias roupas e sapatos; caçar, plantar e preparar a comida; encontrar uma fonte de água potável e montar um habitáculo[41]. Papéis, entretanto, assumidos pela instituição da especialização do mercado (que, naturalmente, já existia muito antes de Adam Smith a conotar como uma das principais fontes da riqueza das nações[42]). Cada pessoa especializa-se no que crê ser mais valioso para a sociedade e confia no trabalho dos outros para satisfazer as muitas outras necessidades que sente.

O épico captura um dos grandes saltos no desenvolvimento da divisão de trabalho. Uruk é uma das cidades mais antigas da história, e, no épico, reflete um passo histórico na direção da especialização – na direção de uma nova disposição social *urbana*. Graças à muralha, as gentes da cidade podem dedicar-se a tarefas não diretamente relacionadas com a segurança pessoal e especializam-se ainda mais. Por outro lado, uma cidade protegida por uma muralha é permanente, e de forma visível. A vida humana no seu interior adquire uma nova dimensão, e subitamente torna-se lógico abordar questões que ultrapassam o tempo de vida do indivíduo. «A muralha simboliza, e também identifica, a permanência da cidade como instituição eterna e que dá aos seus habitantes a certeza da segurança ilimitada, permitindo-lhes investir em objetivos além da fronteira da vida pessoal. A prosperidade e riqueza de Uruk apoiam-se na convicção das suas muralhas. As gentes rústicas podem efetivamente sentir-se assoberbadas e talvez invejosas.»[43]

De um ponto de vista económico, a criação da cidade fortificada traz mudanças importantes; além de um maior nível de especialização dos seus habitantes, surge também «a possibilidade de exercer ofícios e comércio, em que se torna possível ficar rico do dia para a noite – e, claro, perder tudo. Subsistência para quem não tem terra, para os filhos não primogénitos, para os foragidos, especuladores e aventureiros de nenhures – e de todo o mundo»[44].

Mas tudo tem um preço, e não há almoços grátis – nem mesmo o rumo da prosperidade que a especialização nos oferece. O preço da autonomia dos caprichos da natureza foi a dependência das sociedades e civilizações que criámos. Quanto mais sofisticada for uma sociedade *como um todo*, menos capazes de sobrevivência autónoma serão os seus membros *como indivíduos*, se colapsar. Quanto mais especializada se torna uma sociedade, maior o número de elementos de quem dependemos[45]. É uma questão existencial.

Enkidu consegue sobreviver na natureza sem qualquer ajuda, é *independente*, pois

> não conhece estirpes, não sabe de países; [...]
> alimenta-se no pasto entre as gazelas;
> Junto à nascente, no estrupido da manada,
> Ou na água, entre o tropel, exulta.[46]

Enkidu é como um animal; não tem nação e não pertence a nenhuma terra. Mostra-se capaz de cuidar de todas as suas necessidades; existe sem civilização, é *in*civilizado. Mais uma vez, observamos o princípio do compromisso: Enkidu é autossuficiente (tal como o são muitos animais), e, como compensação (ou talvez por sua causa), as suas necessidades são mínimas. As necessidades dos animais são negligenciáveis quando comparadas com as dos humanos. Por outro lado, as pessoas são incapazes de satisfazer as necessidades mais básicas, mesmo dispondo de toda a riqueza e tecnologia do século XXI. Enkidu vivia feliz no seu estado natural, e todas as suas necessidades eram satisfeitas. No que toca às pessoas, quanto mais possuem, e mais desenvolvidas e ricas são, mais necessidades sentem (incluindo as insaturadas). Quando um consumidor faz uma aquisição, teoricamente devia eliminar uma necessidade – o total de coisas que lhe *fazem falta* diminuiria em um item. Mas o que se observa na prática é que o volume do «quero ter» cresce na mesma medida do «já tenho». Citamos agora o economista George Stigler, que estava bem ciente desta insaciabilidade humana. «O que uma pessoa normal costuma querer não é a satisfação dos seus desejos, mas ainda mais desejos, e melhores.»[47]

A mudança externa (a transição da natureza para a cidade) no Épico de Gilgamesh segue de perto uma mudança interna – a transição do selvagem para a pessoa civilizada. A muralha que envolve Uruk representa, entre outros fatores, o símbolo da separação íntima da natureza, uma revolta contra a submissão às leis naturais que fogem ao controlo do ser humano e que este, no melhor dos casos, consegue descobrir e aplicar em seu benefício.

«A finalidade prática da muralha encontra um paralelo no íntimo do indivíduo: a consciência-ego em formação também funciona como uma espécie de muralha protetora que a separa das outras mentes. Ter uma atitude defensiva torna-se um traço importante do ego. E Gilgamesh também anuncia o isolamento do homem face ao ambiente natural, quer externo quer interno.»[48] Por outro lado, este isolamento permite a criação de novas e, até então, desconhecidas formas de desenvolvimento humano, da sociedade urbana como um todo. «A expansão das energias humanas, a ampliação do ego humano [...] e a diferenciação alargada da estrutura da cidade são, todos eles, aspetos de uma única mudança: a civilização acabou de nascer.»[49]

A NATUREZA NATURAL

Quando falamos de cidade e de natureza, também podemos orientar o pensamento noutro rumo, que será particularmente útil quando comparado com o pensamento ulterior dos hebreus e dos cristãos. A natureza simboliza o estado natural em que nascemos, e a cidade simboliza o extremo oposto – desenvolvimento, civilização, alteração da natureza, progresso.

Uma mensagem inaudita atravessa o épico: a civilização e o progresso ocorrem na cidade, porque é o único meio «natural» e genuíno do povo. Ou seja, já não é natural sentirmo-nos no estado natural da existência, pois a cidade abriga não só pessoas, mas também deuses:

Disse Uta-napišti, a ele, a Gilgameš:
[...] A cidade de Šuruppak – essa que conheces,
Posta nas margens do rio Eufrates –
Era já antiga quando os deuses que a habitavam
Inclinaram os corações a suscitar o Dilúvio.[50]

Quem vive na natureza são os animais e o selvagem Enkidu. A natureza é o local em que se caça, em que se apanham as colheitas, em que faz a ceifa. Satisfaz as nossas necessidades e nada mais. Regressamos à cidade para descansarmos e sermos «humanos». Inversamente, é na natureza que o mal reside. Humbaba assombra a floresta de cedros, e isto permite a sua erradicação total. E na natureza vive o selvagem Enkidu; tem aparência humana, mas uma naturalidade animal – não vive na cidade, é incontrolável[51] e causa estragos. Torna-se necessário isolar a cidade, enquanto símbolo de pessoas, civilização, *não*-natureza, da envolvência da natureza com uma forte muralha. Enkidu torna-se humano só quando se muda para a cidade.

O estado natural das coisas no épico, tal como quando nascemos, é, por conseguinte, o da imperfeição, o mal. A nossa *natureza* tem de ser transformada, civilizada, aculturada, contrariada. Portanto, simbolicamente, eis como podemos descrever a perspetiva do épico: a nossa natureza é insuficiente, má, maléfica, e o bom (humano) apenas se manifesta quando nos emancipamos da natureza (da nossa naturalidade), pela aculturação e pela educação. Considera-se então que a humanidade está civilizada.

Para um maior contraste, comparemos a dualidade entre cidade e natureza com uma ulterior abordagem hebraica. No Antigo Testamento, encara-se esta relação de um modo totalmente distinto. O homem (a humanidade) é criado na natureza, num jardim. O homem devia cuidar do Jardim do Éden e viver em harmonia com a natureza e os animais. Pouco depois da criação, o homem anda nu, sem vergonha, igual aos animais em todos os aspetos. Curiosamente, depois da queda, o homem veste-se (o estado natural da criação não lhe basta) e cobre-se (literal e figurativamente)[52] – de vergonha[53]. O ato do vestir, que decorre da vergonha perante o estado natural, o estado do nascimento, a nudez, diferencia as pessoas dos animais e dos seus estados naturais quando nascem. Quando os profetas do Antigo Testamento se referem a um regresso ao paraíso, retratam também uma harmonia com a natureza:

> E morará o lobo com o cordeiro, e o leopardo com o cabrito se deitará, e o bezerro, e o filho de leão e a nédia ovelha viverão juntos, e um menino pequeno os guiará. A vaca e a ursa pastarão juntas, e seus filhos juntos se deitarão; e o leão comerá palha como o boi. E brincará a criança de peito sobre a toca do áspide, e o já desmamado meterá a sua mão na cova do basilisco.[54]

E A CIVILIZAÇÃO PECADORA?

Por outro lado, encontra-se uma resistência à civilização citadina, à forma de vida sedentária, nas entrelinhas de muitas histórias do Antigo Testamento. É o «mau» camponês Caim (a agricultura obrigava a um estilo de vida sedentário e citadino) que mata o pastor Abel (caçadores e pastores tinham hábitos nómadas e não erguiam cidades; esse estilo de vida requeria uma deslocação permanente entre territórios de caça e pastos). Uma dimensão parecida encontra-se no cenário da história do sóbrio Jacob, que *engana e trapaceia*[55] o irmão Esaú[56], privando-o da bênção do pai em seu favor.

A cidade costumava ser retratada (pelo menos, nos textos judaicos mais antigos) como símbolo de pecado, degeneração e decadência – e não de humanidade. Os hebreus começaram por ser uma nação nómada, que evitava cidades. Não é por acaso que a primeira cidade importante[57] mencionada na Bíblia é a vaidosa Babilónia[58], que Deus transformaria depois em pó. Quando os pastos se tornam demasiado pequenos para Abraão e Lot, Lot escolhe a cidade para viver (Sodoma e Gomorra), e Abraão penetra no interior do deserto, escolhendo uma vida nómada. Não é necessário salientar a degeneração destas duas cidades, que todos conhecemos.

O Antigo Testamento usa a poesia para elevar a natureza; o mesmo não se encontra no Épico de Gilgamesh. O Cântico de Salomão do Antigo Testamento descreve o estado da paixão através de simbolismos naturais. Não é por acaso que todos os momentos positivos dos amantes acontecem na natureza, fora da cidade, numa vinha, num jardim. Os eventos desagradáveis, estes, ocorrem na cidade: um guarda bate e humilha a amante; os amantes perdem-se um do outro na cidade. Mas, na natureza, na vinha, no jardim (que evoca o Jardim original da criação), sentem-se seguros, e os amantes voltam a unir-se, sem interrupções, a seu bel-prazer.

Resumindo, a natureza e a naturalidade têm um valor muito positivo para os hebreus, enquanto a civilização da cidade era negativa. O «altar» original de Deus deslocou-se e, quando se fixou, foi «apenas» depositado numa tenda (daí o termo «o *tabernáculo* do Senhor»). É como se a civilização arruinasse a humanidade – quanto mais perto estamos da natureza, mais humanos nos sentimos. Aqui, o estado natural do homem, a sua naturalidade, não precisa da civilização para ser bom e humano. Ao contrário do Épico de Gilgamesh, os hebreus viam o mal *dentro* das muralhas da cidade e na civilização.

Esta visão da naturalidade e da civilização teve, e continua a ter, um percurso complicado na história da cultura judaica, bem como na nossa. Os hebreus, posteriormente, também escolheram um rei (apesar da oposição unânime dos profetas de Deus) e fixaram-se em cidades, onde acabaram por fundar o Tabernáculo do Senhor e construíram um templo em Sua honra. Jerusalém viria a ganhar um lugar ilustre na religião. Esta cidade (o lugar do Templo) ocupa uma posição importante no pensamento hebraico. Épocas tardias inclinam-se mais para o modelo citadino, já evidente na Cristandade primordial. Basta, por exemplo, abrir o Livro do Apocalipse para notar as alterações da visão do paraíso, desde o período profundo do Antigo Testamento, quando o paraíso era um jardim. João narra a sua visão do céu como sendo *uma cidade* – o paraíso reside na Nova Jerusalém, uma cidade em que as dimensões das muralhas (!) são descritas ao pormenor, tal como as ruas douradas e os portões de pérola. Embora ali se situe a árvore da vida, da qual flui um rio, não existem outras menções à natureza no livro final da Bíblia.

Este quadro ilustra perfeitamente as mudanças entretanto ocorridas na perceção da naturalidade do homem. Ou seja, nesta época, a Cristandade (a par da influência dos gregos) já não considera a naturalidade humana como um bem isento de ambiguidades, nem apresenta uma relação tão idílica com a natureza como os profetas do Antigo Testamento.

Mas afetará a economia? Mais do que suporíamos. Se encararmos a *naturalidade* do homem como um bem, as ações coletivas sociais requerem uma mera mão governativa fraca. Se as pessoas mostrarem uma tendência natural (propensão) para praticar o bem, este papel não tem de ser prestado pelo Estado, pelo governante ou, se preferirmos, por Leviatã[59]. Mas, pelo contrário, se aceitarmos a visão de Hobbes da natureza humana como um constante estado de violência latente, uma guerra de todos contra tudo, *homo homini lupus*, no qual o homem se insurge (qual animal!) contra os outros homens, então só a mão firme do governante consegue civilizar o homem (transformar lobos em pessoas). Se a tendência para o bem não é um atributo natural dos seres humanos, tem de ser imposta do alto pela violência ou ameaça de violência. É que num «estado natural» existe «não a cultura da terra... não o conhecimento da face da terra», e a vida torna-se «solitária, pobre, sórdida, brutal e curta»[60]. Pelo contrário, a política económica afrouxa quando o governante acredita na natureza humana, por esta já incorporar uma tendência para o bem, o qual requer apenas cultivo, orientação e apoio.

Do ponto de vista do desenvolvimento do pensamento económico, notam-se outras diferenças interessantes entre o Antigo Testamento e o Épico de Gilgamesh, mesmo em narrativas aparentemente semelhantes. O épico, por exemplo, fala repetidamente de um grande dilúvio, muito parecido com o dilúvio bíblico.

> Durante seis dias e sete noites
> uivaram os ventos, as chuvadas,
> os vendavais, o Dilúvio – devastaram a terra.
> Mas, ao chegar, o sétimo dia, destroçada a terra,
> o furacão belicoso amainou, o Dilúvio cessou.
> O oceano, que esbravejara com a mulher que dá à luz,
> sossegava, a tormenta apaziguava, findava o Dilúvio.
> Contemplei os céus, montava a calmaria,
> mas a humanidade fora reduzida a argila.
> A paisagem era plana como uma campa rasa.[61]

No Épico de Gilgamesh, o dilúvio tem lugar muito antes da história principal. Utanapishti foi o único que sobreviveu – porque construiu um navio, salvando as espécies vivas.

> Com tudo o que possuía carreguei a arca:
> com a prata que possuía a carreguei,
> com o ouro que possuía a carreguei;
> com a criação e toda a semente viva que possuía a carreguei.
> Fiz subir a bordo a família e a parentela,
> os animais do campo, as criaturas selvagens do ermo, mestres e artesão de
> cada ofício[62].

Ao contrário de Noé, Utanapishti salva primeiramente a prata e o ouro, itens que a Bíblia não refere. Se em Gilgamesh a cidade funciona como lugar de proteção contra o «mal além das muralhas», a sua relação primária e positiva com a riqueza é lógica. As riquezas concentram-se nas cidades. No fim, mesmo Gilgamesh terá conquistado parte da sua fama ao matar Humbaba – um ato que o enriquece ao ficar com a madeira resultante do abate dos cedros.

DOMAR O MAL SELVAGEM E A MÃO INVISÍVEL DO MERCADO

Regressemos pela última vez à humanização do selvagem Enkidu, cujo processo, com um pouco de imaginação, se pode entender como a semente original do princípio da mão invisível do mercado, estabelecendo paralelo com um dos esquemas fulcrais do pensamento económico.

Enkidu fora um terror invencível para qualquer caçador. Destruía quaisquer planos e interpunha-se na forma de caçar e de cultivar a natureza. Nas palavras de um dos caçadores afetados:

Mete medo – por isso não me aproximo.
Atulhou as luras que escavei,
desgarrou as armadilhas que armei.
Esquivou do meu poder a manada, os animais das estepes,
O trabalho da estepe não deixa que o cumpra[63].

E, no entanto, depois da sua humanização e civilização, ocorre uma reviravolta:

Quando à noite se deitavam os pastores
Ele perseguia lobos, repelia leões.
Se do gado estavam os maiorais dormindo,
Enkidu, de sentinela, era o seu zagal.[64]

Ao aculturar e «domesticar» Enkidu, a humanidade domou o mal incontrolável e caótico que anteriormente causava estragos veementes e negava o bem alcançado pela cidade. Enkidu devastava as realizações (externas, fora das muralhas) da cidade. Mas, ao ser domado, passa a lutar ao lado da civilização contra a natureza, a naturalidade, o estado natural das coisas. Este momento tem uma interpretação que pode ser muito importante para os economistas. Enkidu causou danos e era impossível de combater. Mas, com a ajuda de uma armadilha, de um truque, este mal transformou-se em algo que passou a beneficiar grandemente a civilização.

Observamos uma representação das características más, inatas e naturais do ser humano (por exemplo, o egoísmo, pôr os interesses próprios acima do bem-estar do próximo). É impossível derrotar Enkidu de vez, mas é possível usá-lo ao serviço do bem. Encontramos este mesmo motivo mil anos mais tarde, aquando da inversão da ideia central da economia, que até os não economistas conhecem: a mão invisível do mercado. Por vezes é melhor «atar o diabo ao arado» do que lutar contra ele. Ao invés de despender enormes quantidades de energia na luta contra o mal, é preferível usar a energia do próprio mal e orientá-la para o nosso fim; montar um moinho no rio turbulento e não tentar futilmente travar a correnteza. Foi desta forma que São Prokop abordou o problema numa das mais antigas lendas checas[65]. Enquanto limpava a floresta (!) e amanhava a terra resultante da limpeza (como era civilizada a natureza nesta época), conta a lenda que os vizinhos o viram amarrar um demónio ao arado[66]. Aparentemente, Prokop sabia lidar com o perigo, com elementos que o povo mais temia. Entendia que era bastante mais sensato e vantajoso usar adequadamente as forças naturais e caóticas do que tentar futilmente suprimi-las, excluí-las e destruí-las. Conhecia até certo ponto a «maldição» do mal, aquela a que Mefistófeles responde na peça *Fausto*, de Goethe:

Parte da força
Que tem no mal o intento e o bem só causa.[67]

No livro *A Ética Católica e o Espírito do Capitalismo*, o economista Michael Novak aborda o problema de transformar o mal numa força criativa[68]. Acredita que só o capitalismo democrático, ao contrário de todos os outros sistemas – frequentemente utópicos –, compreende como está enraizado o mal na alma humana, e que se encontra fora do alcance de qualquer sistema desenraizar este «pecado» entranhado. No entanto, o sistema do capitalismo democrático consegue «contrariar a força do pecado – ou seja, retransformar esta energia numa força criativa (e, nesse processo, vingar-se eficazmente de Satanás)»[69].

Encontra-se uma narrativa semelhante (alcançar uma meta civilizacional a partir da reformulação do elemento selvagem, animal e inculto) nos ensinamentos de Tomás de Aquino. Vários séculos depois, a ideia adquire pujança às mãos de Bernard Mandeville, e da sua *Fable of the Bees: or, Private Vices, Public Benefits*. A aplicação económica e política desta ideia é – incorretamente – atribuída a Adam Smith. A ideia que o tornaria famoso fala do bem societal originado pelo egoísmo do homem do talho, que procura ganhos e lucro em benefício próprio[70]. Obviamente, Smith apresenta um argumento mais sofisticado e crítico do que hoje se leciona e divulga. Havemos de voltar a este aspeto.

Permitam-me aqui uma pequena observação. Só o santo na história de Prokop podia ter um poder transformativo capaz de dominar e reformular o mal, forçando-o a servir o bem comum[71]. Hoje, esta qualidade atribui-se à mão invisível do mercado. Na história de Gilgamesh, a meretriz foi capaz de converter o mal do selvagem em algo útil[72]. Talvez a mão invisível do mercado esteja dotada da mesma herança histórica e se mova na dimensão entre estes extremos – o santo e a meretriz.

EM BUSCA DO PONTO DE DELEITE[73]

Dada a sua origem divina, Gilgamesh estava predestinado a algo grandioso. Salienta-se a procura da imortalidade ao longo da narrativa[74]. Este antigo objetivo de renome, apenas tentado por heróis[75], assume várias formas no épico.

Primeiramente, Gilgamesh procura garantir a imortalidade do seu nome através de um feito relativamente desinteressante – erguer uma muralha à volta da cidade de Uruk. Na segunda fase, depois de conhecer o amigo Enkidu, Gilgamesh larga a muralha e aventura-se no exterior da cidade para maximizar o heroísmo. «Na sua [...] senda pela vida imortal, Gilgamesh incorre privações extraordinárias e realiza feitos super-humanos.»[76] Aqui, o indivíduo já não tenta maximizar bens nem proveitos, porque lhe é mais importante inscrever o nome na memória humana, sob a forma de atos ou façanhas heroicas. A função da utilidade do consumo substitui a dimensão da maximização da aventura e da fama. Este conceito de imortalidade aproxima-se muito da criação da escrita (há que registar a narrativa para conhecimento da geração seguinte), e Gilgamesh foi o primeiro a tentar essa imortalidade sob a forma de um registo escrito de fama «imortal» – ou, pelo menos, o primeiro a consegui-lo. «O seu nome famoso apresenta um novo conceito de imortalidade, ligado às letras e ao culto da palavra: o nome, e, em particular, o nome que fica escrito, sobrevive ao corpo.»[77]

Adiante no épico, também encontramos, obviamente, a maximização económica e clássica do lucro. A viagem de Gilgamesh chega ao fim menos recheada de êxito do que o herói desejava. Enkidu, o amigo de longa data, morre entretanto, e o nosso herói pela primeira vez escuta a frase que, ao longo do épico, ecoa a futilidade dos seus feitos: «Ó Gilgamesh, para onde corres tu? A vida que procuras, não a encontrarás.»[78] Depois desta desilusão, chega junto ao mar, onde vive a taberneira Siduri. Para apaziguar a sua dor, ela oferece-lhe um *jardim de deleite*, um tipo de fortaleza hedonística na qual uma pessoa se conforma com a sua mortalidade e, no fim da vida, maximiza os prazeres terrestres, ou a utilidade terrestre.

> Ó Gilgamesh, para onde corres tu?
> A vida que procuras, não a encontrarás:
> quando os deuses fizeram o homem,
> dispensaram-lhe a morte,
> mas a vida retiraram para si mesmos.
> Por conseguintes, Gilgamesh, enche a barriga,
> dia e noite rejubila nas coisas,
> faz de cada dia um dia de festa,
> dança e goza dia e noite!
> Estejam limpas as tuas roupas,
> lavada a tua cabeça, que te possas banhar em água!
> Abisma-te na criança que levas pela mão!
> Deleite-se a tua mulher no teu abraço repetido!
> É esse o destino dos mortais.[79]

Como responde Gilgamesh à oferta, a esta máxima moderna do prazer consumista? Espantosamente, recusa-a («Disse Gilgamesh a ela, à taberneira: "Porque razão, ó taberneira, falas desse modo?"»[80]) e nela encontra apenas atrasos, obstáculos à sua procura de Utanapishti, o único sobrevivente do dilúvio e no qual Gilgamesh vê uma promessa de obter a cura da mortalidade. O herói recusa o hedonismo no sentido de maximizar o prazer terrestre e dedica-se àquilo que lhe prolongará a vida. Num piscar de olhos, este épico dá a volta ao papel de maximização da utilidade que a economia atual tenta incessantemente colar ao ser humano como fazendo parte da sua natureza[81].

Ao encontrar Utanapishti, Gilgamesh recolhe do fundo do mar a planta cobiçada, aquela que lhe dará a juventude eterna. Mas imediatamente adormece, perdendo-a: «Exaurido pelos seus grandes feitos, Gilgamesh não resiste ao ato mais manso e banal: deixa-se cair no sono, no irmão da morte, o esgotamento debilitante que acompanha a vida na forma do cansaço e da velhice.»[82]

> Do aroma da planta deu tino uma serpente,
> que subiu caladamente e a arrebatou:
> ao desaparecer deixou atrás a pele velha.[83]

E, na décima primeira e última tábua, Gilgamesh volta a perder o que procurava. Qual Sísifo, deixa cair o objetivo antes do clímax e não encontra o seu ponto de deleite nocional. Contudo, Gilgamesh há de tornar-se imortal, pois hoje é recordado. E, independentemente de o acaso ter tido um papel importante no decurso dos acontecimentos, se evocamos ainda Gilgamesh, isso deve-se à história da amizade heroica com Enkidu, e não por causa da muralha citadina, que há muito perdeu a monumentalidade da sua altura.

CONCLUSÃO: O ALICERCE DA ANÁLISE ECONÓMICA

Neste primeiro capítulo, procurámos efetuar a primeira contemplação económica do texto mais antigo da nossa civilização – na esperança de, através do épico, descobrirmos alguma observação a nosso respeito, e a respeito da sociedade que, ao longo de cinco mil anos, se tornou um organismo incrivelmente complicado e emaranhado. É assaz difícil para nós, enquanto meros indivíduos, orientarmo-nos na sociedade moderna; torna-se mais simples analisar as principais características da nossa civilização numa época em que o quadro ainda era legível – em que a nossa civilização, acabada de nascer, ainda andava «seminua». Por outras palavras, escavámos em busca dos alicerces da nossa civilização escrita; abaixo desta, nada existe.

Foi útil o estudo deste épico? Relevou novos sentidos numa leitura económica? Há nele algo válido para os nossos dias? Encontrámos em Gilgamesh alguns arquétipos que ainda nos acompanham?

Tentei demonstrar que a relação mística com o mundo também tem as suas «verdades». Assumimos estas verdades com alguma reserva, fechamo-las, tolerantes, entre aspas, mas convém lembrar que as gerações vindouras também fecharão entre aspas as verdades hoje tão veneradas, e com igual falta de humildade. Nos tempos antigos, as pessoas respondiam às grandes questões com histórias e contos. Afinal, o termo grego «mito» significa «história». «Um mito é uma narrativa que antecipa uma forma de "porquê".»[84] Em breve regressaremos a esta questão – a distinção real entre a narrativa mítica e a matemático-científica.

A mera existência das mesmas questões que hoje a nossa economia coloca é uma possível primeira observação. Os temas dos textos coevos não se distinguem grandemente dos atuais. Por outras palavras: compreendemos o épico, identificamo-nos com ele, por vezes em demasia – por exemplo, na questão de transformar pessoas em robôs. A noção de que o nosso íntimo humano representa um obstáculo para efeitos do trabalho (na muralha)[85] ainda permeia a nossa sociedade. A economia aplica esta noção, quando negligencia o elemento meramente humano. Assim se vê que é tão antiga quanto a própria humanidade esta oposição entre fator humano e eficiência – o ideal dos tiranos é disporem de súbditos desprovidos de quaisquer emoções.

Também testemunhamos os primórdios do processo de aculturação do homem – um grande drama baseado numa libertação, seguido do afastamento do estado natural. Gilgamesh mandou construir uma muralha para separar a cidade da natureza selvagem, criando um espaço para a primeira cultura humana. Mesmo assim, «nem as mais vanguardistas obras da civilização satisfazem o desejo humano»[86]. Aproveitemos esta afirmação como lema da nossa inquietude, da insatisfação que herdámos e da volatilidade que lhe está inerente. Considerando que estas características duram há cinco mil anos e que ainda hoje sentimos uma certa harmonia com o sentimento de futilidade, é razoável supor que sejam inatas no homem. É, inclusive, bem possível que hoje em dia as consideremos mais prementes e universais do que Gilgamesh ou o autor do épico.

O épico rompe com esta noção, através da amizade entre Gilgamesh e Enkidu. Amizade: a forma de amor menos (biologicamente) essencial e que, à primeira vista, é desnecessária para o tecido societal. Para contribuirmos eficazmente para economia e para o bem-estar da sociedade, basta pertencermos à equipa sem um grande envolvimento emocional. Claro, mudar o sistema, derrubar as instituições vigentes e marchar numa expedição contra os deuses (acordar, fazer o percurso da ingenuidade para a sabedoria) requer amizade. Para realizar pequenos atos (caçar em conjunto, trabalhar numa fábrica), basta um amor minúsculo: a camaradagem. Para grandes atos, no entanto, é preciso um grande amor, um amor verdadeiro: a amizade. A amizade confunde o entendimento económico da reciprocidade. A amizade dá. Um amigo dá-se (por completo) ao outro. A amizade serve para a vida e para a morte, não para o lucro ou ganho pessoal. A amizade presenteia-nos com aventuras novas e insuspeitas, com uma oportunidade de abandonarmos a muralha e os papéis de feitor e peças elementares – já não somos tijolos.

Por outro lado, a relação entre Gilgamesh e Enkidu pode ser comparada com a essência civilizada e animal do homem (Enkidu morrerá, embora continue a viver em Gilgamesh). Detemo-nos momentaneamente na noção keynesiana de «espíritos animais», que nos conduz a aventuras com uma aptidão pouco económica e frequentemente irracional: o construtor Gilgamesh – aquele que separa a humanidade do seu estado animal primitivo e desperta a cultura civilizada (apetece-nos dizer «estéril»), aquele que se esconde atrás de muralhas e é um governante cauteloso – torna-se amigo do selvagem Enkidu e parte para subjugar a natureza até então intocada.

Ao mesmo tempo, com o fenómeno da criação da cidade, presenciámos o surgimento da especialização e da acumulação de riqueza, a transformação da natureza sagrada em fonte secular de recursos e também a emancipação do ego individualista dos seres humanos. Este momento, paradoxalmente, existe relacionado com o aumento da dependência coletiva entre os membros da sociedade, embora o indivíduo civilizado se considere mais independente. Quanto menos depende da natureza a pessoa civilizada da cidade, mais depende assim do resto da sociedade. Trocámos a natureza pela sociedade, à semelhança de Enkidu; harmonia com a natureza (incalculável) por harmonia com o homem (incalculável).

Comparámos esta perspetiva com a dos hebreus, aos quais nos dedicaremos com maior detalhe no próximo capítulo. Os hebreus adotaram a cidade numa época posterior; uma parte importante do Antigo Testamento descreve um povo que vivia em grande harmonia com a natureza. O que é então mais natural? Torna-se homem aquele que existe no estado natural (pleno) ou apenas no contexto de uma civilização (citadina)? A natureza do ser humano é boa ou má? Perguntas desde sempre fulcrais para a política económica: se acreditarmos que o homem é mau na sua essência, e que tenta aproveitar-se dos outros homens, torna-se necessária a mão pesada de um governante. Se crermos que as pessoas, deixadas à vontade, gravitam naturalmente para a prática do bem, então é possível afrouxar as rédeas e formar uma sociedade mais permissiva.

Por fim, demonstrámos que o princípio consubstanciado um milénio mais tarde na ideia económica da «mão invisível do mercado» teve um antecedente remoto na lenda de Gilgamesh, em que o mal existente da natureza, ao ser domesticado, acaba por servir a humanidade. São vários os antecedentes da mão invisível do mercado. Por fim, no final do capítulo, deu-se voz a uma espécie de hedonismo pré-grego sob a forma da oferta da taberneira Siduri. Gilgamesh recusa a oferta, mas, 4500 anos depois, o pensamento será acolhido pelo etos económico dos utilitaristas.

A conclusão do épico termina com uma nota cíclica desanimadora, pois nada mudou, não houve qualquer progresso, e – após uma pequena aventura – tudo regressa à configuração original; o épico é cíclico e termina onde começou, com o erguer da muralha. A história não progride, e tudo se repete eternamente, com ínfimas variações, tal como a natureza (a repetição das estações, os ciclos da Lua, etc.). Além disso, a natureza, que cerca a população, personifica divindades imprevisíveis cujas fraquezas e caprichos lembram os dos seres humanos (de acordo com o épico, o dilúvio foi espoletado pelos deuses porque as pessoas faziam demasiado barulho e incomodavam-nos). E, não sendo a natureza desprovida de divindades, é impensável explorá-la e muito menos intervir nela (a não ser que a pessoa em causa seja dois terços divina, como Gilgamesh). Não é seguro investigar os domínios de deuses caprichosos e de mau humor.

Para obter a noção do progresso histórico e des-deificar heróis, governantes e natureza, a humanidade teve de aguardar pelos hebreus. A história completa do Judaísmo é a história da espera pelo Messias, o qual há de chegar no tempo histórico ou, melhor dizendo, no fim da história.

2

O ANTIGO TESTAMENTO:
A MUNDANIDADE E A BONDADE

Admito desde já: considero que a religião judaica e o capitalismo incorporam
as mesmas ideias base.
O espírito que encontro, tanto na primeira como no segundo, é idêntico.
Werner Sombart

Embora os judeus do Antigo Testamento[1] tenham desempenhado um papel fundamental na formação da cultura euro-americana e dos seus sistemas económicos, nem os principais textos de ideias económicas, nem outros menos conhecidos lhes dedicam muita atenção[2]. Max Weber acreditava que devemos o nascimento do capitalismo à ética protestante[3]; Michael Novak por outro lado, salienta a influência da moral católica e da sua perceção da natureza humana[4]; no entanto, e de acordo com Sombard[5], é na fé judaica que reside a origem do capitalismo.

As luminárias deste debate admitem, contudo, que a cultura judaica terá desempenhado um papel importante. Não põem em causa a imprescindível contribuição do pensamento judaico ou o seu papel no desenvolvimento da economia capitalista moderna[6]. Por conseguinte, não podemos eliminar o Antigo Testamento da exploração das ideias económicas pré-científicas – além de ser um dos pilares da Cristandade, a qual viria a assumir ulteriormente uma influência importante na formação do capitalismo e dos ensinamentos económicos, contribuiu também de forma distintiva para mudar a perceção da antropologia e do etos económico.

Os hábitos económicos judaicos antecipam, em diversas áreas, o desenvolvimento da disciplina económica que hoje conhecemos. Nos primórdios da idade «das trevas», os judeus socorriam-se com regularidade de ferramentas económicas sofisticadas para a época, em geral, e que se tornariam futuramente elementos-chave da economia moderna:

> Praticavam o crédito, faziam comércio com bens variados [...] e, nomeadamente, recorriam à compra e venda de participações em mercados de capitais, à troca cambial, e serviam de mediadores nas transações financeiras [...], atuavam como banqueiros e participavam nas emissões em todas as possíveis formas. O capitalismo moderno (contrariamente aos períodos antigo e medieval) [...] contempla atividades que lhe são, de certa forma, inerentes (bem como completamente necessárias) – quer de um ponto de vista económico, quer jurídico.[7]

Até os atacantes das tradições judaicas mencionam estes aspetos. Como indica Niall Ferguson, «Marx foi inclusive autor de um artigo de opinião, "On the Jewish Question", em que designava um capitalista, qualquer que fosse a sua religião, como "o verdadeiro judeu"»[8]. Até para Heinrich Class, um dos instigadores no pré-guerra da propaganda racista[9], os judeus eram «um povo que nasceu para fazer comércio de dinheiro e bens»[10]. Como terá nascido este preconceito? Para uma nação originalmente baseada no nomadismo, de onde surge este etos judaico para os negócios? E serão os hebreus os verdadeiros arquitetos dos valores que dominam o pensamento económico da nossa civilização?

PROGRESSO: UMA RELIGIÃO SECULARIZADA

Um dos contributos dos autores do Antigo Testamento para a humanidade foi a ideia e noção de progresso. As narrativas contidas no Antigo Testamento têm um *desenvolvimento* próprio; mudam a *história* da nação judaica e relacionam-se entre si. A perceção judaica do tempo é linear – tem um princípio e tem um fim. Os judeus acreditam no progresso histórico, e esse progresso ocorre *neste mundo*. O progresso culmina com a chegada do Messias, o qual, na abordagem quilíade, desempenhará também um papel político muito específico[11]. A religiosidade hebraica está, portanto, fortemente ligada ao mundo físico e não a um mundo abstrato; quem tira prazer dos bens mundanos não incorre em condutas impróprias.

> No Judaísmo, cumprir os mandamentos de Deus abre ao praticante não as portas de outro mundo, etéreo, mas a via para uma abundância de bens materiais (Génesis 49:25–26, Levítico 26:3–13, Deuteronómio 28:1–13) [...]. Não se apontam dedos acusatórios a quem se envolva em atividades económicas corriqueiras, com o fim de acumular bens materiais. Não vemos ecos de asceticismo nem indicações de purificação nem louvores ao efeito espiritual da pobreza. É, portanto, normal que os fundadores do Judaísmo, os patriarcas Abraão, Isaac e Jacob, fossem homens abastados.[12]

Anteriormente a esta perceção linear do tempo, dominava uma noção cíclico-sisífica. No Épico de Gilgamesh, a história não avança em nenhuma direção, apenas se repete em ciclos, com variações pequenas, semelhantes aos fenómenos da natureza (a repetição das estações, a vida e a morte, o ciclo das semanas, dos meses, etc.). Além disso, as narrativas decorrem num estranho círculo temporal: a história de Gilgamesh termina onde começou – característica consistente com os mitos e as fábulas dos gregos: no final da narrativa, não se verificou progresso ou alterações fundamentais da história; a narrativa situa-se num tempo indefinido, no limbo temporal. Pode repetir-se inúmeras vezes, e em qualquer local, nada tendo mudado desde o seu término e regressando à velha rotina[13].

A ideia de progresso[14] – que, posteriormente, se tornaria a força motriz da criação da ciência e a esperança da nossa civilização – surge com esta visão linear da história. Se a história tem um começo e um fim, e estes são pontos distintos, torna-se subitamente relevante fazer explorações que apenas darão fruto na geração seguinte. O progresso adquire um novo sentido.

A nossa civilização tem, portanto, uma enorme dívida para com os hebreus, por esta noção do progresso – a qual, no decorrer da história, acabou por sofrer mudanças significativas, sendo hoje encarada distintamente. Se, no início, incorporava uma vertente espiritual, atualmente mede-se o progresso em termos económicos ou tecnocientíficos[15]. Além disso, o progresso económico tornou-se um pressuposto assente das sociedades modernas e funcionais. Esperamos que aconteça crescimento. Aceitamo-lo sem mais questões. Se nada de «novo» acontece, se o PIB não cresce (dizemos que «estagnou») durante um conjunto de trimestres, estamos perante uma situação anómala. Mas nem sempre foi assim. Como Keynes indicou há quase um século, a ideia de um crescimento forte e de um progresso material significativo instaurou-se entre nós somente nos últimos trezentos anos:

> Desde os tempos primordiais de que há registos, digamos, dois mil anos antes de Cristo, até ao começo do século XVIII, não ocorreram mudanças significativas nos padrões de vida de um qualquer habitante dos centros civilizados do planeta. Houve tempos bons e tempos maus, certamente. Incursões de peste, fome e guerra. Intervalos dourados. Mas nenhuma mudança progressiva e violenta. Talvez determinados períodos fossem cinquenta porcento melhores do que outros – no limite, cem porcento melhores –, ao longo dos quatro mil anos que terminaram (digamos) em 1700 d.C. [...]. Antes do romper da história – talvez mesmo durante um dos intervalos confortáveis que precederam a última idade do gelo –, presume-se que tenha existido uma era de progresso e de invenção comparável à que hoje atravessamos. Mas, na grande maioria da história escrita, não se verificou nada igual[16].

Ao termo-nos emancipado do conceito cíclico do tempo, e após vários séculos, a humanidade não estava habituada a um aumento visível nos padrões de vida. É possível complementar a citação de Keynes, afirmando que o conteúdo de um lar típico poucas mudanças terá sofrido ao longo desses quatro mil anos. Alguém que adormecesse numa época muito anterior a Cristo e que acordasse no século XVII não notaria necessariamente mudança no equipamento material do dia a dia. Na presente época, contudo, se a pessoa acordar uma geração depois, ficará totalmente desorientada, sem saber utilizar os equipamentos domésticos mais corriqueiros. Foi apenas com a revolução tecnocientífica (quando

O ANTIGO TESTAMENTO: A MUNDANIDADE E A BONDADE | 65

a economia surge também como disciplina autónoma) que passámos a assumir automaticamente a existência de um progresso material.

Embora Keynes fosse explícito ao depositar esperança na satisfação económica das nossas necessidades, quase todas as grandes figuras do pensamento económico da nossa era professam uma enorme fé no efeito benéfico do progresso material. Eis o motivo da insistência no crescimento constante: acreditamos (profundamente e quase sempre de forma implícita) que caminhamos para o paraíso (económico) sobre a Terra. Com a passagem do cuidado da alma para o cuidado dos bens externos, conforme indica o filósofo checo Jan Patočka, os economistas assumiram o papel de figuras centrais de grande destaque da nossa era (*Kacířské eseje o filosofii dějin* [*Ensaios Heréticos na Filosofia da História*]). Esperam-se deles interpretações da realidade, serviços proféticos (previsões macroeconómicas), reformulações da realidade (mitigar os aspetos da crise, acelerar o crescimento) e, no longo prazo, que liderem o rumo para a Terra Prometida – o paraíso sobre a Terra. Paul Samuelson, Milton Friedman, Gary Becker, Frank Knight e muitos outros tornaram-se evangelizadores do progresso económico, que aplicam não só nos seus países de origem, mas também noutras culturas, a nível global. Voltaremos a este tópico em maior profundidade na segunda parte.

REALISMO E ANTIASCETISMO

Além das ideias de progresso, os hebreus deram outro contributo fundamental para a nossa cultura: a dessacralização dos heróis, da natureza e dos governantes. Pode afirmar-se, com algum exagero, que o pensamento judaico é a escola de pensamento mais pragmática e realista de todas as que influenciaram a nossa cultura[17]. Um mundo de ideias abstratas era um conceito desconhecido pelos judeus. Mesmo o ato de *ilustrar* Deus, pessoas e animais mediante símbolos, pinturas, estátuas e desenhos era, e continua a ser, proibido. Não lhes era permitido criarem símbolos representativos ou representações simbólicas (modelos, por assim dizer) da realidade:

> Guardai, pois, com diligência as vossas almas, pois semelhança nenhuma vistes no dia em que o Senhor, vosso Deus, em Horeb, falou convosco do

meio do fogo; para que não vos corrompais, e vos façais alguma escultura, semelhança de imagem, figura de macho ou de fêmea; figura de algum animal que haja na terra; figura de alguma ave alígera que voa pelos céus; figura de algum animal que ande de rastos sobre a terra; figura de algum peixe que esteja nas águas debaixo da terra; e não levantes os teus olhos aos céus e vejas o Sol, e a Lua, e as estrelas, todo o exército dos céus, e sejas impelido a que te inclines perante eles, e sirvas àqueles que o Senhor, teu Deus, repartiu a todos os povos debaixo de todos os céus.[18]

Contrariamente à Cristandade, o conceito de um paraíso ou céu extraterreno não foi alvo de relevante desenvolvimento no pensamento hebraico[19]. O paraíso dos israelitas – o Éden – situava-se originalmente na Terra, num determinado local da Mesopotâmia[20] e numa determinada época, podendo traçar-se a genealogia exata desde Adão e Eva. Ainda hoje, os judeus calculam os anos a partir da criação do mundo. Não se elabora o conceito de céu, nem este é alvo de argumentação (teológica). Mesmo Voltaire escreve: «O certo é que, nas leis públicas, ele [Moisés] nunca mencionou uma vida vindoura, limitando os castigos e as recompensas à vida presente.»[21]

O asceticismo dedicado e intencional era uma noção alheia para os antigos hebreus, bem como o desdém pelas coisas materiais e físicas, como mais tarde se verificaria sob influência das tradições derivadas da obra de Sócrates e Platão[22]. A tradição grega ascética entrará mais tarde na Cristandade, pelos dos ensinamentos de Paulo de Tarso e do neoplatónico Agostinho (354–430), o qual concordava com esta apenas em certa medida (regressaremos aos gregos e académicos medievais cristãos no tópico dos asceticismo).

O pragmatismo (mundanidade) judaico foi referido por Max Weber, que escreveu «o Judaísmo orienta-se para o mundo, no sentido em que não rejeita o mundo como tal, mas apenas a ordem social que nele prevalece [...] o Judaísmo difere do puritanismo no que toca à ausência relativa (como sempre) do asceticismo sistemático [...]. A observância da lei judaica tem pouco a ver com o asceticismo»[23]. Os hebreus consideram que o mundo é *real* – e não uma mera sombra, reflexo de um mundo *melhor* que existe numa nuvem de ideias, conceito atribuído, nas leituras habituais da história, a Platão. A alma não se debate contra o corpo nem é sua prisioneira, como Agostinho escreveria posteriormente. Pelo contrário, o corpo e o mundo material – e, portanto, o mundo económico – resultam da criação de um Deus bom. A terra, o mundo, o corpo e a realidade material são, para os judeus, o cenário supremo da história divina, o pináculo da criação.

Esta noção representa a *conditio sine qua non* do desenvolvimento da economia, enquanto detentora de uma existência puramente terrena e, portanto, legítima e fundamentada; embora não contenha uma «dimensão espiritual», serve a satisfação de necessidades plenamente terrenas[24]. Os ditames do Antigo Testamento raramente desdenham da riqueza ou enaltecem a pobreza. É no Novo Testamento que encontramos a austeridade do desprezo radical pelas posses – ver por exemplo a parábola de Lázaro. Mas, para os hebreus, a condição daqueles que obtêm êxito no mundo (económico) é vista como uma manifestação do favor de Deus. O sociólogo de economia Sombart articula com precisão:

> Percorram a literatura judaica, e em particular as Sagradas Escrituras e o Talmude, e descobrirão, sim, algumas passagens nas quais a pobreza é louvada como sendo mais nobre e elevada do que a riqueza. Mas também encontrarão centenas de passagens nas quais a riqueza se diz bênção do Senhor, e apenas se admoesta contra o mau uso ou os seus perigos [...], mas nada se diz contra a riqueza em si mesma; e jamais se diz que é uma abominação aos olhos do Senhor.[25]

Juntamente com o conceito de mundanidade, os hebreus realizaram outras dessacralizações. Nos ensinamentos do Antigo Testamento, os heróis, os governantes e a natureza são despojados da sua divindade. Este fenómeno tem um papel importante na alteração do pensamento económico.

O HERÓI E A SUA DESDEIFICAÇÃO: O SONHO NUNCA DORME

O conceito do herói tem mais importância do que se lhe dá crédito. Pode representar a origem remota dos espíritos animais de Keynes ou o desejo de emular um certo arquétipo interno, valorizado pela sociedade, que o indivíduo aceita como seu. Todos nós teremos certamente uma forma de «herói íntimo» – um modelo ou padrão interno, um exemplo a seguir (conscientemente ou não). Convém identificar a composição deste arquétipo, pois desempenha um papel predominantemente irracional, e varia consoante a época e a civilização em causa. Este nosso *animador interno*, nosso impulsionador pessoal, este sonho, nunca dorme e influencia o nosso comportamento – incluindo o comportamento económico – mais do que pensamos.

Veja-se, à partida, que o Antigo Testamento se faz acompanhar de um arquétipo de herói muito mais realista do que as civilizações circundantes. Os «heróis» judaicos, contrariamente aos que encontrámos, por exemplo, no épico de Gilgamesh, ou nas fábulas e lendas gregas, são mais realistas, pessoas imaginadas com uma tridimensionalidade verosímil. Já conhecemos a ideia suméria do herói, portanto, façamos uma breve incursão à segunda cultura que influenciou fortemente a judaica – a egípcia. Os judeus passaram vários séculos no Egito, no início da sua história, abandonando-o (provavelmente) durante o reinado do famoso Ramsés II[26]. A partir dos textos preservados (se houve cultura que implementou a tradição dos burocratas e dos notários foi a dos os egípcios), somos capazes de criar uma imagem em bruto do presumível aspeto desse herói na imaginação coeva. A mitologia do herói-rei estava fortemente desenvolvida naquele período, que Claire Lalouette resumiu nestas características básicas: beleza (um rosto perfeito, o qual é «agradável à vista», mas também «beleza», expressa pelo termo egípcio *nefer*, que não só representa a estética, como contém qualidades morais)[27], masculinidade e força[28], conhecimento e inteligência[29], sabedoria e compreensão, vigilância e desempenho, fama e reconhecimento (fama que desnorteia os inimigos, pois «mil homens não seriam capazes de manter-se firmes na sua presença»)[30]; o herói é um bom pastor (toma conta dos seus subordinados), um baluarte vestido de cobre, escudo da terra e defensor dos heróis. Deve também mencionar-se que o governante egípcio, tal como o sumério, era em parte deus ou filho de um deus[31].

Não encontramos semideuses correspondentes na Torá, nem heróis musculados dotados de capacidades físicas super-humanas e predestinados a grandes feitos. A única exceção foi o «musculado» Sansão (mas até ele tinha a sua força super-humana sujeita à discrição divina). Os heróis

O ANTIGO TESTAMENTO: A MUNDANIDADE E A BONDADE | 69

da Torá (se esse termo for adequado) cometiam erros com frequência, que a Bíblia é cuidadosa em registar – talvez com o intuito preciso de evitar alguma deificação[32]. Não temos de ir longe para encontrar exemplos. Noé bebe demasiado e passa vergonha; Lot permite que as próprias filhas o seduzam num igual estado de embriaguez. Abraão mente e tenta (repetidamente) vender a mulher como concubina. Jacob defrauda o pai Isaac e rouba o direito de primogenitura do irmão Esaú. Moisés mata um egípcio. O rei David seduz a mulher do comandante militar e conspira para o matar. Em avançada idade, o rei Salomão começa a idolatrar ídolos pagãos, e assim em diante[33].

Todas as sociedades e eras têm ideais que regem o nosso comportamento inconsciente; muitos são combinações de elementos já existentes. A antropologia conhece vários arquétipos de heróis. O antropólogo americano de origem polaca Paul Radin examinou os mitos dos índios norte-americanos e, no seu livro mais influente, *The Trickster*, descreve os quatro arquétipos básicos de heróis dessa cultura. O mais antigo era o Matreiro – um vigarista; depois o portador da cultura – o Coelho. De seguida, o herói musculado chamado Chifre Vermelho; e, por fim, a forma de herói mais desenvolvida: os Gémeos. Por exemplo, Gilgamesh tinha ao seu dispor os sinais de todos os arquétipos de Radin; o gémeo que o complementa é Enkidu[34]. Pode inclusivamente afirmar-se que os hebreus – e, depois, a Cristandade – acrescentaram outro arquétipo, o do Sofredor heroico[35]. Job foi um Sofredor e também, em grande medida, Isaías (na Cristandade, este ideal é naturalmente personificado por Jesus Cristo, que projeta a sua força através da fraqueza, a sua vitória através da perda e a sua magnificência através da humilhação na cruz – assume o papel de quem indica o caminho e sofre por representação). Como vimos pela lista enumerada, os heróis hebraicos correspondem na sua maioria aos Matreiros, aos Portadores da Cultura e aos Gémeos. O musculado divino, esse símbolo dominante que nos surge à mente quando falamos de heróis, está ausente.

Este fator é deveras importante para o capitalismo democrático, pois o arquétipo heroico dos judeus forma a base com que posteriormente se desenvolveria o fenómeno do herói, mais adequado à vida como hoje a conhecemos. «Os heróis pousaram as armas e começaram a fazer comércio para enriquecerem.»[36] E, como é bem sabido, o comércio não requer músculos, nem beleza, nem uma postura de semi-herói. Às figuras que foram empurrando a civilização até ao estatuto atual o arquétipo heroico do matreiro, do portador da cultura e do sofredor adequa-se melhor.

A NATUREZA NÃO É SAGRADA

Além da desdeificação dos heróis, o Antigo Testamento salienta fortemente a desdeificação da natureza[37]. A natureza é a criação de Deus; tem um teor divino, mas já não é o domínio de deuses caprichosos, como os que existem no épico de Gilgamesh[38]. A desdeificação, no entanto, não implica um apelo à pilhagem ou à profanação; o homem foi colocado na Terra para cuidar da natureza (veja-se a história do Jardim do Éden ou do simbolismo de atribuir nomes aos animais). Proteger e cuidar da natureza também implica a ideia de progresso apresentada no início do presente capítulo. Existindo uma perceção linear do tempo, representa obviamente uma questão de legado para as gerações vindouras. «O Judaísmo conota o desenvolvimento económico do ser humano como positivo, e a natureza fica subserviente face a esta postura. Contudo [...], o crescimento tem de ser obrigatoriamente limitado. As necessidades das gerações futuras devem ser tidas em conta; afinal, a humanidade é a guardiã do mundo de Deus. É proibido desperdiçar recursos naturais, tanto os de propriedade privada como os nacionais.»[39]

OS GOVERNANTES SÃO MEROS HOMENS

Num contexto histórico semelhante, os ensinamentos do Antigo Testamento implicavam uma igual dessacralização dos governantes, os ditos portadores da política económica. Deus incitou os judeus, por intermédio de Moisés, a revoltarem-se contra o faraó – um feito inédito para a época. O governante equivalia a um deus ou, pelo menos, ao filho de um deus – em último caso, adotando a forma de Gilgamesh, governante de Uruk, que era dois terços deus. Mas, no contexto do Antigo Testamento, descreve-se o faraó como um mero homem (do qual se *podia* discordar e ao qual se podia resistir!).

O ANTIGO TESTAMENTO: A MUNDANIDADE E A BONDADE | 71

Mesmo os futuros reis israelitas eram constantemente lembrados pelos profetas da sua não omnipotência; não eram iguais a Deus, mas Seus subordinados. Em último caso, a ideia de um regente político opunha-se à vontade do Senhor, situação explicitamente indicada na Torá. O Senhor inequivocamente preferia o juiz como a suprema figura de governo – uma instituição capaz de arbitrar, mas não de governar explicitamente, na aceção moderna do conceito de poder executivo[40]. O poder dos reis foi praticamente expurgado da terra pelos judeus, e futuros leitores da Torá adotariam a mesma interpretação. Não se tratava, portanto, de uma instituição divina; a figura do rei era uma questão apenas terrena. Desde então, instituiu-se a humildade dos governantes como sendo uma das suas virtudes mais essenciais. O rei David, o mais importante rei israelita, escreve no Salmo 147, que lhe está atribuído: «O Senhor eleva os humildes e abate os ímpios até à terra.»[41] A política perde o caráter de infalibilidade divina, e as suas questões ficam sujeitas a questionamento. A política económica podia ser examinada.

A instituição do reinado não é recomendada no Antigo Testamento, deve inclusive evitar-se. Antes de os israelitas elegerem (tirando à sorte) os seus reis, o «governo» em Israel era desempenhado por juízes, que tinham uma autoridade executiva bastante mais reduzida que a dos reis. Na seguinte citação, o Senhor hebraico avisa as pessoas, através do profeta Samuel, de que não devem instituir um rei acima delas:

E disse: «Este será o costume do rei que houver de reinar sobre vós: ele tomará os vossos filhos, e os empregará para os seus carros, e para seus cavaleiros, para que corram adiante dos seus carros. E os porá por príncipes de milhares e por cinquentenários; e para que lavrem a sua lavoura, e seguem a sua sega, e façam as suas armas de guerra e os petrechos dos seus carros. E tomará as vossas filhas para perfumistas, cozinheiras e padeiras. E tomará o melhor das vossas terras, e das vossas vinhas e dos vossos olivais, e os dará aos seus criados. E as vossas sementes e as vossas vinhas dizimará, para dar aos seus eunucos e aos seus criados. Também os vossos criados, e as vossas criadas, e os vossos melhores mancebos, e os vossos jumentos, tomará e os empregará no seu trabalho. Dizimará o vosso rebanho, e vós lhe servireis de criados. Então, naquele dia, clamareis por causa do vosso rei, que vós houverdes escolhido; mas o Senhor não vos ouvirá naquele dia». Porém o povo não quis ouvir a voz de Samuel, e disseram: «Não; mas haverá sobre nós um rei.»[42]

Portanto, mesmo sem haver uma bênção, a instituição do governante, portador de poder executivo, nasceu em Israel. Desde o início que Deus se distancia desta ideia, criando a sensação de que nada resta de sagrado, e muito menos de divino, na política. Os governantes cometem erros, e é possível sujeitá-los a uma crítica dura – a qual com frequência é feita indiscriminadamente pelos vários profetas do Antigo Testamento.

O LOUVOR DA ORDEM E DA SABEDORIA: O HOMEM COMO APERFEIÇOADOR DA CRIAÇÃO

O mundo concebido segue uma certa *ordem*, uma ordem reconhecida por nós, as pessoas, que é deveras importante para a metodologia da ciência e da economia, pois estudar cientificamente a *des*ordem e o caos é um esforço inglório[43]. Acreditar na existência de determinada ordem racional e lógica dentro de um sistema (sociedade, a economia nacional) é o pressuposto silencioso de qualquer análise (económica).

No começo da criação, não seria este o caso – tudo era somente uma massa disforme e incolor, no verdadeiro sentido da palavra; nada tinha nomes ou sinais, e tudo se fundia em *um* único elemento[44]. Deus primeiro *cria* com a palavra e depois, em dias diferentes, *separa* a luz *das* trevas, a água *da* terra, o dia *da* noite, e assim em diante – e atribui *ordem* às coisas[45]. Concebe-se o mundo segundo uma *ordem* – definida com *sabedoria* e *intenção*. É tal esta estrutura do mundo que outro ser sujeito aos ditames da razão será capaz de a decifrar, no todo ou em parte[46]. São passíveis de estudo os princípios que a regem. O Livro dos Provérbios salienta diversas vezes que a *sabedoria* esteve presente no momento de criação do mudo. A sabedoria clama:

> O Senhor me possuiu no princípio dos seus caminhos, e antes das suas obras mais antigas. Desde a eternidade fui ungida, desde o princípio, antes do começo da terra. Antes de haver abismos, fui gerada, e antes de haver fontes carregadas de águas. Antes que os montes fossem firmados, antes dos

outeiros, eu fui gerada. Ainda ele não tinha feito a terra, nem os campos, nem sequer o princípio do pó do mundo. Quando Ele preparava os céus, aí estava eu; quando compassava ao redor a face do abismo; [...] então eu estava com ele e era seu aluno [...]. [47]

A citação anterior continua:

[...] [E]ra cada dia as suas delícias, folgando perante ele em todo o tempo; [...] achando as minhas delícias com os filhos dos homens. Agora, pois, filhos, ouvi-me, porque bem-aventurados serão os que guardarem os meus caminhos. [...] Bem-aventurado o homem que me dá ouvidos, velando às minhas portas cada dia, esperando às ombreiras da minha entrada. Porque o que me achar achará a vida, e alcançará favor do Senhor. Mas o que pecar contra mim violentará a sua própria alma: todos os que me aborrecerem amam a morte.[48]

Deus, e a Sabedoria com Ele, urge-nos assim a aprender a ordem do mundo. O mundo não nos é inteiramente incompreensível. E investigá-lo não é sequer *proibido*. O facto de a ordem poder ser abarcada pela razão humana é outro pressuposto assumido, pilar de toda a investigação científica. Existem mais *apelos* no Antigo Testamento para alcançar a sabedoria. «A suprema sabedoria [...] pelas ruas levanta a sua voz. [...] "Até quando, ó simples, amareis a simplicidade?"»[49] Ou, vários capítulos adiante: «A sabedoria é a coisa principal: adquire, pois, a sabedoria; sim, com tudo o que possuis, adquire o conhecimento.»[50]

Examinar o mundo é portanto uma atividade absolutamente legítima, que inclusive é incitada por Deus – uma espécie de participação no trabalho do Criador[51]. Pede-se ao homem que se compreenda a si mesmo, e à sua envolvência, e que use este conhecimento para o bem. A natureza existe para o homem, e abre-se-nos a possibilidade de a explorarmos e mudarmos – pede-se ao homem que o faça, pois terá sido este o propósito da sua existência.

A cultura hebraica assentou as fundações da investigação científica do mundo. Vale a pena sublinhar este facto espantoso, que a investigação racional da natureza tem as suas raízes na religião. Embora o mundo acalente sempre mistérios que a mera razão jamais descortinará, fomos colocados num mundo que podemos tentar compreender, combinando intuição, experiência, e assim em diante.

O HOMEM COMO UM FINALIZADOR DA CRIAÇÃO

A criação do mundo, conforme os ensinamentos judaicos, é descrita no Livro do Génesis. Aqui, Deus (i) cria, (ii), separa e (iii) nomeia [a ênfase é minha]:

> No princípio, criou Deus os céus e a terra. [...] e fez Deus **separação** entre a luz e as trevas. E Deus chamou à luz Dia; e às trevas chamou Noite. [...] E fez Deus a expansão, e fez separação entre as águas que estavam debaixo da expansão e as águas que estavam sobre a expansão. E assim foi. E chamou Deus à expansão Céus [...]. E chamou Deus à porção seca Terra; e ao ajuntamento das águas chamou Mares.[52]

Sem nomes, a realidade não existe; a sua criação é acompanhada pela linguagem. Wittgenstein menciona este facto no seu *tratado* – os limites da nossa linguagem são os limites do nosso mundo[53]. Por outro lado, não somos capazes de pensar em algo que não tenha um símbolo representativo na nossa mente (tal como um nome, sinal, etc.). Não conseguimos ponderar no que não conseguimos nomear[54] e vice-versa.

A Nomeação *em si* (o N maiúsculo é adequado) pertence tradicionalmente ao ato coroador do Criador e representa uma espécie de grande final da criação, o derradeiro gesto do pincel que encerra a pintura – a assinatura do mestre. Um momento assinalável sucede no Génesis: o último ato, pincelada final da criação, a nomeação dos animais – este ato é atribuído ao ser humano, não é desempenhado por Deus, tal como seria de esperar. O homem recebeu a tarefa de finalizar o ato da criação que o Senhor começou:

> Havendo, pois, o Senhor Deus formado da terra todo o animal do campo, e toda a ave dos céus, os trouxe a Adão, para este ver como lhes chamaria; e tudo o que Adão chamou a toda a alma vivente, isso foi o seu nome. E Adão pôs os nomes a todo o gado, e às aves dos céus, e a todo o animal do campo [...]. [55]

Um único parágrafo menciona a nomeação e designação quatro vezes. Deus transmite a Sua criação ao homem numa forma incompleta (podia dizer-se: produto semiacabado) e permite que seja o homem a colocar os toques finais e, portanto, a finalizá-la. Nomear é uma expressão simbólica. Na cultura judaica (e também na nossa cultura atual), o direito de nomear é um direito soberano e pertence, por exemplo, aos exploradores (novos lugares), inventores (novos princípios) ou pais (filhos) – ou seja, a quem está presente na génese, na origem. É um direito que foi *transmitido* por Deus à humanidade. O motivo de colocar os *toques finais* também pode ser observado na noção de jardim, um lugar que requer cultivo ou aperfeiçoamento. O homem foi colocado no jardim, não na selva, nem na floresta, nem no prado. Os jardins requerem cuidado e cultivo permanente; as florestas e os prados sobrevivem sem problemas quando deixados aos seus desígnios[56].

De que modo se relaciona este tema com a economia? A realidade, o nosso mundo «objetivo», foi *cocriada*, o homem participa no próprio ato de *criação*; uma criação em processo constante de *recriação*.

A realidade não é uma certeza; não é passiva. Perceber a realidade e os «factos» requer a participação ativa do homem. É o homem que deve dar o derradeiro passo, um ato (e destacamos a proximidade relevante entre *facto* e *ato*) que permite a criação permanente da realidade. A *real*-ização de um ato da nossa parte representa a criação de um conceito, a imputação de sentido e de ordem (ideia devidamente expressa no ato bíblico da *nomeação*, ou da categorização, divisão, ordenação). Os nossos modelos científicos aplicam os toques finais à realidade, porque (1) interpretam, (2) nomeiam os fenómenos, (3) permitem-nos classificar o mundo e os fenómenos de acordo com as formas lógicas, e (4), por intermédio destes modelos, percebemos efetivamente a realidade. Através desta ordem (imposta por nós), a realidade manifesta-se, genuína; sem ela, perde sentido. E, tal como o famoso filosofo checo Neubauer afirma: «E aquilo que não faz sentido nem sequer se mostra.»[57]

Através das suas teorias, o homem não só descobre o mundo, mas também o *forma*. Além do sentido de reformular a natureza (aumentar a eficiência ou a fertilidade através do cultivo dos campos, plantar, erguer represas), também num sentido ontológico profundo. Quando o homem descobre um novo modelo analítico ou enquadramento linguístico ou deixa de usar o anterior, molda ou remolda a realidade. Os modelos existem apenas nas nossas cabeças; não se encontram «na realidade objetiva». Neste sentido, Newton terá *inventado* (não se limitou a descobrir!) a gravidade[58]. Inventou (em termos fictícios e puramente abstratos!) um enquadramento geralmente aceite e rapidamente «tornado» realidade. Marx fez o mesmo; criou a noção da exploração das classes. Por via desta sua ideia, alterou-se a perceção da história e da realidade numa região do mundo, durante mais de meio século.

Agora chegamos a um tópico puramente económico. Regressemos aos retoques finais na realidade no sentido mais simples (inexistência de modelo) do termo. John Locke aborda este tema de forma interessante, quando refere o «valor acrescentado» do trabalho e do cuidado humano:

> Pois as provisões que sustentam a vida humana, retiradas de um acre de terra fechada e cultivada, são (para me manter dentro do tema) dez vezes superiores às que são colhemos num acre de terra rica e desperdiçada da área comunal [...] avaliei aqui a terra melhorada com pontuação baixa, tornando o produto em dez para um, quando na verdade se aproxima da razão de cem para um.[59]

Michael Novak aborda inclusive a criação em bruto[60] ou a criação de um tipo de «estado natural», que permanece inexpugnável e não aprimorado pelo homem com o «suor do seu rosto». O homem estabelece-se como supervisor do mundo concebido; torna-se responsável por conduzir a criação à sua plenitude. Como se, através da criação em bruto (não totalmente acabada) do mundo, Deus unisse o homem à tarefa de guardar e proteger o Jardim do Éden, e por conseguinte o homem se tornasse *co*criador da paisagem cultural. O filósofo checo Zdeněk Neubauer também o descreve desta forma: «Eis a natureza da realidade, e é tão profunda que se cristaliza voluntariamente sob a forma de mundos. Portanto, declaro que a realidade é uma criação, e não um lugar de ocorrência dos fenómenos objetivamente indicados.»[61]

Mesmo perante esta perspetiva, é possível encontrar-se um teor místico no pensamento judaico: aceita o papel do elemento incompreensível. Assim, graças ao seu pragmatismo, o pensamento judaico sacia o mistério e defende-se de uma explicação mecanicista-causal do mundo:

«O modo judaico de pensar, segundo Veblen, coloca ênfase no espiritual, no miraculoso, no intangível. Por outro lado, os pagãos veem o mecânico e o científico.»[62] Muitos anos após esta época, Keynes entra na história do pensamento económico pela mesma cadência intelectual; a sua grande contribuição para a economia foi precisamente a ressurreição do *impercetível* – por exemplo, sob a forma dos *espíritos animais* ou da *incerteza*. O economista Piero Mini chega a atribuir as dúvidas de Keynes e a sua abordagem rebelde à sua educação quase talmúdica[63].

O BEM E O MAL DENTRO DE NÓS: UMA EXPLICAÇÃO MORAL DO BEM-ESTAR

No Épico de Gilgamesh, vimos que o bem e o mal não são ainda abordados sistematicamente sob a égide da moralidade. No épico, o mal é descrito como exógeno, exterior (à cidade), *fora* da nossa pessoa. A personificação do mal, Humbaba, habita *fora* da cidade, na floresta de cedros; Enkidu era um mal que assolava os territórios *fora* da cidade – e, quando se *urban*iza, passa a ser um fator benéfico.

Quem leia o épico não consegue resistir à sensação de que o mal se correlaciona com a natureza e o bem com a cidade, a civilização, o progresso. É de notar que os egípcios fizeram uma deificação parecida da cidade; para eles, as cidades representavam entidades divinas. Nos textos e poemas egípcios, a cidade identificava-se com os deuses que a habitavam[64]. Mas, no épico, o bem e o mal não se defrontam moralmente – não resultam de um ato *(a)moral*. O mal associa-se ao ato de livre moralidade ou vontade individual. Não se deve a um mal moral-humano, mas a um determinado mal da *natureza*. É como se o bem e o mal não fossem sequer tocados pelas questões morais. O mal acontece, ponto final.

O pensamento hebraico, por outro lado, lida intensivamente com o bem e o mal a nível da *moralidade*. Uma dimensão moral permeia as narrativas[65]. Além disso, a própria história tem uma dimensão moral; a moralidade mostra-se como o fundamento dos fatores históricos. Para os hebreus, a história decorre consoante a atuação moral dos seus atores. O pecado humano influencia a história, motivo pelo qual os autores do Antigo Testamento prepararam um código moral complicado que garantiria um *mundo melhor*. O mal não reside fora da cidade, algures na natureza, nem na floresta distante, *além de nós*. As narrativas afirmam precisamente o oposto – o natural representa o bem, e a cidade artificial criada pela civilização representa o mal.

O mal não pode, obviamente, ser erradicado com um percurso na floresta, como resolvem Gilgamesh e Enkidu fazer, aventurando-se para «matar Humbaba e cortar os cedros». Os sumérios acreditavam no dualismo – há divindades boas e divindades más, e a terra, em que vivem as pessoas, torna-se um campo de batalha passivo. Os judeus acreditam no oposto. O mundo foi criado por um Deus bom, e o mal surge nele por causa dos atos humanos imorais. O mal, por conseguinte, é induzido pelo homem[66]. A história desvenda-se consoante a moralidade dos atos humanos. Tomemos, como exemplo, a expulsão do paraíso: ocorre após a desobediência de Adão e Eva[67]. A diferença é ilustrada pela história do dilúvio. O Antigo Testamento usa a decadência humana e a multiplicação do mal amoral para explicar o dilúvio:

> E viu o Senhor que a maldade do homem se multiplicara sobre a terra, e que toda a imaginação dos pensamentos do seu coração era só má continuamente.[68]

No épico, pelo contrário, o dilúvio acontece por causa do comportamento barulhento do povo, que incomodou os deuses. Aqui não se atribui uma dimensão moral ao dilúvio; o Génesis, por sua vez, explica o dilúvio pela (a)moralidade. Encontramos inúmeros exemplos no Antigo Testamento em que os eventos históricos são precedidos por atos (a)morais. A obliteração de Sodoma e Gomorra resultou dos pecados cometidos nestas cidades[69], errar quarenta anos no deserto antes de entrar na Terra Prometida foi o castigo pela revolta no monte Sinai[70], e assim em diante. A história da nação judaica é interpretada e entendida em termos morais. A moralidade tornou-se, por assim dizer, uma força motriz da história hebraica.

CICLO MORAL DE NEGÓCIO E PROFECIAS ECONÓMICAS

Deparamo-nos, na narrativa da nação judaica, com a noção original do ciclo económico – com o primeiro ciclo económico registado na nossa história escrita e também com a primeira tentativa de *explicar* os seus motivos. Várias teorias tentam explicar os ciclos económicos, e, contudo, os economistas não chegam a acordo sobre o que espoleta este fenómeno, mesmo nos nossos dias. Há quem culpe os fatores psicológicos, outros referem as discrepâncias entre poupanças e investimento, outros há, convencidos de que o ciclo tem uma essência monetária, e há ainda quem veja causas nas manchas solares. Os hebreus adotaram a ideia de que a base dos ciclos económicos, os anos bons e maus, reside no comportamento moral. Mas estamos a adiantar-nos.

O sonho do faraó: José e o primeiro ciclo económico

Obviamente, para evitar que o argumento se torne demasiado simples, o primeiro ciclo económico de todos está relacionado com um mistério. Trata-se do reputado sonho do faraó com sete vacas magras e sete vacas gordas, que terá contado a José, filho de Jacob. José interpretou o sonho como uma previsão de índole macroeconómica: a sete anos de abundância seguir-se-iam sete anos de pobreza, fome e miséria.

> E aconteceu que, ao fim de dois anos inteiros, Faraó sonhou, e eis que estava em pé junto ao rio, e eis que subiam do rio sete vacas, formosas à vista e gordas de carne, e pastavam no prado. E eis que subiam do rio, após elas, outras sete vacas, feias à vista e magras de carne; e paravam junto às outras vacas, na praia do rio. E as vacas, feias à vista e magras de carne, comiam as sete vacas formosas à vista e gordas. Então acordou Faraó.[71]

José interpreta assim o sonho do faraó:

> E eis que vêm sete anos, e haverá grande fartura em toda a terra do Egito. E, depois deles, levantar-se-ão sete anos de fome, e toda aquela fartura será esquecida na terra do Egito, e a fome consumirá a terra; e não será conhe-

cida a abundância na terra, por causa daquela fome que haverá depois; porquanto será gravíssima.[72]

Depois José oferece ao faraó conselhos para evitar os resultados da profecia – ideias que não só evitam a fome, mas também os sete anos de abundância.

> Portanto, Faraó se proveja agora de um varão entendido e sábio, e o ponha sobre a terra do Egito. Faça isso Faraó e ponha governadores sobre a terra, e tome a quinta parte da terra do Egito nos sete anos de fartura, e ajuntem toda a comida destes bons anos que vêm, e amontoem trigo debaixo da mão de Faraó, para mantimento nas cidades, e o guardem; assim será o mantimento para provimento da terra, para os sete anos de fome, que haverá na terra do Egito; para que a terra não pereça de fome.[73]

Reconhecemos decerto aqui, imediatamente, a futura política fiscal anticíclica de Keynes. Sobre a aplicação específica desta regra à política económica dos nossos dias, veja-se a segunda parte do presente livro.

Profecia autocontraditória

Analisemos o tema sob vários aspetos: aplicando impostos[74] no valor de um quinto das colheitas[75] durante os anos bons, para as acumular, e abrindo os celeiros durante os anos maus, a profecia foi efetivamente evitada (os anos prósperos foram limitados, e a fome, evitada – recorrendo a uma forma primordial da estabilização fiscal). Assim, caso a profecia fosse «verdadeira», exata, o cenário profetizado jamais ocorreria. Eis um paradoxo: se conseguirmos antecipar os problemas e adotar de antemão medidas corretivas, estes não ocorrerão[76]. As profecias do Antigo Testamento não representam uma visão determinística do futuro, mas são avisos e alternativas estratégicas de possíveis cenários, que pediam uma reação. E, se a reação fosse adequada, a profecia não teria, habitualmente, oportunidade de se concretizar[77]. Este princípio do «profeta amaldiçoado» ou da «profecia autocontraditória» pode demonstrar-se com o exemplo do profeta Jonas; ciente deste fenómeno (de que as

O ANTIGO TESTAMENTO: A MUNDANIDADE E A BONDADE | 81

profecias, quando adotadas, não se materializam), tentou recusar o papel de profeta: a cidade de Nínive manteve-se intocada, apesar (ou, mais precisamente, *por causa*) de ele ter previsto a sua destruição[78].

Se anteciparmos a ameaça, conseguimos evitá-la, no todo ou em parte. Nem José nem o faraó tinham poderes que determinassem colheitas abundantes ou fracas (neste ponto, a interpretação do sonho foi verdadeira, e a aparência do futuro, mística), mas evitaram os impactos e implicações da profecia (neste ponto, a interpretação do sonho foi «falsa») – não houve fome no Egito por causa de uma política económica razoável e bastante intuitiva[79]. Por outras palavras, ninguém – nem mesmo os profetas – é capaz de prever o futuro, pois, caso haja alguma informação sobre acontecimentos vindouros, as pessoas irão reagir em conformidade, alterando assim o futuro e a validade da profecia. Este princípio contraria diretamente a *profecia autorrealizável*[80], um conceito familiar da ciência social. Algumas profecias tornam-se autorrealizáveis quando expressas (e adotadas), e outras tornam-se profecias autocontraditórias quando anunciadas (e adotadas).

Saliente-se que a primeira «previsão económica» aparece em *sonho*. Um sonho – esse fenómeno irracional, pictorial e difícil de entender que há muito causa incredulidade nas pessoas e que só recentemente foi reabilitado pela psicologia – é o portador do futuro económico.

A razão pela qual se pede aos economistas atuais que prevejam o futuro não é muito explícita. De todas as ciências sociais, diria mesmo das humanidades, a economia é a que mais se concentra no futuro; as outras áreas não se preocupam de igual modo com o tema[81]. Talvez haja uma relação de causa e efeito – é fácil ter-se a sensação de que os economistas acreditam num paraíso futuro, enquanto o paraíso dos sociólogos, ecologistas e mesmo psicólogos reside no passado nostálgico (quando o homem vivia em harmonia com a família, a natureza e a sua psique). Além disso, a economia crê ser a ciência mais exata das humanidades; mais uma consequência de pressentir o futuro.

Mas regressemos à Torá: adiante, nesta narrativa, verificamos que o ciclo não é explicado (a explicação surge noutro contexto). Há anos de abundância, seguidos de anos de escassez. Para a Bíblia, que justifica quase todos os fenómenos (quase sempre a partir de uma base moral), isto representa uma visível exceção. A bem dizer, neste aspeto, evoca o Épico de Gilgamesh: o mal (ou o bem) acontece por acontecer, sem qualquer influência dos nossos atos, e também não é dada resposta à pergunta «porquê?»[82]

Explicação moral do ciclo económico

A narrativa acima difere fundamentalmente das interpretações hebraicas ulteriores, em que a nação judaica procura *justificar* a sua condição favorável ou desfavorável. E a justificação é moral. Quando a nação ou os seus representantes (normalmente, reis e sacerdotes) se comportam de acordo com as ordens de Deus, Israel vence as batalhas[83], é honrada pelas nações vizinhas[84] e, o mais importante para nós: prospera economicamente.

> Será, pois, que, se, ouvindo estes juízos, os guardardes e fizeres, o Senhor, teu Deus, te guardará o concerto e a beneficência que jurou aos teus pais. E amar-te-á, e abençoar-te-á, e te fará multiplicar, e abençoará o fruto do teu ventre, e o fruto da tua terra, o teu grão, e o teu mosto, e o teu azeite, e a criação das tuas vacas, e o rebanho do teu gado miúdo [...]. Bendito serás, mais do que todos os povos; nem macho nem fêmea entre ti haverá estéril, nem entre os teus animais [...].[85]

Afirmamos sem reservas que este excerto representa a primeira tentativa documentada de explicar o ciclo económico. O ciclo económico, cuja explicação continua um mistério para os economistas, é enquadrado no Antigo Testamento sob uma perspetiva moral. Quando Israel aplicava a lei e justiça, quando as viúvas e órfãos não eram vítimas de opressão e quando se cumpriam os mandamentos do Senhor, havia prosperidade. As crises económicas e sociais ocorriam na situação oposta:

> A nenhuma viúva nem órfão afligireis. Se de alguma maneira os afligirdes, e eles clamarem a mim, eu, certamente, ouvirei o seu clamor. E a minha ira se acenderá, e vos matarei à espada; e as vossas mulheres ficarão viúvas, e os vossos filhos órfãos.[86]

A seguinte passagem pode servir de outro exemplo:

> No ano vinte e três de Joás, filho de Acazias, rei de Judá, começou a reinar Joacaz, filho de Jeú, sobre Israel, em Samaria, e reinou dezassete anos. E fez o que parecia mal aos olhos do Senhor; porque seguiu os pecados de Jeroboão, filho de Nebat, que fez pecar a Israel; não se apartou deles. Pelo que, a ira do Senhor se acendeu contra Israel; e deu-os na mão de Hazael, rei da Síria, e na mão de Ben-hadad, filho de Hazael, todos aqueles dias.[87]

Na nossa perspetiva, há muito que a dimensão moral foi erradicada do pensamento económico, em grande parte por causa da adoção do conceito de Mandeville, em que os vícios privados derivam num bem-estar público (dedico um capítulo inteiro a Mandeville). A moralidade individual torna-se irrelevante num sistema destes, pois existe um fator místico, posteriormente designado por *mão invisível do mercado*, também responsável por traduzir os nossos vícios privados em bem-estar público.

E contudo, recentemente, algumas correntes económicas têm debatido questões de moralidade e de confiança, quando se avalia a qualidade das instituições, o nível de justiça, a ética empresarial, a corrupção, e assim em diante, e se examina a influência destes fatores na economia nacional – para não falar do crescimento económico.

Mas como consolidar estas duas interpretações conflituantes do ciclo económico: é determinado, ou não, pela ética? Conseguimos influenciar a realidade pela nossa forma de agir? Poderá a ética influenciar o futuro? Com este tema em mente, deparamo-nos com uma das mais importantes perguntas da ética e da economia.

A ECONOMIA DO BEM E DO MAL: COMPENSA PRATICAR O BEM?

Este é possivelmente o problema moral mais difícil de resolver. O facto de colocarmos esta pergunta num debate sobre o pensamento hebraico indica que haverá mais opiniões sobre este assunto do que participantes no debate. Adiantamos que não se encontra dentro do âmbito do livro encontrar uma resposta; teremos feito justiça ao tema se conseguirmos traçar os contornos das várias argumentações possíveis.

Pode depreender-se da narrativa do faraó que as boas ações compensam. Para os hebreus, um comportamento moral era o melhor investimento possível. Nada ajudaria mais a situação económica do que um controlo apertado da justiça. Cumprir as regras e levar uma vida moral *compensaria muito em termos materiais*[88]. Não nos esqueçamos de que a resposta à pergunta anterior implicava, para os hebreus, uma existência árdua. No Antigo Testamento, raramente se menciona o céu ou o inferno – como se este conceito não existisse sequer no pensamento hebraico; não é possível (sem compromisso) apor a recompensa do bem e do mal sob a forma de uma regalia justa, mas póstuma (como faria ulteriormente a Cristandade; ver adiante). A justiça acontece *no contexto da vida terrestre*. Há que responder pelo comportamento moral durante a existência terrena; não se difere para uma vida após a morte.

Sombard explica-o do seguinte modo:

> A forma mais antiga do Judaísmo não conhece outro mundo. Portanto, tem-se boa e má sorte neste, e apenas neste. Se Deus quiser punir ou recompensar o homem, deve fazê-lo durante a sua vida. O justo prospera, e o imoral é castigado. Obedecei os meus preceitos, diz o Senhor, «para que se prolonguem os teus dias, e para que te vá bem na terra que te dá o Senhor, teu Deus». Daqui o amargo lamento de Job: «Por que razão vivem os ímpios, envelhecem, e ainda se esforçam em poder? [...] O meu caminho ele [Deus] entrincheirou, e não posso passar [...]. Quebrou-me de todos os lados, e eu me vou [...]. E fez inflamar contra mim a sua ira [...]» [Job xxi.7; xix.8, 10, 11]. «Porque caiu sobre mim todo este mal, tendo eu seguido pelo Seu caminho sem descanso?»[89]

Encontramos um paralelo curioso, mas num contexto diferente, sobre a forma de recompensar o bem: o pagamento da dízima.

> Com maldição sois amaldiçoados, porque me roubais a mim, vós, toda a nação. Trazei todos os dízimos à casa do tesouro, para que haja mantimento na minha casa, e depois fazei prova de mim, diz o Senhor dos Exércitos, se eu não vos abrir as janelas do céu, e não derramar sobre vós uma bênção tal,

O ANTIGO TESTAMENTO: A MUNDANIDADE E A BONDADE | 85

que dela vos advenha a maior abastança. E, por causa de vós, repreenderei o devorador, para que não vos consuma o fruto da terra; e a vide no campo vos não será estéril, diz o Senhor dos Exércitos. E todas as nações vos chamarão bem-aventurados; porque vós sereis uma terra deleitosa, diz o Senhor dos Exércitos.[90]

Examinar a economia do bem e do mal não é, porém, uma atividade fácil. Onde posicionar a «dimensão moral da ética» de Kant se a ética compensasse? Se praticarmos o bem com o *lucro* em vista, a problemática da ética torna-se uma mera questão de racionalidade. Immanuel Kant, o pensador moderno mais importante nesta área, responde contudo que a prática de atos «morais» subordinada a um cálculo económico (uma conduta hedonista, portanto; ver adiante), em que existe a expectativa de uma recompensa final, anula a moralidade dos atos. Segundo o austero Kant, a recompensa anula a ética.

O mesmo debate manifesta-se em toda a acerbidade na Torá. O tema do «algoritmo da recompensa pelo pecado»[91], a demanda das regras da justiça de Deus sobre a terra, tornou-se um tópico importante do pensamento hebraico. O pio Hasidim e seus sucessores, os fariseus, conhecidos principalmente devido ao Novo Testamento, consideravam a prática da piedade como representativa de uma adesão às regras existentes, e assaz rígidas. Pelo contrário, as escolas proféticas insistiam na ausência de algoritmo entre o bem e a recompensa. Vemos um exemplo apropriado num dos mais belos – e também mais complicados – livros do Antigo Testamento, o Livro de Job. O papel do advogado do diabo é (convenientemente) atribuído a Satanás (sendo este o único local no Antigo Testamento em que surge explicitamente o diabo[92]):

E disse o Senhor a Satanás: «Observaste tu o meu servo Job? Porque ninguém há na terra semelhante a ele, homem sincero e reto, temente a Deus e desviando-se do mal.» Então respondeu Satanás ao Senhor, e disse: «Porventura teme Job a Deus debalde? Porventura não o cercaste tu de bens, a ele, e a sua casa, e a tudo quanto tem? A obra das suas mãos abençoaste e o seu gado está aumentado na terra. Mas estende a tua mão, e toca-lhe em tudo quanto tem, e verás se não blasfema de ti na tua face!»[93]

Findos os infortúnios de Job (por sinal, três dos quatro infortúnios estão relacionados com as suas posses, os seus bens), que deveriam demonstrar (quase parece uma aposta divina entre Deus e o diabo) que ele não pratica o bem com a intenção do lucro, recebe uma visita dos amigos. O debate que se segue (representando um dos momentos mais elevados da poesia e filosofia judaica) desmonta o argumento dos amigos ao procurarem demonstrar-lhe que *terá pecado* de algum modo e, por conseguinte, *mereceu* o castigo de Deus. São perfeitamente incapazes de imaginar uma situação na qual Job, pessoa íntegra, incorreria naquele *sofrimento sem uma causa (moral)*. Mesmo assim, Job insiste que não merece castigo, pois não cometeu qualquer agravo: «Sabei agora que Deus é que me transtornou, e com a sua rede me cercou.»[94]

À primeira vista, esta ideia colide com a tese acima mencionada da recompensa para os justos. Mas Job continua justo, mesmo quando *não lhe compensa* sê-lo:

> Ainda que ele me mate, nele esperarei; contudo, os meus caminhos defenderei diante dele.[95]

E

> Longe de mim que eu vos justifique; até que eu expire, nunca apartarei de mim a minha sinceridade. À minha justiça me apegarei e não a largarei; não me remorderá o meu coração em toda a minha vida.[96]

Job não vive moralmente por lhe ser vantajoso, mas mantém-se íntegro, mesmo quando tem por única recompensa a morte. Teria algum benefício económico?

Bem dado, bem recebido

Na vida, estamos habituados a que os justos sofram e os injustos prosperem. Neste cenário, qual o estatuto ontológico do bem? Qual a sua lógica? Existe alguma correlação entre o bem ou mal por nós feito aos outros (dado) e o bem ou mal que nos é feito pelos outros (recebido)? Face ao exposto, diríamos que a relação é fruto *do acaso*. Porque preferimos o bem ao mal (dado), se daqui resulta um estado (recebido) aleatório? Além do livro de Job, esta característica é apreciada pelo autor do livro bíblico do Eclesiastes:

> Ainda há outra vaidade que se faz sobre a terra: há justos a quem sucede segundo as obras dos ímpios, e há ímpios a quem sucede segundo as obras dos justos. Digo que também isto é vaidade. [97]

O salmista também se apercebe disto, na sua amarga plenitude:

> Quanto a mim, os meus pés quase que se desviaram; pouco faltou para que escorregassem os meus passos. Pois eu tinha inveja dos soberbos, ao ver a prosperidade dos ímpios. Porque não há apertos na sua morte, mas firme está a sua força. Não se acham em trabalhos como outra gente, nem são afligidos como outros homens.[98]

Então, o que fundamenta a prática do bem? Tantas figuras bíblicas tiveram o sofrimento por destino... Só pode haver uma resposta: o bem em si mesmo. O bem tem a capacidade de funcionar também como recompensa. *Neste sentido*, retribui-se a bondade com a sua prática, que pode adotar ou não uma dimensão material. Não obstante, no sentido correto do termo, não se pode enquadrar a moralidade na dimensão económica da produtividade e do cálculo. O papel dos hebreus era praticar o bem, quer compensasse quer não. Se o bem (dado) for recompensado com bondade recebida, esta representa um bónus[99], e não o *motivo* que o originou. O bem e a recompensa não têm correlação entre si.

Este raciocínio ganha uma dimensão própria no Antigo Testamento. O bem (recebido) já aconteceu. Temos de praticar o bem (dado) como *gesto de gratidão* pelo bem (recebido) que outrem nos fez[100].

Um comentário final sobre moralidade e asceticismo. Como veremos adiante, em particular no que toca aos ensinamentos dos estoicos e epicuristas, o dilema relativo à possibilidade de *apreciarmos* a vida terrena desempenha um papel importante na economia do bem e do mal. E, por conseguinte, se temos direito a esperar uma maximização da nossa *utilidade*, deveremos reivindicar recompensas materiais ou emocionais pelo bem efetuado? Immanuel Kant acreditava que, se o bem (dado) tiver a reciprocidade de outro bem (recebido), o nosso gesto não é meritório nem moral, pois o aumento da nossa utilidade (seja pré-calculado, seja inesperado) nega a moralidade dos nossos atos.

Por sua parte, os hebreus encontraram um interessante compromisso entre os ensinamentos dos estoicos e os dos epicuristas. Abordaremos o tema em pormenor adiante, deixando aqui um resumo: os estoicos não podiam buscar o prazer – ou, usando outra designação, a utilidade. Não podiam derivá-la de atos passados nem podiam antecipá-la de atos futuros. Apenas lhes era permitido viver de acordo com as regras (a grande fraqueza desta escola reside na proveniência externa destas regras e na sua universalidade de aplicação, que se vê obrigada a defender), indiferentes aos resultados dos seus atos.

Os epicuristas agiam com o propósito de maximizar a utilidade sem respeito algum pelas regras (as regras desenvolviam-se *endogenamente, a partir do sistema* e do que trouxesse maior utilidade – eis um dos maiores trunfos da escola epicurista: não precisava de normas atribuídas exogenamente e afirmava saber «calcular» a ética, a forma de agir, de cada situação consoante a própria situação).

O Antigo Testamento oferece uma opção intermédia:

> Alegra-te, mancebo, na tua mocidade, e recreie-se o teu coração, nos dias da tua mocidade, e anda pelos caminhos do teu coração, e pela vista dos teus olhos: sabe, porém, que, por todas estas coisas, te trará Deus a juízo.[101]

Por outras palavras, há regras claras (atribuídas exogenamente) a cumprir sem contrariedade. Mas, do lado de dentro da fronteira, é perfeitamente possível, e inclusive recomendado, aumentar a utilidade. Usando a linguagem da atual corrente económica, isso implica procurarmos a otimização da utilidade, dentro do *limite do orçamento* disponível. Aplica-se uma otimização com restrições (limites). Existia uma espécie de simbiose entre a procura legítima da utilidade individual (ou *gozar* a vida) e a obediência às regras, estas inegociáveis e, portanto, não otimizáveis. A religião do Antigo Testamento não representava uma religião ascética que proibia os prazeres terrenos. Pelo contrário, o mundo foi oferecido ao homem, ou, se preferirem, é uma fonte de prazer. Contudo, a exploração deste prazer não pode implicar o descuido das regras atribuídas exogenamente. «O Judaísmo surge portanto para treinar ou educar a fome desregrada [...] por riqueza, para que as atividades de mercado e os padrões de consumo fiquem sujeitos à moralidade de Deus.»[102]

Ulteriormente, a Cristandade retomará uma perspetiva ascética[103] pela busca da utilidade e do gozar a vida. Um bom exemplo, entre os vários possíveis, será a parábola de Lázaro:

> Ora, havia um homem rico, e vestia-se de púrpura e de linho finíssimo, e vivia todos os dias regalada e esplendidamente. Havia também um certo mendigo, chamado Lázaro, que jazia, cheio de chagas, à porta daquele; e desejava alimentar-se com as migalhas que caíam da mesa do rico; e os próprios cães vinham lamber-lhe as chagas. E aconteceu que o mendigo morreu, e foi levado pelos anjos para o seio de Abraão; e morreu, também, o rico, e foi sepultado. E no Hades ergueu os olhos, estando em tormentos, e viu ao longe Abraão, e Lázaro no seu seio. E, clamando, disse: «Pai Abraão, tem misericórdia de mim, e manda a Lázaro, que molhe na água a ponta do seu dedo e me refresque a língua, porque estou atormentado nesta chama.» Disse, porém, Abraão: «Filho, lembra-te de que recebeste os teus bens em vida, e Lázaro somente males; e, agora, este é consolado, e tu atormentado.»[104]

Eis a mensagem desta narrativa: o rico gozou a sua vida terrena e, portanto, devia talvez sofrer depois da morte, e o pobre seria abençoado no céu, por não ter vivido o bem na Terra. Em último caso, somos impedidos de assumir a moralidade do rico e a de Lázaro (somente nos é possível extrapolar com base na narrativa; mesmo assim, esta não atribui importância à dimensão moral). A única diferença entre os dois homens é que o rico goza de um alto padrão de vida terrena, enquanto Lázaro sofre.

Dedicaremos um capítulo específico à relação entre o bem dado e o bem recebido, adiante, ao agruparmos as diferentes perspetivas morais num eixo simbólico do bem e do mal.

Amar a lei

Os judeus não só tinham de cumprir a lei (talvez a palavra aliança se adeque melhor) mas também de a amar, por ser boa. De sentir um elo com a lei, não de suposto dever[105], mas de gratidão e amor. Havia que realizar o bem (dado), pois houve um anterior bem (recebido) *entretanto realizado* em nosso benefício.

> Agora, pois, ó Israel, que é o que o Senhor, teu Deus, pede de ti, senão que temas o Senhor, teu Deus, que andes em todos os seus caminhos, e o ames, e sirvas ao Senhor, teu Deus, com todo o teu coração e com toda a tua alma. Para guardares os mandamentos do Senhor, e os seus estatutos, que hoje te ordeno, para o teu bem? Eis que os céus, e os céus dos céus, são do Senhor, teu Deus, a terra e tudo o que nela há. Tão somente o Senhor tomou prazer nos teus pais, para os amar; [...] faz justiça ao órfão e à viúva, e ama o estrangeiro, dando-lhe pão e vestido. [...] Ele é o teu louvor e o teu Deus, que te fez estas grandes e terríveis coisas que os teus olhos têm visto. Com setenta almas, os teus pais desceram ao Egito; e, agora, o Senhor, teu Deus, te pôs como as estrelas dos céus em multidão.[106]

Encontramos um nítido contraste com o sistema jurídico da atualidade, que, obviamente não menciona nem amor nem gratidão. Mas Deus pede uma internalização plena dos mandamentos, e que sejam seguidos pelo amor, não pelo dever. Uma postura totalmente alheia às análises de custo-benefício tão disseminadas na economia atual, que indicam em que ponto compensa quebrar a lei e quando não compensa (combinando as probabilidades de se ser descoberto e a respetiva punição face ao ganho potencial). Vejamos alguns exemplos:

> Ponde, pois, estas minhas palavras no vosso coração e na vossa alma, e atai-as por sinal na vossa mão, para que estejam por testeiras entre os vossos olhos.[107]

Mesmo os Salmos falam em amar a lei, e não em cumpri-la servilmente: «Oh! quanto amo a tua lei! é a minha meditação em todo o dia. [...] Pelo que amo os teus mandamentos, mais do que o ouro, e ainda mais do que o ouro fino.»[108] Ou também: «Bem-aventurado o varão que não anda segundo o conselho dos ímpios [...]. Antes, tem o seu prazer na lei do Senhor, e na sua lei medita de dia e de noite.»[109] O tema repete--se inúmeras vezes no Antigo Testamento, e este princípio de praticar o bem (bem dado), tendo por base um bem demonstrado *a priori* (bem recebido), também se encontra no Novo Testamento. Mesmo a expiação decorre de um princípio *a priori*; todos os nossos atos são precedidos pelo bem. O famoso sociólogo Werner Sombart salienta o amor e estima dos judeus pela lei:

> Tal como José [referindo-se a Flávio] tão bem o descreveu: «Perguntem ao primeiro judeu que virem que "leis" tem o seu povo e ele será capaz de enumerá-las, melhor do que ao próprio nome.» A base desta afirmação reside na sistemática instrução religiosa das crianças judias, bem como no facto de que a liturgia consiste em parte na leitura e explicação de passagens da Sagrada Escritura. A Torá é lida do princípio ao fim, ao longo do ano. Além disso, é um dos principais deveres do judeu estudar as palavras da Torá. «E as intimarás aos teus filhos, e delas falarás assentado em tua casa, e andando pelo caminho, e deitando-te e levantando-te» [Deuteronómio vi:5]. O Talmude era a maior das riquezas; era o sopro da vida e da vera alma.[110]

Esta citação mostra exemplarmente o papel central que assumem as leis e as regras na religião judaica. Que tenham de ser compreendidas na íntegra é característica óbvia das leis e regras contidas na Torá – são leis atribuídas por Deus[111].

A diferença que se segue é também característica: os egípcios tinham de adorar os governantes[112], enquanto os hebreus tinham de adorar o Senhor e Suas leis[113]. As leis dadas por Deus vinculam os judeus, e Deus é a fonte absoluta de todos os valores; logo, deve existir uma forma de contornar as leis humanas. As leis humanas, se contrariarem as respon-sabilidades atribuídas por Deus, ficam subordinadas à responsabilidade pessoal, impedindo o judeu de se juntar simplesmente à maioria, mesmo quando legalmente permitido. A ética, o conceito do bem, está sempre acima das leis, regras e hábitos locais: «Não seguirás a multidão para fazeres o mal: nem numa demanda falarás, tomando parte com o maior número para torcer o direito.»[114]

A LIBERDADE DO NÓMADA E OS GRILHÕES DA CIDADES

Na esteira da libertação hebraica da servitude egípcia, a *liberdade* e a *responsabilidade* tornaram-se os valores fundamentais do pensamento judaico. Os hebreus, originalmente uma tribo nómada, preferiam desenlear-se de amarras, e crescer na liberdade do movimento constante. Era-lhes mais agradável este tipo de vida do que o sedentarismo da agricultura citadina, uma verdadeira prisão[115]. Os judeus eram pastores – lavrarem a terra obrigava-os a permanecer num dado lugar.

O ideal hebraico é representado pelo paraíso do Jardim do Éden, e não por uma cidade[116]. A civilização desprezada da cidade ou a tendência para a descrever como uma forma de vida dissoluta e agrilhoada surge em diversas alusões e vislumbres do Antigo Testamento. A construção da afamada Torre de Babel é acompanhada do preâmbulo: «E disseram: "Eia, edifiquemos nós uma cidade e uma torre, cujo cume toque nos céus, e façamo-nos um nome, para que não sejamos espalhados sobre a face de toda a terra."»[117] Abraão opta pelos pastos, enquanto Lot aposta nas cidades (infelizmente pecaminosas) de Sodoma e Gomorra[118]. Veem-se inúmeras referências no Cântico de Salomão: os amantes imaginam o seu amor no meio dos jardins e vinhas, fora da cidade, mas os episódios que acontecem na cidade transmitem um certo desespero.

O etos nomadista dos judeus normalmente deriva de Abraão, que abandonou a cidade caldeia de Ur sob mandamento: «Ora o Senhor disse a Abrão: "Sai-te da tua terra, e da tua parentela, e da casa de teu pai, para a terra que eu te mostrarei."»[119] Andar solto, sem as amarras da propriedade, é um atributo bastante valorizado. Esta forma de vida tinha impactos económicos compreensíveis. Em primeiro lugar, uma sociedade com esta afiguração estabelecia relações muito estreitas, pois os seus membros não duvidavam de dependerem uns dos outros. Em segundo lugar, a frequência das deslocações implicava que não podiam manter posses além do que conseguiam transportar; não davam importância à acumulação dos bens materiais – precisamente porque o peso físico (massa) dos objetos os prenderia a um determinado lugar.

Também se encontravam conscientes da estreita fronteira bilateral entre dono e pertença. Somos donos de bens materiais, mas – até certo ponto – estes são também donos de nós, e amarram-nos. Quando nos acostumamos a um certo conforto material, é difícil largá-lo, partir e viver em liberdade. Vemos o dilema do conforto e da liberdade na história do deserto do Sinai. Depois de os judeus terem sido retirados da escravidão no Egito, começaram a resmungar contra Moisés:

> E o vulgo, que estava no meio deles, veio a ter grande desejo; pelo que os filhos de Israel tornaram a chorar, e disseram: «Quem nos dará carne a comer? Lembramo-nos dos peixes que, no Egito, comíamos de graça; e dos pepinos, e dos melões, e dos porros, e das cebolas, e dos alhos. Mas agora, a nossa alma se seca; coisa nenhuma há, senão este maná, diante dos nossos olhos.»[120]

Um dos maiores feitos de Moisés foi ter conseguido, de uma vez por todas, explicar à sua nação que era preferível continuarem esfaimados mas livres a escravizados com alimentos «de graça»[121]. Se nos lembrarmos da expressão «almoços grátis», percebemos sem margem para dúvidas que uma nação inteira se deixou convencer pelo «almoço grátis», sem perceber que o «almoço grátis» lhe custaria a liberdade e – em grande medida – a sua própria existência.

BEM-ESTAR SOCIAL: NÃO SEGUIR OS COSTUMES DE SODOMA

O Antigo Testamento comporta um manancial notável e complexo de regras socioeconómicas, ímpar nos povos coevos. Nos ensinamentos hebraicos, além da utilidade individual, surgem as primeiras indicações para maximizar a utilidade da sociedade como um todo, incorporadas no princípio talmúdico do *Kofin al midat S´dom*, que se pode traduzir por «é obrigatório não seguir os costumes de Sodoma» e cuidar dos membros mais fracos da sociedade. Adiante, neste capítulo, falaremos de dízimas, esmolas, anos de perdão e demais expressões de responsabilidade destinadas a manter um ambiente social estável e uma rede básica de segurança social.

Sabat: ano de descanso

Uma destas medidas sociais é a instituição dos anos de Sabat. Este sistema é explicado pormenorizadamente no capítulo 25 do Livro do Levítico:

> «Quando tiverdes entrado na terra que eu vos dou, então a terra guardará um sábado ao Senhor. Seis anos semearás a tua terra, seis anos podarás a tua vinha, e colherás a sua novidade; Porém, ao sétimo ano, haverá sábado de descanso para a terra, um sábado ao Senhor; não semearás o teu campo nem podarás a tua vinha. O que nascer de si mesmo, da tua sega, não segarás, e as uvas da tua vide não tratada, não vindimarás; ano de descanso será para a terra.»[122]

A cada quarenta e nove anos[123], existe um ano de perdão, em que a terra regressa aos donos originais (de acordo com os planos originais, pois a terra foi repartida entre as tribos individuais que entraram em Canaã)[124]. No ano do jubileu, perdoavam-se as dívidas[125], e os israelitas escravizados por causa de dívidas não pagas eram libertados[126].

Estas cláusulas podem ser entendidas como as medidas antimonopolistas e sociais da época. O sistema económico revelava já uma tendência explícita para convergir na acumulação de bens e, portanto, de poder. Talvez as cláusulas se destinassem a precaver este processo (isentando-o de um órgão regulatório). Um período de cinquenta anos correspondia, aproximadamente, à esperança de vida na época e era em simultâneo um ato com o propósito evidente de resolver o problema da dívida geracional. A geração que sucedia ao pai pobre ou endividado recuperava a terra e a hipótese de voltar a cultivá-la. Os pecados dos pais (a má gestão) não pesavam nos ombros dos filhos. Também não se permitia a herança linear do êxito, como acontece comummente nos sistemas económicos. O código sumério do Hamurábi aderiu a um sistema aproximado: perdão regular da dívida, a qual prescrevia a cada três anos[127]. É curioso notar como a mais antiga sociedade que permitiu a aplicação do juro (com certa reserva) também se socorreu de instrumentos de perdão, de forma a anular o poder da dívida (transcorrido algum tempo)[128].

A terra na época podia ser «vendida», embora não fosse uma venda propriamente dita, mas um arrendamento. O valor (renda) da propriedade dependia do intervalo que mediava até ao ano de perdão seguinte. Trata-se da noção de que podemos cultivar a terra, mas ao fim do dia não somos mais do que «estrangeiros e peregrinos» numa terra arrendada durante um período fixo. A terra e as suas riquezas derivam do Senhor. «Do Senhor é a terra e a sua plenitude, o mundo e aqueles que nele habitam.»[129] O homem não passa de um inquilino sobre a terra, e toda a propriedade é temporária. Pagava-se a renda sob a forma de uma dízima e em conformidade com as leis atribuídas pelo Senhor. Os anos do perdão são também um recordatório deste conceito de que a terra não pertence realmente aos donos humanos.

> Neste ano do jubileu tornareis, cada um, à sua possessão. E, quando venderdes alguma coisa ao vosso próximo, ou a comprardes da mão do vosso próximo, ninguém oprima a seu irmão; conforme ao número dos anos, desde o jubileu, comprarás ao teu próximo; e conforme ao número dos anos das novidades, ele venderá a ti. Conforme à multidão dos anos, aumentarás o seu preço, e conforme à diminuição dos anos abaixarás o seu preço; porque conforme ao número das novidades é que ele te vende.[130]

Havia uma responsabilidade inerente à venda da terra, ou à venda de pessoas como escravas, no sentido de que o novo dono devia vender novamente a terra, e vender o escravo de volta, mal este acumulasse o suficiente para recuperar a propriedade perdida, por si mesmo ou com a ajuda da família. Se o escravo não fosse capaz, aguardaria – pelo ano do jubileu, em que lhe seria concedida a liberdade. «Também a terra não se venderá em perpetuidade, porque a terra é minha; pois vós sois estrangeiros e peregrinos comigo.»[131]

Estas cláusulas exprimem a convicção de que a liberdade e a herança não devem ser negadas permanentemente a nenhum israelita. Por último, o sistema relembra-nos de que a propriedade não se eterniza e de que os campos lavrados não nos pertencem a nós, mas ao Senhor. Os anos do perdão salientam a nossa condição de seres errantes; nada que exista neste mundo material pode salvar-nos, não levamos nada connosco, e todas as nossas posses são alugadas. Passamos por cá; quando partimos, o que é do mundo material permanecerá, como se jamais tivéssemos existido.

Respiga

Outra cláusula social era o direito à respiga, que nos tempos do Antigo Testamento garantia o sustento básico dos mais pobres. Quem tivesse campos era responsável por não os colher até ao derradeiro grão, mas deixar os restos para os pobres apanharem.

> E quando segardes a sega da vossa terra, não acabarás de segar os cantos do teu campo, nem colherás as espigas caídas da tua sega; para o pobre e para o estrangeiro as deixarás: Eu sou o Senhor, vosso Deus.[132]

E também:

> Quando no teu campo segares a tua sega, e esqueceres uma gavela no campo, não tornarás a tomá-la; para o estrangeiro, para o órfão e para a viúva será; para que o Senhor, teu Deus, te abençoe, em toda a obra das tuas mãos.[133]

Dízimas e primeiras assistências sociais

Cada israelita era responsável por arrecadar uma dízima de toda a sua colheita. Havia que estar ciente da origem de toda a propriedade e, por conseguinte, exprimir gratidão. Tratando-se de uma colheita, os primeiros frutos da ceifa pertenciam ao Senhor. Não era deles todo o produto da terra, mas cediam um décimo dos fardos ao Senhor, na figura do templo. E a cada três anos cediam-no ao levita, ao estrangeiro, ao órfão e à viúva[134]. Durante séculos, as instituições religiosas – mesmo durante a era cristã – desempenham a função de uma rede de assistência social.

Nos israelitas encontramos não só as raízes da moderna redistribuição alargada da riqueza em prol dos mais pobres, mas também o conceito bastante fundamentado da regulamentação económica, que tem estreitos laços com a política social. No Judaísmo, a caridade não é entendida como um sinal de bondade, mas de responsabilidade. Esta sociedade pode então regular a sua economia para fazer cumprir este dever de caridade. «Tendo a comunidade uma obrigação de providenciar comida, abrigo e bens económicos básicos para quem deles necessita, reclama o dever e direito moral de aplicar impostos aos seus membros para este fim. Em concordância com tal dever, regulará os mercados, os preços e a concorrência de forma a proteger os interesses dos membros mais fracos.»[135]

Dar esmolas e praticar atos de caridade em benefício dos pobres fortalecia também a rede social. Através dos Seus profetas, o Senhor várias vezes nos relembra que quer misericórdia e não sacrifício[136]. Estas dádivas são voluntárias; o doador contacta o recetor e portanto sabe a quem oferece dinheiro, quem dele necessita e que uso terá.

De acordo com a lei de Moisés, os membros da família deviam cuidar dos que tinham perdido o sustento da família (viúvas, órfãos). O irmão do falecido tinha de casar com a esposa. O primeiro filho por ele gerado seria considerado filho do marido falecido e, quando crescesse, teria ele de cuidar da mãe. Refira-se que as viúvas nada herdavam do falecido, e inclusive viam-se por vezes obrigadas a regressar às famílias após a viuvez. Em tempo de guerra, as viúvas tinham direito a parte dos despojos de guerra, e o dinheiro delas, em tempos difíceis, era guardado no templo, que as empregava para cuidar dos levitas. Todo o Antigo Testamento, e em particular o Livro de Deuteronómio, invoca as viúvas e os órfãos. Gozam de proteção especial, e quem lhes for cruel afrontará Deus:

Levanta o pobre do pó,
e desde o esterco exalta o necessitado,
para o fazer assentar entre os príncipes,
para o fazer herdar o trono de glória[137].

O que oprime ao pobre insulta àquele que o criou,
mas o que se compadece do necessitado honra-o[138].

O que tapa o seu ouvido ao clamor do pobre também clamará e não será ouvido.[139]

O estrangeiro não afligirás, nem o oprimirás; pois estrangeiros fostes na terra do Egito.[140]

Como observamos, além das viúvas e dos órfãos, o Antigo Testamento também engloba os imigrantes na proteção social[141]. Aplicavam-se a estes as mesmas regras dos israelitas – não se discriminava consoante a sua origem. «Uma mesma lei tereis; assim será o estrangeiro como o natural; pois eu sou o Senhor, vosso Deus.»[142] Os estrangeiros tinham o mesmo direito à respiga que qualquer israelita. A respeito deste tema, os israelitas são frequentemente recordados da anterior condição de escravos dos egípcios, deste estado assaz miserável, e do facto de deverem ser amáveis com os escravos, e também com os convidados: «Semelhantemente, não rabiscarás a tua vinha, nem colherás os bagos caídos da tua vinha; deixá-los-ás ao pobre e ao estrangeiro: Eu sou o Senhor, vosso Deus.»[143]

As regras aqui descritas demonstram a importância da comunidade e da coesão social para o Judaísmo. Mas com a responsabilidade chega a dificuldade da sua prática. Cumprir as regras, quando tal é possível, acontece gradualmente «em camadas». As atividades de caridade são classificadas no Talmude segundo os vários grupos-alvo e com diferentes prioridades – podia dizer-se, de acordo com regras de subsidiariedade.

O Judaísmo reconhece diferentes níveis de responsabilidade para com os necessitados. Interpretando a obrigação bíblica de emprestar dinheiro aos necessitados (Êxodo 22:24), o Talmude conclui que o indivíduo tem o dever de satisfazer primeiramente as necessidades financeiras legítimas dos membros da sua família. Só depois de satisfazer as suas carências familiares tem o indivíduo obrigação de satisfazer as necessidades da cidade. Finalmente, só depois de satisfazer as carências da sua cidade o indivíduo tem a obrigação de satisfazer as necessidades das outras terras (Baba Mezia 71a).[144]

As diferenças mais marcantes encontram-se na responsabilidade perante grupos socialmente distantes, como no exemplo de aplicar juros aos empréstimos de dinheiro, em que se traça uma linha divisória na (não) pertença do devedor à comunidade judaica.

DINHEIRO ABSTRATO, JURO PROIBIDO E A NOSSA ERA DA DÍVIDA

Se nos sentimos atravessar uma época de dinheiro e dívidas – talvez no futuro identificada como «a idade da dívida» –, será interessante compreender que rumo nos trouxe à presente situação. Dinheiro, dívida, juros – elementos sem os quais não imaginamos uma sociedade moderna. Keynes considera inclusive o juro e a acumulação de capital como os grandes impulsionadores do progresso moderno[145]. Mas, nos primórdios, estes representavam regras éticas, fé, simbolismo e confiança.

O primeiro dinheiro surgiu sob a forma de placas de argila, na Mesopotâmia, em que se inscreviam as dívidas. As dívidas eram transferíveis, e portanto tornaram-se moeda. Afinal, «não é coincidência o facto de, em inglês, a raiz de "credit" ser "credo", a palavra do latim para "acredito"»[146]. Estas placas datam de há cinco mil anos e representam os escritos mais antigos que conseguimos preservar. As moedas surgiram em 600 a.C. e foram encontradas no templo efésio dedicado à deusa Ártemis. Não diferiam muito das atuais; continham o símbolo de um leão e a forma da deusa Atenas ou de uma coruja. A China introduziu as moedas em 221 a.C.[147]. Pode inclusive afirmar-se que a primeira moeda foi, a bem dizer, o crédito ou a confiança – passível de materialização e incorporação em moedas, mas efetivamente «o dinheiro não é feito de metal», mesmo quando o metal é raro, mas «feito de confiança inscrita»[148], e o dinheiro em nada se relaciona com o título material (a moeda, a nota). «O dinheiro [é] uma questão de crença, e, inclusivamente, de fé.»[149] A designação checa de credor é *věřitel*, que literalmente significa *crente*. Aquele que acredita no devedor. O dinheiro representa um abstrato social. Um acordo social, um contrato não escrito[150]. Recorrer ao padrão-ouro tem o mesmo significado que recorrer ao padrão-argila. As nações primitivas tinham consciência de que a moeda, o meio de circulação, não dependia do título. Era hábito atribuir confiança aos metais, mas a argila servia o mesmo uso; a argila, a «mercadoria» mais comum e ubíqua aos nossos pés. Foi a partir desta argila, do «pó da terra», que Adão foi formado, como indica o Génesis. O primeiro homem e o primeiro dinheiro são ambos produto da terra[151].

É interessante encontrar no Génesis a primeira menção de sempre a uma transação monetária – na história de Abraão –, juntamente com um enigma singular. A narrativa compreende um campo que Abraão compra aos hititas para enterrar Sara[152]. Mas os hititas querem *dar-lhe* o terreno e não vendê-lo. Até este ponto, todas as *transações* de bens documentadas no Génesis não tinham natureza monetária, sendo a propriedade transmitida por intermédio de dádivas[153] ou violência (Abraão é destinatário de inúmeros despojos de guerra colhidos pelo rei que atacou Sodoma e Gomorra)[154]. Na primeira transação monetária, Abraão insiste em comprar o terreno «pelo devido preço [...] e sepultarei ali o meu morto». Recusa duas vezes a oferta gratuita do terreno. É quase espantosa a forma como o processo se descreve pormenorizadamente, sem regateio de preço. Examinaremos o simbolismo da dádiva em maior detalhe no capítulo sobre a Cristandade.

Par inseparável, com o crédito (dinheiro) original surge o juro. Para os hebreus, o problema do juro era de índole social: «Se emprestares dinheiro ao meu povo, ao pobre que está contigo, não te haverás com ele como um usurário; não lhe imporeis usura.»[155] Durou milénios o debate sobre a cobrança de juros e sobre se representava ou não um pecado. No Antigo Testamento, existe uma proibição explícita: um judeu não pode cobrar juros a outro judeu.

> Ao teu irmão não emprestarás à usura; nem à usura de dinheiro, nem à usura de comida, nem à usura de qualquer coisa que se empreste à usura. Ao estranho emprestarás à usura, porém, a teu irmão não emprestarás à usura: para que o Senhor, teu Deus, te abençoe em tudo em que puseres a tua mão, na terra a qual vais a possuir.[156]

Em épocas futuras, os cristãos aplicariam a mesma proibição a si mesmos, e durante um extenso período de tempo proibia-se a cobrança de juros com punições em hasta pública. Mesmo assim, havia sempre quem tivesse necessidade de pedir dinheiro emprestado, e ninguém concederia crédito sem juros. E, embora os cristãos considerassem impura a nação judaica, as autoridades cristãs permitiam – ou, melhor, indicavam – os judeus enquanto fonte destes empréstimos com juros. Tratou-se assim de uma das primeiras vocações que desenvolveriam na Europa Central da era medieval.

O ANTIGO TESTAMENTO: A MUNDANIDADE E A BONDADE | 101

William Shakespeare traça um famoso retrato da situação na peça *O Mercador de Veneza*, no qual um dos principais antagonistas, o judeu Shylock, pede uma libra da carne do corpo do próprio mutuário para servir de caução se este não pagar o empréstimo. Na Veneza do século XIV, os judeus eram credores. Segundo o historiador de economia Niall Ferguson, quando Shylock diz que «António é um bom homem», não se refere à sua qualidade moral, mas à sua capacidade de pagar o que deve (e, contudo, resguarda-se – não monetariamente – o risco residual com uma libra da sua pele, cerca de meio quilo). Foi durante esta época que os judeus se tornaram exímios no ofício. O termo «banco» provém do italiano *banci*, ou seja, os bancos em que se sentavam os credores judeus[157].

Os hebreus antigos não abordavam apenas o juro, mas toda a dívida, com cautela. Além dos perdões de dívida mencionados, estabeleceram-se regras que limitavam a prestação de garantias e o incumprimento das dívidas. Ninguém devia contrair dívidas que pusessem em risco a sua fonte de rendimento: «Não se tomarão em penhor as mós ambas, nem mesmo a mó de cima, pois se penhoraria assim a vida.»[158]

Mas retomemos a proibição do Antigo Testamento sobre a cobrança de juros. Na época, a proibição era uma ferramenta social. Na época, em que os pobres pediam emprestado por necessidade, o crédito tinha cariz social (ao contrário dos nossos dias, em que não se contraem empréstimos por necessidade, mas por abundância). E, por pedirem emprestado em caso de emergência ou necessidade, os pobres não deviam ter o seu infortúnio agravado com o acréscimo de juros.

> E, quando o teu irmão empobrecer, e as suas forças decaírem, então sustentá-lo-ás, como estrangeiro e peregrino, para que viva contigo. Não tomarás dele usura nem ganho; mas do teu Deus terás temor, para que o teu irmão viva contigo. Não lhe darás o teu dinheiro com usura, nem darás o teu manjar por interesse.[159]

Ao longo da história, contudo, o papel dos empréstimos foi-se alterando, e os ricos começaram a pedir dinheiro emprestado para investir, tal como no caso de Shylock e do fiador de António (António era um mercador cuja riqueza navegava em alto-mar). Nesta situação, a lei que proibia o juro perde realmente a sua aplicação ética. Tomás de Aquino, um académico medieval (1225–1274), concorda com esta postura; a sua época assistiu a um afrouxamento na interdição do interesse usurário, talvez devido às suas palavras.

Atualmente, a posição e o significado do dinheiro e da dívida atingiram uma posição tão dominante na sociedade que recorrer à dívida (política fiscal) ou ao juro ou à oferta de dinheiro (política monetária) implica que estes elementos condicionam (ou influenciam fortemente) a economia e a sociedade como um todo. O dinheiro desempenha hoje não só a função clássica (meio de troca, título de valor, etc.), mas também uma função mais lata e poderosa: é capaz de estimular, impulsionar (ou desacelerar) a economia. O dinheiro desempenha um papel económico a nível nacional. Existe inclusive uma escola económica batizada pelo dinheiro: o monetarismo. Esta escola, cujo maior representante será, indubitavelmente, Milton Friedman, advoga que a gestão da oferta monetária é o principal veículo de influência da atividade económica, fenómeno só possível numa sociedade altamente monetizada que dependa da dívida e do juro como pedras basilares.

Por sinal, as moedas e notas (ou títulos simbólicos de valor) não são propriedade nossas[160], mas do banco central. Por este motivo, estamos proibidos de as rasurar, por exemplo (e de as imprimir; a concorrência nesta área não se aplica)[161]. Mais ainda, não somos sequer livres de recusar, rejeitar ou desrespeitar o dinheiro.

DINHEIRO COMO FORMA DE ENERGIA: VIAGENS NO TEMPO E O PRODUTO INTERNO BRUTO (PIB)

Permitam-nos informar neste ponto que a condenação do juro também tem uma forte e antiga tradição, vinda da pena de Aristóteles. Aristóteles condenou o juro[162] não apenas de um ponto de vista moral, mas por razões metafísicas. Tomás de Aquino partilhou o mesmo medo do juro e também ele argumentou que, se o tempo não nos pertence, não devíamos pedir juro.

É esta relação entre tempo e dinheiro que se torna interessante. O dinheiro é como a energia que viaja no tempo. Uma energia bastante útil, mas também bastante perigosa. Onde caia ou se plante esta energia, no contínuo espaçotemporal, algo acontece. Sendo uma forma de energia, o dinheiro consegue viajar pelas três dimensões, vertical (quem tem capital empresta a quem não tem) e horizontalmente (a velocidade e a liberdade da deslocação horizontal, ou geográfica, tornaram-se subprodutos – ou forças motrizes? – da globalização). Mas o dinheiro (ao contrário dos seres humanos) também pode viajar no tempo. Esta viagem decorre da aplicação do juro. Sendo o dinheiro um conceito abstrato, não está limitado pela matéria, pelo espaço, nem inclusive pelo tempo. Requer apenas uma palavra, talvez sob a forma escrita, ou mesmo uma promessa verbal, do tipo, «Vai, que pago eu», e constrói-se assim um arranha-céus no Dubai. Entenda-se que as notas e as moedas não viajam realmente no tempo, mas são meros símbolos, materialização, personificação ou encarnação dessa energia. Esta característica permite-nos sonegar energia ao futuro para beneficiar o presente. A dívida dá-nos a possibilidade de transferir para o presente energia proveniente do futuro[163]. As poupanças funcionam em sentido inverso, acumulando energia do passado, que é enviada para o presente. As políticas fiscais e monetárias em nada diferem da gestão desta energia.

Se regressarmos aos dias atuais, encontramos a característica energética do dinheiro, por exemplo, nas estatísticas do PIB. Dada a indeterminação do fator tempo, discutir o crescimento do PIB é um gesto disparatado. Basta-nos influenciar o crescimento do PIB, recorrendo à dívida (pela política fiscal, sob a forma de défices ou excedentes orçamentais)[164] e às taxas de juro (política monetária). Portanto, que sentido fazem as estatísticas de crescimento do PIB quando o valor do défice subjacente é várias vezes o dele? Faz algum sentido medir a riqueza que tenho, se pedi emprestado para a ter?[165]

Os judeus, tal como Aristóteles, comportaram-se com bastante cautela a respeito do crédito. O tema do juro/usura tornou-se um dos primeiros debates económicos. Desconhecendo o papel que a política económica (fiscal e monetária) assumiria no futuro, os antigos hebreus terão eventualmente pressentido que seguravam entre as mãos uma arma poderosa, a do juro, podendo esta tornar-se uma boa serva, mas, ao mesmo tempo, (literalmente) uma senhora escravizadora. As políticas fiscais, e também as monetárias, são armas poderosas e enganadoras.

Existe um paralelo com a figura da barragem. Construímo-la para evitar períodos de seca e a inundação do vale, limitando os caprichos da natureza e, até certo ponto, evitando os seus ciclos imprevisíveis. Podemos agora regular o fluxo da água e torná-lo constante. Domámos o rio (e também retiramos energia da barragem), aculturámo-lo – deixa de ser selvagem, comporta-se conforme o nosso plano. Ao longo do tempo, dará essa impressão. Mas, se não regularmos a água com sensatez, a barragem pode transbordar e depois ceder. As cidades do vale terão um fim mais devastador do que se esta nunca tivesse existido.

A gestão da energia do dinheiro recorrendo políticas fiscais e monetárias funciona do mesmo modo. A manipulação de excedentes ou défices do orçamento do Estado e de taxas de juro centrais é uma dádiva da civilização que pode servir e realizar grandes feitos. Mas usemo-las insensatamente e teremos um fim mais devastador do que se nunca tivessem existido.

TRABALHO E DESCANSO: A ECONOMIA DO SABAT

Uma visão oposta à da conotação negativa do trabalho (o trabalho manual serve apenas para escravos)[166] atribuída pelos antigos gregos é a do Antigo Testamento, que não o considera degradante. Pelo contrário, a sujeição da natureza é inclusive uma missão de Deus, originalmente incluída nas bênçãos iniciais da humanidade.

> E Deus os abençoou, e Deus lhes disse: «Frutificai e multiplicai-vos, e enchei a terra, e sujeitai-a; e dominai sobre os peixes do mar, e sobre as aves dos céus, e sobre todo o animal que se move sobre a terra.»[167]

É quando acontece a queda do homem que o trabalho se torna uma maldição[168]. A única maldição, a bem dizer, a maldição do dissabor do trabalho, que o Senhor impõe a Adão. Ao invés de cuidar do Jardim do Éden, agora «no suor do teu rosto comerás o teu pão»[169]. Uma atividade agradável – ainda hoje as pessoas cuidam dos seus jardins nos tempos livres – torna-se subitamente uma maldição desagradável. Se o homem viveu até então em harmonia com a natureza, depois da queda luta contra ela; a natureza insurge-se contra ele, e ele contra ela e os animais. Saímos do Jardim, entrámos no campo (de batalha).

Resta-nos especular até que ponto, milhares de anos após a conceção do texto do Génesis, nos livrámos realmente desta maldição primitiva. É verdade que um número significativo de pessoas no mundo desenvolvido não têm de *comer pão com o suor do rosto*, mas estamos ainda longe de obter, pelo trabalho, uma satisfação igual à do cultivo dos nossos jardins. Quem a alcance, livrou-se da maldição primitiva. O trabalho destinava-se a ser, no início, uma atividade aprazível, capaz de nos preencher, uma vocação.

Não apenas fonte de prazer, o trabalho era também um estatuto social; uma honra. «Viste a um homem diligente na sua obra? perante reis será posto: não será posto perante os de baixa sorte.»[170] Nenhuma das outras culturas da época mostra tanto apreço pelo trabalho. A ideia da dignidade do trabalho é única na tradição hebraica[171]. E uma das bênçãos mais frequentes indica: «[...] para que o Senhor, teu Deus, te abençoe, em toda a obra das tuas mãos»[172].

Quer Platão quer Aristóteles consideram o trabalho necessário para a sobrevivência, mas destinavam-no às classes inferiores, para que as elites não tivessem de se preocupar com o assunto e se preocupassem antes com «questões puramente espirituais – arte, filosofia, e a política». Aristóteles considerava inclusive o trabalho como «uma corrupta perda de tempo que apenas prejudica a senda pessoal da verdadeira honra»[173].

O Antigo Testamento adota uma perspetiva distinta sobre o trabalho. Celebra-o em diversas passagens:

> O que trabalha com mão enganosa empobrece, mas a mão dos diligentes enriquece.[174] [...] Doce é o sono do trabalhador, quer coma pouco, quer muito; mas a fartura do rico não o deixa dormir.[175] [...] O desejo do preguiçoso o mata, porque as suas mãos recusam-se a trabalhar.[176]

O trabalho como unidade de produção também tem os seus limites e, no entanto, era considerado o destino natural do ser humano. O pensamento hebraico caracteriza-se pela separação estrita entre o sagrado e o profano. Na vida, existem áreas sagradas nas quais não é permitido economizar, racionalizar ou maximizar a eficiência[177]. Um bom exemplo é o mandamento sobre o Sabat. Ninguém podia trabalhar durante este dia, nem mesmo quem se encontrava às ordens de um judeu praticante:

> Lembra-te do dia do sábado, para o santificar. Seis dias trabalharás, e farás toda a tua obra, mas o sétimo dia é o sábado do Senhor, teu Deus: não farás nenhuma obra, nem tu, nem teu filho, nem tua filha, nem o teu servo, nem a tua serva, nem o teu animal, nem o teu estrangeiro, que está dentro das tuas portas. Porque em seis dias fez o Senhor os céus e a terra, o mar e tudo o que neles há, e ao sétimo dia descansou: portanto, abençoou o Senhor o dia do sábado, e o santificou.[178]

Embora, do ponto de vista económico, um sétimo dia mais produtivo fosse sem dúvida viável, o mandamento sobre o dia de sábado passava a mensagem de que o ser humano não tem no trabalho a sua principal razão de existir. Paradoxalmente, é precisamente este mandamento, do conjunto dos dez, aquele que hoje mais violamos. A mensagem do Antigo Testamento contraria a opinião de Gilgamesh, que tenta fazer dos súbditos robôs, esforçando-os até caírem de cansaço. O Sabat judaico não é um descanso por *necessidade*, embora seja efetivamente tão necessário quanto o descanso de uma máquina sobreusada ou de uma serra sobreaquecida. Seremos máquinas? Devemos, como a serra, depois de um longo e duro corte, *fazer uma pausa*, para que não sobreaquecermos nem encravarmos? Descansamos para que, terminada a pausa, digamos (recorrendo à máxima do cavalo Sansão na quinta de *O Triunfo dos Porcos*, de Orwell) «Vou trabalhar mais arduamente»? Para aumentar a eficiência? Para evitar acidentes de trabalho?

O sábado não se instituiu para aumentar a eficiência. Foi uma verdadeira separação ontológica que seguia o exemplo do sétimo dia da criação pelo Senhor. Tal como o Senhor não descansou por cansaço nem para recuperar forças: mas porque terminara. Terminara o Seu trabalho e, portanto, podia apreciar e estimar a Sua criação. Este sétimo dia da criação representa o prazer. O Senhor criou o mundo em seis dias, e dispomos seis dias para o aperfeiçoarmos. No sábado, o mundo, imperfeito, como certamente continua a ser, e com todas as suas falhas, *não* se deve aperfeiçoar. Durante seis sétimos do tempo, homem, ou andas insatisfeito ou tentas moldar o mundo à tua imagem, mas, no sétimo, ficas quieto e descansas. Ao sétimo dia, sentas-te e aprecias a criação e o resultado das tuas mãos.

O cumprimento do Sabat transmite a mensagem de que a Criação não aconteceu por acontecer, mas tem um *fim*, um *objetivo*. Um objetivo não limitado ao mero processo. A totalidade do Ser criou-se para nela encontrarmos o descanso, a realização, a alegria. O sentido, o ápice do que se cria, não está na próxima criação, mas no repouso, entre o produto que cocriámos. Traduzindo numa linguagem económica: o sentido da utilidade não é o seu constante aumento, mas o descanso entre os ganhos efetuados. Porque nos dizem então que temos de aumentar constantemente os ganhos e nunca que temos de de os apreciar, de os realizar e de saber que existem?

Esta dimensão desapareceu da economia atual. O esforço económico não contempla qualquer objetivo que permita o descanso. Conhecemos apenas o crescimento em prol do crescimento; a prosperidade da empresa ou do país não implica motivo de pausa, mas de mais e maior desempenho[179]. Se o descanso hoje nos é sequer permitido, o facto deriva de motivos bastante distintos. Representa o descanso da máquina exaurida, o descanso dos fracos e o descanso daqueles que não aguentam o ritmo. Não é de espantar que a palavra «descanso» tenha caído em desuso (assumindo um sentido quase pejorativo): dizemos que precisamos *de uma pausa* ou de um dia de *folga*. É também interessante designarmos os dias sem tarefas (pelo menos, lexicalmente) pelo termo que representa vazio: em inglês, *vacation* (ato de «esvaziar»), tal como o termo francês *les vacances* ou o termo alemão *die Freizeit* significam «tempo aberto, livre», mas também tempo «vazio»*. Como se esses dias fossem ocos, vazios, ou seja, «desligados».

Tendo encontrado recentemente um amigo meu, perguntei-lhe, como é costume, o que fazia na vida. Respondeu-me, sorrindo: «Nada. Já fiz tudo.» E não era sequer milionário nem pessoa de bens. Desde então penso nisso. A nossa pressa, a economia da nossa civilização, não procura atingir um objetivo que, cumprido, nos permita então descansar. Em que ponto afirmaremos que «já fizemos tudo»?

---

* Em português, vacância ou vacatura, se tivéssemos adotado o uso popular destes termos para designar «férias». Uma alternativa possível será o conceito aproximado de «vagar». [*N. do T.*]

CONCLUSÃO: ENTRE UTILIDADE E PRINCÍPIO

A influência do pensamento judaico no desenvolvimento da democracia de mercado não é sobrestimada. Deu-nos como herança a ausência de perceção ascética do mundo, o respeito pela lei e pela propriedade privada, e também determinou a base da nossa rede social. Os hebreus nunca desprezaram a riqueza material; pelo contrário, a fé judaica deposita grande responsabilidade na gestão da propriedade. Ao mesmo tempo, a noção de progresso e a perceção linear do tempo conferem sentido à nossa vida (económica) – e devemo-lo à época do Antigo Testamento. Procurámos demonstrar de que modo a Torá dessacralizou três áreas importantes das nossas vidas: o governante terreno, a natureza e o conceito do herói. Procurámos demonstrar que a procura do céu na Terra (igual à judaica) foi também, na sua forma dessacralizada, a procura que têm realizado os mais distintos economistas da história.

Neste capítulo, falámos sobre o bem e o mal e sobre a sua relação com a utilidade. Qual é a relação entre fazer, o bem ou o mal (praticado) e a utilidade da desutilidade que obtemos (esperamos obter) como recompensa (recebido)? Vimos que existem duas respostas no pensamento hebraico. Relativamente às mesmas, encontrámos a primeira referência a um ciclo de negócio no sonho do faraó, bem como a primeira tentativa (talvez keynesiana) de abordar esta flutuação (natural). Também vimos que os hebreus procuram explicar o ciclo de negócio a partir da moralidade e da ética. Para os hebreus, a moralidade era a principal instigadora da história.

Dedicámos algum tempo a estudar o princípio do descanso no Sabat – talvez como recordatório de que não estamos neste mundo para trabalhar constantemente e de que há lugares e momentos sagrados na nossa vida (Sabat) em que nos é proibido maximizar a produtividade. No pensamento hebraico, sim, somos os finalizadores da criação, guardiões do Jardim, mas, enquanto tal, há que obedecer a limites. E, sendo finalizadores da criação, temos um papel a desempenhar – quer num sentido específico quer num sentido mais abstrato e ontológico. Também dissertámos a respeito da diferença austera entre o nomadismo autónomo e civilização da cidade. Investimos algumas páginas na análise da história do dinheiro abstrato, que pode viajar no tempo, sob a forma de crédito, graças ao instrumento da imputação de juros. Como consequência, também abordámos a história da dívida e dos riscos que esta acarreta.

Algumas correntes do pensamento económico hebraico serão desenvolvidas nos primeiros capítulos da segunda parte deste livro. A principal lição daqui derivada irá integrar outros comentários sobre a história do pensamento económico, procurando retirar conclusões.

No próximo capítulo, dedicado ao etos económico da Grécia antiga, examinaremos duas abordagens extremas perante as leis e as regras. Enquanto os estoicos consideravam as leis como absolutamente válidas, e a utilidade detinha um significado infinitesimal na sua filosofia, os epicuristas, pelo menos de acordo com a explicação história habitual, colocavam a utilidade e o prazer acima de tudo – criavam-se regras conforme o princípio da utilidade. Não podemos menosprezar o facto de os hebreus terem encontrado um compromisso feliz entre os dois princípios. A Torá encontra-se acima, indiscutivelmente, de todas as demais considerações, embora permita o crescimento da utilidade dentro dos limites estabelecidos à partida – pelas regras da Torá.

3

GRÉCIA ANTIGA[1]

[...] em termos gerais, podíamos caracterizar a tradição da filosofia europeia como uma série de notas de rodapé dos textos de Platão.
Alfred Whitehead

A filosofia europeia nasceu no berço da Grécia antiga; as fundações da civilização euro-atlântica, bem como da economia, nela se inspiraram de várias formas. Não é possível compreender na íntegra o desenvolvimento da noção moderna da economia sem entender as disputas entre os epicuristas e os estoicos; aqui teve origem a orientação filosófica que mais tarde se tornaria parte indivisível da economia: o hedonismo do filósofo Epicuro, que posteriormente seria alvo de uma economização mais precisa e de uma matematização mais técnica às mãos de J. Bentham e J. S. Mill. Encontram-se na Grécia antiga, e em particular nos ensinamentos de Platão, as fundações da idealização racional e o tópico do progresso científico expresso pela matemática; ambos contribuíram para definir o desenvolvimento da economia. «A contribuição mais importante e duradoura para o pensamento formal foi a elevação da matemática a uma posição dianteira na investigação científica. Todas as ciências, incluindo a economia, que recorram à análise matemática devem embeber a essência do idealismo platónico, de modo a avaliarem corretamente o significado e os limites da matemática para a respetiva disciplina.»[2] Mas antes percorramos sumariamente alguns dos primeiros filósofos, incluindo o passado remoto da tradição da poesia pré-filosófica.

DESDE O MITO: A VERDADE DOS POETAS

A tradição poética, que culminou na *Ilíada* e na *Odisseia* de Homero, desempenhou um papel crucial na formação da civilização grega. Na obra *Les maîtres de vérité dans la Grèce archaïque*, o historiador belga Marcel Detienne salienta o facto de, em períodos anteriores aos sofistas gregos e às tradições filosóficas, a poesia ter provavelmente desempenhado um papel muito mais importante do que hoje se imagina. Esta tradição, que se baseia na apresentação oral e no desenvolvimento da mnemónica complexa, comporta noções de verdade e justiça completamente distintas, e a filosofia nela encontrou raízes, a par da mitologia e da arte. Só numa época muito posterior seria a ideia da verdade «arrancada» ao refúgio exclusivo dos poetas, tornando-se propriedade dos filósofos. É o motivo pelo qual Platão não considera os poetas como «colegas de outro departamento com diferentes fins, mas perigosos rivais», conforme escreve Nussbaum[3]. Os primeiros filósofos tentaram lutar contra os mitos, expurgar as narrações, orientar o conhecimento para o imutável – e apoderarem-se do papel de «mestres da verdade». Fim posteriormente alcançado pelos padres, pelos teólogos e, em último caso, pelos cientistas, aos quais, hoje em dia, se endereçam as interrogações sobre o conteúdo da verdade.

Qual era o aspeto dessa noção «poética» da verdade na Grécia antiga? Eis como se autodescrevem as musas poéticas: «Pastores do campo, tristes vergonhas, só estômagos! Nós sabemos contar mentiras várias que se assemelham à realidade, mas sabemos também, se quisermos, dar a conhecer verdades!»[4] As musas reclamam o direito de anunciar a verdade (ou a ilusão). Além disso, «assumia-se universalmente que poetas épicos e trágicos eram os principais pensadores éticos e professores da Grécia; ninguém considerava o trabalho deles menos importante nem menos dedicado à verdade do que os tratados de prosa especulativa dos historiadores e filósofos»[5]. Questões de verdade e realidade escondiam-se no discurso, nas histórias e na narração. As boas histórias que brotavam das mãos dos poetas eram repetidas, sobreviviam aos criadores e aos seus principais heróis e instalavam-se de forma permanente no espírito do povo. A poesia é uma imagem da realidade; um pensamento exemplarmente ilustrado pela citação atribuída ao poeta Simónides: «A poesia é a arte de pintar com o dom da palavra.»[6] Mas os poetas iam mais longe e, usando as palavras, *moldavam* e determinavam o que era realidade e verdade. Honra, aventura, grandes feitos, e o elogio que lhes estava associado, desempenhavam um papel importante na determinação da *verdade* e do *real*. Quem fosse louvado pelos lábios dos poetas alcançava fama, e quem fosse famoso seria lembrado pelo povo: imiscuía-se na realidade, elemento da narrativa, ficava mais «realizado», «tornava-se real» nas vidas dos outros. O que se guarda na memória é real; o que se esquece é como se nunca tivesse existido.

A verdade nem sempre encarnou a figura «científica» atual. A verdade científica dos nossos tempos baseia-se na noção dos factos exatos e objetivos, mas a verdade poética existe em consonância interior (emocional) com a história ou poema. «Não tem o cérebro como destino primário... [o mito] fala diretamente com o sistema sentimental.»[7] Se um poeta escrever «ela parecia uma flor», de um ponto de vista científico, mente; todos os poetas são mentirosos. A mulher não tem quase nada em comum com uma planta – e o pouco que tiver em comum não merece destaque. E, no entanto, o poeta pode estar mais correto do que o cientista. A filosofia antiga (tal como a ciência o faria mais tarde) tenta encontrar firmeza, elementos constantes, quantidades, imutabilidades. A ciência procura (cria?) ordem e rejeita tudo o resto, até ao limite do possível. A própria experiência das pessoas lhes informa que a vida não se comporta assim, mas e se esta perspetiva for aplicável à existência como um todo? Em último caso, a poesia pode ser mais sensível à verdade do que o método filosófico ou, recentemente, o método científico. «Os poemas trágicos, em virtude do assunto e da função social, confrontam e exploram questões sobre os seres humanos e a sorte, que um texto filosófico omitiria ou evitaria abordar.»[8]

Tal como hoje ocorre com os cientistas, os artistas pintavam imagens representativas do mundo – por conseguinte, simbólicas, pictóricas e simplificadoras (mas também enganadoras), muito à semelhança dos modelos científicos, os quais nem sempre procuram ser «realistas». Por tradição, a pintura tem sido a arte da ilusão, a arte de «salientar» e, portanto, adotando outra perspetiva, de «enganar». É na arte, como afirma o autor de *Dissoi logoi*, que os enganadores se esmeram «de tal forma que as coisas parecem verdadeiras»[9].

Mas os poetas nutrem uma verdade própria. Os gregos acreditavam que as musas são capazes de revelar a verdade escondida e antecipar o futuro: «Sopraram uma divina voz no meu sentir, para que glorifique o que há de vir»[10], escreve Hesíodo. Ao mesmo tempo, note-se que, na aceção grega, o momento privilegiado para a revelação da verdade (*aletheia*) era o sono: «Ela inventava sonhos que revelavam livremente o futuro, embora fossem confusos.»[11] Encontrámos uma postura semelhante no pensamento hebraico, quando o faraó prevê o futuro num sonho, e José prevê o ciclo económico. Mas o sonho, ou uma imitação do estado onírico, também integra o método científico de René Descartes, que o usa (a separação dos sentidos) como processo para observar a pura verdade. Retomaremos este tema adiante.

Por falar em Descartes, este aparentemente procurava outro tipo de verdade: a *verdade estável*, a verdade isenta de dúvidas[12]. E mostrava-se ciente do facto, pois intitulou o seu principal livro *Discurso do Método, Para Bem Conduzir a Razão e Procurar a Verdade nas Ciências*. Descartes procurava a verdade nas ciências, e *apenas nestas*. Procurava a *doxa*. A verdade dos poetas seria a *aletheia*, outra verdade. Uma verdade, afinal, efémera, irracional e onírica.

Os economistas poetas

Hesíodo, um dos maiores (e últimos) bastiões da tradição poética da Grécia, que viveu cerca de um século antes do primeiro filósofo conhecido, Tales, pode ser considerado o primeiro economista da história[13]. Abordou, por exemplo, o problema da escassez de recursos, derivando daqui a necessidade da sua repartição eficaz. Adianta uma explicação poética, no geral, para a existência da escassez. Segundo ele, os deuses impuseram a penúria à humanidade como castigo pelos atos de Prometeu:

[O]s deuses escondem dos seres humanos os meios de sobrevivência.
Se assim não fosse, trabalharíamos apenas um dia e colheríamos o suficiente
para o ano inteiro sem trabalho adicional, rapidamente guardaríamos o
leme por cima da lareira, e teria fim a lida do gado e das mulas esforçadas.
Mas Zeus escondeu-o de nós, com o coração irado por causa dos conselhos
ardilosos de Prometeu.[14]

A explicação de Hesíodo é muito curiosa. Observamos um elemento
assaz fundamental na sua «análise» (voltaremos ao tema): o arquétipo
do trabalho humano.

De acordo com Hesíodo, trabalhar é o destino, virtude e fonte de
todo o bem, da humanidade. Quem não trabalha só merece desprezo.
Pessoas e deuses odeiam os preguiçosos de igual modo, que são «como
os zângões sem ferrão que desperdiçam o trabalho das abelhas, co-
mendo-o sem trabalhar»[15]. Além de ser a primeira tentativa de análise
do trabalho humano, *Os Trabalhos e os Dias* de Hesíodo tem interesse
para os economistas contemporâneos, em particular pela sua crítica da
usura, encontrando séculos mais tarde eco nas obras de Platão e Aristóteles, como veremos adiante neste capítulo.

Primeiros filósofos

É raro encontrar tópicos económicos com grande destaque nos ensinamentos gregos, seja na poesia seja na filosofia. Tales, no entanto, considerado o primeiro dos filósofos gregos, ganhava a vida como comerciante.
É indicado como o autor da «evidência de que é capaz de vencer até uma
competição comercial, se quiser demonstrar a sua superioridade (filosófica) nessa área. Alegadamente previu uma má colheita de azeitonas, e
usou a previsão para acumular riquezas, com o intuito de demonstrar
como é fácil e mesquinho este objetivo material»[16]. Na Grécia antiga,
desde o primeiro filósofo que se consideram os assuntos económicos inferiores às questões espirituais. As reflexões económicas, em oposição
às reflexões filosóficas, têm à partida uma margem de interesse assaz
limitada. Justifica-se, portanto, e deseja-se, aplicar a reflexão filosófica
à reflexão económica. Eis o que Tales procurou exemplificar com o seu

«negócio das azeitonas». A filosofia não é um discurso vazio, mas um empreendimento com impactos práticos e latos. Tales envolveu-se na filosofia, não por ser incapaz de ganhar a vida de outra forma, mas porque a sua essência lhe oferecia o horizonte mais vasto para reflexão. Por este motivo se designava a filosofia como a rainha das «ciências», na antiga filosofia grega. Podemos argumentar, com algum exagero, que hoje ocorre precisamente o inverso. A filosofia aparenta ser uma atividade supérflua e inútil, incapaz de resolver problemas práticos – ao contrário da economia!

Místicos numéricos

As principais ideias da tradição filosófica joviana inspiraram fortemente a ciência económica. A tradição iónica criou a demanda de *um* (!) princípio *original* de toda a existência. Para nós, um dos filósofos mais relevantes é Pitágoras, que via a essência do mundo nas proporções numéricas das formas. Defendia que o «número é a essência das coisas»[17]. «Como tal, tem uma força mágica», pois as especulações numéricas dos pitagoristas «não só têm uma natureza intelectual mas também foram permeadas por uma significância mística»[18]. «O número é a essência das coisas – Tudo é um número. Quando se pergunta se determinada linguagem deve ser entendida no sentido literal ou simbólico, nem as altas autoridades chegam a consenso.»[19] Aristóxeno, discípulo de Pitágoras, fez notar que Pitágoras «afastou o estudo dos números da mera prática mercantil, e equiparou todas as coisas aos números»[20]. Mais interessante para nós, economistas, «Aristóxeno insinua que foi esta perspetiva comercial que deu origem ao projeto de descobrir a verdadeira "medida" de tudo... afirma que a equiparação de todas as coisas a números surge com as observações económicas e comerciais»[21]. Se for verdade, não terá sido a matemática a fonte de inspiração dos economistas, mas o inverso.

É também de notar que também os pitagoristas, como os hebreus e outros povos, desenvolveram um misticismo numérico[22]. Por coincidência, o mais destacado lógico e matemático da primeira metade do século XX, Bertrand Russell, encontra precisamente na combinação entre misticismo e ciência (uma especialidade dos pitagoristas)[23] a chave para atingir uma perfeição filosófica. Para Pitágoras, um número[24] não representava apenas a quantidade e uma contagem de algo; era também uma *qualidade*, capaz de descrever o postulado de um mundo em harmonia, o *cosmos*[25]. Ulteriormente, esta abordagem, por intermédio de Platão, entraria na corrente da reflexão científica europeia. «Platão essencialmente desenvolve as ideias das sociedades pitagoristas secretas, que viam no mundo uma entidade racional edificada pelo "grande geómetra" a partir da unidade básica; ou seja, o ponto ou o "um".»[26] Os pitagoristas foram os primeiros que refletiram na possibilidade de reduzir o mundo inteiro a uma forma numérica. Adiante analisaremos como esta visão inspirou fortemente os economistas do século XX.

Ao contrário dos seus contemporâneos, Heraclito encarava a realidade como não estacionária. Uma existência imóvel, não emotiva e estática era sinónimo de perfeição e divindade. As várias tentativas dos economistas para envolverem a realidade sempre mutável num conjunto de princípios abstratos e *imutáveis* certamente remontarão a esse tempo. Por outro lado, o mundo de Heraclito era, paradoxalmente, sustentado em forças antitéticas, como o *arco e a lira*[27]. Nasce harmonia do que é antitético e discordante e realiza-se no movimento.

Representando uma certa antítese de Heraclito encontra-se Parménides, filósofo das escolas de Eleia. Este sacerdote de Apolo também considera que o mundo revelado pelos sentidos está em constante alteração e dinâmica, mas denomina-o *irreal*. O *real*, segundo as suas palavras, abarca apenas os processos racionais, os pensamentos abstratos estáveis e imutáveis. Com base nesta perspetiva, a verdade situa-se na área das ideias ou teorias. O mundo empírico (o mundo dos fenómenos) que sofre nas mãos da eterna mudança não é a arena da verdade; a verdade reside no abstrato. O mundo real empírico não é *real* – para ser real, deve ser forjado um modelo mental e «abatido» o mundo mutável para «estabilizar» a ideia.

Podemos então classificar Parménides como antecessor das filosofias socráticas e platónicas das formas ideais – influenciando grandemente a economia (e outras áreas, como a física e demais disciplinas científicas), estabeleceu os fundamentos para a criação de modelos enquanto conceitos abstratos e estáveis, que muitos consideram *mais reais do que a própria realidade*. A ciência moderna flui sem parar entre as visões parmenídicas e heraclíticas do mundo. Por um lado, cria modelos de reconstrução da realidade, ou assume que a realidade por ser reconstruída, inferindo portanto uma certa permanência. Por outro, muitos cientistas consideram os modelos racionais como meras muletas «inverdadeiras, irreais», que nos ajudam a prever o futuro no contexto de uma realidade eternamente mutável e dinâmica.

XENOFONTE: ECONOMIA MODERNA QUATROCENTOS ANOS ANTES DE CRISTO

Encontramos o pináculo da antiga economia política nas obras do economista Xenofonte, que também era filósofo, embora sofrível. Nos seus textos, este ateniense descreveu o fenómeno económico que os economistas modernos redescobriram com grande esforço no século XIX, mais de dois mil anos após a sua morte, e apesar do facto de que «ainda no século XVIII se lia o seu "Das Rendas" pela análise prática da economia e dos problemas administrativos»[28]. Acompanham-nos considerações profundas e diretas desde os primórdios da filosofia e da cultura greco-europeia. As análises económicas de Xenofonte não eram tão superficiais como as de Smith.

Xenofonte, contemporâneo de Platão, repartiu as suas ideias sobre economia em dois tomos, *Œconomicus* e *De vectigalibus* (*Económico* e *Das Rendas de Atenas*, ocasionalmente designado em inglês por *Ways and Means – Métodos e Meios*). O primeiro lida com os princípios da boa gestão doméstica, e o segundo aconselha os atenienses a aumentarem as receitas dos cofres do Estado e a serem prósperos. Sem grandes exageros, pode afirmar-se que Xenofonte concebeu os primeiros manuais autónomos de micro e macroeconomia. Por sinal, Aristóteles também escreveu um livro chamado *Economia* (*Œconomica*)[29], em que reage ao *Das Rendas* de Hesíodo. O livro de Aristóteles é mais um tratado sobre a gestão doméstica – a parte dominante do livro lida aborda as relações entre maridos e mulheres, em particular o papel das mulheres. Em geral, a obra parece destinar-se às mulheres, pois «uma boa esposa será rainha da sua casa»[30], no sentido em que toma conta do lar, enquanto o marido, na opinião de Aristóteles, se encontra «menos apto para estas mansas preocupações mas bem constituído para atividades fora de casa»[31].

Regressemos a Xenofonte. No livro *Das Rendas*, advoga que os atenienses devem maximizar o tesouro estatal e apresenta conselhos para alcançar este fim. Contudo, não aconselha nacionalizações nem manobras bélicas como as melhores formas de encaixar receitas fiscais. Atenas teria mais a lucrar se incentivasse o comércio, uma ideia verdadeiramente revolucionária para a época, que seria redescoberta apenas num futuro distante. Exorta a estimulação da atividade económica dos atenienses, e em particular a dos imigrantes, para quem propõe a fundação de um «comité de Guardiões de Estrangeiros»[32]. Juntamente com a construção de casas para os imigrantes, este comité não só aumentaria o seu número, como o seu valor, fortalecendo a economia ateniense:

> [T]ambém isso aumentaria a lealdade dos estrangeiros, e provavelmente todos a quem falte uma cidade cobiçariam o direito de estabelecer praça em Atenas, aumentando as nossas receitas [...]. Se, além disto, atribuirmos aos estrangeiros o direito de servirem na cavalaria e outros privilégios que forem adequados atribuir-lhes, creio que veremos a lealdade deles aumentar e ao mesmo tempo fortalecerem e engrandecerem o Estado.[33]

Xenofonte não aceitava a riqueza e a prosperidade no contexto de um jogo de soma nula[34], como era então hábito, mas no sentido relativamente moderno do ganho mútuo pela via do comércio. O aumento da atividade comercial realizada pelos estrangeiros traz benefícios a toda a Atenas; os estrangeiros não enriquecem às nossas custas, mas, pelo contrário, desenvolvem também o seu meio. Portanto, propôs que se abordasse o estímulo do comércio estrangeiro e do investimento:

> Também seria um plano excelente reservar os lugares dianteiros no teatro para mercadores e proprietários navais, e oferecer-lhes hospitalidade ocasional, quando a elevada qualidade dos navios e da mercadoria lhes permita serem considerados benfeitores do Estado. Perante a possibilidade de tais honras, iriam encarar-nos como amigos e visitar-nos mais cedo, para se gozarem delas, bem como dos lucros.[35]

Xenofonte mostra-se assim um economista talentoso, detentor de uma estratégia que entende a motivação humana e o desejo do empresário de sentir-se especial, papel também hoje relevante para a economia.

À luz da economia contemporânea, a teoria de valor de Xenofonte também se revela curiosa; os economistas modernos diriam que se tratava de uma teoria subjetiva do valor. A sua essência aprecia-se melhor neste excerto do texto de Xenofonte em que descreve uma conversa imaginária entre Sócrates e Críton:

> «Agora percebemos que, para quem não saiba dar uso a uma flauta, esta apenas se traduz em riqueza no momento da venda, mas não quando está na sua posse e não a conseguem vender.»
>
> «Sim, Sócrates, o nosso argumento mantém-se consistente, pois afirmámos que riqueza é aquilo que for rentável. Uma flauta, se não for posta à venda, não representa riqueza, pois torna-se inútil: se for posta à venda, torna-se riqueza.»
>
> «Sim», comentou Sócrates, «desde que se saiba como vender; mas mais uma vez, se a trocar por outra coisa que não sabe usar, nem esta venda se converte em riqueza, de acordo com o vosso argumento.»
>
> «Sócrates, insinuais que nem sequer o dinheiro é riqueza para quem não saiba dar-lhe uso?»
>
> «E vós, creio, concordais comigo neste ponto, em que a riqueza é tudo do qual o homem retira proveito. Se um homem usar o dinheiro para comprar uma amante que o prejudique em corpo e alma e propriedade, será esse dinheiro lucrativo para ele?»
>
> «Não será, a não ser que afirmemos que a erva chamada moura, que enlouquece quem a consome, também seja riqueza.»
>
> «Então o dinheiro deve manter-se longe de nós, Críton, quando não sabemos usá-lo, e não devemos considerá-lo riqueza.»[36]

Pode ver-se no exemplo da flauta de Críton que Xenofonte estava ciente da diferença essencial entre *valor de uso* e *valor de troca*[37], na qual Aristóteles, John Locke e Adam Smith baseariam as suas teorias posteriores.

Sigamos Adam Smith por enquanto. Uma das suas maiores contribuições para a economia moderna foi a análise da divisão do trabalho e da importância crescente da especialização para o desenvolvimento da racionalização do processo produtivo. Xenofonte apercebeu-se da importância da divisão de trabalho dois mil anos antes de Adam Smith. Também a explicou dentro do contexto da reduzida comunidade em que ocorria esta divisão.

> Numa pequena cidade o mesmo homem tem de montar camas e cadeiras e arados e mesas, e também erguer casas; e de facto ficará contente se encontrar mestres de todos estes ofícios capazes de lhe dar trabalho. Mas torna-se impossível que o homem dos sete ofícios consiga praticá-los todos na perfeição; contudo, nas grandes cidades, dada a procura generalizada de cada item em particular, bastará um único ofício como meio de sobrevivência, e frequentemente até uma parte deste; existem sapateiros que só fabricam sandálias para homens e outros para mulheres. Ou um artesão ganhará o sustento a coser solas, outro a cortá-las, um terceiro a montar a arcada do sapato e um quarto a reunir todas as peças. Sem dúvida que o homem que se dedique a uma única pequena tarefa irá realizá-la na sua maior aptidão.[38]

Xenofonte encontrava-se adiantado face à sua época e aos seus maiores pensadores. Como Todd Lowry indica, «Platão não faria ideia que houvesse a ligação entre dimensão do mercado e grau de divisão do trabalho advogada por Adam Smith. Xenofonte, contemporâneo de Platão. No entanto, apresenta na sua *Ciropédia* um raciocínio parecido com o da divisão do trabalho, e parece ter ido mais longe na sua apreciação da natureza do comércio privado, pois distingue entre a cidade grande, na qual a divisão de trabalho se encontra desenvolvida, e a cidade pequena, em que esta mal existe»[39].

Limites do futuro e do cálculo

Xenofonte, este brilhante economista que entre outros temas abordou a utilidade e a maximização da produção[40], também estabeleceu limites bem definidos para as suas análises. Era bastante modesto sobre a possibilidade de prever êxitos ou fracassos económicos, numa época em que a agricultura desempenhava um papel muito mais relevante na economia do que atualmente. De acordo com este antigo economista, «na agronomia, um homem não se deve fiar nas previsões. Pois o granizo e a geada, por vezes, e as secas e chuvas e o míldio arruínam esquemas bem planeados e executados»[41]. Ao mesmo tempo, percebeu que há que avaliar os eventos económicos num contexto cultural e que, enquanto objetos de análise, estes eventos não se devem separar totalmente do mundo real, que se rege por mais fatores do que as leis da oferta e procura.

Xenofonte conclui *Das Rendas* com as palavras que em várias formas conhecemos historicamente como *Conditio Jacobaea*[42], uma espécie de oposto ao lema atual na economia, *ceteris paribus* (tudo o mais mantendo-se igual): «[S]e decidis avançar com o plano, aconselho-vos a prestar uma visita a Dodona e Delfos; perguntai aos deuses se o vosso intento se coroa de riqueza, no presente Estado e nos dias que hão de vir.»[43] De acordo com Xenofonte, nem sequer o melhor conselho económico pode contemplar todos os fatores relevantes, sejam a vontade dos Céus, os espíritos animais ou qualquer outro.

Xenofonte debateu-se com uma vasta gama de reflexões económicas. As suas ideias incluem trabalhos sobre fenómenos como, por exemplo, a relação entre emprego e preço[44], inovação[45] e investimento infraestrutural do «Estado»[46]. Como vimos, lida pormenorizadamente com a especialização, oferece bastantes conselhos aos níveis macro e microeconómico, examina os efeitos favoráveis de incentivos para «investidores estrangeiros», e assim por diante. Até certo ponto, deve dizer-se que o seu âmbito económico é mais lato, e em muitas formas mais profundo, do que as reflexões de Adam Smith.

Por fim, um pensamento final ao qual regressaremos futuramente: o raciocínio de Xenofonte sobre a saciabilidade dos verdadeiros desejos é interessante, mas ainda mais a insaciabilidade dos desejos abstratos e monetários (expressos em prata, na época) – «Nem a prata é como a mobília, que o homem deixa de comprar quando a sua casa já está cheia. Ninguém tem tanta prata que não pretenda mais; se um homem se deparar com uma quantidade enorme de prata, tanto prazer sente em guardar a parte excedentária como em usá-la.»[47]

PLATÃO: PORTADOR DO VETOR

Sócrates e Platão[48] encontram-se indubitavelmente entre os fundadores da nossa tradição filosófica cultural, e até certo ponto demarcaram e essencialmente estabeleceram a fronteira da disciplina para os milénios vindouros (e continua a duvidar-se se chegaremos a ultrapassar esta estrutura de pensamento). Com Sócrates, o seu discípulo Platão, e o discípulo deste, Aristóteles, as ideias de três gerações deram origem a interrogações e debates que continuam ativos na civilização moderna.

Ainda andamos indecisos sobre se deve predominar o racional ou o empírico, se o ideal platónico existe ou se todas as estruturas são criações humanas, na opinião de Aristóteles. Foi a antiga tradição helénica que nos legou esta eterna demanda; não havia qualquer dualidade nas tradições suméria e hebraica, por exemplo. «Conhece-te», a frase que Alexander Pope ironiza ao seu modo, inscreveu-se no templo de Apolo em Delfos. E a mesma frase regressou-nos no filme popular *Matrix*: encontra-se sobre a porta direita da Oráculo, na primeira parte, e resume a mensagem que a Oráculo oferece ao herói, Neo: «Conhece-te. Nada sei dizer-te sobre ti.»

Numa caverna da realidade

Platão assume um papel de grande destaque na nossa forma de pensar, nas perguntas que colocamos e no modo como as respondemos. O segundo legado, fundamental para nós, é a noção da abstração do mundo. Referindo-se a Parménides, Platão fortalece a tradição racional, fundamentada na crença de que o mundo se descobre pelo uso da razão. Na sua conhecida parábola da caverna, estabelece a base de uma perceção completamente distinta do mundo: este não é o mundo principal, mas um mundo de sombras, um mundo secundário. «Deriva-se por necessidade inquestionável que este mundo é imagem de algo.»[49] Platão abre assim a porta para a renitência mística do mundo, para o ascetismo e para o início da crença nas teorias racionais abstratas. A verdade não é explícita, não está diante dos nossos olhares, mas *esconde-se*. E a racionalidade é o caminho para esta verdade (imutável). O primeiríssimo tópico dos antigos gregos de épocas posteriores seria a eliminação da variabilidade e da irregularidade. Tinham como objetivo ultrapassar o mundo empírico, confuso e variável, e descobrir verdades racionais, imutáveis e constantes (e por conseguinte, «reais»).

Mas regressemos à parábola da caverna. Nela, Platão descreve um prisioneiro que vive, desde que nasceu, preso numa caverna, impossibilitado de ver as coisas reais, apenas as sombras que estas projetam nas paredes da caverna. Considera que as sombras são reais, estuda-as e discute elaboradamente a sua essência, sem jamais desconfiar que existe um mundo além do seu: «[...] pessoas nessas condições não pensavam que a realidade fosse senão a sombra dos objetos.»[50]

Os «especialistas» *interpretam sombras*. Com isto, Platão provavelmente pretendia dizer que os fenómenos empíricos apenas *parecem* capturar, sem conseguirem, a essência das coisas, da *realidade*; que, em última análise, esta apenas se deve analisar por via de considerações racionais e racionalizações modelizadas. Para alcançarmos o conhecimento, devemos libertar-nos das amarras que nos ligam a este mundo empírico, sair da caverna[51] e observar as coisas como realmente são. Quem ganhar esta visão, passada a cegueira temporária causada pela luz no exterior da caverna, e começar a reparar nas coisas reais, a ver a forma que a realidade realmente assume, «sentiria dor, e o deslumbramento impedi-lo-ia de fixar os objetos cujas sombras via outrora»[52]. Se regressarmos à caverna (parece ser esta a principal mensagem da parábola) e contarmos a nossa aventura aos prisioneiros habituados às sombras das coisas reais, não acreditarão em nós, nem nos aceitarão. Destino que, por exemplo, aguardava o grande professor de Platão, Sócrates[53]. A invariabilidade era a luz condutora de Platão. Tentou afastar a atenção das coisas e fenómenos variáveis (e, portanto, efémeros). De acordo com Platão, as marcas da verdade (ou, se preferirem, a estrutura, ou equação, ou a matriz)[54] deste mundo jazem algures no nosso íntimo, no qual foram inscritas antes do nosso nascimento. Para as descobrirmos, temos de o desvendar. Procurar a verdade no mundo externo é uma atividade enganadora e dispersa, pois perseguirmos e examinamos sombras (o rumo que Aristóteles aparentemente terá escolhido: ver adiante). É possível compreender as coisas reais – não com os olhos nem com os demais sentidos, passíveis de engano –, mas usando somente a *razão*[55]. Popper sintetiza a lição principal de Platão da seguinte forma: «Acreditava que para cada objeto vulgar ou decadente correspondia um objeto perfeito que não decaia. Esta crença nas coisas perfeitas e imutáveis, normalmente designada por "Teoria das Formas ou Ideias", tornou-se a doutrina central da sua filosofia.»[56]

Assim se fundou a tradição racionalista, que acabaria por ganhar proeminência na economia. É precisamente esta a lógica que tenta racionalmente destapar o princípio da realidade e formar o comportamento-modelo. A tendência para encaixar o mundo «real» em modelos matemáticos e curvas exatas, constantes, ubiquamente válidas é visível na economia até ao presente.

É importante referir que Descartes, normalmente considerado como o fundador da ciência moderna, se associa a Platão: não procura uma verdade no mundo externo, mas na meditação interior, dentro de si mesmo, libertando-se do engano dos sentidos, da memória e de outras sensações e seus registos. Descartes encontrou a verdade através do sonho, livre dos sentidos (fontes de desilusões), recorrendo à sua racionalidade. Descartes desempenhará um papel importante na nossa narrativa, e a ele retornaremos.

Mito como modelo, modelo como mito

De acordo com Platão, existe uma hierarquia do ser e uma hierarquia do saber, o saber de ideias assenta no topo, enquanto no fundo fica o saber do ardil, das ilusões e sombras que dançam nas paredes das cavernas. Curiosamente, a posição mais elevada não é ocupada pelo saber matemático, mas pelo saber filosófico. A matemática não consegue descrever a verdade plena – mesmo que retratássemos o mundo inteiro com equações matemáticas precisas, não o conheceríamos por completo. Mais informações nos últimos capítulos. A capacidade de descrever o funcionamento das coisas não implica que entendamos a relação causal.

Eis o motivo pelo qual Platão utiliza os mitos e os considera um meio potencial para encontrar a verdade. A *falta de clareza* (por não serem exatos) dos mitos é um ponto *forte*, uma *vantagem*, e não uma desvantagem. Como forma de expressão, o mito tem um «enquadramento» ou alcance maior do que a abordagem «científica e exata» ou matemática. O mito entra em lugares intocados pela ciência e pela matemática, e é capaz de englobar a dinâmica de um mundo sempre em mudança. Curiosamente, o indivíduo moderno mostra um comportamento inverso: procura ajuda na matemática e noutros métodos precisos quando se aventura por lugares difíceis em que os sentidos não ajudam. A palavra *método* (*meta-hodos*) significa «ao longo do caminho», mas também «além do caminho». O método deve ser o farol da abordagem exata (e normalmente ultrapassada), para evitar que nos extraviemos ou percamos o rumo neste exercício mental, no sentido em que não nos basta seguir a luz natural da nossa intuição ou da experiência dos sentidos.

O mito é obviamente uma abstração – um modelo, parábola, narrativa (mesmo que seja matemática). Talvez estes conceitos possam reunir-se se os abordarmos de outra forma, sugerindo que a ciência cria mitos em torno dos factos, ou seja, teorias. Não observamos os factos fisicamente; interpretamos as suas expressões. Afinal, todos vemos o Sol «levantar-se» – mas porquê, como e com que finalidade depende da interpretação dada. Eis onde entra o conto, a narrativa.

De acordo com Platão, os segredos do mundo só podem compreender-se pela construção de uma «ordem mais elevada», representação de um tipo de metanarrativa ou de um mito geralmente aceite, um arquétipo, uma história ou modelo civilizacional ou, se preferirem, uma matriz (a *matrix*) acima de nós (ou dentro de nós?). Nas construções inferiores ficam as verdades filosóficas – formas que derivam das ideias mais avançadas do Bem. De acordo com Platão, garante-se a aplicabilidade das definições matemáticas e dos seus derivados, pois existem *além de nós*, e gradualmente vão sendo reveladas – não moldadas por nós. Os modelos *revelam* as leis invisíveis do ser.

Aparentemente, a visão de Aristóteles deste princípio de abstração difere abissalmente: «Refletindo uma discordância fundamental com Platão, Aristóteles argumentava que as ideias não existem independentemente, mas que "a universalidade se alcança pela particularidade"»[57]. Obviamente, podemos inferir uma leitura das palavras de Aristóteles: o conceito abstrato não reside além de nós, e podemos não só entendê-lo (a noção que o analisamos cada vez mais minuciosamente, à medida que o nosso conhecimento cresce), mas (co)criá-lo.

A economista contemporânea Deirdre McClosekey encontra também o ponto de interseção dos fundamentos de Platão, sobre a aplicabilidade da matemática e da religião no bem, na fé em Deus como princípio de todas as coisas:

> Os matemáticos Philip Davis e Reuben Hersh indicam que «subjacente à matemática e à religião deve existir uma fundação de fé fornecida pelo próprio indivíduo». Os matemáticos, observam eles, são neoplatónicos praticantes, e seguidores de Espinoza. A sua devoção à matemática equivale à devoção a Deus. Quer Deus quer o teorema de Pitágoras, por exemplo, são tidos como independentes do mundo físico; e ambos dão-lhe significado.[58]

No mundo platónico[59], a religião não é mutuamente exclusiva com a matemática e a ciência; pelo contrário, complementam-se entre si – são mutuamente necessárias. Subjacente a todas, encontramos a fé num princípio que preside sobre os demais e sem o qual uma e a outra, não fazem sentido[60]. Nas palavras de Michal Polanyi, o filósofo do século XX, mesmo a ciência é um «sistema de crenças com o qual estamos comprometidos»[61]. «A fé não é um ataque contra a ciência nem um acolher da superstição»[62]; pelo contrário, a fé reside nas fundações de toda a ciência e de todo o conhecimento, por exemplo, a fé elementar de que o mundo pode ser compreendido. O mito, uma fé no que não se pode provar e que por vezes *sabemos* ser irreal (os pressupostos económicos, por exemplo), começa a desempenhar um papel na superstrutura.

Aqui surge a pergunta sobre quanto da economia assenta na construção de mitos; nomeadamente, de quantos mitos precisa para funcionar como disciplina? Encaramos a economia como a ciência mais bem posicionada para interpretar o mundo social da nossa era, e contudo vemos que, para tal, precisa de mitos. A economia usa o mito de várias formas e de várias maneiras. Primeiramente, baseia-se no mito para estabelecer os seus pressupostos (o uso inconsciente do mito) e, em segundo lugar, cria mitos e narrativas. O modelo do *Homo economicus* é um destes mitos. Envolver uma narrativa num velo matemático em nada muda o seu misticismo. Como exemplo, vejam-se os mitos e narrativas que descrevem a perfeita racionalidade e pressupostos de estar na posse de toda a informação, ou a mão invisível do mercado, mas também a história da liberdade e autodeterminação humanas, ou o mito do progresso eterno e dos mercados que se autoequilibram. Nunca ninguém presenciou um destes elementos, mas são contos, fés ou mitos com uma forte ressonância na economia (e não só). E as nossas disputas, experiências e estatísticas fazem-nos afirmar ou depor estas narrativas.

Não é depreciativo nem motivo de vergonha recorrer a mitos. A nossa própria existência manda-nos ter fé no que não foi provado. Mas há que admitir o seu uso, e aplicá-lo devidamente. Um mito apenas pode ser contrariado por outro. O mito não luta contra o empirismo, contra o mundo real (que se manifesta num grande número de mitos), mas contra outras tentativas de explicação, contra outros mitos.

Os gregos não aceitavam os mitos «literalmente», reconheciam-nos como mitos. E, escreve Salústio sobre os mitos, «Bem, estas coisas nunca aconteceram, mas sempre foram»[63]. Sabemos, tal como sabiam os nossos antepassados, que nos referimos a mitos, ficções – não *imagens* nem *representações* «realísticas» ou literais[64] da realidade «objetiva» (mesmo se acreditarmos que esta existe).

Bem, pode parecer-nos estranho, mas atualmente ainda agimos desta forma. A questão coloca-se perante os economistas: acreditamos realmente nos nossos modelos? Acreditamos que o homem é realmente racional, estritamente egoísta, que os mercados se regulam a si mesmos e que existe a mão invisível do mercado ou trata-se de meros mitos? Ambas as respostas são possíveis, mas não devemos confundi-las. Se dissermos, talvez em conjunto com Milton Friedman[65], que os modelos e as suas assunções são irrealistas[66] – por exemplo, a assunção de que o homem é racional –, não podemos afirmar nem retirar conclusões ontológico-teológicas de que o homem seja *realmente* racional. Se os nossos modelos (nas suas assunções ou conclusões) são ficções admitidas (úteis ou não), então *nada inferem sobre o homem*.

Por outro lado, se julgarmos os nossos modelos realistas, então *acreditamos* nos nossos modelos-mitos e ficamos cativos de um mito não assumido, ainda mais do que os nossos antecessores arcaicos. Os antigos assumiam os mitos com resguardo; eram ficções úteis, abstrações, histórias que não *aconteceram verdadeiramente*, mas úteis para explicar os fenómenos, para guiar o ser humano no mundo e também, com frequência, para efeitos práticos.

Os economistas têm de escolher; não podem ter ambos.

Escapar ao corpo e às suas procuras

Platão pouco, ou nada, respeitava o corpo. Platão chama aos prazeres corporais os «presumidos prazeres»[67], e «é o corpo e o seu cuidado que nos escraviza»[68]. O corpo é a residência do mal, e os seus prazeres são enganadores: «Enquanto tivermos um corpo e a nossa alma fundida a esse mal, jamais alcançaremos adequadamente o que procuramos.»[69] Como se todo o mal tivesse origem no corpo: «É o corpo e os seus desejos que causam as guerras.»[70]

O corpo é um obstáculo; se a alma «tentar examinar algo dentro do corpo, é claramente enganada por ele [...] a alma raciocina melhor quando [...] se encontra isolada, afastando-se do corpo o mais possível, não mantendo contacto nem associação com ele [corpo] na sua senda pela realidade [...]. Agirá melhor aquele que abordar o objeto apenas pelo raciocínio»[71]. A alma funciona melhor sem o corpo, pois este não passa de um empecilho: «É provável que só quando morrermos alcançaremos a nossa intenção, da qual nos reivindicamos amantes, ou seja, a sabedoria, conforme demonstra o nosso argumento, e não em vida [...]. Em vida, ficaremos mais próximos do conhecimento se reprimirmos a associação com o corpo e não nos unirmos a ele mais do que o necessário, para não sermos infetados com a sua natureza, mas mantermo-nos puros até ao momento em que deus nos liberte.»[72]

É precisamente este conceito de eliminar o lado da procura que estabelece uma relação com os primeiros tempos da Cristandade, em certo grau, nomeadamente com o Apóstolo Paulo, e depois, com Agostinho. O conceito de Agostinho de que o corpo é uma prisão da alma (ver adiante) apresenta-se, neste contexto, como um complemento à anterior citação de Platão. A «fisicalidade» e o cuidado com as coisas materiais surge como antítese de um plano espiritual mais elevado, despreza-se e suprime-se o físico e marginaliza-se o que é terreno. As implicações para a economia falam por si mesmas. As sociedades ascéticas, que, comparativamente com a nossa, dificultam a acumulação de bens, jamais desenvolveriam um elevado estado de especialização. As sociedades ascéticas, cujos membros devem procurar o mínimo absoluto de posses, jamais alcançariam uma elevada prosperidade material (nem se preocupariam por não a terem). No fim, a economia, que se interessa particularmente pela busca dos prazeres corporais (em suma, pela satisfação das necessidades não essenciais para a vida), nunca teria assumido a forma que hoje tem. Para os economistas, a condenação dos prazeres físicos – da utilidade – tem um significado mais transparente. O ideal não se encontra no consumo e produção de bens, mas em nos livrarmos de ambas as atividades. Neste ponto, Platão mostra-se um estoico acérrimo, como veremos adiante.

Desde a época de Sócrates que se discute intensamente este tópico: «Cálicles parece atribuir um valor positivo à mera existência destas necessidades apetitosas: pois a afirmação de Sócrates de que quem não precisa de nada vive bem (é *eudaimón*) enche-o de desagrado. "Nesse caso", responde, "as pedras e os cadáveres devem levar uma vida soberba."»[73]

Em último caso, nem sequer Sócrates é capaz gerir ou controlar as suas necessidades eróticas, e mesmo ele divide-se entre os seus desejos eróticos e os filosóficos. A relação erótica com Alcibíades não estava realmente sob o controlo de Sócrates. Mesmo assim, era a tradição dos estoicos evitar ligações aleatórias e irresponsáveis, que costumam ser normais nas ligações ao mundo material ou em qualquer tipo de relações.

E, no que toca à oferta, Platão também assumiu uma postura distante. O trabalho manual, a produção, tresandavam a imundície, sendo apenas adequado às classes mais baixas ou, preferivelmente, aos escravos. O ideal encontrava-se na contemplação intelectual e espiritual – no conhecimento de si mesmo, em que residiam as respostas, a chave para a verdade e, portanto, para levar uma vida boa e feliz.

A procura face à oferta: liberdade e discrepância

Atualmente cremos que uma pessoa é tão mais livre quanto maior for o conjunto das suas posses. Os estoicos acreditavam exatamente no oposto: quanto *menor* for o conjunto de coisas das quais dependemos, mais liberdade haverá. Daqui deriva o apelo para nos livrarmos dos desejos (procuras) da carne. O exemplo mais conhecido deste processo de libertação e expurgo da dependência foi o de Diógenes, que minimizou a sua procura e se desfez do desnecessário – incluindo um dos seus últimos pertences, um jarro, pois beberia a água com as mãos. O programa dos estoicos era portanto explícito: cortemos a nossa procura das posses e com isto seremos capazes de reduzir o lado da oferta, o trabalho. Quem conseguir viver com pouco satisfaz-se com pouco. Quem precise de pouco não tem de trabalhar muito. Perante a discrepância entre oferta e procura (estado basilar da psique humana), afirmavam os estoicos que a receita para uma vida feliz estava em diminuir a procura, não em aumentar a oferta (ou produção) – esta, sim, a resposta dos hedonistas para uma vida feliz.

Sociedade ideal: política e economia

Platão e Aristóteles definiram o espaço de debate até hoje, o que também se aplica às interrogações sobre o funcionamento da sociedade e em que fundações assenta a coexistência humana. «Samuelson, em *Economia*, abordou implicitamente uma pergunta tão antiga como os debates entre Platão e Aristóteles – quando deve a sociedade aceitar o comportamento de interesses próprios e quando deve o comportamento individual ser orientado para a realização de um bem societal mais amplo?»[74]

Para o nosso tópico é essencial abordarmos os ensinamentos económico-políticos de Platão, pese no entanto as disputas de interpretação que ainda hoje ocorrem, e o facto de o próprio Platão ter contribuído para o volume de críticas. Por exemplo, Karl Popper (mas também outros)[75] condena Platão por se tornar a inspiração, em *A República*, de todos os pensadores utópicos e mesmo do comunismo[76]. «Quer Platão quer Marx apresentaram uma visão da "revolução apocalíptica que transformará radicalmente o mundo social por inteiro".»[77] O próprio Marx referiu-se diretamente a Platão; em *Das Kapital*, existem várias menções ao filósofo[78].

Para Aristóteles, o homem era uma criatura social, *zoon politikon*. Mas não o era para Platão. Na ideia deste, somos meros cidadãos (bons) da sociedade porque nos compensa sê-lo, e não devido à nossa natureza,

132 | A ECONOMIA DO BEM E DO MAL

tal como Aristóteles argumentaria posteriormente. «A segunda linha de argumento para uma estrutura social estável é o interesse próprio e racional dos membros individuais da cidade. O argumento platónico depende de que os indivíduos saibam que os seus interesses são mais bem servidos quando as decisões são tomadas racionalmente. Para Platão, a conclusão é óbvia. Qualquer pessoa esperta acolherá a supervisão e orientação dos mais aptos e inteligentes.»[79]

Platão dividiu a sociedade em três camadas que representam os vários conjuntos de qualidades humanas – a classe dos governantes representa a razão, a classe dos guerreiros incorpora a coragem, e a classe dos artesãos contém a sensualidade (vista por Platão como sendo a mais baixa). As classes governantes não conhecem a propriedade privada, os seus próprios interesses ou a sua individualidade. Decorre esta ideia da opinião negativa de Platão a respeito da propriedade privada – as classes superiores não deviam envolver-se minimamente com estes temas (terrestres); apenas se devem preocupar com o todo. A reprodução é assegurada quase clinicamente, e a educação dos filhos seria garantida por instituições cívicas especiais. A classe elite de governantes aplicar-se-ia à mais pura das filosofias, obviamente numa forma mais radical do que a atual definição do governante-filósofo educado. «A república também defende que a melhor vida é a vida "governada" pela razão, na qual a razão avalia, ordena e comanda as várias procuras.»[80] Os governantes submeter-se-iam à procura imparcial de ideias e da «visão mística do absoluto»[81], não apenas de assuntos estatais. Sumariamente, no que toca aos desejos e necessidades do corpo humano, Platão «atribuía-lhes nenhum valor positivo»[82]. Tal como no famoso romance *1984* de George Orwell, temas como a propriedade ou a família ou outros afazeres terrenos deviam ser atribuídos à classe proletária.

Mas, em consonância com Aristóteles e contrariamente à perspetiva de Platão, é uma visão irrealista a de que os filósofosos-governantes não desejem posses. «Aristóteles também considerou que as propostas para abolir a propriedade privada – tal como Platão formulara para a sua classe de guardiões – não entravam em conta com as propensões naturais do homem»[83]. Reside neste desacordo uma grande diferença entre as perspetivas de Aristóteles e Platão a respeito da natureza humana. Para Platão, a tendência corruptiva da propriedade e a sua tendência para afastar o homem do que verdadeiramente importa (desvendar o mundo abstrato) é fundamental. Aristóteles, inversamente, ressalva as motivações positivas que derivam do desejo e da segurança material. «Se os escritos de Aristóteles encorajaram o mundanismo, otimismo, o pragmatismo, o senso comum, o empirismo e uma visão utilitária, os escritos de Platão provavam que mais facilmente conduziriam à renúncia, ao pessimismo, ao radicalismo, à revelação e a uma perspetiva ascética.»[84]

Enquanto cidadão de uma Atenas educada, Platão é grande admirador de Esparta, um Estado militar «totalitário». O trabalho físico, a mera procura e saciação das necessidades, na sua visão, deve residir na esfera dos trabalhadores. A classe mais baixa da sociedade pode possuir bens materiais, criar uma família, ter filhos, enquanto os líderes e soldados vivem comunalmente, desprovidos de qualquer propriedade privada[85].

Platão vê um princípio de declínio no desregramento das solicitações e procura tratá-lo ao reimpor uma hierarquia – o filósofo governa em prol do todo, promove a moderação de todos os tipos de vida, mas nada possui. Quanto mais alto se sobe, menor é a propriedade privada. O progresso reside no não consumo, tal como na não produção. Portanto, Platão urge ou confia na moderação voluntária da classe governante em conquistar a sua tendência natural para a acumulação de bens, o que para muitos economistas representaria um problema igualmente complicado, pois o período medieval que se segue apelaria ao asceticismo (tal como previsto por Platão).

Progresso

A visão de Platão de um Estado ideal lança luz sobre a visão do progresso social. Segundo ele, não basta estarmos voltados para acontecimentos sociais ou gerir a sociedade como um todo, assentes em princípios gerais. A sociedade requer ideias regulatórias, metas orientadoras. Obviamente que a visão de Platão de uma sociedade na qual as crianças tenham como pais o coletivo de todos os cidadãos e que sejam educadas pelo Estado sob a liderança de um filósofo desprovido de propriedade não é um apelo ao estabelecimento imediato e brutal dessa ordem. É um ideal[86] que pretende expurgar a sociedade do despotismo de consanguinidade e de relações distorcidas pelos laços de sangue e criar uma ordem na qual se oferecem a todos iguais oportunidades para demonstrarem as suas qualidades, sem o fardo do historial da família; a partir daqui, será possível distribuir as pessoas adequadamente de modo a ocuparem um lugar na sociedade, o que as beneficiará em grande medida[87].

Os líderes da sociedade ideal de Platão resistem às tentações que corrompem e os afastam da procura de um bem maior. Não se trata apenas da propriedade mas também do sexo. Como escreve Robert Nielson, «Os laços sexuais, como reconheceram quer Platão quer a Igreja Católica Romana, também criarão sentimentos poderosos de posse individual, talvez mais profundos do que a posse de propriedade privada. A solução de Platão em *A República* era remover o elemento possessivo pela abolição do matrimónio e impor limites a uma livre expressão sexual, estabelecendo ainda uma propriedade comum das crianças (a mãe não devia conhecer a identidade do filho). Mais pragmática, a igreja católica romana assumiu o rumo oposto, pedindo aos padres e freiras que mantivessem o celibato, procurando garantir que as suas lealdades mais fortes não se devessem a outra pessoa, mas a Deus e à Igreja»[88].

O homem requer mais do que *educação* para se manter reto; tem de ser visionário para mudar de poiso. Por este motivo, a sociedade precisa tanto de filósofos como de líderes, pessoas capazes de ver ideais e de mediar a ordem «cósmica» em benefício dos outros. A abstração mediada pela elite governante que liderava todo o Estado devia ser a pedra basilar que orientava as ações quotidianas do povo. A palavra «elite» deriva de *eligo*, que significa «libertado». Daqui sai a elite como um grupo de elementos libertados e escolhidos para o serviço do bem comum. Toda *A República* se origina da harmonização em três níveis: o cosmos, a comunidade e o homem. E a harmonização acontece quando as classes inferiores se conformam com as classes superiores. Sem ideias e visão, não se podem tomar decisões pragmáticas. A visão do todo, não apenas das regras gerais do jogo, devia governar os nossos atos e tornar-se motor do progresso social.

É relevante notar que a educação social das crianças teria outras metas importantes associadas à ideia de progresso: a redução da contingência. «Sócrates argumenta que o progresso realmente decisivo na vida social humana acontecerá apenas quando tivermos desenvolvido uma nova *techné*, capaz de assimilar a deliberação prática ao ato de contar, pesar e medir.»[89] Sob este ângulo, toda a história do homem e da nossa civilização é «uma história de aumento gradual do controlo humano sobre a contingência»[90]. A redução da contingência e o crescente desenvolvimento da matemática e da medição, segundo Platão, permitiriam ao homem livrar-se da regência das paixões e tomar conta do seu destino, bem como do destino da comunidade. A probabilidade de o acaso fazer regredir o progresso torna-se assim mais pequena.

Como mostraremos no exemplo prático seguinte (retirado do diálogo *Timeu*), Platão acreditava, como os hebreus, no passado reluzente e no declínio como expressão do progresso civilizacional, bem sintetizado por Popper: «Toda a mudança social é corrupção ou degeneração ou decomposição. Esta lei fundamental da história faz parte, na visão de Platão, de uma lei cósmica – uma lei aplicada a todas as coisas criadas ou concebidas. Tudo o que flui, todas as coisas concebidas, irá decompor-se.»[91] Não obstante, «Platão acreditava que a lei do destino histórico, a lei da decomposição, pode ser quebrada pela vontade moral do homem, apoiada pela força da razão humana»[92]. Apresentou assim um programa científico que traria de volta um estado de deleite ao povo. Platão deu à Europa um programa para o progresso: a ciência.

Cidade, civilização e idade de ouro

A cidade, a comunidade, é um símbolo de progresso na Grécia antiga, embora assumisse um conceito ligeiramente diferente do que testemunhámos no caso dos sumérios e dos hebreus. O bem e o mal advêm dos seres humanos; o estado selvagem já não pode ser indicado como a fonte do mal – e assim será ao longo da nossa civilização. Ao mesmo tempo, a antiga comunidade fez depender o seu desenvolvimento da ordem no Estado. Para Platão e Aristóteles, o filósofo é uma parte importante da harmonia almejada com o cosmos, pois tal harmonização seria possível de alcançar, e aquele aconselharia pessoas e comunidades sobre as formas de assimilar a nova ordem. Mesmo um tema secular, como a disposição da cidade-estado, subordinar-se-ia à filosofia de observação do cosmos.

O que se torna aqui curioso são, novamente, as correspondências entre a população citadina e a população rural. Quem vive fora da cidade não é civilizado; não sabe ler nem escrever. Ao mesmo tempo, estas «pessoas simples» (as pessoas que ainda sabiam de algum modo viver numa harmonia não civilizada) estavam fora do alcance da ira dos deuses: «Sempre que os deuses enviam inundações sobre a terra para purgá--la, os boiadeiros e pastores nas montanhas preservam as suas vidas, enquanto quem vive nas cidades, na vossa região, é arrastado pelos rios para o mar [...]. Varre-vos como a peste, deixando apenas as pessoas iliteradas e incultas. Voltam a ser crianças», diz Timeu no diálogo epónimo de Platão[93]. Aqui também encontramos a ideia de que a civilização, a educação da criança humana, acontece nas cidades. E encontramos ainda paralelos com a «criança humana» – que provavelmente ainda não internalizou (domesticou) o conflito entre bem e mal e, enquanto animal (ou criança) que «faz o que quer», não tem limites (naturais) internos, apenas externos. Terá havido uma época na qual o homem se encontrava em harmonia com o «simples "eu quero" da intrínseca natureza animal», escreve Joseph Campbell[94]. Terá havido uma época em que «eu quero» se encontrava em perfeita harmonia com o «eu devia», mas posteriormente se desfez.

Não obstante, notamos uma interessante sobreposição, também observada nos outros clássicos helénicos – a ideia de que a raça primordial era melhor. «Em segundo lugar, não tendes consciência do facto de que a melhor e mais apta de todas as raças da humanidade já viveu na vossa região. Eis a raça da qual vós, a vossa cidade inteira [...], brotou, graças à sobrevivência de um pequeno quinhão dos seus elementos.» Esta raça antiga era superior, mesmo apesar das «inúmeras gerações que os sobreviventes atravessaram sem deixarem registo escrito»[95]. Estes «antigos cidadãos» não conheciam portanto nenhum *technai*, não sabiam ler nem escrever, e, contudo, existiam em harmonia[96], como se ainda não estivessem «amaldiçoados» pela «dádiva» de Prometeu. A ideia do progresso seria, pelo menos neste caso, uma ideia de decadência. Os nossos antecessores não eram macacos selvagens, mas uma raça superior.

Posteriormente, as pessoas tornaram-se mais cultas, mais «adultas», e mudaram-se para a cidade, a qual oferece aparentemente uma maior proteção dos caprichos da natureza. Mas, mesmo aqui, as pessoas não estão protegidas da ira dos deuses; pelo contrário, será esta civilização citadina a mais visitada por cheias[97] e outras pragas. Entretanto, as colinas, as partes não civilizadas da terra, revelam-se mais seguras para as pessoas, como se pode observar na história bíblica de Sodoma e Gomorra[98].

O tópico da «bendita ignorância» (o deleite) e o compromisso entre harmonia, por um lado, e avanços técnicos, por outro, aparecem frequentemente no pensamento grego. As pessoas foram expulsas, separadas do estado natural, e agora esforçam-se por recuperar o que foi perdido – aproximarem-se de um estado de maior deleite.

ARISTÓTELES

Podíamos apresentar Aristóteles como um dos primeiros académicos rigorosos e sistemáticos – «Parménides e o Sócrates de Platão dizem-se iniciados numa religião misteriosa. O filósofo de Aristóteles, pelo contrário, é o que podemos denominar ser humano profissional»[99] – e talvez inclusive o primeiro cientista rigoroso. Os seus ensinamentos morais são neste sentido referências religiosas absolutamente primárias, ou argumentos (ao contrário de Platão, no qual observamos uma forma de transição entre mito e análise). Os pré-socráticos usaram a estética e a mnemónica (tal como o ritmo e a rima) como portadoras da verdade. Platão procurou a verdade no diálogo e na abstração, e, até certo ponto, colocou ênfase na fantasia. A argumentação e estilo dos textos de Aristóteles não são diferentes dos atuais discursos narrativos da ciência. Foi Aristóteles o primeiro a agir como um cientista no sentido contemporâneo do termo.

O seu entendimento da filosofia e da ciência foi, apesar disso, mais vasto do que hoje notamos. Primeiramente, não distinguia estritamente entre ciência e filosofia (noção posterior) e, em segundo lugar, classificou certos aspetos como ciência que hoje não seriam assim classificados. Para Aristóteles, «toda a ciência (*dianoia*) é prática, ou poética ou teórica»[100]. Incluiu a poesia e os assuntos práticos na ciência. Por ciência prática entendia a ética e a política; por ciência poética entendia o estudo da poesia e das outras artes; por ciência teórica entendia a física, a matemática e a metafísica. A maior parte do seu trabalho científico era qualitativo, não quantitativo, e para ele a matemática aproximava-se bastante da filosofia teórica e da metafísica.

Foi Aristóteles quem, figurativamente, trouxe a Terra para o centro das atenções. Foi ele quem argumentou que «precisamos da filosofia para nos indicar o regresso ao vulgar»[101]. Ao invés de andar com a mente no mundo das ideias, nadava com os peixes na ilha de Lesbos, observava o comportamento dos polvos e dos animais na floresta. Arguiu que a forma de uma maçã existe na *maçã*, não no mundo das ideias. Por este motivo, examinou as maçãs e classificou toda a criação em géneros e espécies. Hoje chamar-lhe-íamos empírico, enquanto Platão seria posicionado no começo da tradição racionalista.

Tudo isto surpreendeu para a época, era «inatural» a ponto de se tornar irritante, e ocasionalmente ele encontrava resistência. «A audiência de Aristóteles parecia ter-se rebelado contra o seu apetite pelo vulgar e pelo mundano, pedindo pelo contrário preocupações sublimes e grandiosas.»[102] As coisas terrenas apresentadas por Aristóteles recebem atenção, e o mundo das ideias platónicas é de certo modo empurrado para o fundo sombrio. Aristóteles dedicou a sua atenção precisamente ao que Platão – em termos muito latos – considerava jogos de sombras. Assim, «estratégia, economia, retórica» obtiveram a mesma atenção que «as capacidades mais prestigiadas»[103].

Se fossemos sintetizar os ensinamentos de Aristóteles em poucas frases, além do seu pragmatismo, deveríamos referir a sua apetência pelo *propósito* das coisas, *telos*. Ao contrário de Platão, não examinou a invariabilidade, mas concentrou-se no sentido, no objetivo do movimento, pois «tem o fim como objeto»[104]. Tal como as restantes escolas da Antiguidade (aliás, como os hebreus e os cristãos), atribui um papel fundamental à moralidade (em particular à ética da virtude, atualmente em processo de redescoberta)[105], e uma vida boa é inconcebível sem o estudo do bem e do mal.

Apresentando um exemplo prático: Aristóteles explica a queda das coisas materiais para o chão como sendo a natureza delas. A pedra provém da terra e para lá quer voltar; destina-se a estar sobre ou dentro da terra. O mesmo acontece com o gás, o fogo ou a alma, que querem subir. Esta explicação satisfez durante séculos, até ser substituída pela gravitação newtoniana.

A história do pensamento económico em vários manuais de ensino começa com Aristóteles. É ele quem defende a propriedade privada, por exemplo[106], critica a usura[107], diferencia as atividades económicas em produtivas e não produtivas[108], categoriza o papel do dinheiro[109], apercebe-se da tragédia dos terrenos comunitários[110] e aborda o tema dos monopólios[111]. Mesmo assim, aqui queremos concentrar-nos nas suas observações fulcrais para o desenvolvimento da economia, mas que não foram alvo de grande debate pelos economistas. Por exemplo, Aristóteles fala em pormenor na utilidade e no papel que assume na vida, lida com as funções de maximização, com as quais a economia ainda anda obcecada (tendo como única diferença o facto de as considerarmos apenas sob a forma matemática, ignorando uma discussão filosófica mais profunda), e com outras áreas-chave a que hoje chamaríamos metaeconomia ou que vão muito além da «gestão doméstica» e colocam perguntas sobre o significado e finalidade (*telos*) destes esforços.

Eudemonia: «sendo a felicidade uma forma de ciência»

Aristóteles interroga-se sobre as coisas que provavelmente interessam a todos: como ter uma vida feliz? O que significa viver de modo a alcançar na vida tudo o que se deseja? A temática da felicidade – *eudaimonia* – é tudo menos teórica: «o presente estudo não visa – e nisso distingue-se dos outros nossos trabalhos – a elaboração de uma teoria (pois, se investigamos, não é para sabermos o que é a virtude, mas sim com o objetivo de nos tornarmos bons [...].»[112] O segundo livro sobre a ética, *Ética a Eudemo*, começa de uma forma semelhante à *Ética a Nicómaco*: Como alcançar uma boa vida, pois «a felicidade [é] a mais formosa e a melhor de todas as coisas»[113], conforme afirma na abertura do livro. Em que medida uma vida agradável depende do bem e como alcançá-lo («a felicidade fosse uma certa ciência»[114]) é o que apresentaremos a seguir.

Primeiramente, convém explicar que Aristóteles considera o bem privado apenas quando surge no contexto do bem da sociedade como um todo. É famoso por afirmar que, «por natureza, o homem é um animal político»[115]. Além disso, não atribui um caráter mecanicista à sociedade, como mais tarde foi adotado pela economia, mas um orgânico: a parte, sem o resto, não só perde o sentido, mas, principalmente, é incapaz de existir[116]. Ao mesmo tempo, o homem não se agrupa em sociedade pelo benefício que traz, mas porque está na sua natureza[117].

No entanto, a utilidade é um tema complicado, e está em constante transformação. A questão reside no seguinte: o que tem uma *influência essencial na utilidade*? Aristóteles não encara a utilidade como algo que existe num instante e depois desaparece, mas como um estado, do qual o homem pode ficar ciente, embora não seja obrigado. Também refere que existe uma certa hierarquia da utilidade, como que para dizer que não encontramos utilidade nas necessidades mais elevadas antes de satisfazermos as necessidades mais básicas (naturais). Também indica que os prazeres se acotovelam uns aos outros: «as atividades de que falamos são entravadas pelos prazeres resultantes de atividades alheias [...]. A mais aprazível das duas vai expulsando a outra [...]. Por exemplo, os que nos teatros trincam guloseimas, fazem-no sobretudo quando os atores são maus.»[118]

MaxU e MaxB

Tudo o que o homem faz, ou deixa de fazer, tem como propósito maximizar a utilidade, o prazer? Para Aristóteles, é uma pergunta sem nexo. De acordo com ele, o prazer apenas «completa a atividade», algo que repete inúmeras vezes. «Quanto a saber se apreciamos a vida por causa do prazer, ou o prazer por causa da vida, deixemos por agora uma tal questão. Porque vida e prazer formam, de modo manifesto, uma estreita e indissolúvel associação, pois sem atividade o prazer não se manifesta, e é o prazer que leva a atividade à sua completude.»[119] O termo «prazer», no entanto, não está ligado inseparavelmente ao conceito de perfeição e bem: o prazer mais elevado na atividade mais perfeita, o prazer é só uma recompensa, um ónus – «[...] o prazer leva a atividade à sua completude.»[120] O prazer não representa a finalidade; a bondade e a perfeição, sim. O prazer, portanto, é uma espécie de cereja no topo da perfeição e das atividades que o conduzem até ele[121]. Não representa o propósito da atividade, mas a sua expressão vizinha. A finalidade da atividade (*telos*) é o bem.

Na economia atual, estamos de certo modo automaticamente habituados à ordem MaxU, em que o homem maximiza a utilidade. Existem dezenas de milhar de exercícios matemáticos que maximizam as funções de utilidade, otimizam a utilidade, e derivações que procuram a utilidade marginal ou equilibram a utilidade marginal com o preço marginal, respetivamente o lucro com o custo. Na vasta maioria dos casos, no entanto, não percebemos sequer a fabulosa tormenta filosófica e ética que decorre sob esses pilares.

O conceito de utilidade enquanto bem (e, por conseguinte, também como meta) era um dos fundamentos da disputa entre os epicuristas e os estoicos. Como Platão, Aristóteles encontrava-se mais próximo dos estoicos. Ao mesmo tempo, Aristóteles estava ciente de um precursor à função de maximização. Mas, ao invés da utilidade, maximiza o bem, MaxB.

Logo nas primeiras frases da *Política*, indica:

> [O]s homens nunca fazem nada senão em vista do que lhes parece bem.[122]

O que é parecido com a primeira frase da *Ética a Nicómaco*:

> Qualquer arte e demanda, e portanto todas as ações e escolhas, consideram ter por objetivo o bem; e, por este motivo, o bem tem devidamente sido declarado ser o objetivo de todas as coisas.[123]

Entra em grande detalhe no termo «prazer» no livro dez de *Ética a Nicómaco*. O livro inicia-se com a seguinte frase: «[É] uma exposição sobre o prazer que, sem dúvida, deve seguir-se. Efetivamente, o prazer é visto como o que há de mais visceralmente ligado à nossa natureza animal [...], pois escolhemos as coisas agradáveis, mas fugimos das dolorosas.» Sim, parece ser um manual de introdução à economia. Mas Aristóteles continua: «Uns afirmam, de facto, que o bem é o prazer, enquanto os outros, pelo contrário, fazem do prazer algo visceralmente mau.»[124]

Quando, por exemplo, no final de *Ética a Nicómaco*, entra num debate com o hedonista Eudoxo, o qual «considerava o prazer como bom por observar que todas as coisas, racionais e irracionais, o procuravam», diz-lhe: «Este último argumento parece, pois, de algum modo, mostrar o prazer como um bem entre outros bens, mesmo não lhes sendo superior.»[125] Aristóteles não nega que o prazer é um dos bens, mas não é a sua identidade, como argumentavam os hedonistas.

Até hoje, os economistas continuam a debater-se com uma questão semelhante à colocada por Aristóteles: «[...] no dizer delas [das massas], bem como no das pessoas cultivadas, trata-se da felicidade; todos consideram o viver bem e o ser bem-sucedido como equivalente a ser feliz. Mas divergem acerca do que é a felicidade[...].»[126] Até hoje, é possível enlouquecer um economista com a mesma pergunta: «Se as pessoas maximizarem a sua utilidade, o que significa então o termo "utilidade"?» Eis uma pergunta mais complicada do que pode parecer, e iremos discuti-la posteriormente, na segunda parte do livro. Aqui seremos bastante sintéticos.

A par de Aristóteles, podemos argumentar que o homem não maximiza efetivamente a sua utilidade, mas maximiza o bem. O homem pratica simplesmente o que considera ser o bem. E não têm todas as pessoas conceitos diferentes do «bem»? Sim, e essa é a questão: o mesmo se aplica à *utilidade*. Se tomarmos seriamente o ponto de partida de Aristóteles, de que os homens «nunca fazem nada senão em vista do que lhes parece bem»[127], então é possível que a utilidade seja um mero subconjunto do «que consideramos bem». Não obtemos utilidade de certas coisas (ou de forma indecisa e pouco defensável), e seria mais simples dizer que determinada pessoa praticou uma ação por a considerar boa, ao invés de dizer que «maximizou a sua utilidade». Pode ser mais natural afirmar que Francisco de Assis deu todas as suas posses por considerar que praticava o bem, não por motivos de utilidade; que Sócrates decidiu não renunciar aos seus ensinamentos e fugir, mas beber veneno, não por esperar a utilidade após a morte, mas por a considerar boa. MaxB é portanto um conceito mais defensável e, acima de tudo, mais útil do que MaxU.

A utilidade do bem e do mal

Após esta alteração, notamos logo que as nossas perceções estão próximas da economia do bem e do mal. É difícil imaginar que alguém cometesse um ato, voluntária e livremente, pensando, no próprio instante, que representava o mal. Se uma pessoa roubar, por exemplo, não roubará pelo ato em si (que sem dúvida vê como mal), mas para enriquecer, que sem dúvida considera bom. O objetivo não é roubar, mas ter mais dinheiro. Em último caso, podemos começar um debate parecido com o pressuposto de MaxU[128]. Porque rouba uma pessoa? Para aumentar a sua utilidade? Jamais. Não rouba pelo ato, mas porque há utilidade em ficar rico, por exemplo. Ou por adrenalina ou por vingança. Mas, seja qual for o motivo pelo qual uma pessoa rouba (ou comete outros crimes), fá-lo em nome do bem (daí o objetivo subjacente de *telos*).[129] Logo, MaxB pode explicar o mesmo que MaxU, mas ser também capaz de explicar o contexto mais lato destes atos. Se quisermos considerar o teorema de MaxB como absurdo (o qual, até certo ponto, é, não sendo passível de refutação, como veremos na segunda parte do livro), então o teorema de MaxU também deve ser absurdo. Exceto pelo facto de o absurdo de MaxB se encontrar mais visível. Talvez por este motivo se esconda a economia atrás de MaxU: para que o truque não seja tão descarado.

Não praticamos atos com o fim de uma MaxU momentânea e unilateral, nas palavras de Aristóteles, como «prazer», tal como se demonstra no seguinte exemplo: «Há ainda muitas coisas pelas quais nos podemos empenhar, embora nenhum prazer nos proporcionem; por exemplo, ver, recordar, saber, possuir as virtudes. O facto de haver formas de prazer que, necessariamente, acompanham estas coisas nenhuma importância tem, pois escolhê-las-íamos mesmo que delas nenhum prazer adviesse.»[130] Queremos estas coisas por serem boas, e são boas porque fazem parte integrante e natural da natureza humana. Portanto, um ser humano é mais humano quando vê, recorda, sabe e se comporta com virtude.

Sentimos deleite, prazer ou felicidade ao alcançar uma meta boa. É difícil que a utilidade se torne uma meta por si mesma; a meta é a bondade, e a utilidade resulta num produto residual, numa externalidade. O que é bom para o homem é também fonte de prazer (por exemplo, a comida); assim se constrói o nosso mundo. Não comemos apenas por prazer, mas sentimos prazer quando comemos.

Aristóteles certamente protestaria contra a abordagem dos nossos dias, em que a *maximização* da utilidade é automaticamente considerada parte da natureza humana. Afirma que uma certa moderação é a maior virtude: «o mal é da ordem do ilimitado»[131], e «o bem é da ordem do limitado... de onde se infere ainda que tanto o excesso como o defeito são próprios do vício, enquanto o meio-termo é próprio da virtude [...]»[132]. Fala, portanto, não da maximização da utilidade, como argumentavam os epicuristas, mas de moderação. O objetivo encontra-se algures no meio. Vejamos um exemplo: «Quando se trata de dar e receber dinheiro, o meio-termo é a generosidade, enquanto o excesso e o defeito são, respetivamente, a prodigalidade e a avareza.»[133] Ou, de um modo mais genérico: «Ora, acontece também o mesmo com a temperança [...] aquele que desfruta de todos os prazeres, de nenhum se abstendo, torna-se um intemperante, enquanto aquele que, qual rústico, foge de todos os prazeres, torna-se alguém insensível. A temperança e a coragem são, portanto, destruídas quer pelo excesso quer pelo defeito e preservadas pelo equilíbrio.»[134] «[...] é assim que toda a ciência executa com êxito a sua obra, sem perder de vista o ponto médio e encaminhando para ele as suas obras [...].»[135]

Então, a chave não é a maximização a qualquer custo, mas apontar para o centro.

> Efetivamente, não é tarefa fácil encontrar em cada coisa o ponto médio: assim, não é qualquer pessoa, mas somente quem sabe, que pode determinar o centro de um círculo. Assim também, se é uma coisa fácil e ao alcance de toda a gente irarmo-nos – passando-se o mesmo quando se trata de dar ou de gastar dinheiro –, já não está ao alcance de todos, nem é coisa fácil, fazê-lo com a pessoa certa, na medida conveniente, no momento oportuno e de uma maneira legítima. Eis o motivo por que o bem é uma coisa rara, louvável e bela.[136]

A isto poderá ser acrescentado que esse ponto (do meio) não é fácil de reconhecer, «Pelo que, compreende-se, trabalhosa coisa é ser-se virtuoso. Efetivamente, não é tarefa fácil encontrar em cada coisa o ponto médio»[137]. É preciso procurá-lo. Não reconhecemos facilmente este ponto de deleite[138].

OS ESTOICOS CONTRA OS HEDONISTAS

Surpreendentemente, é Adam Smith, o fundador da economia, quem apresenta a melhor descrição dos sistemas morais da antiga Grécia no livro *The Theory of Moral Sentiments*. Na parte final e mais interessante desta sua monumental obra[139], encontramos um estudo excelente das ideias filosóficas dos gregos antigos. Smith divide os ensinamentos morais dos antigos em duas escolas diferentes e realmente concorrentes – os estoicos e os hedonistas. A disputa central baseia-se na resposta às perguntas: compensará praticar o bem? Pode calcular-se que as boas ações realmente são correspondidas com valor? Que o bem dado encontra correlação com o bem recebido?

Os estoicos

Os estoicos não encontravam qualquer relação entre o bem e o *prazer* ou *utilidade*[140], e, por este motivo, proibia-se de antemão o cálculo. Algumas boas ações podiam ser pagas com prazer (utilidade acrescida), e outras não tinham pagamento, mas quem praticava a ação permanecia totalmente cego face aos resultados ou impactos daí resultantes. A moralidade do indivíduo é ajuizada com base na observância das regras, independentemente do resultado do ato em questão[141].

Por outras palavras, a moralidade das ações individuais avalia-se pela adesão às regras, não pelos resultados ou impactos de um determinado ato. O resultado deve deixar-se ao Destino[142]. Se o homem se comporta sem ética, «o seu sucesso traz-lhe pouca satisfação»[143]. De acordo com os estoicos, a moralidade do ato em questão não se encontra nas repercussões do ato, quer aumente ou diminua a utilidade, mas na retidão do próprio ato. Por este motivo, de acordo com os estoicos, não devemos analisar nem os custos nem as benesses do ato.

Hoje em dia, Adam Smith é considerado o fundador da economia clássica, para a qual a maximização-alvo da utilidade representa um tópico central. E contudo considerava-se um estoico. Promovia esta direção filosófica antiga[144] e admirava a forma como os seus membros conseguiam impedir-se de pensar na utilidade[145]. (Regressaremos ao paradoxo de como o legado de Smith é hoje considerado.)

Os hedonistas

A escola hedonista (epicurista), e, em particular, a representação de Epicuro, aderia ao oposto. De acordo com esta, nem o bem nem as regras são elementos exógenos, nem vindos do alto. A bondade do ato encontra-se nos resultados do feito – na utilidade que confere. Além disso, a sua utilidade é avaliada na perspetiva do ator. A fonte da ética epicurista é o egotismo, e o meio para a alcançar, o cálculo, a prudência. Epicuro não reconhece princípios mais elevados ou altruístas. Apenas para o caso da amizade parece abrir uma exceção. A utilidade torna-se assim a assunção principal de uma boa vida e o princípio orientador que decide todos os atos. Enquanto aos estoicos não era permitido calcular os resultados das suas ações (quem será capaz de supervisionar os propósitos dos nossos atos?), para os hedonistas (epicuristas) essa era, pelo contrário, a condição *sine qua non* da sua moral[146]. «[P]razer corporal e dor eram os únicos objetos últimos do desejo e aversão naturais.»[147] Os epicuristas estabeleceram um sinal de igualdade entre bem e utilidade – a moralidade do ato apenas se encontra exclusivamente na forma como diminuía ou aumentava o benefício pessoal[148].

É importante vincar que os epicuristas estavam completamente em consistência com este argumento, em que «[t]odos os prazeres e mágoas do espírito derivavam, na opinião de Epicuro, em última análise, dos do corpo»[149]. Por outro lado, as experiências físicas definiam-se de forma lata, incluindo experiências intelectuais. Um hedonista devia usar a razão para acompanhar os seus atos até ao fim, no longo prazo. Não aceita nem perdoa prazeres de curto prazo: «É impossível ter uma vida agradável sem a viver sábia e correta e justamente, e é impossível ter uma vida sábia e correta e justa sem a viver agradavelmente.»[150]

O egoísmo, a antecipação, o cálculo e a calculação formam a fonte da ética epicurista. Obviamente, segundo os hedonistas, mesmo estes princípios (os princípios nos quais assenta a economia moderna) têm as suas exceções. O princípio do egoísmo, por exemplo, não é válido no caso da amizade, enquanto a simpatia desempenha um motivo primário nos nossos atos.

A economia do bem e do mal

Se quiséssemos utilizar a linguagem técnica da economia, os estoicos teriam demarcado o espaço para o comportamento humano mediante algumas «restrições morais» (tal como hoje a economia funciona com restrições orçamentais). Para os epicuristas, obviamente, as restrições morais desaparecem por completo, e a moralidade encontra-se incorporada implicitamente nas curvas de utilidade. Apenas os limites externos (orçamentos, por exemplo) conseguem limitar os aumentos de utilidade. Por outro lado, contudo, os ensinamentos hedonistas têm uma grande vantagem no sentido de não assumirem nenhum sistema moral ou conjunto de regras exógeno (atribuído externamente), o qual será sempre o ponto fraco dos estoicos e de quem se baseie em regras e responsabilidades. O princípio hedonista cria as suas próprias regras.

Outra diferença entre estoicos e epicuristas reside na relativização do bem como tal. Sendo uma qualidade moral nos ensinamentos dos hedonistas, o bem perde o seu sentido inerente e torna-se um mero subconjunto da utilidade. Os atos virtuosos podem por vezes conduzir a uma maior utilidade e, portanto, devem ser realizados. O bem torna-se um conjunto de regras conducente a uma maior utilidade, a qual está em perfeito conflito com os ensinamentos dos estoicos. Enquanto o bem para os estoicos era a razão dos seus atos e o prazer advinha do cumprimento das regras (incluindo a desconsideração pelos seus resultados), os hedonistas viraram a lógica às avessas: o bem torna-se o resultado da utilidade.

Como foi dito, esta filosofia do ensinamento económico utilitário tornou-se generalizada pelas mãos de J. S. Mill[151]. Adam Smith, por seu lado, termina o capítulo sobre os epicuristas com as palavras: «O sistema é, sem dúvida, completamente inconsistente com o que tenho procurado estabelecer.»[152] Recusa o hedonismo como tendo uma visão demasiado simplista do mundo. «Ao reunir todas as diferentes virtudes nesta espécie única de propriedade, Epicuro também cedia a uma propensão, natural a todos os homens, mas a qual os filósofos em particular são aptos a cultivar com uma certa predileção, como um meio privilegiado de mostrar o seu engenho – a propensão para explicar o todo com o mínimo conjunto de princípios.»[153]

Uma ironia imprevista é que foi esta crítica de Adam Smith que antecipou o desenvolvimento futuro do pensamento económico – até hoje, os economistas costumam considerar o princípio do amor-próprio ou egoísmo como sendo a única força motriz do comportamento humano. Uma ironia ainda maior é que Adam Smith seja considerado o pai deste princípio. Outra ironia metodológica está na economia, quando tenta «explicar o todo com o conjunto mínimo de princípios».

A tensão polar entre os ensinamentos dos estoicos e dos hedonistas na economia do bem e do mal destaca-se claramente em Immanuel Kant, quando ambas as escolas foram novamente colocadas em mútua oposição, como exemplos de protótipos fundamentais da moralidade na tomada de decisões[154]. Com a sua ética, Kant junta-se aos estoicos, cujos ensinamentos recuperou e tornou ainda mais austeros. Mas esta orientação não incorporou o pensamento económico.

CONCLUSÃO

Os gregos deram origem à nossa filosofia e contribuíram significativamente para a nossa atual forma de existência. Começámos com o conceito da verdade dos poetas, depois falámos sobre o nascimento da filosofia e da mística numérica. Entrámos em detalhes para discorrer sobre o interessante pensamento económico de Xenofonte.

Platão detém o vetor da nossa filosofia. Discursou sobre o mundo de ideias e alertou para o mundo de sombras em que hoje vivemos. Não respeita os desejos do corpo. Abordámos pormenorizadamente os modelos e mitos e a ideia do progresso, a idade de ouro e o debate entre uma existência com cultura e uma existência natural. Aristóteles pode ser considerado o primeiro cientista a, ao contrário de Platão, dedicar muita energia a este mundo carnal. Discutimos o que considerava ser uma vida feliz e se dependia da maximização da utilidade. Também introduzimos o conceito chave da Maximização do Bem como sentido e finalidade na vida.

Por fim, abrimos o debate entre hedonistas e estoicos, ao qual Adam Smith dedicou muita tinta. A economia enquanto ciência é uma seguidora clara da abordagem hedonística que iguala a bondade com a utilidade. Mas o programa hedonista – maximizar a oferta dos bens até atingir o nível da procura – não foi satisfeito, embora há muitas gerações que o procuremos atingir, e ainda hoje tentemos.

4

CRISTANDADE:
A ESPIRITUALIDADE NO MUNDO MATERIAL

Está escrito: Nem só de pão viverá o homem.
A Bíblia, Novo Testamento

A frase «Nem só de pão viverá o homem», dita por Jesus[1] é certamente verdadeira, tal como é verdadeira a afirmação de que as pessoas não podem viver sem pão. Fomos dotados de corpo e alma, somos seres tão espirituais como materiais. Nos extremos, ambas as condições são inumanas; ambas fatais, de certa forma. Sem o material, morreremos; sem o espiritual, deixaremos de ser pessoas. Há que nutrir os dois lados, mas não é necessariamente verdade que um se obtém às custas do outro, como se costuma dizer. Também seria um equívoco pensar que são independentes entre si e que um não influencia o outro. O mero facto de requerermos fatores externos e materiais para continuarmos vivos *pelo suor do nosso rosto*[2] é motivo para abrandar a correria e refletirmos sobre os aspetos económicos.

Neste capítulo, veremos de que forma a Cristandade procura a harmonia entre estes dois polos. Como encara a Cristandade a nossa azáfama na terra? O que pensa do consumo, das solicitações materiais e físicas, e do asceticismo? Tentarei indicar as ideias económicas na Cristandade, antecessoras do conceito da mão invisível do mercado, da questão do bem e do mal e da organização das pessoas em sociedade. Também faremos uma pausa para analisar a resposta da Cristandade à dúvida sobre se compensa praticar o bem ou o mal.

Sendo a religião mais disseminada na civilização ocidental, a Cristandade tem influenciado grandemente o desenvolvimento da economia moderna. Uma fé que teve, quase sempre, uma palavra decisiva, nomeadamente em questões normativas (que ações se *devem* tomar). É difícil imaginar como seria a nossa democracia ocidental de mercado na sua ausência.

A Cristandade assenta no Judaísmo[3], adota inúmeros elementos do pensamento grego e acrescenta a dimensão inovadora da salvação. Tornou-se assim uma fé essencial ao desenvolvimento da civilização euro-atlântica ao longo dos dois últimos milénios, embora mereça ser alvo de estudo por vários outros motivos. Alguns economistas referem[4] que a economia está mais próxima de Tomás de Aquino do que de Isaac Newton, pois a sua retórica e argumentação[5] lembram frequentemente uma disputa teológica, e não os debates dos investigadores de física. O que representa um sólido contraste com a ideia que a economia anuncia de si mesma.

PARÁBOLAS ECONÓMICAS

A Bíblia e a economia estão mais intimamente ligadas do que se julga. Das trintas parábolas de Jesus no Novo Testamento, dezanove (!) descrevem um contexto económico ou social: a parábola da dracma perdida[6]; dos talentos, em que Jesus admoesta o criado que devia «ter dado o meu dinheiro aos banqueiros»[7]; do mordomo infiel[8]; dos trabalhadores na vinha[9]; dos dois devedores[10]; do rico insensato[11], e assim em diante[12]. Alguns autores contaram milhares de versos que contêm temas económicos ou sociais, sobre justiça, riqueza ou dinheiro, e em que o segundo tópico mais frequente, quer do Antigo quer do Novo Testamento, é socioeconómico (depois da idolatria)[13]. No que toca ao Novo Testamento, apresenta-se uma ponderação económica, em média, a cada conjunto de dezasseis versículos; no Evangelho de São Lucas, a frequência aumenta para conjuntos de sete versículos[14].

CRISTANDADE: A ESPIRITUALIDADE NO MUNDO MATERIAL | 153

O Sermão da Montanha, o discurso mais longo de Jesus e talvez o mais importante, começa com as palavras: «E, abrindo a sua boca, os ensinava, dizendo: "Bem-aventurados os pobres de espírito, porque deles é o reino dos céus."»[15] A pobreza, um tema económico dominante, encontra-se presente (embora no contexto da pobreza de alma) desde o princípio. Abençoados são também aqueles que «têm fome e sede de justiça, porque eles serão fartos». Sem pretendermos adentrar-nos numa exegese teológica, é certo que Jesus inverteu o sentido do teorema da maximização. A escassez e a pobreza (quer da barriga quer da alma) assumem grande valor. O início da oração-modelo de Jesus, que assumiu o nome de Pater Noster (Pai-Nosso), apresenta-nos a súplica «O pão nosso de cada dia nos dá hoje»[16], a seguir ao desejo da vinda do reino de Deus. Por sinal, um termo fundamental do Novo Testamento, o *evangelho*, significava originalmente uma *gratificação*, um pequeno pagamento pela entrega de boas notícias (como uma vitória inesperada). Regressaremos a estes temas económicos no tópico das dádivas[17].

E, por fim, um exemplo da importância dos temas económicos no Novo Testamento, que nos chega do último livro da Bíblia, o Apocalipse. Durante o fim dos tempos, durante o reino do Anticristo, quem não trouxer «o sinal, ou o nome da Besta» será punido com a impossibilidade de *comprar e vender*[18].

CANCELAR AS NOSSAS DÍVIDAS

Como vimos, a Cristandade assenta uma grande parte do seu ensinamento na terminologia económica e apropria-se do contexto económico e social. As ligações provavelmente mais importantes entre Cristandade e economia encontram-se no seguimento da prece de Jesus[19]: «E perdoa-nos as nossas dívidas, assim como nós perdoamos aos nossos devedores.»[20] Pois, na versão grega do Novo Testamento, a *dívida* representa o pecado[21]. Palavras como dívida e devedor: mais significativas para a nossa época do que as remotas designações de *pecado* e de *quem peca contra nós*.

Jesus referia-se a uma questão ainda mais profunda. Na época, as pessoas cuja dívida aumentava a ponto de se tornar insustentável pagá-la tornavam-se escravos por dívidas[22]. Existe uma literatura bastante rica no Antigo Testamento sobre o conceito da libertação dos escravos por dívidas[23]. O Novo Testamento conduz esta instituição social a um nível mais importante. Havia que pagar um resgate por quem caísse na escravidão. Era necessário comprar, afiançar ou, para usar um termo mais moderno, resgatar (*bail out*) estas pessoas. O perdão (das dívidas, dos pecados) é a principal característica da Cristandade, o que a torna única entre as grandes religiões. O papel de Jesus foi de redimir os homens, comprar-nos por um preço[24], livrar-nos da dívida e dos braços do pecado, da dívida. «Dar a sua vida em resgate de muitos.»[25] «Em [Cristo] temos a redenção pelo seu sangue, a remissão das ofensas, segundo as riquezas da sua graça»[26] e, adiante, «em quem temos a redenção pelo seu sangue, a saber, a remissão dos pecados»[27]. Para a comunidade judaica coeva, habituada ao conceito do sacrifício representativo dos animais (como o do cordeiro na Páscoa), proporcionou uma nova aliança: «Nem por sangue de bodes e bezerros, mas pelo seu próprio sangue, entrou uma vez no santuário, havendo efetuado uma eterna redenção. [...]. E, por isso, é Mediador de um novo testamento, para que, intervindo a morte, para remissão das transgressões que havia debaixo do primeiro testamento, os chamados recebam a promessa da herança eterna.»[28] Por outras palavras, chegou para anunciar «o ano do Jubileu», o ano do perdão das dívidas, dos pecados.

A REDENÇÃO DAS DÍVIDAS NA ATUALIDADE

Se este conceito parece distante ou irrelevante hoje em dia, recordemos a redenção recente dos bancos e das grandes empresas durante os anos da crise de 2008 e 2009.

A nossa sociedade moderna, paradoxalmente, não pode funcionar sem o instituto deste injusto perdão de dívidas. Em certas ocasiões, nós próprios praticamos um perdão de dívidas injusto e um tratamento injusto. É difícil conceber o Armagedão financeiro que teria acontecido se o governo não tivesse pagado o resgate e redimido os bancos e algumas grandes empresas. Isto, obviamente, insurge-se contra todos os princípios do bom senso e da justiça básica. Também violamos muitas das regras de concorrência em que se baseia o nosso capitalismo. Porque receberam o maior perdão os bancos e empresas endividados que não souberam competir? Vemos assim que o princípio usado por Jesus é (pelo menos em tempos de crise) bastante comum, ainda nos nossos tempos. Não foi justo, admita-se, mas teve de ser feito para redimir não só quem estava em apuros e empresas com elevadas dívidas, mas todos os restantes, que tombariam se estes não fossem salvos.

ATRIBUIÇÃO DE DÁDIVAS E TRANS-AÇÕES

Na teoria económica, a dádiva encontra-se entre as anomalias difíceis de explicar pelos modelos existentes. Por outro lado, o conceito de dádiva (aquilo que não se pode compensar) é o princípio básico da salvação cristã. «Porque pela graça sois salvos, por meio da fé, e isto não vem de vós, é dom de Deus; não vem das obras, para que ninguém se glorie.»[29] A redenção de Deus é gratuita; não pode ser paga, nem por ações, por mérito, nem por «bom comportamento». Não há qualquer troca; é uma dádiva.

A retidão de Deus é conferida aos crentes pela fé em Jesus Cristo. Sem quaisquer distinções, pois todos são pecadores que não alcançaram a glória de Deus, mas foram reabilitados na graça divina por meio da redenção de Jesus Cristo[30].

E mais: «Eu sou o Alfa e o Ómega, o princípio e o fim. A quem quer que tiver sede, *de graça* lhe darei da fonte da água da vida.»[31] Embora represente um paradoxo, nos temas transcendentais (*trans-scandere*, exceder, subir, permear) não existe a trans-ação (ou supra- ou intra-ação)[32]. Não se compra a *transcendência*; esta tem de ser oferecida.

Pouco tempo depois do estabelecimento da primeira igreja, surgiu um mágico que pretendia comprar e pagar as dádivas com dinheiro. As reações dos apóstolos foram óbvias. «Mas disse-lhe Pedro: "O teu dinheiro seja contigo para perdição, pois cuidaste que o dom de Deus se alcança por dinheiro."»[33] Façamos uma pausa e contemplemos uma visão económica da dádiva e de outras áreas que *não* têm preço (no duplo sentido do termo).

A dádiva mútua ou recíproca é uma forma mais profunda e antiga de transacionar do que a compra e venda com preço explícito. Durante inúmeras gerações da história humana, os objetos não tinham preço; as pessoas viviam sem preços. Em tempos idos, o ser humano dava reciprocamente as suas coisas, ou vivia em comunidades em que se trocavam as coisas – embora fosse mais comum o primeiro exemplo. Os sistemas sociais primevos, não monetários, eram economias da dádiva. A permuta, quando ocorria, envolvia normalmente estranhos ou inimigos potenciais entre as partes[34]. Há que compreender que, inclusive hoje, o dinheiro tem uma função de contacto nas grandes sociedades, enquanto sociedades mais antigas ou pequenas não precisam de dinheiro nem o usam muito (no contexto familiar, por exemplo)[35].

O fenómeno da dádiva é um tema grandemente debatido e controverso entre os economistas. Porque se oferecem dádivas? As gorjetas nos restaurantes e noutras ocasiões (como num percurso de táxi) podem ser consideradas formas de dádivas voluntárias[36]. Porque damos gorjetas voluntariamente aos empregados dos hotéis dos países estrangeiros aos quais nunca regressaremos?[37]

A principal característica da dádiva é que não tem preço. Tem valor, seguramente, mas nunca um preço. A dádiva pode ser recíproca e mútua (e, frequentemente, tende a sê-lo), mas o seu valor de troca será sempre impreciso, pouco claro, vago (não trocamos coisas da mesma natureza). Na Cristandade, oferecemos confiança e fé (também consideradas por muitos como a «dádiva de Deus»), e Deus dá a salvação a quem aceitar a dádiva. A dádiva não se negoceia; não há possibilidade de desconto. Inversamente, o ato comercial é conduzido com um preço, exato ao cêntimo, acordado entre as partes. Devemos ficar cientes de que, na ausência de um mercado amplo e funcional, a fixação do preço exato terá sido um processo assaz complicado e, em última análise, assaz sensível. Mesmo Tomás de Aquino se debateu com este problema (tal como o fazem as atuais instituições antimonopolistas, as quais frequentemente vigiam ou fixam preços em situações de mau funcionamento do mercado). As «bolhas especulativas» contemporâneas também são um «afastamento» importante e imaginário dos preços face aos seus valores (e, após certo tempo, rebentam, o que implica que os preços «regressam» à ideia nocional de valor). Atribuem-se dádivas sob todas as formas de promoções de *marketing* – «grátis» –, sejam bonecos de peluche nas bombas de gasolina, dez porcento de *ketchup* extra ou «leve dois,

CRISTANDADE: A ESPIRITUALIDADE NO MUNDO MATERIAL | 157

pague um». Também isto pode ser considerado um esforço moderno para alterar o preço *exato* dos bens num contexto competitivo.

Outra questão interessante é de frequentemente escondermos os preços ou mantê-los ocultos. Removemos cuidadosamente os preços das prendas, quem paga é o único que confere a conta da refeição, e, inclusive, nos melhores restaurantes, recebemos a conta discretamente escondida. Nos restaurantes de topo, a pessoa convidada recebe aparentemente um menu sem indicação dos preços[38]. Evidentemente, sentimos que as coisas mais valiosas deviam ser gratuitas, e não estarem disponíveis para compra[39]. São precisamente as coisas mais valiosas da vida que não podem ser vendidas nem amoedadas. É uma noção que provém do íntimo, ser indesejável uma reciprocidade exata para as coisas importantes ou para as pessoas que nos são queridas. Deve ter reparado que nada se compra ou vende em toda a trilogia do *Senhor dos Anéis*. A irmandade obtém tudo de que necessita na sua jornada através de dádivas[40]. O extremamente cauteloso J. R. R. Tolkien (que adorava adensar pormenores) nunca menciona a moeda de troca em parte alguma no *Senhor dos Anéis*. Neste contexto, iguala relatos mais antigos, contos de fadas, mitos e histórias. Nem sequer no Épico de Gilgamesh encontramos referências a dinheiro, e nem uma vez uma personagem vende um objeto. As coisas importantes são simplesmente oferecidas, encontradas ou roubadas (o Anel do Poder, por exemplo, usa todos estes métodos para mudar de donos – mas jamais é vendido)[41].

Embora o dinheiro seja necessário para o funcionamento da sociedade atual, entre aqueles que nos são próximos, frequentemente criamos situações em que o dinheiro parece desaparecer ou perde importância (motivo pelo qual «pagamos rodadas» ou à vez). Ouvi em tempos dizer que os amigos são pessoas tão mutuamente endividadas que se esqueceram do montante que devem umas às outras. Por outro lado, se um amigo quisesse pagar-nos a nossa ajuda, sentir-nos-íamos ofendidos. «Compensar» com um convite para jantar ou bebidas ou fazendo um favor é aceitável. Mas nunca um pagamento que tenha um preço preciso e que seja exato. Marcel Mauss argumenta que estas prendas recíprocas são «como uma ressurreição de um motivo dominante há muito esquecido» e um «regresso às origens e ao fundamental»[42]. Alguns antropólogos tendem a argumentar que as economias da dádiva são estruturas essenciais ou elementares e que o dinheiro ou as trocas recíprocas não passam de formas secundárias[43].

A bem dizer, itens não comercializáveis e não sujeitos a troca (como a amizade) não conseguem ser vendidos ou permutados por outros (não se pode comprar a amizade ou a paz interior). Mas podem comprar-se formas de contornar o problema: por via indireta. Pode comprar-se um jantar num restaurante para os amigos, mas isto não representa a compra de amigos genuínos; ou pode comprar-se uma cabana nas montanhas, *tentando* encontrar paz, mas não se compra a paz. Em último caso, a publicidade assenta neste princípio: apresenta algo que não pode ser comercializado (uma noite de repouso, uma família feliz, junta, ao pequeno-almoço, ou a própria beleza) e oferece uma via indireta que é comercializável (uma cama cara, uma cabana na montanha ou um champô). E, embora saibamos que não passa de uma ilusão e que os anúncios são feitos por atores e figurantes, começamos a pensar naquela almofada melhor (não consigo repousar com a que tenho), nos novos iogurtes e cereais (uma família feliz reunida à mesa do pequeno-almoço) e no champô (mesmo que a modelo no anúncio jamais use aquela marca).

Mas voltemos aos preços. Estará o filósofo checo Zdeněk Neubauer certo ao afirmar que o «preço é profano»?[44] O eminente sociólogo alemão Georg Simmel parece sugerir o mesmo quando se refere ao dinheiro como comum (no sentido de vulgar): «os objetos perdem o valor da sua significância mais elevada [...] o dinheiro é "comum" porque é o equivalente de tudo e todos. Apenas se distingue o que é único; o que for igual para muita gente é igual para os menos nobres entre eles, e por esse motivo arrasta os mais nobres para o nível mais baixo. Eis a tragédia do processo de nivelamento: conduz em linha reta para a posição do elemento mais baixo.»[45] Ficamos insultados se nos acusam de, nas áreas mais importantes, procurarmos o lucro ou de «apenas fazermos isto por dinheiro».

A ECONOMIA DO REINO

Além do paradoxo da dádiva que nunca se paga, o ensinamento de Jesus baseia-se normalmente em paradoxos, tal como muitas das suas parábolas[46]. Jesus considera que as duas pequenas moedas deixadas por uma viúva pobre valem mais do que as prendas douradas dos ricos[47]. Além do facto de aqui exprimir sensibilidade à desutilidade marginal, ao mesmo tempo legitima o papel do dinheiro. A Cristandade respeita o lado material da vida, não o condena, e, quando se pergunta a Jesus se os impostos seculares devem ser pagos, este encara a figura estampada na moeda e responde: «Dai, pois, a César o que é de César.»[48] É verdade que Jesus expulsou os «que vendiam bois, e ovelhas, e pombos, e os cambiadores assentados»[49] do templo... mas não os expulsou para mais longe! O Seu argumento não era contra o emprego destes (não teria bastado correr com eles do templo), mas o facto de terem misturado o sagrado e o profano[50].

Jesus, obviamente, alertava contra uma relação bipartida com a propriedade – a pertença não é unilateral, mas parece ser recíproca. O aviso bíblico é apropriado: as coisas terrestres (coisas do pão) são boas, mas não devemos ter-lhes muito apreço, não nos devemos agarrar a elas demasiado, pois encerram uma armadilha:

> Não ajunteis tesouros na terra, onde a traça e a ferrugem tudo consomem, e onde os ladrões minam e roubam; mas ajuntai tesouros no céu, onde nem a traça nem a ferrugem consomem, e onde os ladrões não minam nem roubam. Porque, onde estiver o vosso tesouro, aí estará também o vosso coração.[51]

Também devemos apresentar a seguinte passagem:

> Por isso vos digo: Não andeis cuidadosos, quanto à vossa vida, pelo que haveis de comer ou pelo que haveis de beber; nem, quanto ao vosso corpo, pelo que haveis de vestir. Não é a vida mais do que o mantimento, e o corpo mais do que o vestido? Olhai para as aves do céu, que nem semeiam, nem segam, nem ajuntam em celeiros; e vosso Pai celestial as alimenta. Não tendes vós muito mais valor do que elas? E qual de vós poderá, com todos os seus cuidados, acrescentar um côvado à sua estatura? [...] Mas, buscai primeiro o reino de Deus e a sua justiça, e todas estas coisas vos serão acrescentadas. Não vos inquieteis, pois, pelo dia de amanhã, porque o dia de amanhã cuidará de si mesmo. Basta a cada dia o seu mal.[52]

O curioso é que estas palavras se aplicam em igual medida a tempos de abundância e tempos de escassez. Mesmo quando (ou, a bem dizer, porque) temos demasiadas roupas para vestir (e com o problema de escolher, comprar ou de as encomendar), os conselhos fazem sentido, tal como fariam sentido (ou fizeram sentido) à sociedade dos pobres ou à sociedade que *nada tinha para vestir*. A análise mais interessante é precisamente esta: também se destinam a uma sociedade demasiado rica, que não sofre de escassez, mas de excedente. E, perante o excedente, preocupamo-nos com o que havemos de *comer* e *beber* (Tem demasiadas gorduras? Demasiado açúcar?) e o *que vestir* (O que vou levar hoje?).

Parece-nos adequado acrescentar a seguinte citação: «Porque o amor do dinheiro é a raiz de toda a espécie de males; e nessa cobiça alguns se desviaram da fé e se trespassaram a si mesmos com muitas dores.»[53] A expressão costuma ser mal citada, como «o dinheiro é a raiz de todos os males», mas não é isso que o texto diz. É o amor pelo dinheiro que faz da prudência vício. Talvez a citação seguinte (também por Paulo, mas numa carta diferente, em que igualmente refere o amor pelo dinheiro) coloque melhor em perspetiva: «Sejam os vossos costumes sem avareza, contentando-vos com o que tendes.»[54] Na parábola do semeador, «cuidados, e riquezas, e deleites da vida» serão os principais obstáculos que impedem a semente (da fé) de dar «fruto com perfeição»[55].

TEORIA DO JOGO: *AMAI O VOSSO INIMIGO*, DE UM LADO, *OLHO POR OLHO*, DO OUTRO

Podemos observar os resultados de acordo com a abordagem moderna da teoria do jogo. No famoso Dilema do Prisioneiro, dois prisioneiros escolhem a *sua* estratégia dominante, que deverá maximizar a utilidade individual esperada por cada um, mas não a utilidade total. Racionalmente, ambos escolhem a opção não cooperativa e, portanto, determinam o pior dos resultados possíveis (ótimo de não Pareto). O próprio sistema (a forma como o jogo está montado) «obriga-nos» a obter resultados que prejudicam o coletivo. Barry Nalebuff, uma das figuras contemporâneas de destaque na teoria do jogo, refere que quaisquer negociações que se baseiem na máxima cristã «faz aos outros como gostarias que fizessem

CRISTANDADE: A ESPIRITUALIDADE NO MUNDO MATERIAL | 161

a ti» conseguem ultrapassar este conflito: «se as pessoas seguissem a regra dourada, jamais existiria o dilema do prisioneiro.»[56]

Uma abordagem antropológica revela um desenvolvimento histórico interessante, relacionado com a teoria do jogo e com a história da moralidade. Durante muito tempo argumentou-se, na teoria do jogo, que, nos jogos simultâneos e repetitivos, compensa recorrer à estratégia *olho por olho*, ou a uma medida equivalente de resposta em cada passo seguinte. Se dois jogadores se embrenharem num jogo de fraude-cooperação, será bastante eficaz retaliar jogadas fraudulentas com outras igualmente fraudulentas, e vice-versa. Por outras palavras, retribuir bofetada com bofetada, sorriso com sorriso e carícia com carícia. Esta estratégia foi considerada a melhor desde a era das experiências de Axelrod, em 1980, quando os especialistas em teoria do jogo jogavam uns contra os outros; Anatom Rapoport usou este método de *retaliação* (*olho por olho*) e ganhou repetidamente. É uma estratégia simples e rigorosa, que obriga os participantes a cumprirem as regras, dinamiza soluções cooperativas e sabe perdoar (de forma proporcionável e rápida, desde que o jogo não termine com a primeira batota). Representa uma versão do Antigo Testamento de olho por olho e dente por dente.

Foi apenas recentemente que se descobriu uma estratégia ainda mais eficiente. Num mundo de informação imperfeita e ruído, é fácil confundirem-se os sinais e dar-se início (desnecessariamente) a estratégias retaliatórias[57] – as quais têm uma tendência recursiva e um efeito em espiral de descer até ao fundo. Nalebuff argumenta que ser-se *bondoso* compensa mais no final.

Tal como na história da civilização oriental, a regra de *olho por olho, dente por dente* foi inicialmente considerada como a estratégia mais eficiente[58]. Pela primeira vez, Jesus dissemina uma estratégia de longo prazo mais cooperativa:

> Ouvistes que foi dito: «Olho por olho, e dente por dente». Eu, porém, vos digo que não resistais ao mal; mas, se qualquer te bater na face direita, oferece-lhe também a outra; e, ao que quiser pleitear contigo e tirar-te o vestido, larga-lhe também a capa. E, se qualquer te obrigar a caminhar uma milha, vai com ele duas. Dá a quem te pedir, e não te desvies daquele que quiser que lhe emprestes.[59]

Numa situação de jogos repetitivos, se ambos os lados assumirem a estratégia de olho por olho, ou retribuírem o bem com bem e o mal com mal, o mal conquista um território mais vasto. Um único ato de maldade (mesmo que fruto do acaso) espoleta atos recursivos ao longo do tempo. Não é certo se uma pequena onda de maldade pode gradualmente desvanecer-se ou se irá crescer até causar uma tempestade devastadora[60]. Retribuir o mal não o faz diminuir, multiplica-o. Comparativamente com o jogo de Nalebuff, *a misericórdia* minimaliza o mal numa razão superior à estratégia de olho por olho, dente por dente – tal como Jesus disse:

> Ouvistes que foi dito: «Amarás o teu próximo, e aborrecerás o teu inimigo.» Eu, porém, vos digo: «Amai os vossos inimigos, bendizei os que vos maldizem, fazei bem aos que vos odeiam, e orai pelos que vos maltratam e vos perseguem; para que sejais filhos do vosso Pai que está nos céus; porque faz que o seu sol se levante sobre maus e bons, e a chuva desça sobre justos e injustos. Pois, se amardes os que vos amam, que galardão havereis? não fazem os publicanos também o mesmo? E, se saudardes unicamente os vossos irmãos, que fazeis demais? não fazem os publicanos também assim?[61]

Ao mesmo tempo, a Cristandade alcançou uma grande resolução nesta pergunta ética. Tal como demonstrámos nos capítulos anteriores, o mal pode assumir uma forma moral, embora não seja obrigado a isso; alguns males (uma árvore que cai sobre uma pessoa) causam prejuízo, mas não representam um mal moral, pelo qual há que culpar alguém. Nesta epístola, todo o mal, incluindo o *residual*, acontece por acontecer – seja consciente ou inadvertido, moral ou isento de moralidade –, e todo este mal é depositado sobre os ombros do Messias, que se sacrifica por todo o mal que há no mundo. Neste sistema complicado, atribui-se muito dificilmente a culpa, e por este mesmo motivo Deus acaba por ser, neste sentido, injusto, porque *perdoa*. É, por assim dizer, «positivamente injusto», tal como o vinhateiro que paga salários elevados aos trabalhadores, mesmo não tendo de o fazer[62]. Os sistemas morais que procuram imputar culpas afogam-se de imediato, pela graça do Novo Testamento.

A ECONOMIA DO BEM E DO MAL NO NOVO TESTAMENTO

Parem de ajudar Deus a atravessar a estrada, como se fosse uma velhinha.
U2, «Stand Up Comedy»

Compensa (economicamente) praticar o bem? Explicar *por que* motivo se deve praticar o bem representou um problema para o pensamento judaico (como vimos). Em grande medida, encontra-se a resposta no Novo Testamento. E de uma forma dualista.

Ao introduzir o novo conceito do «Reino de Deus», uma noção estranha ao Judaísmo, a Cristandade abre literalmente um «novo espaço» no qual os atos morais recebem o seu pagamento. O mundo terreno nem sempre é justo (os justos também sofrem, e os injustos têm vidas de abundância e lucro), mas a justiça aguarda todos no reino que há de vir. Enquanto o Judaísmo tem de resolver o problema das recompensas justas *neste mundo*, a Cristandade muda a justiça para o outro *mundo*, o do *Além*. O bem e o mal (dados) têm, portanto, uma lógica económica no sentido em que a recompensa (recebida) acontece, mas no céu. Portanto, compensa ser-se bom e sofrer o mal, pois os justos receberão a recompensa no paraíso.

Trata-se de uma solução elegante, mas até esta solução tem um preço – e o preço é precisamente este mundo. O mundo terreno, que no Antigo Testamento era um espaço de bem e o palco da história, transitou para segundo plano. A Cristandade proporcionou uma solução satisfatória para o antigo paradoxo económico-moral da recompensa justa, mas não isenta de preço – solucionar o paradoxo implica sacrificar o mundo. Para muitos cristãos, este mundo é injusto e, em grande medida, mau. É aqui que tem origem o distanciamento do Novo Testamento, incluindo alguma resistência, face ao mundo dos homens: «[N]ão sabeis vós que a amizade do mundo é inimizade contra Deus? Portanto, qualquer que quiser ser amigo do mundo constitui-se inimigo de Deus.»[63] Pois apenas num mundo completamente mau podem os justos sofrer e os injustos divertir-se. Um mundo a evitar, com sensatez. O apóstolo Paulo escreve: «morrer é ganho [...] tendo desejo de partir, e estar com Cristo, porque isto é ainda muito melhor.»[64] No fim, a personificação do mal recebe uma forma mais específica e horrífica do que a descrita pelo Antigo

Testamento[65]. No Antigo Testamento, Satanás é nomeado explicitamente em quatro ocasiões[66] (se contarmos com a serpente no Génesis como uma representação sua). Por outro lado, o Novo Testamento menciona--o quase meia centena de vezes. Mais ainda, diz-se que é o «príncipe deste mundo»[67]. Daqui se entende que a economia do bem e do mal não funciona neste mundo. A recompensa dos justos não se encontra cá (ver a história de Lázaro), mas no céu.

O desapego cristão do mundo decorre especificamente desta lógica. Estamos perante um mundo mau, injusto, transitório, sem importância. Não nos preocupemos com a mundanidade das sombras platónicas, não nos deixemos coagir nem manietar por estas; é preferível ignorá-las de todo (Agostinho adere a este pensamento, mas a tendência é derrubada por Aquino nas fases seguintes da Cristandade).

A segunda forma, mais profunda, usada pelo Novo Testamento para solucionar a questão da economia do bem e do mal passou por desmantelar totalmente a *contabilidade* deste bem e deste mal. A salvação é uma dádiva imerecida (como vimos) que não nos é possível comprar. A economia do bem e do mal deixa, portanto, de existir. Voltaremos a este tema, mas analisemos por ora o maior dos mandamentos – o mandamento de amar.

HÁ QUE AMAR

É boa ideia recordar neste ponto a intenção primordial do Antigo e do Novo Testamento: «amarás o teu próximo como a ti mesmo.» De acordo com Jesus, esta lei segue imediatamente o mandamento de amar Deus e é o maior mandamento de todos[68]: «Porque toda a lei se cumpre numa só palavra, nesta: "Amarás ao teu próximo, como a ti mesmo."»[69]

Este mandamento é também importante para os economistas, pois está relacionado com a regulamentação do egoísmo ou amor-próprio. Não se deve ter um amor-próprio ilimitado, nem falta dele, mas o interesse da pessoa em si mesma deve ser tão grande quanto o interesse que tem perante aqueles que lhe são mais chegados. Quem muito amar pode também amar-se a si mesmo. Note-se que são duas formas de amor.

CRISTANDADE: A ESPIRITUALIDADE NO MUNDO MATERIAL | 165

O nosso amor-próprio deve equivaler ao amor a quem nos é chegado, nem mais nem menos.

Além disso, o amor por nós manifestado não deve depender do comportamento da contraparte, nem do comportamento que é tido para connosco (bem recebido). Por outras palavras, Jesus quer que nos amemos a qualquer custo. Pode a outra parte amar-nos ou odiar-nos; importa, contudo, que amemos quem nos é chegado como a nós mesmos.

Não é incorreto cuidarmos da nossa pessoa (prudência), mas há que evitar obsessões. A prudência é inclusive uma das sete virtudes, como refere McCloskey: «Tomás de Aquino em meados do século XIII, atribuiu um lugar de honra, entre as sete virtudes, à Prudência – ou seja, ao saber, à competência, um interesse próprio frugal, "racionalidade" numa definição mais lata.»[70] Note-se que a virtude da prudência é uma de entre sete, e não a única lição a ter em mente.

A INDESTRUTIBILIDADE DO MAL: A PARÁBOLA DO TRIGO E DO JOIO

É difícil, ou mesmo impossível, expurgar todo o mal. Mesmo no estado perfeito do jardim do Éden, a possibilidade (latente) do mal – a árvore do conhecimento do bem e do mal – tinha de existir[71]. Havia que permitir o mal. A Cristandade está perfeitamente ciente deste facto; não podemos livrar-nos do mal só pelo esforço humano. Existindo, entranha-se pelo bem como o joio omnipresente. Eis o motivo pelo qual o mundo precisa do sacrifício representativo de Cristo; se conseguíssemos alcançar a pureza do bem graças apenas aos meros esforços, este sacrifício seria desnecessário. Neste contexto, a parábola do trigo e do joio do Evangelho de São Mateus é curiosa:

[Jesus] propôs-lhes outra parábola, dizendo: «O reino dos céus é semelhante ao homem que semeia boa semente no seu campo; mas, dormindo os homens, veio o seu inimigo, e semeou joio no meio do trigo, e retirou-se. E, quando a erva cresceu e frutificou, apareceu também o joio. E os servos do pai de família, indo ter com ele, disseram-lhe: "Senhor, não semeaste tu, no teu campo, boa semente? Por que tem, então, joio?" E ele lhes disse:

"Um inimigo é quem fez isso". E os servos lhe disseram: "Queres, pois, que vamos arrancá-lo?" Porém ele lhes disse: "Não; para que, ao colher o joio, não arranqueis, também, o trigo com ele. Deixai crescer ambos, juntos, até à ceifa; e, por ocasião da ceifa, direi aos ceifeiros: Colhei primeiro o joio, e atai-o em molhos, para o queimar; mas, o trigo, ajuntai-o no meu celeiro."»[72]

Não podemos livrar-nos absolutamente do mal; o mal tem um papel a desempenhar. Se expurgássemos todo o mal, destruiríamos trigo que era bom. Nas palavras de Tomás de Aquino, «pois se todo o mal fosse impedido, muito bem se ausentaria do universo»[73]. Agostinho terá a mesma opinião. «Pois Ele [Deus] considerou que seria melhor tirar o bem do mal, do que impedir a existência do mal», e também escreve: «Se não fosse bom que o mal existisse, a sua existência não seria permitida por Deus omnipotente.»[74]

O joio parasítico (o mal) deve ser expurgado apenas no contexto do terreno de cultivo; não se expurga o joio fora deste (por exemplo, num prado ou numa colina).

A parábola do trigo e do joio apresenta outra dimensão: somos incapazes de distinguir a «boa semente» do joio – até que cresça[75]. Os nossos sistemas de moralidade abstrata também são imperfeitos, e não falemos sequer da sua aplicação prática. Não existe escola moral que se tenha mostrado totalmente consistente e isenta de contradições. Encontra-se ao alcance do homem discernir o bem do mal («Não julgueis, para que não sejais julgados»[76])? Por sinal, seguimos esta parábola ainda nos dias de hoje, quando a humanidade não se mostra capaz de implementar um sistema moral satisfatório, pese no entanto as tentativas das mentes mais criativas e inteligentes do nosso tempo.

É como se tivéssemos coladas aos olhos lentes que nos distorcem a visão do mundo moral – não vemos os nossos erros, mas ao mesmo tempo retiramos o «argueiro do olho do teu irmão»[77]. Tentamos criar sistemas morais sofisticados (um desses, por exemplo, é o sistema dos Fariseus) com os quais filtramos os mosquitos, mas engolimos os camelos[78]. Jesus insurgiu-se contra os sistemas morais artificiais na sua época, e inclusive ridicularizava-os[79]. Jesus não deixou um sistema de regras sujeito ao juízo externo, apenas mandamentos para adorar. Jesus assume a postura de que o bem e o mal se originam totalmente do homem, seja pela vontade, seja pelo seu coração[80]. Mas como julgar o coração dos outros, que somos incapazes de ler? Paulo junta-lhe outra *não* regra: «Ora o fim do mandamento é o amor de um coração puro, e de uma boa consciência e de uma fé não fingida.»[81] E, sem outros rodeios: «Todas as coisas são puras para os puros, mas nada é puro para os contaminados e infiéis, antes o seu entendimento e consciência estão contaminados.»[82] E, por fim, uma *não* regra destaca-se: «Todas as coisas me são lícitas, mas nem todas as coisas convêm; todas as coisas me são lícitas; mas eu não me deixarei dominar por nenhuma.»[83]

Mas retornemos ao Jardim do Éden, onde surgiu, de acordo com a Bíblia, a capacidade de saber, de distinguir entre bem e mal. A partir daqui, resta o eterno paradoxo, no qual todas as escolas morais procuram ultrapassar-se umas às outras, sobre quem melhor conhece a *diferença* entre bem e mal (*saber* o que é bom e o que é mau)[84]. Ao mesmo tempo, e de acordo com o Génesis, a queda do homem do Jardim do Éden deveu-se precisamente ao desejo de provar o fruto da Árvore do *Conhecimento* do Bem e do Mal. O desejo de saber, de discernir entre bem e mal, torna-se assim o motivo do fracasso – e as escolas morais tentam (mais uma vez) exceder-se neste mesmo assunto! As palavras de Jesus retiram a moralidade da arena dos atos e colocam-na na do pensamento, da imaginação, do desejo. Para cometer um pecado, não é preciso matar; «basta» odiar[85], pois a diferença entre ódio e homicídio pode passar por falta de coragem ou de oportunidade e, por vezes, apenas de logística. Outros pecados foram igualmente transpostos do lado externo (a sua execução) para o interno (desejar o mal, intenção), como se observa no Sermão da Montanha. Uma mensagem do evangelho cristão é que a salvação não olha para o bem e para o mal. Como indica o apóstolo Paulo, «Bem-aventurado o homem a quem o Senhor não imputa o pecado»[86]. Quem receber o perdão fica isento do mal que cometeu. Eis um método assaz radical (em termos práticos e filosóficos) para sair do labirinto das regras da moralidade humana. Cristo expia a nossa culpa e a sua retribuição e, neste processo, transforma a moralidade e anula os conceitos de bem e mal até então aplicáveis. Cristo anula a economia do bem e do mal. A relação com Deus deixa de parecer uma contabilidade de dupla entrada, mas amor e júbilo. Inversamente, oferece uma graça imerecida, injusta (num sentido positivo) – injusta a nosso favor[87].

TRABALHO COMO BÊNÇÃO, TRABALHO COMO MALDIÇÃO

Vimos como o conceito do trabalho evoluiu com os hebreus e os gregos. O homem foi colocado no jardim do Éden «para o lavrar e o guardar»[88]. Éden não era um lugar para descanso; mesmo num estado de perfeição e deleite, o homem trabalhava[89]. O trabalho pertence ao homem como meio para uma expressão mais rica, uma realização pessoal e, em último caso, uma fonte permanente de introspeção – como reconhecimento das nossas capacidades e limites, mesmo quando o papel no mundo é parcial. O homem, portanto, não trabalha por necessidade, mas porque é a sua natureza[90]. O aspeto desagradável do trabalho (*pelo suor do teu rosto*) ocorrerá apenas com a Queda.

Encontramos histórias semelhantes nas lendas gregas. O trabalho era há muito uma atividade agradável, mas, quando Pandora, a primeira mulher criada (para servir de castigo), destapou a caixa, a par de todos os males inimagináveis, o que dela saiu foi também o dissabor do trabalho – trabalho como um fardo, situação que a humanidade desconhecia até então[91]. Não se tratava realmente de uma maldição sobre o trabalho (que antes existia sob uma forma abençoada), mas um seu acrescento, o sofrimento: «maldita é a terra por causa de ti; com dor comerás dela, todos os dias da tua vida.»[92] Outra forma de dizer: «O que foi criado para te dar prazer e sentido à tua existência será frequentemente desagradável e lutará contigo.»

Este conceito complementa ousadamente a visão clássica da economia perante o trabalho, que implicitamente assume uma utilidade negativa desde o primeiro instante em que é praticado. Hoje em dia, consideramos o trabalho como uma inutilidade, uma utilidade de consumo (os homens trabalham *apenas* para consumir). Contudo, ignoramos o sentido mais profundo e ontológico do trabalho, ou o facto de ser único no homem, e de sermos capazes de retirar um significado profundo do nosso labor, vendo nele um objetivo parcial (mas importante!) das suas vidas.

CRISTANDADE: A ESPIRITUALIDADE NO MUNDO MATERIAL | 169

Voltemos ao Novo Testamento. O trabalho deveria proporcionar ao homem prazer e realização. A Bíblia não reclama uma vida livre de trabalho manual, ao contrário de certos ideais gregos. O trabalho é inclusive uma responsabilidade para o homem: «se alguém não quiser trabalhar, não coma, também.»[93] A ideia de que uma pessoa espiritual deve estar liberta da estafa e dos afazeres terrenos é contrariada pela singela realidade de Jesus Cristo entrar em Jerusalém como um carpinteiro experiente. Todos os seus discípulos trabalhavam; eram pescadores (trabalho manual) ou cobradores de impostos (trabalho não manual). Nenhum deles ganhava a vida enquanto intelectuais e filósofos, indivíduos que passassem os dias a meditar. Mesmo o apóstolo Paulo, que escreveu uma parte significativa do Novo Testamento e pregou o evangelho no caminho para Roma, não se *especializou* em temas espirituais e trabalhava sempre que podia – montava tendas para não ser um fardo para os outros[94].

Onde se situa o equilíbrio entre uma vida fisicamente ativa e uma contemplativa? Nem o Novo nem o Antigo Testamento as consideram *mutuamente exclusivas*. Pelo contrário, quem quiser viver piamente deverá ter um trabalho honesto e sustentar a sua sobrevivência, escreve o apóstolo Paulo à igreja da Tessalónica, perante o crescente número de pessoas que começaram a recusar trabalho manual sob o pretexto de questões espirituais.

Mandamos-vos, porém, irmãos, em nome do nosso Senhor Jesus Cristo, que vos aparteis de todo o irmão que andar desordenadamente, e não segundo a tradição que de nós recebeu. Porque vós mesmos sabeis como convém imitar-nos, pois que não nos houvemos desordenadamente entre vós, nem de graça comemos o pão de homem algum, mas com trabalho e fadiga, trabalhando noite e dia, para não sermos pesados a nenhum de vós. Não porque não tivéssemos autoridade, mas para vos dar em nós mesmos exemplo, para nos imitardes. Porque, quando ainda estávamos convosco, vos mandámos isto, que, se alguém não quiser trabalhar, não coma, também. Porquanto ouvimos que alguns, entre vós, andam desordenadamente, não trabalhando, antes fazendo coisas vãs. A esses tais, porém, mandamos e exortamos, por nosso Senhor Jesus Cristo, que, trabalhando com sossego, comam o seu próprio pão. E vós, irmãos, não vos canseis de fazer bem. Mas,

se alguém não obedecer à nossa palavra por esta carta, notai o tal, e não vos
mistureis com ele, para que se envergonhe.[95]

O Apóstolo Paulo também salienta que nem ele vivia da caridade
dos próximos, embora se dedicasse plenamente à missão espiritual para
disseminar o evangelho pelos pagãos:

> De ninguém cobicei a prata, nem o ouro, nem o vestido. Vós mesmos sa-
> beis que, para o que me era necessário a mim, e aos que estão comigo, estas
> mãos me serviram. Tenho-vos mostrado em tudo que, trabalhando assim, é
> necessário auxiliar os enfermos, e recordar as palavras do Senhor Jesus, que
> disse: «Mais bem-aventurada coisa é dar do que receber».[96]

PROPRIEDADE PRIVADA: A QUEM PERTENCEM AS TERRAS?

Relacionado com o tema do trabalho encontra-se o ganho dele aufe-
rido, a sua propriedade. Será válida, a noção de propriedade privada?
Numa aceção extrema, em situações de necessidade, a Cristandade apõe
dúvidas sobre o direito inalienável da propriedade privada. E, contudo,
Tomás de Aquino defende que a sua influência é benéfica na paz social,
na ordem e na criação de uma motivação positiva. Aquino ressalva uma
exceção importante relativamente ao direito da propriedade privada:
«Em caso de necessidade tudo é propriedade comum [...]. Portanto não
será pecado ocupar a propriedade alheia, uma vez que a necessidade a
tornou comum.»[97] Apoiou-se na noção de que, dada a sua *natureza*,
todos os bens terrenos são abrangidos pela propriedade comum. A sua
opinião popularizou-se, não só no escolasticismo, mas também na era
da economia clássica. John Locke, um dos pais da tradição económica
euro-atlântica, defendeu um conceito aproximado. Aplica a razão e a fé
em iguais medidas: «Quer consideremos a razão natural, que nos indica
que os homens, ao nascerem, têm direito à sua preservação e outros elementos atribuídos pela Natureza para a subsistência, ou a "Revelação",
que nos relata as cedências de Deus ao mundo de Adão e a Noé e aos
seus filhos, é muito claro que Deus, como afirma o rei David (Salmos
115:16), "mas a terra, deu-a ele aos filhos dos homens", a ofertou a toda

a humanidade.»[98] O economista clássico John Stuart Mill considera-o num contexto semelhante: «Nenhum homem em particular criou a terra. Pertence à herança original de toda a nossa espécie.»[99]

A lei humana jamais poderá infringir as leis eternas de Deus[100]. Nem mesmo as leis da propriedade privada se podem colocar acima do homem enquanto pertencer à sociedade humana. Por outras palavras, a instituição da propriedade privada cede no instante em que uma vida humana corre risco.

Embora Tomás de Aquino não tenha opiniões negativas sobre a riqueza (pelo contrário, como veremos, nutre sérias dúvidas a respeito das tendências tradicionais favoráveis ao ascetismo), é incapaz de a conceber em condições de carência extrema nos vizinhos da pessoa rica (a sua visão da sociedade como um coletivo de vizinhos de certa forma predetermina esta abordagem). Por outro lado, está ciente de que são inúmeros os despojados, e é impossível saciá-los a todos. «Mesmo assim, havendo uma necessidade clara e urgente, e a evidência de uma necessidade premente e remediável pelos meios ao dispor [...], é então legal que um homem socorra as suas necessidades através do recurso à propriedade de outro, tomando-a abertamente ou em segredo: não se lhe pode chamar roubo ou furto.»[101] É possível porque «a necessidade diminui ou elimina todo o pecado»[102]. A ideia também aparece no *First Treatise on Civil Governments*, de John Locke, um defensor conhecido dos direitos privados (e quase absolutos)[103].

Os ricos devem estar preparados para partilhar com outros em tempos difíceis[104]. Aquino apresenta como exemplo a instrução do Antigo Testamento, de que não será considerado crime quem se alimente dos frutos de uma vinha que não lhe pertence. Os esfomeados poderão comer até se encherem nas vinhas alheias, desde que não levem consigo as uvas. Tomás de Aquino argumenta que não se trata de um ato contrário à lei do bem-estar da sociedade (ou seja, da propriedade privada), pois a lei deve estar preparada para «ensinar as pessoas a habituarem-se a dar aos outros da sua propriedade»[105].

A lei relativa à respiga é encarada da mesma forma. O rico tinha a responsabilidade de não enviar um segundo grupo de ceifeiros para apanhar os restos deixados pelo primeiro grupo[106]. Tudo que se deixava no campo pertencia aos pobres, viúvas e órfãos[107]. Quem leia o Antigo

Testamento notará a frequência com que o texto dá indicações específicas para proteger as pessoas mais fracas da sociedade.

PEQUENO AMOR: COMUNITARIANISMO, CARIDADE, SOLIDARIEDADE

Numa perspetiva económica, não podemos deixar de mencionar o facto de a primeira igreja ter existido numa espécie de comuna, funcionando sob uma propriedade conjunta, esperando que o fim dos dias viesse em breve:

> E todos os que criam estavam juntos, e tinham tudo em comum. E vendiam as suas propriedades e fazendas, e repartiam com todos, segundo cada um necessitasse. [...] E era um o coração e a alma da multidão dos que criam, e ninguém dizia que coisa alguma do que possuía era sua própria, mas todas as coisas lhes eram comuns. [...] Não havia, pois, entre eles, necessitado algum; porque todos os que possuíam herdades ou casas, vendendo-as, traziam o preço do que fora vendido, e o depositavam aos pés dos apóstolos. E repartia-se por cada um, segundo a necessidade que cada um tinha.[108]

Uma forma semelhante de propriedade seria posteriormente aplicada aos mosteiros e ocasionalmente também às cidades cristãs, como a cidade checa de Tábor, durante as guerras dos hussitas no século XV. De que modo se transformaram as noções de um comunitarismo voluntário e fortemente religioso num comunismo ateu é um tema à parte. Seja como for, os comunistas devem esta noção à Cristandade. Mas, como a história demonstrou, o comunismo marxista não conseguiu apresentar uma alternativa viável ao capitalismo.

Sabemos de várias ocorrências do comunitarismo a partir das inúmeras referências à casa de «Prisca e Áquila»[109]. A primeira geração de cristãos queria criar uma «sociedade alternativa separada da sociedade imperial dominante, tanto quanto possível»[110]. Estas assembleias locais[111] celebravam a ceia do Senhor[112] e coletavam dinheiro para os pobres[113].

Em latim, *charitas* significa amor. No Novo Testamento, empregam-se várias palavras para amor, ao invés da que se usa hoje: o grego *agapé* (amor divino) era distinto do *erós* (amor sexual, paixão, atração), do *stergein* (amor familiar) e do *filia* (amizade)[114]. *Charitas* era um amor social, compaixão. Pode dizer-se que o «pequeno amor» é uma força gravitacional que, embora fraca (quase impercetível quando comparada com outras forças), se equipara à caridade no sentido em que é um amor fraco, difícil de detetar, comparativamente com outros amores (que são intensos e concentrados em uma ou duas pessoas). Mas, tal como as forças curtas mas fortes (nucleares) e as distantes mas fracas (gravitacionais), a *charitas* mantém unidas grandes unidades, no nosso caso, a sociedade – tal como a gravidade mantém unidos objetos a grande distância, mas não tão «fortemente» como as forças nuclear e elétrica.

Os costumes ou regras de caridade ou solidariedade mais antigos são conhecidos desde o Antigo Testamento[115]. O Novo Testamento expande o tema: «Os bens excedentários que não faziam falta deviam ser dados como esmolas e não entesourados.»[116] E, em certos casos, o Novo Testamento vai ainda mais longe: «Vendei o que tendes, e dai esmolas», diz Jesus aos discípulos quando lhes pede «Buscai, antes, o reino de Deus, e todas estas coisas vos serão acrescentadas»[117].

Mesmo assim, a redistribuição deverá ser efetuada por benevolência voluntária. Escreve o apóstolo Paulo: «Que, o que semeia pouco, pouco, também, ceifará, e, o que semeia em abundância, em abundância ceifará. Cada um contribua, segundo propôs no seu coração; não com tristeza, ou por necessidade, porque Deus ama ao que dá com alegria.»[118] O apóstolo Paulo descreve igualdade na redistribuição na seguinte citação sobre os crentes dentro da igreja quando se ajudam mutuamente:

Agora, porém, completai, também, o já começado, para que, assim como houve a prontidão de vontade, haja também o cumprimento, segundo o que tendes. Porque, se há prontidão de vontade, será aceita segundo o que qualquer tem, e não segundo o que não tem. Mas, não digo isto para que os outros tenham alívio, e vós opressão. Mas para igualdade: que, neste tempo presente, a vossa abundância supra a falta dos outros, para que, também, a sua abundância supra a vossa falta, e haja igualdade; como está escrito: O que muito colheu não teve demais; e, o que pouco, não teve de menos.[119]

Sobre a coleta para as pessoas de Deus: «Ora, quanto à coleta que se faz para os santos, fazei vós, também, o mesmo que ordenei às igrejas da Galácia. No primeiro dia da semana, cada um de vós ponha de parte o que puder ajuntar, conforme a sua prosperidade, para que se não façam as coletas quando eu chegar. E, quando tiver chegado, mandarei os que por cartas aprovardes, para levar a vossa dádiva a Jerusalém.»[120]

A rede de segurança social dentro da igreja devia funcionar dessa forma. Mas não se aplicava a toda a sociedade, pois Paulo não tinha garantias de que o dinheiro coletado seria devidamente entregue. O dinheiro apenas seria enviado para locais em que dele houvesse necessidade urgente.

Analisemos rapidamente o etos económico que se desenvolveria mais na Europa predominantemente cristã.

DESENVOLVIMENTO POSTERIOR: ASCETISMO DE AGOSTINHO E PRAGMATISMO DE AQUINO

Agostinho e Tomás de Aquino encontravam-se entre as personalidades-chave que moldaram a Europa cristã e influenciaram o seu desenvolvimento. Podemos encontrar a tensão entre aceitar o mundo terreno ou marginalizá-lo em vários trechos do Novo Testamento, ainda que os ensinamentos de Jesus não sejam à partida negativos a respeito deste mundo. Uma das principais mensagens do evangelho de Jesus era formada pelas novas, várias vezes repetidas, de «o Reino de Deus está próximo»[121]. Já se encontraria presente neste mundo material, como se irrompesse continuamente, quais ondas contra o mundo[122].

Agostinho está ligado, até certa medida, com o platonismo[123]; neste mundo encontra apenas uma alucinação, um jogo de sombras, indício do mundo que *existe verdadeiramente* – para ele, o visível não representa a realidade (que, de muitas formas, é parecida com os extremos ocasionais de uma noção racional do mundo, em que as abstrações se sobrepõem ao concreto). Não se referindo explicitamente ao dualismo do corpo e do espírito, Agostinho encara, no entanto, o corpo como algo que «oprime a alma»[124]. Esta noção revela que a economia não lhe terá

CRISTANDADE: A ESPIRITUALIDADE NO MUNDO MATERIAL | 175

atribuído muita importância. De uma perspetiva económica, é-nos mais interessante acompanhar uma personalidade posterior e mais conhecida, Tomás de Aquino, que reverteu a interioridade de Agostinho para uma análise do mundo externo.

Os textos de Aristóteles, que inverteram a atenção para o mundo externo, foram descobertos na Europa na época de Aquino. No final da Alta Idade Média, Aristóteles era considerado uma ameaça para a Cristandade seguidora de Agostinho. Tomás de Aquino não desdenhava da interpretação aristotélica dos temas terrenos, mas acolhia-os, e, por-tanto, aos poucos tornou-se aceitável que o «mundo recebesse uma aten-ção caridosa»[125]. Tal como Agostinho ligou as ideias do platonismo à Cristandade, assim fez Tomás de Aquino com as ideias de Aristóteles (refere-se a Aristóteles quase constantemente nos textos – e trata-o por Filósofo – com letra maiúscula)[126]. Uma das principais contribuições de Tomás de Aquino foi de ter elaborado uma alternativa ao neoplatonismo augustiniano, que predominantemente reforçou o ensinamento da igreja ocidental durante mil anos[127]. Ao «cristianizar» Aristóteles, Aquino criou um sistema que via o mundo criado com olhos notoriamente mais favoráveis. Uma das queixas da época contra Tomás de Aquino (e Alberto) que melhor o descreve será: «Reivindicam saber divino, embora seja mais nativo dos seus espíritos o mundanismo.»[128]

A CELEBRAÇÃO DA REALIDADE EM AQUINO

O pensamento neoplatónico favorece a ideia da ascensão para a exis-tência *imutável* de Deus segundo uma hierarquia por etapas, organiza-das consoante a ligação à matéria. Mas Tomás de Aquino encara esta visão de forma distinta: «Tudo, seja ou não vivo, seja material ou espiri-tual, seja perfeito ou desditoso, e, de facto, seja bom ou mau – tudo que tenha uma existência confronta-nos com a existência básica de Deus. Este mundo não só é bom – na sua essência é sagrado.»[129] Aquino en-sina-nos a respeitar toda a criação, a sermos positivos perante tudo o que existe. Nas palavras de Tomás de Aquino, «cada coisa é boa pois possui um ser definido [...] o ser, em si, deve considerar-se bom»[130]. «Deus está em todas as coisas.»[131] Segundo uma perspetiva ontológica, Tomás de

Aquino via o mundo material como absolutamente *verdadeiro*. Não era uma mera alucinação, uma armadilha, uma sombra, uma prova para o mal, um treino imperfeito para o mundo verdadeiro – como se encontrará nos platónicos extremistas e em certas ideias de Agostinho. Para Aquino, fazia todo o sentido resolver os problemas deste mundo[132].

Tomás de Aquino foi ainda mais longe que Aristóteles na sua visão positiva da *matéria*. Aristóteles argumentava que o mundo foi formado por Deus a partir de matéria *preexistente*, a qual não resultava da criação de Deus, mas era material utilizado por Ele para a formação das entidades individuais. Aquino, cumprindo integralmente com os ensinamentos do Judaísmo, convence-se de que inclusive a *matéria* primordial foi criada por Deus e de que também este ato deriva de um Deus *bondoso*[133], «porque toda a criatura de Deus é boa»[134]. Aquino contraria o argumento de Agostinho, quando este indica que «a alma, para ser feliz, deve evitar todo o corpo»[135], recorrendo ao argumento de que a alma sequestrada do corpo não está mais próxima de Deus do que a alma unida com o corpo. A corporalidade não tem de ser negativa; e, pelo contrário, Aquino defende-a.

Esta questão, a princípio pouco relevante, tem implicações gigantescas, em particular para a economia. Se Deus criou a partir do nada, *ex nihilo*, a matéria será também criação de um Deus bondoso. Desta forma, a matéria, a realidade e *este* mundo representam o bem – merecem a nossa interação, a nossa melhoria, a nossa intervenção. Mas hoje situamo-nos num extremo diferente, em que se presta demasiada atenção ao mundo exterior e material, desprezando o mundo interior e espiritual, bem como o *cuidado da alma* (como faz notar um dos mais influentes filósofos checos do século XX, Jan Patočka). Mas a era que precedeu Aquino inclinava-se para o lado oposto. Esta volta do pêndulo é curiosa, pois há que evitar qualquer um destes extremos. Como explica o biógrafo de Aquino, G. K. Chesterton, «Deus fez o Homem para que pudesse contactar a realidade, e aqueles que Deus uniu nenhum homem pode separar»[136]. Nas palavras de Tomás de Aquino, observamos uma espécie de bênção e emancipação do que hoje se entende por comportamento económico.

ARQUÉTIPOS DA MÃO INVISÍVEL

Mas o que fazer com o mal? É necessário puni-lo exaustivamente e erradicá-lo mediante restrições e leis? Thomas Hobbes, considerado por muitos como o maior filósofo da era moderna, apresenta uma solução. Segundo ele, o homem nasce infetado pelo mal, razão pela qual os seus atos devem ser firmemente corrigidos e inspecionados. Oferecer a mão firme e dura do governante-tirano como solução, alguém com fortes poderes executivos para suprimir o mal[137].

Se assim não se fizer, então a devassidão disseminar-se-á entre as pessoas livres, e em breve todos estarão em guerra com todos (*bellum omnium contra omnes*) e surgirá o caos. Não é necessário indicar que esta consideração tem imensos impactos para a noção da liberdade económica dos indivíduos, independentemente do seu nível de participação na economia. Aquino insurge-se contra esta tendência: «Todo o mal baseia-se em algum bem. Na verdade, o mal não existe sozinho, pois carece de essência [...]. Portanto, existe mal em tudo de bom.»[138] O mal, em si mesmo (*para* si mesmo), não existe[139]. É impossível praticar o mal, a não ser que resulte algum bem em nome do qual praticá-lo[140]. O mal puro não pode ser intencional; pode apenas ocorrer para além da intenção[141]. Existem coisas más (decisões maléficas)[142], mas são contrárias à orientação básica da natureza humana[143]. A natureza humana, e o bom senso, tendem para o bem. Sócrates tinha, inclusive, uma opinião semelhante: «Quem praticar algo de errado ou mau fá-lo involuntariamente.»[144]

Para evitar maus entendimentos: não quero aqui afirmar que o homem era, ou é, bom, mas, no que toca à sua natureza, o âmago, por assim dizer, é bom. O homem tem um âmago bom, uma essência boa, foi criado no bem, mas surgiu uma distorção, e o homem pode praticar ações más[145]. Mas tende para o bem e, portanto, não se encontra podre até ao caroço; os homens são, em termos cristãos, capazes de salvação, mesmo os «piores» de entre eles. Se absolutamente nada de bom houvesse na humanidade, qual o propósito de a salvar?[146] É precisamente este núcleo humano a que Deus pode apelar e enviar os seus desafios e pedidos. O mal que se pratica é subconjunto do bem. O homem pondera no mal (homicídio), mas comete-o com outra intenção (talvez vingança, a qual será o seu sentimento subjetivo de justiça, e a justiça é boa

– vinga-se por causa de [um sentimento seu de] justiça). Mesmo os piores dos males (como o Holocausto ou a queima das bruxas) realizam-se sob o fundamento (retórico, mas representativo das convicções das gentes) de um bem maior, que justificaria este mal (os nazis defendiam um maior *Lebensraum* [espaço existencial ou a necessidade de expansão]; os inquisidores, que os seus atos livrariam o mundo do mal). Portanto, o homem cometeu, equivocadamente, os piores males concebíveis, mas sempre em vista de *alguma forma* de bem (perverso em si mesmo). Não basta a intenção para praticar o bem; este também requer conhecimento.

O mal desempenha um papel neste mundo, como anteriormente se referiu: «Pois se todo o mal fosse impedido, muito bem estaria ausente do universo»[147], escreve Aquino. Também menciona que «muitos bens estão presentes em coisas que não aconteceriam sem o mal»[148]. E, no fim de tudo [ênfase minha]:

> Depreende-se que a Providência Divina não impede que exista o mal das coisas [...] o bem do todo tem precedência sobre o bem da parte. É do governante a sapiência de descurar a falta de bem na parte, para que aumente o bem do todo [...] se o mal fosse expurgado de partes do universo, também deste desapareceria muita perfeição, cuja beleza desponta da unificação ordeira das coisas boas e más. De facto, embora as coisas más se originem de coisas boas mas defeituosas, mesmo assim, **há coisas boas que delas também resultam**, em consequência da providência do governante. Decorre que mesmo uma pausa silenciosa torna um hino apelativo. Portanto, o mal não deve ser excluído das coisas por Providência Divina.[149]

Encontramos ecos da tese que futuramente inspirará *The Fable of the Bees: or, Private Vices, Public Benefits*, de Mandeville[150]. Na obra *New Studies in Philosophy, Politics, Economics, and the History of Ideas*, A. Hayek mostra-se atento a este contexto; refere explicitamente a falta de originalidade no postulado de Mandeville: «Não teve Tomás de Aquino inclusive de admitir que *multitudae ulilitates impedirentur si omni peccata districte prohiberentur* – muito do que nos é útil seria negado com a proibição absoluta de todos os pecados?»[151]

A ideia da mão invisível, ou de que a prática frequente e não sistemática do mal pelo indivíduo em sociedade resulta no bem comum, é também assaz conhecida pelos antigos. Não foram Adam Smith, nem Bernard Mandeville, nem sequer Tomás de Aquino os primeiros a exprimir este princípio. Aristófanes, poeta da Antiguidade, escreve:

Há uma lenda de tempos idos
Que as nossas tolas intenções e vãs crenças
São desviadas para servir o bem público[152].

Mas Aquino tem outro alvo em mente. Mesmo que Deus pretira o mal[153], Aquino coloca a existência do mal no contexto da *existência* de Deus e da Providência e em oposição a quem encontre provas da inexistência de Deus nos atos de maldade. Para beneficiar o todo, há que manter parcialmente o mal[154]. O bem do todo sobrepõe-se ao bem das partes, como vimos. Para defender estas ideias, Aquino retira duas citações da bíblia:

Eu formo a luz, e crio as trevas; eu faço a paz, e crio o mal; eu, o Senhor, faço todas estas coisas.[155]

E também:

Tocar-se-á a buzina na cidade, e o povo não estremecerá? Sucederá qualquer mal à cidade, e o Senhor não o terá feito?[156]

Se o bem absoluto existe, deve-se certamente à vontade de Deus. Não obstante, descobrimos na citação anterior que os hebreus encaravam o tema sob uma perspetiva mais complexa: embora seja Deus quem faz a paz, também é Ele que «faz o mal». Em último caso, foi Deus quem colocou a Árvore do Conhecimento do Bem e do Mal no Jardim do Éden, e, quando os seres humanos provaram do seu fruto, Ele comentou «[e]is que o homem é como um de Nós, sabendo o bem e o mal»[157]. Por outro lado, mostrámos novamente como Satanás, a personificação do mal, desempenha um papel duplo; nele, o mal contribui para a existência de um *certo* bem. Mas, para existirem categorias morais de bem e de mal, para existir a moralidade, tem de existir liberdade, pois apenas é possível debater as questões morais no contexto da livre escolha.

O bem, portanto, e neste sentido, não sobrevive no vácuo do mal (ou sem a possibilidade remota de existir algum mal). Mesmo na perfeição do Éden existia a possibilidade do mal.

O mal, portanto, não pode ser completamente erradicado do mundo, nem é desejável que tal aconteça. Este conceito não legitima diretamente a noção do *laissez-faire*, mas fortalece-a substancialmente. Já foi em parte demonstrado na parábola do trigo e do joio. Em todo o caso, afastámo-nos da difícil e exaustiva expurgação dos vícios por um poder regente. A Providência Divina não elimina o mal. «Nem seria propício ao bem comum que fosse destruído para evitar o mal individual, em particular sendo Deus tão poderoso que é capaz de encaminhar qualquer mal para um bom propósito»[158]. Ou, de forma mais crua: «Digo que é incorreto levar o homem a pecar mas que será correto dar um propósito justo ao pecado do homem, pois Deus usa o pecado para criar o Bem, e de todos os males retira o Bem.»[159]

Por vezes é preferível dominar o diabo pelo arado do que lutar contra ele. Ao invés de gastar imensa energia na luta contra o mal, é preferível usar a sua energia para os fins em vista; instalar um moinho no rio revolto ou prender o diabo a um arado, como fez o checo São Prokop. Se não for possível derrotá-lo, há que enganá-lo. É mais sábio e mais vantajoso usar adequadamente as forças naturais do caos do que tentar em vão suprimi-las de uma forma sisífica. É a mesma maldição do demónio que nos é familiar, graças ao deslize confessional de Mefistófeles de Goethe:

> Parte da força
> Que tem no mal o intento e o bem só causa.[160]

É suficiente orientar e *regular* a energia automotora do caos, que se alimenta de si mesma e cria um ciclo causal de retroação, para servir os nossos fins, como fez o santo. A economia devia então representar a arte de timonar. A interação de caos e livre escolha não devia ser encarada como obstáculo (mesmo quando tem o aspeto de tempestade em alto-mar), mas como recurso. Ao invés de querer amansar o oceano e controlá-lo sob ameaça de violência, devíamos aprender a navegar por ele. Michael Novak apresenta considerações interessantes sobre esta temática em *The Spirit of Democratic Capitalism*. Defende que, de todos os sistemas existentes e históricos, apenas o do capitalismo democrático compreendeu como se encontra enraizado o «pecado» no espírito humano: contudo, não é viável que um sistema consiga desenraizá-lo. Por este motivo, o capitalismo assume como base da realidade a de um «mundo caído em desgraça», para ser capaz de «retransformar esta energia numa força criadora»[161].

Em último caso, até Deus «ara a terra com o diabo». Pode usar, e usa, este mal como Seu criado (tempestuoso, de acordo com a interpretação da passagem de Ezequiel[162]).

O HOMEM BOM OU MAU

A questão de saber se o homem é bom ou mau é basilar para as ciências sociais. Dela deriva a «regulamentação». Se o homem for mau por natureza inata, torna-se necessário obrigá-lo a enveredar pelo bem (sob o pretexto e contexto do «bem social»), limitando-lhe a liberdade. Se habitamos um mundo *voraz* em que as pessoas desconfiam umas das outras, como Hobbes defende, precisamos de um Estado forte, um Leviatã capaz de *forçar* o homem à prática do bem (por ser contrária à natureza humana).

Mas, se, inversamente, a *natureza* humana (ou outro elemento integrante do âmago ontológico da identidade humana, o seu «eu» pessoal) for boa, permite-se um maior *laissez-faire*. Pode deixar-se o homem *à vontade*, pois a natureza humana tenderá para o bem sem necessidade de influência externa. Intervenções estatais, regulamentação e limitações da liberdade apenas se aplicarão nos casos em que o homem, como parte do todo, não se mostrar suficientemente racional (num âmbito coletivo), em que a organização social seja fraca ou uma organização *imposta* funcione melhor (no caso das externalidades, por exemplo). Eis uma das principais questões da economia: deve fiar-se no livre-arbítrio do vasto coletivo ou requer a sociedade uma coordenação do alto? Em que áreas na atividade humana o mercado espontâneo atinge o resultado ótimo? Que condições encaminham espontaneamente a atividade humana livre (não regulada) para o bem, que condições para o mal? É precisamente nesta questão do bem e do mal do âmago humano que encontramos diferenças nas abordagens das várias escolas. Seremos uma sociedade de vilões ou vizinhos?

A SOCIEDADE DOS VIZINHOS

O amor ao próximo é uma das mais importantes mensagens da Cristandade. O homem nasce como *zoon politikon*, um ser social[163]. Não se reúne em sociedades por causa das suas insuficiências ou necessidades (não são estas as principais razões), mas por causa da sua faceta social[164]. Nem Adão, recém-concebido, perfeito, iria manter-se só: «E disse o Senhor Deus: "Não é bom que o homem esteja só: far-lhe-ei uma adjutora que esteja como diante dele."»[165].

Nas páginas da *Summa Theologica*, Tomás de Aquino propõe que o homem se destinava a uma «vida social», inclusive no Jardim do Éden – a um estado de perfeição e inocência[166]. Mas vai mais longe. Na opinião dele, o homem é *parente e amigo natural dos todos os homens*, o extremo oposto do mundo *voraz* de Hobbes. O homem de Aquino é bom e, enquanto ser social, empenha-se em praticar o bem, mesmo para os outros. O que tem uma influência fundamental na perspetiva da sociedade e, portanto, na formação das ferramentas (económicas) com que opera.

> Ademais, sendo «o homem naturalmente um animal social», precisa do apoio alheio para alcançar o seu propósito. Para tal, baseia-se no amor mútuo que surge entre os homens. Portanto, pela lei de Deus, que orienta o homem para o seu destino, o amor mútuo foi-nos atribuído [...]. É portanto natural o amor entre todos os homens. Encontra-se a prova quando um homem, por iniciativa natural, vai em auxílio daquele que dele necessita, mesmo sem o conhecer. Por exemplo pode avisá-lo de que segue no caminho errado, levantá-lo se cair e outros gestos como estes: «como se todos os homens fossem naturalmente parentes e amigos, uns dos outros»[167].

Aquino escreve também:

São os homens de assistência mútua quando procuram a verdade, e um homem pode incentivar outro para o bem, e também impedi-lo de cometer o mal. Diz-se «Como o ferro com o ferro se aguça, assim o homem afia o rosto do seu amigo» (Prov. 27:17). E diz-se em Eclesiastes (4:9–12): «Melhor é serem dois do que um, porque têm melhor paga do seu trabalho. Porque, se um cair, o outro levanta o seu companheiro; mas ai do que estiver só; pois, caindo, não haverá outro que o levante. Também, se dois dormirem juntos, eles se aguentarão; mas um só, como se aguentará? E, se alguém quiser prevalecer contra um, os dois resistirão; e o cordão de três dobras não se quebra tão depressa.»[168]

Não obstante esta perspetiva, Aquino não deixa de considerar necessária a existência de governantes, para corrigir o livre movimento das multidões e impedir a destruição da sociedade. Aquino não abre alas à anarquia. A citação seguinte representa esta realidade em várias frases. Além do mais, entra em conta com a coordenação dos interesses públicos pelo governante, um dos temas centrais da economia.

> Se é natural ao homem que habite na sociedade da multitude, ela deverá reger-se por uma forma de governo. Porque onde se reunirem os homens e cada um prestar ouvidos aos seus interesses, a multitude se dispersará e desfará na ausência de uma forma que cuide do bem de todos. Assim se desintegraria o corpo do homem ou de um animal sem a força regente dentro dele que cuida do bem comum de todos os elementos. Salomão disse a este respeito (Prov. 11:14): «Não havendo sábia direção, o povo cai; mas na multidão de conselheiros há segurança.»[169]

Adiante, Aquino refere: «Os homens adotam também métodos diferentes quando procuram os seus fins, como indica a diversidade de propósitos e ações deles. Pelo que o homem precisa de um princípio regente que o encaminhe para o seu fim.»[170]

A sociedade não precisa de um *tirano* nem de um *planificador central*, mas de um *regulador*, um timoneiro-governante. Porquanto deve a economia ser o epítome da arte do timoneiro, e não uma ferramenta para travar os rios ou reencaminhar-lhes o curso.

RAZÃO E FÉ

Seria um grande engano argumentar que a era dos académicos medievais foi um período de fé cega e que a humanidade teve de esperar até ao Renascimento para recuperar a razão. Se lermos Tomás de Aquino com esta perspetiva errónea, iremos ser constantemente surpreendidos pela sua ênfase no elemento racional do conhecimento. Neste aspeto, revela ser um dos seguidores mais dedicados da razão. Muitos outros teólogos antes de si e após dele apelam à revelação pura e desdenhavam a razão sob o lema «não te estribes no teu próprio entendimento»[171]. Por exemplo, Martinho Lutero viria a afirmar que a fé se apresenta como a antítese da razão e chama à razão «a meretriz do diabo»[172]. Pela primeira vez neste contexto, a citação de Aquino ressalva: «É impossível que a verdade da fé seja oposta aos princípios que a razão humana conhece naturalmente [...] pois Deus é o autor da nossa natureza.»[173] Solicita uma relação dialética entre fé e razão, no sentido em que uma precisa da outra, e ele próprio esforça-se para desenvolver a razão tanto quanto possível, para que a fé não se extravie.

Mas Aquino vai mais além e insiste que a ciência é importante para o ensino da fé, pois, se for descoberta uma evidência que indubitavelmente resista ao dogma, a ciência terá revelado um artigo de fé assaz mal interpretado ou incompreendido[174]. A razão não poderia ter recebido um reconhecimento maior. Designou da seguinte forma o papel da ciência: se as descobertas práticas forem realmente comprovadas, a explicação tradicional da Bíblia deve ceder caminho, pois a sua interpretação estava errada. O biógrafo de Aquino, G. K. Chesterton, está convencido de que, se o assunto tivesse ficado nas mãos de Aquino e seus iguais, jamais teria surgido a cisão entre religião e ciência[175].

A razão é equiparada à virtude; em Aquino, a revolta contra a razão é uma revolta contra Deus, pois «nessa área a razão tem direito de reinar, como representante de Deus no Homem»[176]. De acordo com Chesterton, Aquino encara a divindade como inteligência pura. A virtude de uma pessoa varia consoante o nível a que dá ouvidos à sua razão e age depois em consonância. Não usar a razão onde possível – «a ignorância conquistável é um pecado», escreve[177]. No capítulo em que debate a embriaguez, classifica-a como sendo pecado, precisamente porque o homem abandona conscientemente o uso da razão[178]. Encontramos uma gama completa de exultações semelhantes nos escritos de Aquino. Não era capaz de imaginar, tal como Descartes também não foi capaz, anos depois[179], «Deus, o enganador», a atribuir ao homem a razão e os sentidos, apenas para o poder enganar.

Aquino embrenha-se na razão no limite da sua capacidade. Nisto é muito parecido com Thomas H. Huxley, um agnóstico que inventou o termo «agnosticismo». Efetivamente, Aquino quase aceita de forma literal a definição de Huxley do método agnóstico: *agarrar-se à razão, até onde for possível*. A grande dúvida é, *afinal*, até *onde* é possível? Atingido determinado momento na argumentação, mais cedo ou mais tarde, todos os racionalistas se socorrem da intuição[180].

A CIDADE, NATUREZA E LIBERDADE

Tomás de Aquino também se depara com um compromisso entre independência pessoal e progresso social, o mesmo que se apresentou a Enkidu, o amigo civilizado de Gilgamesh. Diz Aquino:

> Se o homem estivesse destinado a uma vida erma, de guias não precisaria. Cada homem seria rei de si mesmo, clemente ao rei maior, que é Deus, e assim faria como lhe aprouvesse e ditasse a luz da razão que brilha das alturas. E contudo é natural para o homem, mais do que para os animais, ser social e político e viver reunido. É uma necessidade evidente da natureza do homem. Aos animais, a natureza preparou comida, cobriu-os de pelo, e dentes, cornos, garras para se defenderem e força para correrem, mas o homem foi gerado sem as capacidades naturais destes seres. O homem recebeu a razão [...]. Por isso, não é capaz de providenciar a sós, e sem ajuda não colherá aquilo de que necessita para viver. Daqui se depreende que o homem tem de viver na sociedade da multitude.[181]

A especialização implicava como necessidade a evolução do ser primitivo (tal como aconteceu ao humanizado Enkidu) para um estado superior. Desta forma, é importante ressalvar que, nas palavras de Georg Simmel, «a metrópole sempre foi o pouso da economia monetária. Nela, a multiplicidade e a concentração da troca económica conferem relevância aos meios de troca, impossível de concretizar no contexto escasso do comércio rural»[182].

O homem que existe isolado vê-se incapaz de assegurar toda a felicidade que a sociedade lhe confere. Se viver só num deserto ou ilha remota, seria dono de si mesmo. Em vez do bem-estar material que ganha numa sociedade especializada, teria a liberdade de se governar a si mesmo sem subordinação a mais ninguém da estrutura social. Mas, se viver em sociedade e quiser gozar das vantagens inerentes, tem de se enquadrar na ordem que permite o avanço da sociedade para um fim comum.

CONCLUSÃO: A BÍBLIA COMO LEITURA ECONÓMICA

A Cristandade é a religião principal da nossa civilização euro-americana. Muitos dos nossos ideais sociais e económicos foram criados na Cristandade ou dela derivam. A economia crê-se ou apresenta-se, portanto, mais como um tecido social do que uma fé religiosa. Se temos expectativas elevadas destas crenças coletivas (por exemplo, no progresso económico secularizado, conforme veremos na segunda parte deste livro), devemos abordar estas crenças com igual escrutínio em relação às outras.

É surpreendente o que a economia tem em comum com o Antigo e o Novo Testamento. O pecado original pode também ser interpretado como um «pecado de consumo», pois Adão e Eva acabaram por consumir efetivamente algo a que não tinham direito e que não precisavam de consumir; esse consumo ficou ligado à culpa (como veremos na segunda parte do livro). Muitas das parábolas de Jesus recorrem a linguagem ou contexto económicos. E o próprio termo fundamental da Cristandade – a redenção – tinha originalmente um sentido puramente económico – redimir, comprar um escravo e libertá-lo. Este perdão imerecido de dívidas, a redenção, o perdão dos pecados, pode testemunhar-se também na nossa cultura – quando o governo funciona como redentor de bancos e empresas endividadas em excesso. Também o termo *pecado*, que significava *dívida* em grego, tinha um sentido puramente económico. De facto, os conceitos-chave da Cristandade não fariam sentido sem uma terminologia económica. As suas mensagens básicas serão mais bem apreendidas na nossa era da economia quando sujeitas à interpretação da terminologia económica (original). Tornam-se mais específicas e atuais. A oração «perdoai-nos os pecados», com o sentido de «cancelai as nossas dívidas», foi dita pelos grandes bancos durante a crise de 2008 e 2009.

O pensamento cristão reforçou o conceito que se pode designar por injustiça positiva. É injusto no sentido positivo – tal como a redenção ou a parábola de salários injustamente elevados para os trabalhadores. Não interessa o esforço que se fez – a recompensa é igual para todos. A Cristandade aboliu assim, em grande medida, a contabilidade do bem e do mal. Deus perdoa, uma injustiça positiva. A Cristandade introduz o conceito do céu na grande narrativa e, portanto, resolve o problema hebraico da justiça divina e da sua manifestação (ou falta dela) aqui na Terra.

Também abordámos as dádivas e os preços, e aquilo que não pode ser comprado mas há que oferecer. Tentamos imitar esse feito, hoje em dia, quando fingimos não nos interessarmos pelo preço ou o desconsideramos intencionalmente. Discutimos a economia da salvação e do amor como sendo o princípio de ligação do universo. Debatemos extensivamente o problema do mal e de que modo o mal desempenha um papel no esquema bom das coisas – e como jamais poderá ser destruído plenamente. Falámos do tema da mão invisível do mercado – como as nossas más ações podem transformar-se em proveitos, mas também como as boas intenções podem azedar. Debatemos o tema de podermos ter realmente más intenções e estudámos o conceito da relação do bem e do mal. O pensamento económico de Agostinho e Aquino também se mostra relevante para compreender a teia de que se urde o mundo atual. Analisámos a natureza do bem e do mal dos seres humanos e do mundo. Por fim, vimos a relação entre razão e emoções, e a natureza contra a civilização, como sendo o estado básico da existência humana.

5

DESCARTES, O MECÂNICO

O ponto de vista da teoria económica é cartesiano.
São estas as raízes do Homo œconomicus,
o mais tacanho conceito do ser humano alguma vez imaginado...
Piero Mini

Mitos, fé e ensinamentos religiosos foram até agora, fatores determinantes para explicar o mundo que nos rodeia, incluindo as suas características «económicas». Com o aparecimento da era científica surgiram mudanças (ou, como veremos adiante, deviam ter surgido mudanças). A era do pensamento científico teve como objetivo a implementação de um método capaz de examinar o mundo sem margem para dúvidas e isento de todas as dimensões subjetivas e disputáveis. A característica talvez mais importante da era moderna foi a substituição da ênfase no *porquê?* pela ênfase no *como?*, alterando, por assim dizer, essência pelo método. A era científica procura desmistificar o mundo à nossa volta, exibi-lo com vestes mecânicas, matemáticas, determinísticas e racionais e despojar-se dos axiomas que não podem ser empiricamente confirmados, como a fé e a religião. Mas, infelizmente, mesmo na dimensão do *como?*, o mundo à nossa volta continua a guardar segredos – e requer fé e religião para funcionar.

Embora incluída entre as ciências sociais, a economia pressupõe (nomeadamente a economia vigente na nossa era) que o mundo é mecânico, matemático, determinístico e racional. Eis uma manobra tectónica à qual vale a pena darmos a devida atenção. Compreender as ideias de René Descartes teve uma importância crucial para os economistas que ponderem nestes temas, porque «o ponto de vista económico é cartesiano»[1].

O HOMEM COMO MÁQUINA

A abordagem científica de Descartes para compreender o mundo representou um progresso tremendo e inquestionável, afirmação que é duplamente verdade para os economistas. Vimos que o conceito da mão invisível do mercado existia há muito, quando Smith o propôs. O *Homo economicus* recebeu um lado (a)moral de Epicuro, mas adquiriu a parte matemática e mecânica em René Descartes. Já nos tempos remotos do filósofo grego Pitágoras[2] se considerava a matemática como o princípio original de toda a existência (o que está conforme ao espírito da era pós-moderna, em que a perspetiva atual é obtida pela reciclagem e combinação das histórias passadas). As ideias de Descartes, como é óbvio, tornaram-se completamente fulcrais, se não determinantes, para a metodologia da ciência económica. A economia começou a desenvolver-se aquando do reconhecimento abrangente do seu legado. Os primeiros economistas discutiam amplamente teorias do conhecimento, e todos provaram ser descendentes de Descartes. As suas ideias foram introduzidas em Londres por John Locke e David Hume. E, através deles, os ensinamentos de Descartes penetraram também na economia – e nela continuam firmemente incorporados. Em nenhuma outra ciência social foram as ideias cartesianas aceites com tanto entusiasmo. Em que consistia a grandeza de Descartes e qual foi o significado fundamental das suas teorias para os economistas?

Descartes é ampla e (até certo ponto) merecidamente considerado um fundador da ciência moderna[3]. Alterou a visão do mundo[4] e o entendimento antropológico da existência do homem, prontamente, em diversas áreas. Esta (re)construção científica causou impacto na antropologia. Encontramos um exemplo do efeito sobre a moral e a economia no cálculo utilitário de Mill e Bentham – o qual, numa versão adaptada, se tornaria ulteriormente inerente à economia moderna.

Em primeiro lugar, Descartes procurou libertar-se das tradições, mitos e superstições e, em particular, da não sistematização subjetiva (entendida como uma dependência de sentimentos e emoções). Ao fazê-lo, criou os pilares de *um novo método* para examinar sistematicamente o mundo, assente numa base firme (objetiva). Adiante, indicaremos como o obteve.

Em segundo lugar, passado o período medieval aristotélico-tomista, a antiga representação *dualística* das polaridades entre matéria e espírito reentrou no mundo – embora a alma tenha sido, em parte, substituída pelo intelecto. O novo dualismo teria uma natureza menos ética e mais epistemológica. O homem é o único elo entre matéria e intelecto, tal como nos conceitos dualistas mais remotos (em que se via o homem hesitar entre o bem e o mal). Mesmo aqui se afirma a superioridade do intelecto sobre a matéria – a postura racionalista –, a qual tem permitido aos economistas apresentarem modelos sem qualquer relação determinante com a realidade empírica.

Em terceiro lugar, o novo período, fascinado como estava pelo progresso técnico da época, apresenta o conceito da mecânica matemática como textura ontológica da realidade. A mecânica é então promovida, de um uso relativamente limitado às máquinas, para o degrau mais alto da escada ontológica[5]. Se a moralidade era a textura-base da realidade no pensamento hebraico, a misericórdia no cristão e o amor em Agostinho, a mecânica torna-se o seu tijolo edificante às mãos de Descartes. Voltaremos às dificuldades inerentes a este conceito; por ora, citamos esta observação pertinente de Mini: «Não obstante a ênfase superficial do seu raciocínio, Descartes atribui, afinal, ao pensamento um papel muito fraco. São inúmeros os rumos para a descoberta, mas só um era alvo de reconhecimento – o da matemática.»[6]

A redução da antropologia humana decorre da redução do intelecto à vertente matemática. Não sobra espaço para emoções, para o acaso, nem para mais nada, nesta visão. Tudo está relacionado entre si, com uma consistência determinística e a precisão de um relógio mecânico. Descartes e os seus herdeiros «conceberam praticamente todas as coisas em termos matemáticos – o universo, o corpo político, o corpo humano, inclusive os impulsos humanos e a moralidade»[7]. A mecânica cartesiana é excelentemente ilustrada por um exemplo indicado pelo próprio

Descartes em *L'Homme*, no qual encara o corpo como sendo «mera estátua ou máquina feita de terra» e que funciona segundo princípios mecânicos simples, os mesmos que os do «relógio, fontes artificiais, moinhos e demais máquinas»[8]. Alegadamente, este princípio consegue explicar tudo o que existe – o mesmo que a psicologia se tem esforçado para alcançar até hoje: «Podemos também comparar os nervos da máquina que descrevo com as tubagens das entranhas de uma fonte [...] com vários engenhos e cordas.»[9] Esta fé mantém-se forte na economia atual – o homem económico é uma construção mecânica que assenta em princípios matemáticos infalíveis e na mecânica pura, permitindo inclusive aos economistas explicar os seus motivos mais íntimos.

Acompanhando o espírito dos filósofos iónicos, Descartes encaixa o mundo inteiro num único parâmetro de princípios básicos para a existência individual, o que para ele representa a distribuição no espaço ou *res extensa*, uma espécie de denominador comum de todas as coisas materiais. Para Descartes, apenas existe uma palavra: «A terra e os céus são feitos de uma mesma matéria.»[10] O seu monismo metodológico (o esforço de transferir ou inferir tudo a partir de um único princípio) e a principal equivalência dos mundos espiritual e material assumem uma posição dianteira na economia, até ao presente. Compreende-se que o princípio unificador, fundamental e omniexplicativo, no qual se baseia a economia em todas as ocasiões, seja o interesse próprio.

COGITO ERGO SUM

Porque René Descartes teve uma influência verdadeiramente notável na antropologia económica, será adequado sintetizarmos as suas ideias. Em *Princípios de Filosofia*, Descartes procura eliminar todas as áreas que suscitem perguntas. Para este fim, rejeita o conhecimento entretanto adquirido, recorda o que lhe foi transmitido pelos sentidos e escuta apenas o raciocínio lógico. No final, convence-se de que deve existir algo responsável por formar estes pensamentos – ou seja, ele próprio, o seu portador[11]. Chega à famosa conclusão *cogito ergo sum*. Baseia a sua filosofia nesta fundação nova, e também sólida (na sua convicção). Ulteriormente, conclui que Deus existe – pois encontra a noção de Deus no pensamento – e prossegue, até alcançar, na segunda parte do livro, o princípio da existência objetiva dos bens materiais e do espaço.

Aparentemente, os bens materiais, e portanto o espaço, são apreendidos apenas pelos sentidos; surge um conflito entre empirismo e racionalismo, num sentido filosófico. Mas Descartes tenta agarrar-se com firmeza a uma metodologia racionalista, para a qual desbrava caminho. Obviamente, se os sentidos contrariam o que diz a razão, quem prevalece é a razão. Ainda que não corresponda à realidade observada, o mais razoável é que confiemos na explicação lógica. Os nossos sentidos são incapazes de compreender certas áreas: ficam cegos e mudos, e a razão pode entrar em lugares que estes não alcançam. Mesmo que as partículas não sofram uma divisão infinita «na realidade», este ato torna-se possível nos nossos pensamentos (imaginação). O mundo real é portanto uma representação do mundo racional, e não do mundo conhecido por via da «mera» experiência.

Uma vez que não podemos fiar-nos no que dizem os nossos sentidos, como garantirmos que o mundo externo dos fenómenos (e também do espaço) sequer existe? Poderá ser um mero sonho? Mas esta suposição implicaria que Deus nos engana e que tudo o que «vemos» é apenas ilusão de tempo, espaço e matéria. Em certos argumentos, Descartes considera o mundo exterior como um sonho contínuo, sem existência objetiva. Quererá Deus enganar-nos, escreve o filósofo. Mas esta ideia, para ele, é inaceitável. Não procura saber de onde lhe vem tanta certeza, confiando apenas numa forma de evidência teológica e que se baseia no entendimento cristão de Deus como o criador da luz[12]. Se Deus é o ser mais verdadeiro e perfeito que existe, é insensato crer que nos engane. E se, por conseguinte, Deus não nos embriaga com o ópio dos sonhos[13], somos levados a concluir que o mundo externo e material existe realmente e que é passível de estudo. Afinal, isto é uma «prova científica»?

De entre o manancial de bens materiais ao seu alcance, Descartes opta, em primeiro lugar, por estudar os nossos corpos. Embora pertençam ao reino do mundo material, constituem uma exceção por estarem *unidos* ao nosso intelecto, e este não se subordinar à matéria. A matéria residente no espaço atua sobre os nossos corpos, que funcionam como *meio de transmissão* e permitem que a matéria comunique com a nossa razão, por via dos sentidos. Outro passo condu-lo ao estudo da essência dos bens que atuam sobre os nossos corpos – itens materiais cujo princípio é investigado por Descartes. Não têm propriedades percetíveis pelos sentidos (como cor, dureza, temperatura, matéria), mas uma disposição, descrita por três características matemáticas: disposição em extensão, comprimento e profundidade (no sistema cartesiano básico, são representados pelos eixos x, y, e z)[14]. E a disposição dos bens materiais no espaço determina a sua natureza – o que se explica recorrendo ao exemplo da pedra. Se trituramos a pedra, retiramos-lhe a firmeza; podemos também pensar que uma pedra desprovida de cor fica transparente; somos capazes de isolar o peso, a sensação de frieza e calor, e todas as outras características. A única substância que não conseguimos isolar numa pedra é a disposição das três dimensões (*res extensa*). Esta substância equivale ao espaço[15].

MODELOS E MITOS

Às mãos do racionalista Descartes, as perceções empíricas (que, segundo a tradição escolástica dos finais da época medieval, se considerava existirem em harmonia com a razão) sofreram uma derrota, e, na luta por quem estaria mais próximo da «realidade», venceu a razão. Descartes fecha os olhos e *medita*: «Deduzo, portanto, que todas as coisas que vejo serão falsas (fictícias); creio que nunca existiu nenhum destes objetos que a minha memória falaciosa representa; deduzo que não tenho sentidos; creio que corpo, figura, extensão, movimento e lugar são meras ficções do meu espírito. O que resta, então, que possa considerar verdadeiro? Talvez apenas isto, que não existe nenhuma certeza.»[16] A batalha entre racionalistas e empiristas seria retomada em períodos ulteriores, com resultados díspares; mas foi Descartes quem espoletou o golpe histórico sobre a imperfeição dos nossos sentidos.

George Berkeley faz o seguinte comentário: «De toda a parte se nos levantam preconceitos, e erros dos sentidos; e ao tentar corrigi-los pela razão, incansavelmente caímos em singulares paradoxos, dificuldades, inconsistências, que se multiplicam ao progredir na especulação, até que depois de ter percorrido verdadeiros labirintos nos achamos onde estávamos; ou o que é pior, entregues a um mísero ceticismo.»[17] E Galileu é ainda

DESCARTES, O MECÂNICO | 195

mais franco: «[A razão] era capaz... de violentar de tal forma os seus sentidos, e a despeito disso, tornar-se a concubina da sua credulidade.»[18]

Podemos observar a filosofia de René Descartes como sendo um exemplo condutor do *paradoxo da inconsistência*. Apesar dos erros nos seus fundamentos, o método científico cartesiano torna-se o principal *modus operandi* do atual pensamento económico. Encontramos também outros momentos semelhantes na economia. Sistemas com inconsistências internas, em conflito parcial com a realidade e contendo pressupostos pura e *intencionalmente irrealistas*, dos quais se retiram conclusões absurdas em situação extremada, são, contudo, aplicados com êxito. É possível que o sistema tenha um tempo de vida, não pela sua infalibilidade ou consistência lógica, mas pela ausência de um sistema concorrente (temas debatidos em mais pormenores por K. Popper, I. Lakatosh, P. Feyerabend e, finalmente, também por T. S. Kuhn)[19]. A aceitação dos modelos económicos não decorre da maior ou menor veracidade (mesmo quando uma correspondência com a realidade contribua para a sua atratividade), mas da sua maior ou menor *credibilidade, adequabilidade, força persuasiva* ou *correspondência com a nossa fé internalizada sobre o funcionamento do mundo* (por outras palavras, com paradigmas – ou preconceitos – emprestados ou herdados). Os modelos científicos e económicos desempenham um papel igual ao dos mitos, quando um sistema (ou mito) substitui ou destrói outro. Foi o que ocorreu quando o mito teológico foi substituído pelo mito científico. De notar a forma inconspícua e cautelosa com que Descartes, nos seus textos, troca o mito teológico pelo mito científico e o modo como o faz[20].

DÚVIDAS SOBRE A EXISTÊNCIA DE DÚVIDAS

É um paradoxo que Descartes, que pretendia distinguir entre lógica pura e racionalidade, nos apresente uma plêiade de noções, preconceitos e ideologias logicamente infundadas, nas quais ele próprio acreditou. O seu percurso para confiar plenamente na razão leva-o «espantosamente» a uma *confirmação das suas anteriores ideias* (preconceitos), ou uma visão do mundo, tal como Descartes o entendia, antes de lhe suscitar dúvidas (mesmo que, indubitavelmente, as dúvidas já existissem).

196 | A ECONOMIA DO BEM E DO MAL

A «evidência» de Descartes da existência de Deus serve como exemplo. Sustenta-se no conceito de trazermos a noção de Deus no pensamento (leia-se: a noção que Descartes trazia no seu pensamento); segundo o filósofo, esta ideia não seria possível se Deus não fosse real. Nesse caso, para que serviu o exercício?

Descartes trazia sempre consigo, em viagem, a Bíblia e a *Summa Theologica* de Tomás de Aquino e também foi assolado por aparições místicas[21]. Obviamente, se não fosse cristão, teria dificuldade em alcançar conclusões – que desejava serem – válidas e universais. Faz um juízo ainda mais absurdo quanto à evidência dos bens externos, ou bens que se encontram exteriores ao intelecto – no mundo empírico dos «fenómenos». Simplificando: a possibilidade de os nossos sentidos nos enganarem é impensável e portanto daqui se conclui que não nos enganam. Descartes, que desenvolveu um método seu com o intuito, principal e exato, de se livrar das tradições e dos preconceitos, vai, no final, afirmá-los com maior veemência.

É-nos familiar este processo, pois encontra-se na economia: partindo de pressupostos cuidadosamente escolhidos, retiram-se conclusões que já estavam (compreensível e, a bem dizer, inevitavelmente) contidas nos pressupostos. O que torna as conclusões basicamente irrelevantes (são derivações dos pressupostos); é nos *pressupostos que reside o busílis*. (Processo contrário à ideia vigente nas versões populares da ciência – a de que os pressupostos são irrelevantes, e só as conclusões interessam.) Por conseguinte, McCloskey salienta que *Economia*, o manual-bíblia da economia atual escrito por Paul Samuelson, promete o «conhecimento [científico] isento de dúvida, isento da metafísica, moralidade e convicções pessoais. Aquilo que de facto apresenta é uma renomeação, como metodologia científica, [...] [da] metafísica, moralidade e convicções pessoais do cientista económico»[22]. A diferença antropológica entre o homem científico e o homem pré-científico é que este último conhecia explicitamente os pressupostos envolvidos (artigos de fé e mitos) e aceitava-os (ou rejeitava-os) pelo que eram. Inversamente, o homem moderno carrega a sua fé (científica) com uma certa inconsciência. A religião faz-se acompanhar de uma explícita profissão de fé[23], mas a ciência não (embora seja claro que, também na ciência, a crença seja um elemento inevitável)[24]. É como se o homem moderno tivesse vergonha da sua fé (científica): talvez derive do facto de não estar sujeita a demonstração científica e, portanto, não se enquadrar na antropologia moderna. O conceito de «fé científica» aparentará ser, para o leitor atual, um oxímoro, mas não é. O homem pré-científico não se preocupava com as evidências científicas e, portanto, não precisava de sentir vergonha dos seus *artigos de fé* (hoje chamamos-lhes *preconceitos*), podendo assumi-los sem problemas. Estes escondem-se, atualmente, em *axiomas postulados* (não confessados no sentido de «acredito em...»), mas jamais provados; depositamos fé na ciência muito antes de encontrarmos tais axiomas; uma fé que reside num nível tão profundo que nem sequer estamos cientes da sua presença. Por este motivo, Alfred N. Whitehead critica a abordagem para a qual Descartes terá contribuído: «É quase inacreditável! Esta conceção do Universo exprime-se em termos da mais alta abstração: o paradoxo deve-se apenas ao facto de termos tomado as nossas abstrações por realidades concretas. [...] Consequentemente, a filosofia moderna foi profundamente afetada.»[25]

Depois de colocar uma *dúvida pretensiosa* (sim, *pretensiosa*) sobre a existência do mundo real, Descartes regressa, em jeito de círculo, à comprovação do mundo real (mas desta vez está «cientificamente provado»). Se tinha *sérias dúvidas*, não podia declarar (nem sequer em *sonhos*) que *acreditava* num mundo empírico, um mundo supostamente verdadeiro e não enganador, nem podia conduzir a sua «evidência» tendo por base este pressuposto. Colocam-se, portanto, dúvidas sobre a integridade das dúvidas de Descartes: podemos duvidar que tais dúvidas existissem. Há que averiguar o propósito desta sua análise, pois, de outro modo, que finalidade cumpre este exercício, uma vez que confirma as crenças anteriores? Além disso, não deixa de ser irónico e paradoxal que Descartes tenha dado início à fundação do método, e do discurso, científico a partir de um *sonho*[26].

RACIONALIDADE INFLACIONÁRIA EM FORMA DE CÍRCULO

Kant, mais tarde, formularia a tese de que a razão pura requer a existência de um mundo externo e empírico que *viabilize* o pensamento. Por outras palavras, para que a razão consiga funcionar, tem de operar sobre estímulos externos ou sobre os seus conceitos. A própria linguagem é uma rede de abstrações, intrinsecamente vazias de sentido. *A racionalidade, isolada em si mesma*, tem uma natureza inflacionária, em forma de círculo; a racionalidade é intrinsecamente oca. Por outro lado, o empirismo, por si mesmo, é destituído de interpretação; falta-lhe um significado, é vazio de sentido, é inexpressivo e, portanto, não existe[27]. Os factos não são aplicáveis sem existir um observador racional, sem um certo enquadramento racional que deles retire interpretação, designação e sentido. Como escreve Caldwell, «na ciência, ao menos, não existem factos em bruto»[28].

Para os economistas, a redução do homem realizada por Descartes tem outras consequências importantes. Desde a sua época, o homem deixa de ser definido pela emoção e passa a sê-lo pelo raciocínio lógico. A individualidade percetiva cai, e perde-se na generalização de uma racionalidade objetiva, idêntica para todos. Tudo o que não seja alvo de cálculo ou de representação numérica é considerado irreal e ilusório. Uma equação matemática torna-se o ideal da verdade: fria, distante, igual para todos os indivíduos, histórica e espacialmente constante. O homem e a realidade reduzem-se a uma conta mecânico-matemática. E, se esta redução não for realizável, é como uma declaração de ignorância ou escassez de conhecimento – este domínio permanece território inexplorado, mítico e desprezado.

SONHARÁ SOZINHO PARA SEMPRE

Obtemos assim mais uma conclusão, importante para a economia. Quando o fez (reduzir o homem e a realidade a um cálculo mecânico--matemático), Descartes também avançou um passo, menos conhecido, para a individualização do ser humano. O homem de Descartes não se define pelo contexto da sociedade – não aceita os impulsos sociais. Descartes mantém-se totalmente sozinho no seu mundo onírico. Mesmo Platão, que realizara dois mil anos antes de Descartes um exercício semelhante sobre o engano dos sentidos, atinge o ponto em que um homem, tendo vivido sempre numa caverna de sonhos (*juntamente com os seus amigos*, que mais tarde procura libertar!), arranca as amarras e sai da caverna para defrontar a realidade nua e crua. A parábola da caverna de Platão atinge o clímax quando o homem recorda as pessoas que lhe eram chegadas e regressa para junto delas. Mas Descartes fecha-se no seu mundo e fica completamente isolado. Afinal, a racionalidade não precisa de mais ninguém. Conforme Edmund Husserl disse: «Descartes, a bem dizer, inaugura um novo tipo de filosofia. Mudando totalmente de estilo, a filosofia assume uma viragem radical: do objetivismo ingénuo para um subjetivismo transcendental.»[29]

É precisamente esta postura sociopsicológica que nos permite atacar também o primeiro passo das meditações de Descartes, quando ele alcança o seu famoso *cogito ergo sum*. No entanto, pode afirmar-se igualmente – e talvez com maior convicção – que o homem deriva todo o seu *cogito* a partir das interações sociais (conforme retrata a parábola de Platão)[30]. Filósofos como Immanuel Kant, Martin Buber, Emmanuel Levinas e outros defendem esta perspetiva; *definem* a existência humana como o indivíduo que se relaciona com outros indivíduos. De acordo com eles, só quando encontramos o *outro* surge a noção de «*eu* existo».

CONCLUSÃO: OBJETIVIDADE E MÚLTIPLAS CORES

Para concluir, recorremos a outra observação de Husserl. Descartes esforçou-se por estabelecer novas e inabaláveis fundações da ciência, de modo a unificar o conhecimento científico e torná-lo autoevidente para todos, bem como indisputável. Resumindo, quis alcançar a objetividade (unidade ou unificação dos pontos de vista) com vista a retirar a nova filosofia (a ciência) das disputas, da dúvida, da subjetividade e da desunião de explicações que dela emanam. A sua nova ciência funcionaria de tal forma que alcançaria aprovação universal – por ser objetiva. Por outras palavras, quis remover toda e qualquer dúvida.

Olhando para o mundo atual, notamos que não houve unificação, nem de pontos de vista nem de métodos científicos, e que as opiniões individuais dos filósofos (ou cientistas, incluindo economistas, sociólogos ou médicos) diferem drasticamente. Para ser mais específico, na economia não existe sequer concordância sobre os modelos fundamentais, nem se unificaram entretanto as metodologias. Se há união numa determinada disciplina do saber, é pela concordância das perguntas, e não das respostas.

A ciência acabou por não se edificar à imagem da visão de Descartes. A ciência transborda de dúvidas. Encontramo-nos numa situação parecida com a que existia antes de Descartes, quando a opinião mundial era determinada pela religião. A única diferença reside no facto de a ciência representar a religião da era moderna. Depois de uma excursão na área (mais ou menos conseguida) da transformação do mito em ciência, regressaremos ao cenário principal do pensamento económico. Iremos começar com um homem que o influenciou até à nossa época, embora os manuais de teoria económica apenas lhe dediquem uma menção breve: Bernard Mandeville.

6

A COLMEIA DO VÍCIO
DE BERNARD MANDEVILLE

O que de pior há em cada um faz crescer o bem comum.
Bernard Mandeville

Conforme argumentámos no capítulo dedicado ao Antigo Testamento, a ética desapareceu do pensamento económico atual. As questões morais são consideradas um luxuoso acompanhamento ao prato da rendibilidade e da riqueza. Para os economistas, a ética tornou-se desinteressante e irrelevante. Não suscita dúvidas – basta confiar na mão invisível do mercado, a qual automaticamente transforma vícios privados (por exemplo, o egoísmo) em bem-estar coletivo (por exemplo, um aumento da eficiência). Mais uma vez, deparamo-nos com uma ironia histórica, pois, tal como veremos adiante, a ideia da mão invisível do mercado surge como resposta a uma interrogação moral; no entanto, decorrido um século, perdeu-se o tema da moralidade, e a economia emancipou-se por completo da ética. Ocorreu uma inversão invulgar. Adam Smith, Thomas Malthus, John S. Mill, John Locke – os grandes pais da economia liberal clássica – eram, essencialmente, filósofos morais[1]. Decorridos cem anos, a economia veio tornar-se uma ciência matematizada e atributiva, repleta de gráficos, equações e tabelas, e sem espaço para a ética.

Como aconteceu este fenómeno? Devemos procurar em Bernard Mandeville uma parte importante da resposta; não é uma figura tão famosa como Adam Smith, mas trata-se do verdadeiro pai do conceito da mão invisível do mercado, na sua aceção moderna. Este conceito, atribuído erradamente a Adam Smith, deixará uma profunda marca na moralidade económica: estabelece a irrelevância da ética privada; qualquer acontecimento, tenha natureza moral ou amoral, contribui para o bem-estar coletivo. Não deixa de ser suspeito que, no preciso instante em que se trivializa o princípio da mão invisível, a ética deixa de ter importância. A noção, anteriormente universal, de que ética e economia estavam relacionadas, e que encontrámos no Antigo Testamento, é virada do avesso. Com Mandeville, dá-se início ao argumento de que, quantos mais vícios existirem, maior o bem-estar material possível de atingir. Note-se a ironia histórica, pois Adam Smith procurou distanciar-se, completa e explicitamente, sem quaisquer ambiguidades, da ideia da mão invisível do mercado, tal como proclamada por Bernard Mandeville.

Atualmente, a atenção dos economistas começa a regressar à ética, e o tema da internacionalização das normas torna-se apelativo. Em geral, reconhece-se que a economia funciona melhor num contexto ético, em que os atores cumprem as regras do jogo. Assumindo as mais variadas designações (qualidade do ambiente empresarial, *governance* empresarial, transparência, inquéritos conduzidos por instituições informais, etc.), empresas globais respeitáveis começaram a preocupar-se com investigações sobre a influência da ética na economia. Regressamos aos primórdios, à noção hebraica de que uma maior ética enriquece a economia. Eis uma noção com a qual concordaria Adam Smith[2]. E o poeta provocador Bernard Mandeville inclui-se nestes primórdios.

O NASCIMENTO DO *HOMO ECONOMICUS*

Até hoje, jamais imaginei que surgissem no mundo livros como as obras de Maquiavel. Mas Mandeville suplanta-os a todos.
John Wesley[3]

Mesmo tendo Mandeville permanecido na sombra de outros nomes mais conhecidos, foi ele o primeiro a preocupar-se, de forma explícita, com a economia e o bem-estar económico, e com a sua relação com a moralidade. Foi o primeiro a entender, de forma sistemática, que os atos individuais tinham impactos imprevistos – em termos de benefícios sociais – e a estabelecer, abertamente, que o bem-estar social pode e deve (!) basear-se no egoísmo. E, quando apresenta estas ideias, é absolutamente audaz, provocador e original. Em retrospetiva, existem indícios de que algumas das suas teses se encontram em textos mais antigos (tal como mostrámos nos sumérios, nos hebreus e nos ditames de Tomás de Aquino). E, no entanto, foi nitidamente Mandeville quem introduziu no pensamento ocidental a noção de que o vício moral do indivíduo é capaz de contribuir para o bem-estar económico do coletivo. Segundo este ponto de vista, Mandeville, e não Adam Smith, deve ser considerado o primeiríssimo economista moderno.

Também foi única a sua decisão de apresentar os tópicos económicos em verso. Usando poemas curtos e cheios de vivacidade, cria um complexo de pensamentos originais, ultrapassando de longe os conceitos morais e societais até então publicados.

TORNARAM-SE HONESTOS, OS VELHACOS

As grandes ideias raramente estão isentas de controvérsia. As histórias de Bernard Mandeville deram origem a um feroz escândalo na época. Entre os que ficaram grandemente ofendidos, como veremos, encontramos Adam Smith – o mesmo Adam Smith que, afirmam os economistas, defendia as ideias de Bernard Mandeville.

Mandeville traduzia e escrevia contos de fadas como ganha-pão. A sua fama deve-se a uma obra que teve a aceitação do público, *Fable of the Bees: or, Private Vices, Public Benefits*. Esta fábula em verso foi inicialmente publicada em 1714, mas só causou escândalo na reedição de 1723. O poeta viu-se subitamente no epicentro de um dos debates mais acesos do século XVIII. O número de críticos de Mandeville cresceu sem parar, e nele encontravam-se personalidades tão distintas como George Berkeley, Francis Hutcheson, Archibald Campbell e John Denis. Adam Smith afirmou que o ensinamento de Mandeville estava «errado em praticamente todos os aspetos»[4]. O teólogo inglês John Wesley equiparou Mandeville a Maquiavel pela sua depravação. As ideias de Mandeville foram banidas da corte, e em França o livro foi queimado nas ruas pelos carrascos. Muitos consideraram-no o Anticristo, e mesmo David Hume e Jean-Jacques Rousseau juntaram as suas vozes aos opositores.

O poema começa com a descrição de uma sociedade próspera cujas características correspondem ao sistema social coevo de Inglaterra. Neste, o vício prolifera sob a máscara de uma sociedade de benevolente aparência. Não existe comércio desprovido de fraude nem autoridade livre de suborno e corrupção:

> Em toda a parte vício havia,
> E no todo imperava a bonomia.[5]

Mas as abelhas queixam-se, crendo que deviam viver numa sociedade justa e honesta. O deus das abelhas, Jove, ouve o seu apelo e transforma--as em criaturas honestas e virtuosas.

> Silêncio no tribunal desde esse dia:
> Cada devedor pagava o que devia,
> Antigas dívidas que o credor olvidara,
> Ou na falta de meios, o desobrigara.
> Queixosos em redor ficaram calados,
> Deixando cair processos atados.[6]

Surge então o resultado: a colmeia, ao invés de prosperar e proporcionar uma vida melhor às abelhas, sofre o oposto. As abelhas perdem os empregos: apenas uma mão-cheia de serralheiros consegue subsistir numa sociedade que não precisa de grades nas janelas ou de ferrolhos nas portas. Juízes, advogados e procuradores-gerais perdem os empregos, e os burocratas que supervisionam a aplicação da lei deixam de ser necessários. Tendo desaparecido a luxúria e a gula, as pessoas vulgares – lavradores, criados, sapateiros, costureiras – sofrem devido à queda da procura dos bens. A nação das abelhas torna-se pacífica e deixa de fabricar armas. A fábula chega a um fim inglório. A colmeia morre, salvando-se apenas uma pequena parte, pois as outras abelhas não eram necessárias e não conseguiam sustentar-se a si mesmas. No fim, um enxame vindo do exterior expulsa as ocupantes da colmeia, e as abelhas procuram abrigo nos despojos de uma árvore tombada.

ODE AO VÍCIO: A FONTE DA RIQUEZA DAS NAÇÕES

Orgulho e vaidade construíram mais hospitais do que todos os vícios reunidos.

Bernard Mandeville[7]

Mandeville torna-se um espelho amargo da sua época com um único propósito, nas suas palavras: expor a nossa hipocrisia[8]. Insurgimo-nos contra o vício e tentamos eliminá-lo a qualquer custo – e, contudo, o nosso bem-estar depende dele. Mandeville vivia numa sociedade em que era correto amaldiçoar o vício, mas acabou por perceber que devemos bastante a esses vícios (odiados). Assim, ao invés de praguejar contra eles, decidiu dedicar-lhes um hino. O deus das abelhas dá-lhes a virtude como castigo pela hipocrisia da colmeia; pois é a hipocrisia o pecado das abelhas, e não o vício. Mas Mandeville também não quer desculpar o vício – continua a considerá-lo como tal. Do qual a sociedade jamais se livrará, por muito que tente:

> Se ao menos as pessoas melhorassem o seu comportamento quando ouvem uma crítica; mas a humanidade manteve-se igual ao longo das eras, apesar dos escritos instrutivos e elaborados que têm contribuído para a sua correção, e portanto não sou vaidoso a ponto de esperar um grande êxito da minha tão irrisória ninharia[9].

Mandeville argumenta inclusive que «os vícios são inseparáveis das sociedades grandes e poderosas»[10]. O vício compara-se ao lixo na rua – sim, é desagradável, conspurca os sapatos e as roupas do transeunte, atrasa a passada e prejudica a estética, mas é uma parte indivisível de todas as cidades. «As cidades sujas são um mal necessário»[11], e «todos os momentos devem criar nova imundície»[12]. Mas, se alguém tomar a decisão de expurgar o mal (Mandeville é incapaz de conceber esta mudança sem um milagre e uma intervenção divina direta – com o devido alerta de que será também maligna), pagará um elevado preço. Até prova em contrário, o vício é vantajoso para a economia.

> Tais eram as bênçãos do Estado;
> Forte e poderoso graças ao pecado.[13]

Na opinião de Mandeville devemos agradecer aos vícios e amoralidades por haver emprego para todos, um comércio animado e uma representação da base efetiva da riqueza das nações. Recorrendo a uma linguagem mais moderna, o vício representa o multiplicador da procura eficaz que impulsiona a economia. Adam Smith procurava a causa da riqueza das nações; encontrou-a Mandeville, quando relacionou vício com o sistema económico.

> Tornou-se o bizarro, ridículo vício,
> A roda que faz mover o ofício.[14]

Se fosse permitido criar uma sociedade honesta, havia que abandonar a prosperidade económica, bem como uma posição importante na história. Mandeville não prefere a criação, nem de uma nem de outra, apenas salienta as características de cada regime. «A religião é uma coisa, e o comércio, outra.»[15] Se os ideais de uma religião fossem concretizados numa dada sociedade, criar-se-ia uma comunidade pobre e «estupidamente inocente»[16]. As pessoas têm de optar entre moralidade e prosperidade, e, de acordo com o poeta-economista, é aqui que reside o compromisso: «E portanto concluíram [erradamente] que, livres do orgulho e luxúria, podiam vestir e comer e consumir o mesmo que anteriormente; que empregariam o mesmo número de artifices e artesãos e que floresceria uma nação, igual em todos os aspetos a outra dominada pelos vícios.»[17] Mandeville atribui, efetivamente, a riqueza das nações à existência do vício:

> Examinemos então que fatores são necessários para tornar uma nação grande e rica. Para qualquer sociedade humana, as bênçãos mais ansiadas serão um solo fértil e um clima ameno, um governo manso [...]. Nestas condições, as gentes podem ser tão virtuosas quanto queiram, sem cau-

sarem prejuízos públicos, e, portanto, tão felizes quanto lhes aprouver. Mas não gozarão de artes nem de ciências, e ficarão em paz apenas enquanto os vizinhos assim permitirem; serão pobres, ignorantes e quase totalmente desprovidas dos ditos confortos da vida, e todas as virtudes cardinais reunidas não lhes permitirão comprar um casaco aceitável nem um prato de papas de aveia: pois neste estado de indolente bem-estar e estúpida inocência, não havendo motivo para recear os vícios, também não se esperarão virtudes notáveis.

Para tornar forte e poderosa a sociedade dos homens, há que acender-lhes as paixões [...] por causa do orgulho, trabalharão arduamente: aprendam a fazer comércio e ofícios, e logo haverá invejas e rivalidades: aumente-se o número deles, permitindo uma variedade de fabricos, e não se deixe solo por cultivar; [...] desde que ninguém pratique atos ilegais, pode pensar o que lhe aprouver [...] aproveitem-se bem os seus receios e adule-se a sua vaidade com arte e assiduidade [...] aprendam a fazer comércio com países estrangeiros, [...] pois chamará riquezas, e, onde estas existam, surgirão as artes e ciências [...]

Mas se a sociedade for frugal e honesta, é preferível que o homem permaneça na sua simplicidade nativa [...] afaste-se o homem de todas as coisas que possam levantar-lhes os desejos ou melhorar-lhes o entendimento.[18]

Na sua fábula, Mandeville propõe uma descrição singular e provocadora das causas dos ciclos económicos. O deus das abelhas deixa a colmeia entrar em recessão porque estas se tornaram honestas. E isto representa o polo de pensamento contrário ao que aqui foi descrito com os hebreus, no qual as nações experimentarão uma economia melhor se agirem com honestidade. Em Mandeville, irradiar o mal em todas as aceções tem um resultado pior – desaparece a colmeia, desaparece o todo. Remover o mal parcial resulta num mal ainda maior, porque

O que de pior há em cada um, faz crescer o bem comum.[19]

Tal como é habitual nas fábulas, encontramos uma «moralidade» no fim:

As queixas, dizei: o tolo planeia
Grande e honesta a colmeia.
Gozar da conveniência mundana,
Em farta paz, mas guerra ufana,
Corpo sem vícios e alma sã,
É crer numa eutopia vã.
Fraude, luxúria, brio tereis
E seus proveitos colhereis [...]
Não, o povo quer-se pujante,
Assim pensa o governante,
Que aquele se sacie e este a jusante.
País puro e virtuoso evitarei,
Vazio de esplendor e ouro de lei.
Prospera quem de amarras solto
E na honradez, desenvolto.[20]

A MÃO INVISÍVEL DO MERCADO E OS SEUS PROTÓTIPOS

Mandeville baseia explicitamente a sua filosofia social no princípio do amor-próprio, do egoísmo – o mesmo princípio de que Adam Smith procura distanciar-se na frase de abertura do livro *The Theory of Moral Sentiments* (como veremos). Se expurgássemos todo o mal do nosso ser (o nosso egoísmo), afirma Mandeville, não haveria mais prosperidade. O mecanismo é o seguinte: cada vício implica também uma procura eficaz de bens (artigos de luxo: roupa, comida, casas, etc.) ou serviços (polícia, leis, advogados, etc.). Uma sociedade desenvolvida, afirma Mandeville, vive principalmente a partir da satisfação económica destas necessidades.

Encontramos em textos mais antigos esta tese de que o mal parcial contribui para o bem coletivo e, portanto, não é recomendável erradicá--lo. Já Gilgamesh e São Prokop haviam feito amizade com forças incapazes de controlo, transformando assim o mal numa força benéfica para a sociedade. Jesus desencorajava os discípulos de arrancar o joio, «para que, ao colher o joio, não arranqueis, também, o trigo com ele. Deixai crescer ambos, juntos, até à ceifa»[21]. E Tomás de Aquino lembra-nos: «Nas coisas há muitos bens que, se não houvesse os males, também não existiriam.»[22]

Para sua infelicidade, Mandeville, não conheceria talvez estas fontes, uma vez que, mencionando-as, teria certamente poupado muita controvérsia à sua fábula.

CONCLUSÃO: MANDEVILLE, O PRIMEIRO ECONOMISTA MODERNO

Mandeville foi o principal proponente da filosofia da *vez da avidez* – considerando que a avidez é uma condição essencial para o progresso da sociedade; sem a avidez, o progresso seria mínimo ou inexistente. Onde estaríamos sem avidez nem vícios?, pergunta ele. Numa sociedade com um nível básico de desenvolvimento, incapaz de aguentar a concorrência internacional. Foi um proponente notório do programa hedonista: enquanto houver uma discrepância entre o nosso desejo e as nossas posses, devemos ter por objetivo aumentá-las até satisfazermos a(s) nossa(s) procura(s). E é mais extremo que os hedonistas: advoga que a nossa procura não deve parar de crescer, pois, na sua opinião, não existe outra alternativa para o progresso. A economia moderna descende deste pensamento. Enquanto ciência, assume que as necessidades humanas são ilimitadas (procura imparável), mas os recursos são escassos. Devíamos portanto tentar utilizar estes recursos escassos de forma a satisfazer a procura.

Significa isto então que apenas teremos progresso enquanto respondermos às novas solicitações e significa também que precisaremos de criar novos vícios e tentações, sem parar? Se uma sociedade decidir contentar-se com o que já tem (como sugerido pelos estoicos), implicará isso que essa sociedade está a chegar ao fim?

Relativamente à economia do bem e do mal, Mandeville crê explicitamente que os vícios privados contribuem para o bem público e que, por conseguinte, são um fator benéfico. Sustenta uma perspetiva diferente da dos hebreus (e Adam Smith), que acreditavam ser a virtude um benefício para a economia, e não o vício. Relativamente ao conceito da mão invisível do mercado, Mandeville afirmava que os mercados conseguiriam transformar vícios em virtudes e que não eram apenas coordenadores da interação humana, mas também conversores do mal individual no bem público.

7

ADAM SMITH, FERREIRO DA ECONOMIA

Adam, Adam, Adam Smith
Escuta a minha acusação!
Não disseste um dia
Na aula com alegria
Que o egoísmo compensaria?
Foi, das minhas, a maior lição.
Pois foi, pois foi, pois foi, Smith?[1]
Stephen Leacock

No romance *A Imortalidade*, Milan Kundera, o autor francês de origem checa, comenta a realidade paradoxal e cruel que acompanha a existência póstuma das grandes personalidades. Surgem lendas que desconsideram a principal mensagem transmitida em vida e em vez disso chamam a atenção para temas secundários (e incorretos). Um bom exemplo é o do astrólogo Tycho de Brahe, que pertencia à corte do imperador Rodolfo II, quando o governante tornou Praga o centro do império dos Habsburgo. O astrólogo – uma das figuras que simboliza este período extraordinário para os checos – tornou-se famoso, não pelas suas descobertas, mas por causa da sua bexiga. Versa a lenda na República Checa que Tycho de Brahe não ousou abandonar um jantar de cerimónia antes de imperador sair, tendo esperado tanto tempo para urinar que a bexiga lhe rebentou, ainda sentado à mesa. Esta história secundária e certamente falsa sobrepôs-se ao seu legado verdadeiramente imortal.

Adam Smith, um pensador inglês excecional do século XVIII que é considerado universalmente o pai da economia moderna, sofreu um destino semelhante. É-lhe atribuída a autoria da tese de que a riqueza das nações e dos indivíduos se baseia no egoísmo, no interesse próprio e na mão invisível do mercado. Crença ilustrada pela citação introdutória deste capítulo, em que Stephen Leacock condena Smith pelo argumento de que «o egoísmo compensaria»[2].

É como se, tendo aquele nome, Adam Smith estivesse predestinado ao papel de pai-economista da era científica, um homem que juntou antigas e vagas noções num raciocínio pragmático, dando à análise económica o primeiro enquadramento sólido. O nome *Smith*, «ferreiro», não requer explicações e, por sinal, na linguagem hebraica do Antigo Testamento, Caim traduz-se por «ferreiro». Por outro lado, *Abel*, em hebreu, significa brisa, sopro ou futilidade. Quando Caim, o ferreiro e o lavrador, mata o pastor desgarrado, envia-o para «os ventos». *Adam*, «Adão», significa, nada mais nada menos, que o nome do primeiro homem (em hebreu, *Adão* significa «homem»). Portanto, até no nome, Adam Smith, o homem-ferreiro, forma uma combinação rara de significados e etimologias[3].

A noção de Adam Smith como o ferreiro da economia clássica e *egoísta* representa um assunto mais complicado. Por exemplo, um leitor vulgar da história do pensamento económico pode ficar bastante chocado pela frase de abertura da obra *The Theory of Moral Sentiments* de Smith: «Por muito egoísta que se acredite ser o homem, há sem dúvida elementos na sua natureza que o fazem interessar-se pela boa aventurança alheia e pela felicidade dos outros, da qual depende, mesmo se dela nada colher a não ser a bonança de a ter presenciado.»[4]

É irónico que Smith nunca tenha afirmado o lhe foi atribuído por Stephen Leacock (e pela consciência popular). Pelo contrário, e entrando precisamente no espírito da advertência de Kundera, o nome de Smith inscreveu-se na história da economia por um princípio que nem inventou nem difundiu, e do qual, aliás, procurou distanciar-se. Destino semelhante teve o seu outro principal contributo, a ideia da especialização. Como indicámos, foram os antigos gregos que examinaram esta ideia minuciosamente; pode dizer-se que Xenofonte lhe dedicou mais atenção e a compreendeu melhor do que Adam Smith.

Os críticos de Smith não foram propriamente simpáticos. Um deles, Schumpeter, grande autoridade na história do pensamento económico, comenta: «nunca existiram mulheres na vida dele, a não ser a mãe: neste, e, em vários outros aspetos, as alegrias e paixões de uma existência normal não passaram, para ele, de literatura.»[5] Também o historiador Norman Davies classifica Smith como «o derradeiro professor distraído» e recorda um episódio em que «se tornou uma das aparições de Edimburgo, pois era dado a calcorrear as ruas em transe, semidespido, assolado por convulsões, em acesa discussão consigo mesmo, numa voz peculiarmente afetada [...]. Vivia com a mãe, pois ninguém se casaria com ele. É simpático imaginar que esta personagem encantadora e caótica se tenha dedicado a impor uma ordem intelectual ao rebuliço do quotidiano»[6].

RIQUEZA DE UM LADO, ÉTICA DO OUTRO

O equívoco surge pelo facto de Smith ter deixado uma herança dupla (e, em grande medida, contraditória), atualmente circunscrita ao seu livro mais famoso, *Riqueza das Nações*.

Sabe-se, obviamente, que Adam Smith não escreveu apenas um livro; além do favorito *Riqueza das Nações* (1776), já escrevera *The Theory of Moral Sentiments* (1759). Muito sinceramente: à primeira vista, estes livros não poderiam ser mais distintos um do outro. *Riqueza das Nações* deu origem a toda uma disciplina económica, enquanto, em *The Theory of Moral Sentiments*, Smith contempla o tema da ética e distancia-se firmemente de conceitos, hoje clássicos, como a mão invisível do mercado. «O próprio Smith considerava que o livro [*The Theory of Moral Sentiments*] era superior à *Riqueza das Nações*.»[7] Para que não restem dúvidas, a primeira frase do volume de quatrocentas páginas coloca uma objeção inequívoca a qualquer ponto de vista que designe a atividade humana como essencialmente egoísta (com maior ou menor dissimulação)[8].

Quem relacione Smith com a ideia da mão invisível do mercado poderá considerá-lo sucessor dos hedonistas, adeptos da razão, do cálculo e do interesse próprio. Um grave erro, convenhamos. Os hedonistas atribuíam valor às atividades terrenas consoante o prazer que delas se retirava. E, se tivessem de resistir ao prazer ou de se submeterem à dor, seria pela possibilidade de receberem, a seguir, uma maior «utilidade» (ou um mal menor). Qualquer ato praticado não é bom nem mau, pois intrinsecamente não tem valor – este, sim, determinado pelo resultado previsto e pelo impacto respetivo na utilidade e no gozo da vida. O bem não tem um valor intrínseco, apenas uma utilidade. O bem não é a finalidade do comportamento, apenas uma forma de gozar a vida. Foi este o sistema que não só antecedeu o utilitarismo, mas se tornaria o pilar do dogma económico contemporâneo.

Ao invés disto, a maioria dos críticos certamente concordará que os ensinamentos de Smith têm por base a filosofia estoica[9]. Smith divide as escolas morais em três vertentes: *propriedade*, *prudência* e *benevolência*. Epicuro é criticado pela vertente da *prudência*, que compromete inequivocamente o seu legado: «Este sistema é, sem dúvida, totalmente inconsistente com o que me tenho esforçado para construir.»[10] Continua: «Agrupando todas as virtudes existentes numa única propriedade, Epicuro cedeu a uma tendência natural em todos os homens, ainda que particularmente acolhida pelos filósofos como sendo o grande veículo para mostrarem o seu engenho – a tendência para explicar todas as aparências a partir do mais pequeno número de princípios.»[11]

Smith encaixa os estoicos no capítulo *propriedade*, dedicando-lhes mais espaço e reconhecimento. Apesar da sua forte crítica e do facto de que não considerar tais ensinamentos exequíveis, esta escola continua a ser, provavelmente, a mais próxima do seu pensamento, e Smith torna patente a sua admiração: «O espírito e a masculinidade da doutrina [dos estoicos] formam um contraste fabuloso com o tom lamuriento, queixoso e desanimado de certos sistemas modernos.»[12] Embora Smith admire a escola estoica, o que lhe desagrada nos estoicos é a sua indiferença, apatia e falta de interesse pelo mundo em geral. Ao mesmo tempo, sabe que é muito complicado alcançar o ideal estoico, e não consegue identificar-se plenamente com a crença desta escola, a de não existirem relações entre causas e efeitos que se possam observar na natureza.

Para Smith, os ensinamentos morais que promovessem a bondade (*benevolência*) e a *contenção* (autocontrolo) eram os pilares da sociedade mais inspiradores[13]. Enquadra Agostinho e Platão e os ensinamentos eclesiásticos do Dr. Hutcheson e, inclusive, Tomás de Aquino, na mesma categoria. De acordo com estas escolas, qualquer forma de regalia corrompe o ato moral: se formos recompensados pela prática de boas ações, estas terão perdido a sua dimensão moral, tornando-se, a bem dizer, instrumentos de ganho. «Se descobrirmos que determinada ação, supostamente motivada pelo altruísmo, aconteceu com a expectativa de receber um favor em troca, ou, se o que pensávamos motivado pelo espírito público teve como origem a esperança de recompensa pecuniária, tal descoberta destruiria completamente toda a noção de mérito ou louvor destas ações.»[14] Smith diz que esta escola acredita que o «amor-próprio, como princípio, jamais seria alvo de virtude, em qualquer das suas manifestações»[15]. Smith encara esta corrente de forma positiva («um sistema com uma tendência peculiar para nutrir e incentivar no coração humano, a ação mais agradável de todas»[16]); contudo, e não obstante as opiniões anteriores, discorda da sua variante isolada: não considera que o ímpeto da bondade e da caridade altruísta seja suficientemente forte ou capaz de manter a sociedade unida e de explicar os nossos instintos primários.

Smith consolida este conceito, quando o relaciona com a instituição do observador imparcial – uma pessoa interior, um conceito imaginário que usamos para ajuizar e adotar, de forma impessoal mas enfática, os nossos feitos.

> Imaginamo-nos observadores do nosso próprio comportamento, e tentamos entender, sob esta perspetiva, que impressão este faz da nossa pessoa. É por intermédio deste prisma que podemos, de certa forma, e com base na opinião alheia, avaliar a correção da nossa conduta.[17]

Um conceito semelhante é também usado por Hutcheson, Hume e posteriormente Mill. Na sua teoria do utilitarismo não individualista, Mill elabora uma ética segundo a qual cabe ao indivíduo garantir que maximiza a utilidade do todo. Não se trata de uma perceção da utilidade pessoal ou individualista, mas da coletiva. Se me considerar um verdadeiro e integro utilitário, e ao ceder cem unidades da minha fortuna, aumento a utilidade alheia mais do que diminuo a minha e, numa leitura extrema, devo ceder essas unidades por este preciso motivo, pois o que interessa a um verdadeiro seguidor do utilitarismo de Mill é a utilidade do todo e não apenas a sua. E esta cedência deve ser feita voluntariamente. A sociedade orientada pelo «observador imparcial» seria uma sociedade mais feliz do que a guiada pela maximização individual da utilidade. Mill compreendeu corretamente que os restantes fatores da economia, e não apenas o mercado, também desempenham papéis importantes, embora fosse correto – e corajoso, na época em que o disse – salientar e explicar que o mercado deve residir no centro de todos os sistemas económicos. Concluindo, recorrer à filosofia de Smith para defender um sistema económico puro de *laissez-faire* não é uma postura exata. Smith nunca afirmou que as decisões tomadas pelo mercado serão sempre benéficas para a sociedade.

VENHA CONHECER E APERTAR A MÃO INVISÍVEL

O facto de a sociedade se manter unida graças à simpatia e ao conceito do *observador imparcial* são dois contributos importantes e corretamente atribuídos a Smith. Hoje em dia, julga-se que terá dito que a sociedade só se mantém coesa graças à presença da mão invisível. Mas Adam Smith só aplicou o termo «mão invisível» em três ocasiões – uma na *Riqueza das Nações*, outra em *The Theory of Moral Sentiments* e outra ainda em *Astronomy*. Não se percebe, portanto, porque causou este tema tanto impacto[18].

A primeira ocorrência surge naquela que é possivelmente a mais famosa passagem de Smith, em que se descrevem os motivos de um homem do talho para fazer comércio e que tem servido frequentemente de explicação para as forças do mercado livre [a ênfase é minha]:

> Não é da bondade do homem do talho, do cervejeiro ou do padeiro que podemos esperar o nosso jantar, mas da consideração em que eles têm o seu próprio interesse. Apelamos não à a sua humanidade, mas ao seu egoísmo, e nunca lhes falamos das nossas necessidades, mas das vantagens deles. Na realidade, ele [o homem do talho] não pretende normalmente, promover o bem público, nem sabe até que ponto o está a fazer. Ao preferir apoiar a indústria interna em vez da externa, só está a pensar na sua própria segurança; e, ao dirigir essa indústria de modo que a sua produção adquira o máximo valor, só está a pensar no seu próprio ganho, e, neste como em muitos outros

ADAM SMITH, FERREIRO DA ECONOMIA | 217

casos, está a ser guiado por uma **mão invisível** a atingir um fim que não fazia parte das suas intenções. Nem nunca será muito mau para a sociedade que fizesse parte das suas intenções. Ao tentar satisfazer o seu próprio interesse, promove frequentemente de uma maneira mais eficaz o interesse da sociedade do que quando realmente o pretende fazer. Nunca vi nada de bom feito por aqueles que se dedicaram ao comércio pelo bem público. Na verdade, não é um tipo de dedicação muito comum entre os mercadores, e não são necessárias muitas palavras para os dissuadir disso.[19]

Compare-se com a segunda ocorrência em *The Theory of Moral Sentiments*, em que o contexto parece ser praticamente oposto ao anterior. Neste caso, a mão invisível refere-se à mão distributiva, o papel a que se chama normalmente a mão visível (do governo, quando redistribui a riqueza):

[...] dividem com os pobres o produto dos seus ganhos. São conduzidos por uma **mão invisível** a realizar uma distribuição das necessidades básicas da vida praticamente igual, as quais teriam ocorrido se a terra tivesse sido dividida em partes iguais por todos os seus habitantes, e portanto, sem intenção nem consciência, impeliram o interesse da sociedade e criaram meios para a multiplicação das espécies. Quando a providência dividiu a terra por um punhado de lordes, nem esqueceu nem abandonou aqueles que aparentemente foram esquecidos no reparte. Estes últimos também gozam da sua parte de tudo o que produz [...]. O mesmo princípio, o mesmo amor do sistema, a mesma consideração pela beleza da ordem, da arte e do artifício costuma servir para recomendar estas instituições que procuram promover o bem-estar público.[20]

Para sermos precisos, existe afinal outra ocorrência da «mão invisível» nos livros de Smith, mas é irrelevante para o nosso debate sobre economia e ética. Na sua obra anterior, *Astronomy*, em que discorre sobre os primórdios do pensamento religioso, refere uma agência sobrenatural:

O fogo queima, e a água refresca; os corpos pesados descem, e as substâncias leves ascendem, impelidos pela sua própria natureza; nunca se cogitou que a **mão invisível de Júpiter** determinasse tais propriedades.[21]

Smith utilizou portanto a noção da mão invisível em três contextos: como coordenadora da procura individual de amor-próprio, como mão coletiva da redistribuição e como poder místico e divino (de Júpiter). Seria impossível atribuir ao termo por ele cunhado um leque temporal mais lato e confuso.

Daqui deriva o equívoco de *Riqueza das Nações*. Smith revela-se frequentemente como um sucessor, não só das ideias de Mandeville, mas também de Thomas Hobbes enquanto divulgador da motivação egoísta da natureza humana. Na medida em que o egoísmo individual e livre é suficiente para conduzir a sociedade, sendo a moralidade supérflua, pois o mercado recondiciona tudo o que existe (bom e mau, mas o mau em especial) num bem-estar generalizado. Uma sociedade que pode (ou deve) sustentar-se em atitudes egoístas. A bem dizer, escutamos um eco de outras citações, e não a voz de Smith – Hobbes, por exemplo (a luta de todos contra todos), Mandeville (os pecados da mão invisível do mercado são refeitos como virtudes), Herbert Spencer (defensor do darwinismo de mercado e de um estado minimalista) ou Ayn Rand (reducionismo e egoísmo radical). Acontece que Adam Smith não pensava assim, nem mesmo num sentido único. Inclusivamente, é impossível extrair tais conclusões de uma leitura económica de *Riqueza das Nações*, mesmo se ignorarmos *The Theory of Moral Sentiments*, que contradiz diretamente o que se descreveu.

SMITH DE UM LADO, MANDEVILLE DO OUTRO

Em *The Theory of Moral Sentiments*, além das três principais escolas indicadas, Smith dedica também uma atenção especial aos «ensinamentos bacânticos» (dos *Sistemas Libertinos*), que eliminam as diferenças entre vícios e virtudes. Aqui, Smith também classifica Mandeville, cujos sentimentos considerava incompreensíveis:

> Existe contudo outro sistema que parece esbater por completo a distinção entre vício e virtude, e cuja tendência é, pela descrição, totalmente perniciosa: refiro-me ao sistema do Dr. Mandeville. Embora as noções deste autor sejam em todos os aspetos erradas, existem contudo alguns vestígios da

natureza humana, os quais, se observados sob determinado prisma, parecem à primeira vista favorecê-la. Estes, descritos e exagerados pela eloquência animada e divertida do Dr. Mandeville, pese contudo o seu pendor vulgar e rústico, conferem um tom genuíno e provável às suas doutrinas, capaz de lograr os inaptos.[22]

Adam Smith insurge-se fortemente contra a ideia que lhe foi erradamente atribuída. Se perguntássemos agora quais os primórdios da ciência económica e de onde vem a tese de que a riqueza das nações tem por base o egoísmo e o interesse próprio, a maioria dos leitores apontaria Adam Smith como o pai das conjeturas. Eis um fenómeno peculiar. Embora Smith conhecesse os pormenores da obra de Mandeville, não o cita em parte nenhuma da *Riqueza das Nações*. As citações existem somente em *The Theory of Moral Sentiments* e são usadas para se distanciar inequívoca e repetidamente do «devasso» Mandeville e das suas tentativas de reduzir todas as coisas a um egoísmo (vicioso). Além disso, Mandeville é o único autor que Smith expressamente critica, ridiculariza e caricaturiza – e mais do que uma vez. É como se o livro tivesse sido escrito com o fim único de contrariar os argumentos de Mandeville. Torna-se deveras improvável que Smith se considerasse sucessor de Mandeville, como a história popular nos fez crer.

Acima de tudo, Smith não estava inclinado a aceitar a tese de inexistirem diferenças entre vício e virtude (afirmação que Mandeville nunca fez, embora Smith o tenha criticado por esta ideia). Efetivamente, o que presenciamos em Smith é uma ligeira alteração da definição do que caracteriza o bem e o mal. Mandeville considera que o egoísmo e o amor-próprio são os vícios que (além de uma variedade de outros) sustentam o reino das abelhas. Daqui derivou a sua conclusão de que os vícios originam o bem. Mas Adam Smith *não considera* o amor-próprio como um vício. Renomeia «amor-próprio» como «interesse próprio» (alternando livremente o uso destes termos) e, embora não baseie nele o *princípio do funcionamento da sociedade*, considera que é um fator importante na realização das atividades negociais. Com este argumento, não só se coloca em oposição a Mandeville (tão condenado na sua época), como ao mesmo tempo sustenta as suas teorias económicas no mesmo raciocínio. Recorrendo a uma redefinição silenciosa do vício em virtude, Smith consegue aplicar a lógica do argumento de Mandeville sem ter de se expor ao ridículo. Com Smith, o desprezível «amor-próprio» de Mandeville torna-se o virtuoso «interesse próprio» – termo que encontramos (e não «egoísmo») em *Riqueza das Nações* e em *The Theory of Moral Sentiments*.

É uma abordagem surpreendente para um professor de moral. É de admirar que Smith tenha redefinido o vício em virtude sem um discurso apropriado e evitado conceder um reconhecimento mínimo a Mandeville.

O «PRROBLEMA» DE ADAM SMITH

Encheríamos bibliotecas com textos sobre o tema dos «dois Smiths»[23]. Joseph Schumpeter designou o tópico como *Das Adam Smith Problem* [O «Prroblema» de Adam Smith]; apesar de tanto debate (cujas principais ideias apresentaremos), até hoje não se chegou a uma conclusão satisfatória sobre o que realmente pensaria Smith do interesse próprio e da simpatia[24]. Mas, seja qual for a perceção antropológica de Adam Smith sobre o homem económico (se descreve o indivíduo ou a sociedade, se assenta no amor-próprio ou não), o que certamente se pode imputar ao «pai da economia» é o contributo de uma visão contraditória, imprecisa e ambígua para a jovem disciplina.

Afirmaremos também, com um certo exagero, que a disputa se arrastou até hoje, dividindo as atuais escolas económicas de várias formas. Por exemplo, a disputa entre individualismo e coletivismo metodológico deriva da definição imprecisa do problema dos «dois Smiths». Adam Smith não estabeleceu o desenvolvimento futuro da antropologia economia. Na *Riqueza das Nações*, o homem é apresentado como um indivíduo cuja motivação decorre do interesse próprio. Embora professor de ética, Smith não aborda a temática moral, nem se debruça sobre o funcionamento social do homem fora do refúgio da atividade comercial. Esta atividade apenas reclama, pelos vistos, o amor-próprio como único elo de ligação entre os membros da sociedade, nem sequer havendo necessidade de simpatia mútua: «Terá maior probabilidade de alcançar o que deseja se conseguir interessar o egoísmo deles a seu favor e convencê-los de que terão vantagem em fazer aquilo que deles pretende.»[25]

A passagem acima indicada que descreve o homem do talho dá-nos uma lição relativa à mão invisível, que governa com harmonia, elegância e sem violência, e aparentemente não precisa da ajuda de outras mãos. Pelo contrário, vemos um ser humano totalmente diferente em *The Theory of Moral Sentiments*. O princípio regente do comportamento humano passa a ser a benevolência caridosa, o apreço; o homem não é um ator racional, mas deixa-se levar pela emoção, ideia que David Hume, amigo de Smith, também defendia. O homem não é um ator individual repudiado pela sociedade, mas uma sua parte indivisível. As escolas que pregam ensinamentos opostos são alvo de duras críticas na obra de Smith. As suas palavras mais agrestes atacam precisamente o sistema de Mandeville, que ulteriormente os académicos atribuirão a Smith como a sua (maior?) contribuição para a história do pensamento económico, o que é um erro. Em *The Theory of Moral Sentiments*, Adam Smith brilha como filósofo e professor de moral assaz competente (ainda hoje louvado) e não como economista. Desenvolve conceitos psicológico-societais muito corajosos, originais e complicados, com o fim de demonstrar integralmente, e com rigor, a incorreção das abordagens que veem interesse próprio em todos os atos. Ficamos com a sensação de que Smith está em confronto esquizofrénico consigo mesmo e de que cada um dos seus livros questiona a sensatez do outro.

NÃO UM MOTIVO, MAS VÁRIOS

De acordo com Smith, a perspetiva correta requer uma combinação de motivos. Por esta razão, Epicuro também é alvo de crítica. Smith evita procurar uma única explicação para todos os atos humanos, mas propõe novos princípios orientadores. Por um lado, a bondade representa o princípio mais apurado e belo, embora isoladamente não seja suficientemente forte. Não há nada de errado em misturar bondade e amor-próprio; Smith não considera esta atitude viciosa ou desprezível.

Apor-lhes um motivo egoísta parece, admito, conspurcar a beleza destes atos nascidos de um afeto benevolente [...]. A benevolência será, possivelmente, o único princípio de atuação da Divindade [...] sendo o homem uma criatura assaz imperfeita, a sustentação da existência, que requer um conjunto de fatores alheios a ele, fá-lo agir impelido por outros motivos.[26]

Deparamo-nos com uma variedade de tentativas para resolver e consolidar a postura, aparentemente esquizofrénica, de Adam Smith. Em primeiro lugar, alguns académicos admitem abertamente que as duas teorias do autor são incongruentes (abordagem batizada com o termo difícil de pronunciar, *Umschwungstheorie*)[27]. Por exemplo, H. T. Buckle[28] refere: «Note-se que formam duas divisões de um único assunto. Nos *Sentimentos Morais*, investiga o lado solidário da natureza humana; na *Riqueza das Nações*, investiga o lado egoísta.» E adiante: «Nos *Sentimentos Morais*, atribui os nossos atos à simpatia; na *Riqueza das Nações* atribui-os ao egoísmo. Uma análise breve das duas obras demonstrará a existência desta distinção fundamental e faz-nos perceber que são complementares uma da outra; portanto, para compreender uma delas, há que estudar ambas.» Em segundo lugar, tem havido várias tentativas de relacionar os dois lados de Smith, com maior ou menor elegância[29].

Uma das soluções pode encontrar-se na seguinte passagem de *The Theory of Moral Sentiments*:

> Todos os membros da sociedade humana precisam do auxílio mútuo, encontrando-se de igual modo expostos a prejuízo mútuo. Quando o auxílio necessitado decorre reciprocamente do amor, da gratidão, da amizade e da estima, a sociedade floresce e é feliz [...] embora entre os vários membros da sociedade não tenha de haver amor e afeição, a sociedade, embora menos feliz e aprazível, não se dissolverá, necessariamente. A sociedade é capaz de subsistir entre homens diferentes, como entre mercadores diferentes, a partir de um sentido da sua utilidade, sem qualquer amor ou afeto mútuos [...] [a sociedade] pode suster-se ainda pela troca mercenária de bons ofícios de acordo com uma valorização acordada. Mas a sociedade não é capaz de subsistir entre aqueles que causam prejuízos e danos entre si [...]. Pelo contrário, a justiça é o principal pilar que mantém de pé todo o edifício.[30]

Depois de ler este argumento, fica-se com a sensação de que Adam Smith respeitava ambos os princípios básicos e queria apenas distinguir a importância deste e daquele motivo nas várias ações. Embora estes dois grandes sentimentos – amor e amor-próprio – possam surgir na sua forma pura, normalmente encontram-se ambos presentes nas nossas motivações. Martin Buber descreve na perfeição esta temática, ao separar as relações humanas entre relações expedientes e as que se encontram isentas de utilidade[31]. Portanto, é possível que Adam Smith considerasse o princípio do amor-próprio como o motivo predominante de todas as relações societais, capaz de juntar perfeitos estranhos. Contudo, este motivo por si só apenas conduziria ao funcionamento minimalista de uma sociedade humanamente pobre. Temos assim de adicionar o segundo princípio elementar de Smith, a benevolência afetuosa. Este princípio encontra-se nomeadamente nas relações interpessoais. É o que transforma um coletivo de pessoas numa sociedade efetiva.

O HOMEM SOCIAL DE SMITH E A HERANÇA DE HUME

Em *The Theory of Moral Sentiments*, Smith apresenta uma tese muito «não egoísta», que afirma estarem os indivíduos unidos por um laço natural que chama de *simpatia*. Refere-se não apenas ao favor mútuo (apreço), mas a uma tendência humana universal, a solidariedade, e à capacidade de compreender os motivos do outro, empatia. Confia numa capacidade inata das pessoas de nutrirem sentimentos entre si e de terem comportamentos justos *a priori*. De modo a Adam Smith evitar a objeção de que qualquer tendência para respeitar os motivos alheios é afinal amor-próprio disfarçado (por exemplo, porque receamos ser afligidos por uma mágoa semelhante), vai criar o seu próprio sistema: segundo este, o homem não receia ser alvo da mesma situação futuramente, mas *adapta-se* ao papel da outra pessoa. Dá como exemplo um homem que se coloca no lugar de uma mulher durante o trabalho de parto, embora saiba que jamais sentirá essa dor e que, portanto, não teria de se preocupar. Existe uma diferença importante neste aspeto, e Smith insiste neste suposto pormenor, investindo tempo e energia para o esclarecer até não restarem dúvidas. Com a ajuda de «pôr-me no lugar do outro», Smith criou uma defesa psicológica contra o individualismo coevo. «A simpatia, contudo, não pode de modo algum ser considerada um princípio egoísta.»[32]

Smith edifica a sua ética social no princípio da compaixão mútua. O homem é uma criatura social, e a sua natureza assenta numa necessidade de sentir empatia e de se integrar no ambiente circundante, motivo pelo qual a moralidade adota um papel valioso em toda a sociedade. «A virtude é o grande pilar, e o vício o grande perturbador da sociedade humana.»[33] Não podemos imaginar um conflito maior entre Smith e Mandeville, o qual, pelo contrário, considera o vício a fonte da riqueza da sociedade; por outro lado, quando a sociedade se torna virtuosa (na aceção de Smith), cai na pobreza e é rapidamente destruída. Para Smith, «a virtude [...] é, por assim dizer, o verniz das rodas da sociedade [...], enquanto o vício, como a vil ferrugem, que as faz raspar e chiar uma na outra, é necessariamente ofensivo [...]. Se a virtude, por conseguinte, for desejável por si mesma e o vício for, da mesma forma, objeto da aversão, não pode ser a razão que originalmente discerne entre estas qualidades diferentes, mas um sentido e sentimento imediatos»[34].

A SOCIEDADE COMO UMA ESCOLHA RACIONAL?

Se a sociedade resultar da escolha dos motivos racionais do indivíduo, continuará a existir, como pressupõe uma vertente da economia moderna? Será o cálculo racional que mantém alguém como um (bom) membro da sociedade? Ou existem outros fatores em jogo?

David Hume, contemporâneo de Smith, contribuiu em grande medida para a procura de respostas a estas investigações e para o entendimento da antropologia económica como um todo. Tecia comentários sobre temas-chave de interesse económico, tais como a origem da ordem social, a teoria da utilidade e do amor-próprio e também a relação entre racionalidade e extrarracionalidade. Hume é importante para nós, pois Smith e Hume defendiam opiniões muito semelhantes e eram bons amigos.

Hume insurge-se contra o conceito de um contrato social promovido por gente como Thomas Hobbes. De acordo com a teoria de Hobbes, o homem «troca» a liberdade pela ordem social, ao sujeitar-se voluntariamente (racionalmente) às regras sociais, que espera serem cumpridas pelos outros. A sociedade mantém-se unida com base no princípio do amor-próprio; não passa, portanto, de um cálculo hedonista. Hume não concorda com esta teoria, escrevendo:

> A objeção mais óbvia à hipótese egoísta é que, como esta é contrária à sensibilidade comum e às nossas noções mais isentas de preconceitos, exige--se a maior ginástica filosófica para estabelecer um paradoxo tão extraordinário. Para o observador mais desatento, parecem existir disposições como a benevolência e a generosidade, afeições como o amor, a amizade, a compaixão e a gratidão [...] [claramente distinguidas] dos que dizem respeito às paixões egoístas. [...] Todas as tentativas deste género [provar tudo a partir do amor-próprio] revelaram-se estéreis até agora e parecem ter resultado totalmente desse amor à simplicidade que tem sido a fonte de muitos falsos raciocínios na filosofia.»[35]

Aqui, socorre-se de um argumento usado mais tarde por Adam Smith. De acordo com Hume, está na nossa natureza praticar e louvar ações «nas quais mesmo a maior subtileza da imaginação seria incapaz de descobrir qualquer vestígio de interesse pessoal ou encontrar qualquer relação entre a nossa felicidade e segurança presentes e acontecimentos tão vastamente separados de nós»[36]. Está na nossa natureza praticar atos que não contribuem para nós nem para o nível da nossa utilidade, quer no tempo quer no espaço. Na opinião de Hume, o motivo pelo qual consideramos esses atos como morais e bons, apesar de não terem qualquer relação com a nossa utilidade, é simples: estes atos ressoam no nosso *sentimento* moral (e, portanto, não no cálculo). A utilidade privada, argumenta Hume, não basta como pilar da sociedade. Há vários exemplos: «Temos encontrado casos em que o interesse privado estava separado do interesse público e até mesmo lhe era contrário. Mesmo assim, verificámos que o sentimento moral persiste, apesar desta disjunção de interesses.»[37] No tocante ao amor-próprio e à utilidade privada, não os considera uma emoção exclusiva que tudo explica, mas inclui uma utilidade mais lata, a da sociedade. «A utilidade é agradável e granjeia a nossa aprovação. Esta é uma questão de facto, confirmada pela observação diária. Mas *útil*? Para quê? Para os interesses de alguém, sem dúvida. Mas interesses de quem? Não apenas os nossos próprios interesses, pois a nossa aprovação vai frequentemente mais longe do que isso.»[38]

Trata-se de uma ideia-chave, a qual também nos pode ajudar a compreender o conceito de coexistência social de Smith. Hume acreditava com o sentimento moral do ser humano é mais forte e profundo do que o princípio da utilidade. O sentimento (emocional) é mais forte do que o cálculo (racional). As normas do comportamento humano existiam *antes* da criação do Estado (o Estado não as criou numa forma hobbesiana), e é impossível explicá-las pela posição da teoria do contrato social. «Devido a este exemplo, vemo-nos obrigados a abandonar a teoria que procura dar conta de todos os sentimentos morais pelo princípio do amor de si»[39], conclui Hume. A moralidade social pertence ao domínio das emoções, dos sentimentos – não da racionalidade. «Ao contrário dos economistas modernos, Adam Smith assume que as pessoas são muito interdependentes ao pesarem as alternativas ao seu dispor. Porque as pessoas partilham sentimentos e paixões similares, conseguem identificar-se com as outras quando estas exprimem as suas paixões pelo comportamento.»[40]

Como Aristóteles e Aquino, Hume considera que os seres humanos são um *zoon politikon* e argumenta que é *natural* que uma pessoa se sinta parte integrante da sociedade. Por outras palavras, o indivíduo não «escolhe» racionalmente fazer parte da sociedade porque esta lhe traz uma utilidade calculável, mas porque é a sua natureza; no fim do dia, a sociedade é algo na qual ele (literalmente) nasce. Os seres humanos têm uma tendência *natural* para o bem e uma simpatia *social* fortemente inerente, incluindo uma empatia. «[...] [T]udo aquilo que contribui para a felicidade da sociedade se recomenda diretamente à nossa aprovação e afeto. Aqui temos portanto um princípio que explica em grande medida a origem da moralidade.»[41] Simplesmente considera esta característica enquanto princípio da natureza humana[42].

«[...] [O] coração humano [...] nunca será completamente indiferente ao bem público [...].»[43] Escreve também: «Nenhum caráter pode estar demasiado remoto para me ser inteiramente indiferente a esta luz.»[44] A melhor síntese de Hume a respeito desta ideia encontra-se na seguinte passagem: «Parece que a tendência para o bem comum e a promoção da paz, da harmonia e da ordem na sociedade [...] sempre nos coloca do lado das virtudes sociais [...] princípios de humanidade e simpatia penetram tão profundamente todos os nossos sentimentos e têm sobre eles influência tão poderosa que lhes podem permitir provocar as mais enérgicas censuras e aplausos.»[45] Aqui, mais uma vez, surge o motivo que conhecemos de Adam Smith, o motivo do indivíduo que não só depende de si mesmo, mas cujas emoções mais fortes o unem aos outros e à sociedade como um todo. É apropriado indicar mais uma vez que Hume se refere não a um cálculo racional, mas aos *sentimentos* que nos conduzem à virtude social. De acordo com Hume, estas virtudes não são racionalmente justificáveis, como defende a teoria do contrato social.

Nem Smith nem Hume concordariam que a sociedade se baseie em princípios hedonistas e no princípio da escolha racional, como postulam os racionalistas e a teoria de Rousseau do contrato social. A antropologia humana é diferente – o homem associa-se por causa de sentimentos inatos. O mistério do que mantém a sociedade unida também aqui se manifesta. Nascemos com esta propriedade, e não sabemos realmente explicá-la.

A RAZÃO, ESCRAVA DAS PAIXÕES

A visão de Smith sobre a racionalidade do comportamento humano também é curiosa. Nota-se novamente uma forte influência de David Hume. Escreve Adam Smith:

> Mas embora a razão seja indubitavelmente a fonte das regras genéricas de moralidade, e de todos os juízos morais formados por intermédio delas, é de todo absurdo e ininteligível supor que as perceções primárias do certo e do errado derivam do uso da razão [...]. Estas perceções primárias [...] não podem ser objeto de razão, mas do sentido e sentimento imediato [...]. Mas a razão não é capaz de tornar o objeto, nem agradável nem desagradável [...]. A razão é capaz de demonstrar que este objeto é o meio para obter outro que seja naturalmente agradável ou desagradável, e desta forma torná-lo agradável ou desagradável por intermédio de outrem. Mas nada pode ser agradável ou desagradável em si mesmo que não se apresente como tal de imediato.[46]

Hume ficou famoso pela passagem que endireita a antropologia racionalista: «A razão é, e deve ser apenas, a escrava das paixões; não pode aspirar a outro papel senão o de servi-las e obedecer-lhes.»[47] (Neste ponto, por sinal, aproxima-se muito das ideias de Bernard Mandeville[48], as quais critica tão duramente quanto as de Smith). A passagem mais ou menos resume a sua filosofia – razão e sentimentos não lutam entre si, e uma não contraria os outros. Não se situam no mesmo nível de competição mútua. As ações humanas são conduzidas por sentimentos, paixões e afetos, e a razão desempenha um papel, de nível secundário, no processo da racionalização[49]. John Locke recorre a um argumento semelhante: «A razão não determina nem estabelece esta lei da natureza, apenas a procura e descobre... Nem é a razão a criadora mas a intérprete dessa lei.»[50]

Os nossos atos não são resultado de cálculos primorosos que pesem conveniências e inconveniências, utilidade e custo. Pelo contrário, os nossos atos são orientados por forças que não compreendemos, emoções que nos motivam para agir. Os *espíritos animais* de Keynes também demonstram uma personalidade igualmente irracional.

David Hume teria definido a antropologia contemporânea do *Homo economicus* sob o seguinte ângulo: os sentimentos, e não a racionalidade, são a força motriz subjacente a todo o comportamento humano. Mais simplesmente, não basta a própria racionalidade para motivar um ser humano a praticar uma ação. Na sua opinião, os interesses da sociedade, «mesmo tomados apenas em si mesmos, não nos são inteiramente indiferentes. A utilidade é apenas uma tendência para a obtenção de um certo fim, e constitui uma contradição nos termos que alguma coisa agrade como meio para determinado fim se esse mesmo fim de modo algum nos afetar»[51]. A razão por si mesma não sabe ordenar as nossas preferências para nos incitar a agir; a razão não sabe como motivar-nos para agir. «O que é honroso, o que é justo, o que é próprio, o que é nobre, o que é generoso toma posse do coração e anima-nos a adotá-lo e sustentá-lo. O que é inteligível, o que é evidente, o que é provável, o que é verdadeiro obtém apenas a fria aquiescência do entendimento e, ao satisfazer uma curiosidade especulativa, põe fim às nossas indagações.»[52]

Immanuel Kant parece assumir uma postura semelhante. «A razão pura, contudo, não comanda um fim *a priori*»[53]. A razão desempenha apenas um papel secundário – quando encontra o melhor rumo para um fim[54]. Descobrimos nos nossos atos uma cooperação entre razão e sentimento[55]. Chegaremos a isto na segunda parte do livro. A razão por si só produz paradoxos: «Não é contrário à razão preferir a destruição do mundo inteiro a coçar o dedo.»[56]

CONSOLIDAÇÃO DOS DOIS SMITHS?

É um paradoxo que importantes autoridades da disciplina económica neguem a originalidade quer a Mandeville[57] quer a Smith[58], enquanto os louvam a ambos por serem pensadores importantes nas áreas da filosofia, da ética e da psicologia. Como será possível, então, que os dois tenham erguido os pilares da economia? Será porque a psicologia, a filosofia e a ética compõem afinal o âmago da economia e porque, pela primeira vez na história, Mandeville e Smith atingiram o auge do debate económico que dura desde os confins do tempo até aos dias de hoje? Porque não consideramos os mercantilistas como pais da economia? Ou os fisiocratas orientados para a matemática? Foi o fisiocrata francês Vincent de Gournay (1712–1759) que – uma geração antes de Smith – enunciou o lema proverbial usado ainda hoje, *laissez faire, laissez passer*. Mas hoje não se fala muito dele – nem de outros, enquanto o *Das Adam Smith Problem* (ou seja, o problema do egoísmo nas teorias de Smith) continua a gerar animada discussão.

O problema reside na definição da extensão do «egoísmo», o que pretendemos incluir neste tema. Se os atos de Jan Hus, o famoso pregador reformista checo que preferiu arder na fogueira a renegar a sua verdade, ou de Francisco de Assis, que se despojou da sua propriedade, forem definidos como atos egoístas, então todos nós nos comportamos egoisticamente, mas o termo «egoísmo» perde visivelmente o sentido por ser um termo não comprovável que tudo abarca e que se pode usar para explicar qualquer ato – mesmo os de natureza completamente oposta.

CONCLUSÃO: SR. SMITH, A SEQUELA

Neste capítulo seguimos o equívoco que ocorreu na ligação com o conceito da mão invisível do mercado, atribuído a Smith. Discutimos o problema das suas relações com Bernard Mandeville e o conceito dos contrastes sociais enquanto construção racional como um todo. Abrimos o tema do «prroblema» de Adam Smith, indicando que o comportamento humano não deverá ser explicado por um princípio único (e egoísta). Ao mesmo tempo, parámos para ponderar a filosofia do amigo próximo David Hume, do qual Smith retirou muitas ideias. Hume, por exemplo, diminuiu o papel da razão e colocou a emoção e o sentimento numa posição fulcral. Adam Smith, então, discursa sobre o princípio social básico da *simpatia*, responsável por unir a sociedade. Ambos viam o homem como um ser essencialmente social, que sente um elo até com o membro mais remoto da família humana.

O pensamento moderno, que se declara descender da economia clássica de Smith, negligenciou a ética. O tema do bem e do mal dominava nos debates clássicos, e contudo hoje é quase herético sequer falar dele. Conforme tentei demonstrar, defendo que a leitura popular de Adam Smith é um equívoco. A contribuição de Smith para a economia é mais lata do que o mero (e dúbio) conceito da mão invisível do mercado e do que o nascimento do *Homo economicus* egoísta e egocêntrico.

A leitura popular de Smith distorce a economia. Para um entendimento do estado atual da economia, é necessário ler ambos os Smiths, pois, se nos concentrarmos apenas no lado popular de *A Riqueza das Nações* de Smith sem termos o conceito mais vasto de *The Theory of Moral Sentiments*, chegaremos a conclusões fáceis que não seriam as pretendidas por Smith.

Smith compreendia a importância crucial da ética e atribuiu-lhe um grande papel e lugar na sociedade, embora o seu legado seja um pouco confuso. Creio que para nós, os economistas, o legado de Smith reside nas questões morais que devem ser incluídas na economia – eis a questão fundamental da economia. Para mim, o seu contributo mais influente para a economia foi de natureza ética. O debate sobre o bem e o mal não começou com Smith, mas teve nele o seu apogeu.

PARTE II
PENSAMENTOS BLASFEMOS

Nada se altera sem sofrimento, muito menos a natureza humana.

C. G. Jung

Que propósito servem estas velhas histórias, os mitos da Babilónia, as parábolas do Novo Testamento? Que lição pode a era (pós-)moderna, e a economia em particular, retirar destes símbolos antigos? Que contributo nos dá este pensamento, considerando que atravessamos uma época de crise da dívida e temos problemas suficientes em mãos?

O psicólogo Carl Gustav Jung acreditava que o pensamento humano e a visão do mundo se compõem de arquétipos válidos durante milénios. Por este motivo, é importante estudá-los e conhecê-los com rigor. E, para tal, devemos analisar as suas formas puras na origem, nuas, por assim dizer, quando a nossa civilização era (mais) jovem – e depois acompanhar as respetivas transformações dentro do contexto do desenvolvimento histórico.

Aquilo que reside no nosso inconsciente recôndito manifesta-se em tempos de crise. «É precisamente o muito inesperado, o muito caótico e aterrorizador que desvenda o significado profundo»[1], considera Jung, cuja análise assentava nos pontos de rutura.

Uma economia também revela muito sobre si mesma quando fica fragilizada, e não quando atua em pleno vigor. Conhecemo-la melhor desnuda e abalada do que quando se pavoneia, cheia de orgulho, desprezando tudo o que exista além de si. A força oculta a essência das coisas, mas a fraqueza destapa-a.

8

A VEZ DA AVIDEZ:

A HISTÓRIA DO QUERER

Queríamos amor,
Queríamos êxito,
Mas nada me satisfez,
E tornei-me excesso.
P. J. Harvey, «We Float»

Sempre que se abre a caixa de Pandora, nascem problemas. Mas quem era Pandora, e o que havia no interior da caixa? Neste capítulo, estudaremos o advento do desejo humano ou, em termos económicos, o nascimento do querer, da procura de coisas desnecessárias (para a sobrevivência). Foi este o ponto em que teve origem a utilidade proporcionada pelos bens externos de que «não precisamos». Uma vez que a economia coloca tanta ênfase no conceito de satisfazer necessidades (desejos), o tema interessa-nos.

De acordo com a mitologia grega, Pandora foi a primeira das mulheres (uma homóloga da Eva do Antigo Testamento), mas surgiu no mundo (ao contrário de Eva, criada para ser a «auxiliar» de Adão) como forma de vingança divina sobre o homem. Com ela, vinha uma caixa (mais precisamente, uma jarra) contendo todos os possíveis males e sofrimentos, inexistentes até então à face da Terra. Curiosa, abriu-a e espalhou pelo mundo o mal, a doença e (aquilo que nos interessa) a *maldição do trabalho*. O trabalho, até então motivo de prazer, torna-se uma atividade dura e exaustiva, uma labuta*. Pandora fechou prontamente a caixa, mas era tarde demais.

A MALDIÇÃO DOS DEUSES: ESTA MEDONHA PROCURA

Fazemos uma leitura semelhante da história de Eva e Adão (Adão desempenha um papel tão passivo na história do Jardim do Éden que tendo a relegá-lo para segundo lugar). Eva, depois do confronto intelectual com a serpente (que Adão evitou por completo), provou do fruto proibido (também por curiosidade?), resultando daqui a expulsão do paraíso e também a introdução do mal no mundo. Ao ser banido do paraíso, Adão descreve uma única maldição explicitamente[1]: «maldita é a terra por causa de ti; com dor comerás dela, todos os dias da tua vida. [...] No suor do teu rosto comerás o teu pão.»[2]

Encontramos aqui vários fatores interessantes. Em primeiro lugar, a humanidade, nas suas várias histórias, recorda uma época em que o trabalho representava uma atividade agradável. Mesmo no Jardim do Éden, o homem devia trabalhar: Deus colocou o homem no Jardim do Éden «para o lavrar e o guardar»[3]. As sociedades iniciais consideravam o prazer de trabalhar, e não a inatividade, como o estado perfeito original.

Em segundo lugar, e em ambas as histórias, foi um desejo, uma curiosidade e particularmente uma insaciabilidade, ou, se preferirem, uma inadequação, a origem do mal sobre a terra. Eva e Adão podiam comer livremente de «de toda a árvore do jardim»[4], mas isto *não lhes bastou*. Não sabemos o que lhes terá causado tal sentimento de inadequação imodesta. O que lhe faltaria no estado perfeito do paraíso? Neste aspeto, a história é semelhante à de Pandora.

---

*   O original distingue entre *labor* e *work*, sinónimos cujo uso e subjetividade (no sentido de conotar ou não um «fardo») poderíamos reproduzir na língua portuguesa por *labuta* e *trabalho*; contudo, introduziria uma estranheza desnecessária na leitura do texto («labuta» não é uma palavra de uso corrrente). Escolheu-se, portanto, o termo *trabalho* – que não só adquiriu uma conotação depreciativa como inclusive se aplica no outro sentido de *labor*, «trabalho de parto». [*N. do T.*]

Estas histórias revelam-nos o seguinte: mesmo quando temos tudo ao nosso dispor e vivemos num paraíso, não ficamos satisfeitos e somos impelidos a consumir (desnecessariamente) aquilo que não precisamos de consumir (e, inclusive, aquilo que estamos proibidos de consumir), abrindo assim as caixas de Pandora. Como o agente Smith revela a Morpheus no final do primeiro filme da trilogia *Matrix*: «Sabia que a primeira Matrix pretendia dar um mundo perfeito à humanidade? Em que ninguém sofria, e todos seriam felizes. Foi um desastre. Ninguém aceitou o programa.» E o agente Smith prossegue, especulando sobre o motivo subjacente da anomalia: «Acreditou-se que nos faltava uma linguagem de programação capaz de descrever o mundo perfeito. Mas eu acredito que os seres humanos só se descrevem realmente pelo sofrimento e pela miséria.»[5] Lowry encontra a mesma lição na história do Jardim do Éden: «Quando Adão e Eva provaram do fruto proibido da árvore do conhecimento e reivindicaram para si o direito de escolher, foram expulsos do mundo da abundância para o mundo da escassez, para comerem "o pão com o suor do rosto". O tema moral é que o conhecimento e o exercício da escolha representem um fardo num mundo de escassez, seja esta natural ou imposta pela vontade divina.»[6]

Em terceiro lugar, a maldição divina não é aplicada diretamente; pelo contrário, a divindade abre vias, deixa as pessoas caírem em desgraça como resultado dos seus próprios atos, representados pela árvore proibida no Jardim do Éden e pelo fruto proibido que é a caixa de Pandora. O desejo e a curiosidade andam de mãos dadas. Mesmo o fruto da árvore proibida era «agradável aos olhos»[7] – tal como os anúncios publicitários têm de ser agradáveis à vista. Além disso, a publicidade apela habitualmente aos nossos aspetos extrarracionais (podíamos dizer *animais*)[8]. Seja como for, a serpente (animal) desperta um desejo em Eva, um desejo que anteriormente não sentia por algo de que não *necessita* verdadeiramente. *Despertar o desejo* é, neste caso, a descrição perfeita, no sentido de ativar algo que já residia no nosso íntimo, mas estava latente. A serpente não criou o desejo: despertou-o.

Prevalece uma certa noção medieval de que o primeiro pecado do Jardim do Éden foi sexual, de que o pecado original assume um caráter sexual. Falta-lhe, contudo, uma argumentação convincente. Eis outro ângulo possível: será mais provável que o pecado original assuma o caráter do (excesso de) *consumo*. Afinal, na história do Jardim do Éden, Eva e Adão *literalmente* consomem (o termo «comeu» surge por duas vezes) o fruto. «[...] tomou do seu fruto, e comeu, e deu, também, a seu marido, e ele comeu com ela.»[9]

De acordo com o historiador David Norman, Adam Smith «entrou no domínio da economia quando se interrogou sobre as implicações da avidez nos homens»[10]. De acordo com esta leitura muito sensata dos motivos que o levaram a escrever o inquérito sobre a fonte da riqueza das nações, seria a *avidez* o conceito que destaca aquando do nascimento da economia teórica e também no berço da nossa história, sob a forma do pecado original.

A ECONOMIA DO DESEJO: EXPURGAR A SUFICIÊNCIA

Além dos hebreus e dos gregos, chamemos ao palco uma terceira cultura da Antiguidade: a suméria. Conforme se observou no Épico de Gilgamesh, Enkidu destinava-se originalmente a servir de castigo, quando foi enviado pelos deuses, muito à semelhança de Pandora. Mas, no fim, Enkidu tornou-se eterno companheiro de Gilgamesh, tal como Adão e Eva se destinavam a ser.

Enkidu primeiramente vive na floresta como um animal, sendo uma mulher, a meretriz do templo, Shamhat, que depois o traz para a cidade, ato simbólico que o torna humano. Há duas formas de encarar este assunto, aparentemente complementares.

No Épico de Gilgamesh, a mulher (a meretriz) representa a queda de Enkidu, em certa medida. Até então, Enkidu vivia satisfeito e livre de desejos, sentindo apenas necessidades básicas – comida, abrigo, segurança. E, para as satisfazer, era autossuficiente, não precisando da civilização, tal como um animal. Mas eis que surge Shamhat, mostrando-lhe que *coisas* ele devia *desejar*. Conforme indica Slavoj Žižek[11], precisamos que nos digam aquilo que temos de desejar (neste aspeto, os anúncios desempenham um papel fundamental na nossa sociedade[12]). Pela primeira vez, o gesto vem acompanhado do desejo de ter mais. Enquanto vivia como um animal, não sentia descontentamento nem desejo; Enkidu tinha tudo de que precisava, pois não precisava de muito. De acordo com Alfred Marshall, «O homem incivilizado tem as mesmas vontades do animal selvagem; mas cada passo dado na ascensão do progresso aumenta a variedade das suas necessidades, bem como os métodos para as satisfazer»[13].

Agora que precisava de mais, nascia o desejo. Testemunhamos o advento do desejo, o advento da vontade (ou seja, desejar algo que não se tem e que não faz verdadeiramente falta). Ao mesmo tempo, Shamhat afastou Enkidu dos animais, da natureza, do ambiente natural. Levou-o para a cidade, para o habitáculo das pessoas.

Também podemos encarar esta história sob uma segunda perspetiva: a de Shamhat como redentora de Enkidu. A mulher mostrou-lhe o que devia desejar. Tornou-o assim humano. Deu-lhe um propósito superior, bem como insatisfação e descontentamento. Trouxe-lhe cultura. Levou-o para a cidade, civilizou-o, deu-lhe cerveja a provar. Para Enkidu, Shamhat foi a portadora do progresso.

Apresentámos o primeiro despertar do desejo. Parece ser um fenómeno natural esta nossa tendência para nunca nos darmos por satisfeitos e queremos sempre mais — pedra basilar da nossa civilização e da nossa humanidade (e as culturas antigas perceberam devidamente este facto). Podemos ainda afirmar que o descontentamento é o motor do progresso e do capitalismo de mercado. Frank Knight, talvez o economista de Chicago mais importante da última geração, menciona: «[F]az parte da natureza humana sentirmo-nos mais insatisfeitos quanto melhor for a nossa condição.»[14] George Stigler, discípulo de Knight, chegou a supor: «Uma pessoa normal não quer que os seus desejos se cumpram, mas que sejam cada vez mais e melhores.»[15]

Porque desejamos constantemente possuir mais e mais, sacrificámos o prazer de trabalhar. Queremos demasiado e trabalhamos demasiado. A nossa civilização é, sem dúvida, a mais rica da história, e contudo continuamos tão (ou ainda mais) longe do momento «basta» ou do ponto de satisfação do que alguma vez estivemos no nosso passado «primitivo». Resumindo: se nos víssemos livres da constante necessidade de aumentar o valor do PIB e o nível de produtividade a qualquer custo, não seríamos obrigados a trabalhar em demasia com o «suor do nosso rosto».

MALTHUS RENASCE PELA TERCEIRA VEZ: O CONSUMO COMO DROGA

Nunca te cansas de querer o que não te faz falta.
U2, «Stuck in a Moment»

O reverendo Thomas Malthus, economista, viveu entre o final do século XVII e o início do século XVIII. Muitas das suas teorias foram alvo de aceso debate, mas ficou notório pelo *Ensaio sobre o Princípio da População*, no qual elabora a seguinte teoria: «O poder multiplicador da população é [...] superior ao poder que a terra tem de produzir meios de subsistência para o homem.»[16] Por outras palavras, o planeta não consegue sustentar o crescimento da população humana[17]. Aqui defende que a procura humana (como um todo) é infinita, mas os recursos (agrícolas) do planeta são limitados. Verificou-se posteriormente que os desenvolvimentos na tecnologia agrária, fertilizantes e pesticidas, permitiam multiplicar em várias ordens de grandeza a produtividade da terra face à conjuntura da época, e, por enquanto, o nosso planeta não padeceu deste problema. Malthus foi ultrapassado: existe comida suficiente, e os problemas que existem devem-se apenas à sua distribuição ou à implementação de novas tecnologias.

Mais tarde, surgiu um argumento neomalthusiano no qual se afirmou que a fertilidade crescente da terra, a tecnologia e a produtividade do trabalho terão inevitavelmente limitações. Não obstante, esta segunda derivada da catástrofe malthusiana também não aconteceu, ainda. Assim, gostaria de propor uma terceira derivada: as nossas necessidades crescem a um ritmo superior ao da nossa satisfação.

No passado, supúnhamos que, quanto mais uma pessoa tivesse, menores seriam as suas necessidades ou desejos. Mas enganámo-nos redondamente. As necessidades aumentam consoante o que se conquista. Jamais ficaremos saciados. Por outras palavras, o crescimento da oferta jamais alcançará o crescimento da nova procura. Mas leva-nos mais longe, como referiu Malthus[18] (evito intencionalmente o termo «avançar», pois apenas avança quem tem uma meta a atingir). Neste sentido, Don Patinkin argumenta: «a história demonstrou que a sociedade ocidental terá criado novos desejos com a mesma rapidez (ou maior ainda)!

Expandiu os meios de os conseguir satisfazer.»[19] Por outras palavras, é impossível satisfazer o desejo ou, nas palavras de Slavoj Žižek, «a razão de ser do desejo não implica alcançar um objetivo ou realizá-lo, mas reproduzi-lo sob a forma de um desejo ainda maior»[20]. O autor de Eclesiastes refere este fenómeno: «Os olhos não se fartam de ver, nem os ouvidos de ouvir.»[21]

Confrontado com a realidade atual, Alfred Marshall foi menos preciso na sua previsão: «São inúmeras e variam em feitio as vontades e desejos dos seres humanos: mas também são limitadas e passíveis de satisfazer.»[22] As necessidades, talvez sim, mas não as vontades nem os desejos. Estes aparentam ser infindáveis. Ou seja, quanto mais temos, mais parecemos querer. Se nos sentimos compelidos a consumir cada vez mais, tal como um alcoólico precisa de beber cada vez mais para se manter ébrio, apresentará o consumo as mesmas características de uma substancia viciante? Se uma estagnação do PIB, ou um crescimento baixo ou nulo, causa uma depressão económica, não é este um sintoma evidente de um vício? Porque não seremos capazes de ter um comportamento razoável? Mas o consumo comporta-se como uma droga.

No livro *Women Who Run with the Wolves*, Clarissa Estes apresenta uma descrição interessante do vício: «O vício é aquilo que corrói a vida e ao mesmo tempo a faz "parecer" melhor»[23]. No livro *Fúria*, Salman Rushdie diz que todos os pecados são impróprios – por outras palavras, inadequações, porque reivindicamos aquilo ao qual não temos qualquer direito[24]. Aristóteles também via as coisas da mesma forma: «[...] o mal é da ordem do ilimitado.»[25]

Satisfeitos os nossos desejos, pensávamos satisfazer o nosso íntimo. Infelizmente, como se observa na nossa sociedade historicamente superabastada, mas também superendividada, cometemos um erro que não é trivial. A procura gera mais procura. A oferta não satisfaz esta nova procura, mas incentiva-a. Além disso, a procura (desejo, ambição, ansiedade) vai crescendo perante uma maior oferta – até, por causa da sobressaturação, chegarmos ao ponto descrito no Salmos 107: «A sua alma aborreceu toda a comida.»[26] Milan Kundera refere em *O Livro dos Amores Risíveis*, nomeadamente no conto «A Maçã Dourada do Eterno Desejo», que a própria *busca* da felicidade contém em si uma certa felicidade, embora jamais se alcance o derradeiro ponto de beatitude.

Na citação de abertura da história, Kundera menciona o comentário de Pascal de que alguns caçadores «não percebem que é a caça, e não a presa, aquilo que certeiramente perseguem»[27]. Como indicou o economista Knight: «[A] recompensa advém da alegria que se sente na procura e não na posse [...] o homem está condenado [...] a perseguir alvos que se afastam a maior velocidade do que ele próprio, como indivíduo ou em sociedade, consegue correr. A vida torna-se portanto, por opção pessoal ou por força do nosso temperamento, uma variante do trabalho de Sísifo.»[28]

Segundo este ponto de vista, o ser humano desconhece o seu ponto de beatitude ou saturação. É algo que procuramos às apalpadelas e seguimos às cegas, apenas descoberto *a posteriori*. É mais frequente dizermos «não voltarei a ser feliz» do que «jamais serei feliz». Houve um instante na nossa vida em que fomos felizes, mas apenas somos capazes de o identificar quando a nossa utilidade decresce. Nas palavras de Simmel, quanto mais nos aproximamos da felicidade, mais a desejamos. Não sentimos um desejo intenso pelo que se encontra muito longe e fora do nosso alcance, e, sim, por aquilo que não temos, mas sentimos – ilusão alimentada pela monetização da nossa sociedade – estar à nossa mão[29]. Exatamente como o mítico tesouro no final do arco-íris. Quanto mais avançamos para o arco-íris, mais este, e o tesouro, recuam. «O suficiente parece estar imediatamente após o horizonte, mas afasta-se, como o horizonte, mal nos aproximamos»[30]. Resta sempre uma distância, um intervalo entre a oferta das coisas que podemos possuir e a resultante procura, evidenciando assim, de forma óbvia, ser impossível atingir o equilíbrio económico. «Pensas que chegaste ao destino, mas ainda há mais estrada para andar», canta Paul Simon.

PODERÁ A OFERTA EVENTUALMENTE SATISFAZER A PROCURA?

Como transpor este intervalo? Existem, aparentemente, duas formas de minimizar a discrepância entre procura e oferta. Uma implica aumentar a oferta de bens (nas nossas vidas pessoais e também no aumento constante do PIB) até corresponder à nossa procura – por assim dizer, até obtermos tudo aquilo que queremos. É esta a natureza do programa hedonista: identificar o que queremos (um exercício assaz difícil, como procurei demonstrar) e depois tentar obtê-lo. Uma história interminável, qual cenoura no fim da vara. Contudo, escolhemos precisamente este programa, desde a época grega. Nele se explica o crescimento do PIB aos níveis observados – porque queremos que cresça, e muito.

A outra resposta ao problema da procura face à oferta passa por adotar uma posição contrária, a dos ideais estoicos: se houver um desencontro, um desnível entre procura e oferta, *reduza-se a procura* até corresponder à *oferta* existente. Fácil de dizer, contudo, requer um árduo exercício psicológico que os estoicos tinham de manter durante a vida inteira. Eis uma resposta comum a esta postura: «É melhor ser um homem insatisfeito do que um porco satisfeito; é melhor ser Sócrates insatisfeito do que um louco satisfeito.»[31] Concordamos, embora preferíssemos ser um Sócrates *satisfeito* (pelo menos, a nível do consumo). Por sinal, foi o próprio Sócrates que afirmou: «nesse caso pedras e cadáveres [que não têm vontades nem desejos] seriam os mais felizes.»[32] Em último caso, Platão não atribui valores positivos aos desejos e necessidades do corpo humano – pois são enganadores – como já vimos na primeira parte deste livro.

Nesta lógica, um homem verdadeiramente «rico» será aquele que não quer (mais) nada, e um homem pobre o que se encontra repleto de necessidades. Tecnicamente falando, um milionário insatisfeito é portanto mais pobre do que um homem satisfeito com pouco dinheiro.

O CUIDADO DOS BENS EXTERNOS

Ao concluir *The Protestant Ethic and the Spirit of Capitalism*, Weber argumenta que «o cuidado dos bens externos deveria repousar nos ombros do santo como uma capa leve, da qual se desfaria a qualquer instante. Mas o destino transformou a capa numa jaula de ferro»[33]. Conscientes de que não somos santos e de que o «cuidado dos bens externos» pode tornar-se «uma jaula de ferro», mesmo numa sociedade próspera, que opções nos restam? Ou impomos limites aos nossos desejos (o conselho dos estoicos) ou jamais seremos felizes (o paradoxo dos hedonistas)[34]. Se procurarmos apenas a felicidade, jamais a encontraremos; manifesta-se como efeito secundário da prática do bem, e não como fim em si mesmo. E contudo, será este um tópico de discussão para a economia? Sem dúvida – uma disciplina que procura maximizar constantemente a utilidade deve, no mínimo, conhecer o tema em debate.

Acredita-se atualmente que, quanto mais possuímos, mais felizes e livres somos. Alguns estoicos tinham uma opinião contrária. Um bom exemplo é o do Diógenes de Sinope, mais conhecido como Diógenes, *o Cínico*. Afirmava que, quanto *menos* tinha, *mais livre* se sentia. Hoje defendemos uma postura totalmente oposta.

Para evitar equívocos, não proponho que doemos todas as nossas posses; apenas pretendo demonstrar que estamos perante uma narrativa sem fim. A nossa essência contém um descontentamento natural – como vimos, a insaturabilidade acompanha a natureza humana desde o início; Diógenes é uma rara exceção. Vai contra a natureza humana, escreve Kant, «travar a nossa vontade de possuir, apreciarmos o que já temos e dar-nos por contentes»[35]. A questão que aqui se coloca é até que ponto devemos ceder a esta metapropriedade inata dos seres humanos e como podemos limitar a nossa própria vontade? Não faz sentido desejarmos possuir tudo o que seja possível possuir.

TAUTOUTILIDADE, MAXU

Alvo do nosso ser, Felicidade!
Alexander Pope, *Ensaio sobre o Homem*

A economia crê que todas as pessoas, em todos os seus atos, maximizam a sua utilidade. A isto chama-se abordagem económica. Remonta a Gary Becker, que na sua reivindicação imperial diz que «a abordagem económica é exaustiva e aplicável a todo o comportamento humano, quer este envolva um preço monetário ou um preço virtual e atribuído, decisões repetidas ou infrequentes, decisões grandes e pequenas, fins emocionais ou mecânicos, pessoas pobres ou ricas, homens ou mulheres, adultos ou crianças, gente estúpida ou brilhante, doentes ou médicos, empresários ou políticos, professores ou estudantes»[36].

Mas o que significa o termo «utilidade»? Há muitos modelos para maximizar a utilidade, e passaríamos anos a estudar a calculatória das otimizações. Neste dilúvio de definições e provas matemáticas, os nossos «rigorosos» manuais esquecem-se de definir com exatidão o conceito de utilidade. Não é de admirar, pois é precisamente esse o propósito: se tal definição existisse, os estudantes perderiam rapidamente interesse pelo manual. É preferível calar o tema e orientar a atenção para o abundante aparato matemático. Supõe-se que a «utilidade» é o objetivo de toda a atividade humana; examinemos portanto o termo e vejamos até onde nos leva: «para abalar uma hipótese, basta por vezes levá-la ao extremo»[37].

Encontramos a seguinte definição de utilidade no *Dicionário Collins de Economia*[38]:

> Utilidade: satisfação ou prazer que o indivíduo obtém pelo consumo de um bem ou serviço.

Obviamente, utilidade, satisfação e prazer são sinónimos – podendo ser livremente trocados na citação anterior. Representa a fórmula A = A, em que a utilidade é satisfação ou felicidade ou prazer. Por este mesmo motivo, se reescrevermos a frase, obtemos:

> A utilidade é a utilidade que o indivíduo obtém pelo consumo de um bem ou serviço.[39]

Obviamente, não é razoável supor que uma pessoa apenas maximize a sua utilidade pelo consumo de bens e serviços. Há de dormir, por exemplo, fazer pausas, descansar para recuperar forças, falar com filhos ou amigos. Uma pessoa razoável não classificará estas atividades como consumo de bens e serviços. Neste instante, surge um fator relevante: a definição de utilidade expande-se, para incluir o ato de dormir, falar com filhos, e assim em diante. De facto, se quisermos manter a consistência do argumento pelo qual uma pessoa maximiza constantemente a utilidade em qualquer situação, somos obrigados a abandonar a definição inequívoca e «restrita». Assim:

A utilidade é a utilidade (satisfação ou prazer) que o indivíduo obtém pelo consumo de um bem ou serviço, pelo descanso, pelo trabalho, etc. (compreendendo tudo o que subjetivamente torne a pessoa feliz ou, por outras palavras, aumente a utilidade).

Alternativamente, podemos expandir o termo «consumo» e incluir qualquer atividade que aumente a utilidade do consumidor. Naturalmente, chegamos ao mesmo resultado:

A utilidade do indivíduo é obtida pelo consumo (ou realização) de tudo o que aumente a utilidade.

Não é necessário prosseguir este exercício, pois torna-se evidente que qualquer definição da maximização desta utilidade é naturalmente válida. Derivamos uma tautologia:

A utilidade do indivíduo é obtida pela realização de atividades que aumentam a utilidade.

E porque todos nós obtemos utilidade por via de fatores externos, resulta em que:

O indivíduo faz conforme lhe apetecer fazer.

Uma frase nitidamente oca – mas por este motivo é sempre «válida», pois afirma que A = A. Desta forma se explica economicamente, por exemplo, o amor da mãe pelo filho, dizendo que a mãe obtém utilidade deste amor maternal. Tal como aquilo que sacrificar pelo bem-estar do filho, pois maximiza a sua utilidade – motivo pelo qual o amamenta, pois obtém utilidade deste ato. É o mesmo que dizer que a mãe amamenta o filho porque lhe apetece amamentá-lo. Mas um economista ver-se-ia preso num círculo sem poder acrescentar nada de novo. Se a mãe não quiser amamentar o filho, o economista explicará com destreza que a mãe *não amamentou porque obtém utilidade do ato de não amamentar*[40].

Em alternativa, podemos atribuir uma aplicação mais limitada à utilidade, como, por exemplo, a utilidade obtida pela troca de ativos.

Mas daqui se conclui que afinal o modelo do *Homo economicus* é incapaz de explicar a *totalidade* do comportamento humano[41]. Esta conclusão (demonstrável) não satisfez os economistas, e, por conseguinte, estes redefiniram o termo «utilidade» de modo a englobar o todo – incluindo a utilidade (presumível, esperada) das recompensas obtidas após a morte. Quando enfiamos todas as coisas debaixo do chapéu da «utilidade», até mártires como São Francisco podem ser considerados meros egoístas que maximizaram a sua utilidade (embora póstuma). Ao adotar esta postura, a economia caiu no ardil marxista da refutabilidade popperiana[42] e no uso de modelos, impossíveis de comprovar, que afirmam que o homem faz conforme o que lhe apetecer fazer. Se a pessoa maximiza constantemente a sua utilidade, a qual depende da própria pessoa, Popper perguntaria sem hesitações: o que deve a pessoa fazer para *deixar* de maximizar a sua utilidade? Por outras palavras: podemos seguir pela direção contrária à da função de otimização? Se não conseguirmos apresentar um exemplo razoável, a teoria é irrefutável e, por conseguinte, irrelevante.

Mas regressemos ao argumento principal. Como Caldwell indica, desenvolvendo um argumento de Hutchison:

> [A] ciência faz afirmações que são ou refutáveis, dentro do razoável, mediante observação empírica ou não. Não o sendo, tornam-se tautologias, e, portanto, vazias de conteúdo empírico. Daqui se deriva que as proposições de teoria pura não contêm conteúdo empírico [...].[43]

Caldwell escreve ainda: «Diz-se que a procura dos interesses próprios é inútil se subordinada a uma definição demasiado estreita [...] e vazia se subordinada a uma definição demasiado abrangente, porque então todo e qualquer comportamento se torna maximizador.»[44]

Somos capazes de aprender com os nossos erros, mas raramente com as tautologias. São um exercício útil na metodologia lógica, pois não admitem o erro, por definição, embora sejam válidas e «verdadeiras». Não são *insensatas*, por assim dizer, mas *vazias de sentido* e de *conteúdo*. «A tautologia não tem quaisquer condições de verdade, pois é verdadeira sem condições; e a contradição não é verdadeira sob nenhuma condição. Tautologia e contradição não têm sentido [...]. Tautologia e contradição não são imagens da realidade. Não representam nenhuma situação possível. Porque aquela admite qualquer situação, esta nenhuma.»[45]

E aqui chegamos a um paradoxo-chave: o orgulho dos economistas, que o modelo do *Homo economicus inclua todas as possibilidades* e seja capaz de explicar a totalidade da existência, revela-se afinal a nossa maior humilhação. Se conseguirmos explicar toda a existência a partir de um termo ou princípio cujo significado ignoramos, há de perguntar então que explicação é esta.

Por sinal: não é verdade que o pensamento abstrato simplifica a análise. Por vezes, complica-a. Este fator foi apontado por Friedrich Nietzsche, quando disse que a cognição teórica nos cegava para o óbvio. Encontramos um exemplo na história grega de Édipo. Apesar de (ou talvez por causa de) Édipo ser o mais sábio de entre os seus pares (soluciona a adivinha), mantém-se cego para o óbvio. Não apenas ignora tudo o que qualquer criança sabe (identificar a mãe e o pai), mas inclusive o facto de ter cometido (inadvertidamente) patricídio e incesto.

A IDADE DA ECONOMIA: A IDADE DA DÍVIDA E A QUEDA DE ÍCARO

Aristóteles considerava o excesso como uma das principais fraquezas humanas. Qualquer característica (mesmo as mais benéficas), quando levada ao extremo, torna-se prejudicial. Um amor intenso pode degenerar num ciúme sufocante, um apreço saudável por nós mesmos pode tornar-nos egoístas insuportáveis, indiferentes a tudo que não diga respeito à nossa pessoa e aos nossos interesses. Por este motivo, chama-se a Aristóteles o filósofo do meio-termo dourado. A única característica, escreve Aristóteles, que não pode, de modo algum, ser extremada nem praticada em demasia é a moderação. Infelizmente, é moderação o que nos falta; temos sido tentados em demasia pela riqueza, tal como Ícaro foi tentado a voar demasiado próximo do Sol.

Talvez a presente era venha a ser lembrada pela história futura como a Idade da Dívida. Nas últimas décadas, a dívida não tem crescido por causa da escassez, mas por causa da abundância, do excesso. A nossa sociedade não padece de fome, mas debate-se com outro problema

– alimentar quem está saciado. Um ditado eslovaco exprime-o bem: *o olho até comia, mas a barriga está cheia.* Na Roma antiga, quando a riqueza e os gostos eram maiores do que a capacidade do estômago, o conflito entre o olho esfaimado e o estômago fisicamente inchado resolvia-se recorrendo aos conhecidos vomitórios. A nossa sociedade considera esta prática inestética – portanto, criámos novas formas de resolver o problema.

O problema na nossa parte do mundo está em comer e ao mesmo tempo em não comer (paradoxalmente, a fome dominou grande parte da nossa história, tal como domina hoje o resto do mundo). Criamos natas sem gordura, manteiga sem manteiga. Eliminamos os elementos mais nutritivos das nossas refeições[46]. Neste contexto, é também interessante indicar as palavras de Jesus:

> Por isso vos digo: Não andeis cuidadosos, quanto à vossa vida, pelo que haveis de comer ou pelo que haveis de beber; nem, quanto ao vosso corpo, pelo que haveis de vestir. Não é a vida mais do que o mantimento, e o corpo mais do que o vestido?[47]

Estas palavras ressoam com a mesma audibilidade na nossa geração sobrenutrida, tal como nos tempos em que a preocupação estava no que comer – porque havia pouco. Hoje em dia também nos preocupa o que comer – mas por uma razão oposta: há demasiado.

Quanto mais temos, mais queremos. Porquê? Se calhar pensámos (uma possibilidade assaz intuitiva) que quanto mais tivéssemos, menos necessidades haveria. Quanto mais elementos transitarem da lista de «tenho de possuir» para a lista de «já possuo», mais reduzida deveria ser a primeira lista. Julgámos que o consumo originaria a saturação, a saciação das nossas necessidades. Mas aconteceu o oposto. Possuímos mais, e precisamos de mais ainda. Basta comparar tudo aquilo de que não sentíamos falta há vinte anos (computadores, telemóveis) com aquilo de que objetivamente sentimos falta hoje em dia (*laptops* ultraleves, novos telemóveis a cada dois anos, ligações permanentes e rápidas à Internet móvel). Embora os ricos tenham menos necessidades por satisfazer do que os pobres, a realidade mostra precisamente o inverso. Keynes afirmou em tempos que os salários decrescem com muita dificuldade.

Mas o consumo é que é verdadeiramente difícil de decrescer. Subir a escada do consumo é bastante fácil, mas assimetricamente é muito desagradável descê-la. Cada desejo novo que se satisfaz dá lugar a outro, e voltamos a ficar insatisfeitos. Portanto, cuidado com os desejos recém--adquiridos – representam mais um vício. Porque o consumo é como uma droga.

9

PROGRESSO, O NOVO ADÃO
E A ECONOMIA DO SABAT

Não somos capazes de ver o conceito até tomar conta de nós e aceitarmo-lo
no espírito – e, depois, não conseguimos ver mais nada.
Henry David Thoreau[1]

PROGRESSO

No mesmo ano de 2008 em que a rainha Isabel perguntou aos economistas porque foram incapazes de prever a chegada da crise económica, Václav Havel, reagindo à crise, quis saber o que significava o crescimento. «Porque temos de crescer constantemente? Porque têm de crescer a indústria, o fabrico e a produção? Porque têm de crescer as cidades inconcebivelmente em todas as direções até não restar mais paisagem, nem sequer um palmo de relva?»[2] Como o próprio Havel recorda, durante os seus mais de cinco anos preso pelo regime comunista, era obrigado a trabalhar constantemente, um trabalho absurdo na grande maioria dos casos: «trabalhar por trabalhar.» O crescimento económico tem um sentido ou é crescimento pelo crescimento?

O abundante não é digno de nota. Ignoramos as coisas mais importantes – precisamente porque a sua presença é tomada por certa. Uma destas coisas é a ideia do progresso. Cerca-nos constantemente. Na televisão, em anúncios, em comunicados políticos, e no dizer dos economistas. É o imperativo indiscutível da nossa era, tão automático e simples que já não o vemos. Podíamos considerar o nosso sistema como um análogo da ilusão descrita na trilogia *Matrix*. Nomeadamente, a ideia do crescimento tem o poder de nos controlar e fazer de nós escravos. Nas palavras de Morpheus, somos «mantidos numa prisão que não conseguimos cheirar, provar nem tocar»[3].

A recente crise económica global demonstrou quão dependentes estamos do crescimento e como vemos uma descida do PIB com uma desilusão quase religiosa, opinando fortemente acerca de décimas de pontos percentuais.

Mas de onde provém esta antecipação do crescimento incessante? Tudo indica que se trata da mera ideia de progresso com outros trajes – primeiro na religião (céu) e posteriormente em formas seculares (céu na terra). É a preocupação (infelizmente, o dever!) dos mercados, do Estado, da ciência e por vezes de todos estes em conjunto *garantir* o progresso, ou crescimento, como se o crescimento económico fosse aproximar-nos do céu na terra. Qualquer tropeção do PIB afasta-nos mais da nossa meta, e é considerado mau. Não há bem maior do que o crescimento; é a máxima não só da economia, mas também das nossas vidas sociais e políticas.

Antes da revolução industrial, não tínhamos grandes expectativas de crescimento. Quando esta veio, impressionou-nos com a sua rapidez, e hoje consideramo-lo um dado adquirido[4]. Além disso, encaramos o progresso numa base económica e técnica. Antigamente, era compreendido de uma forma mais ou menos espiritual e íntima, mas, entretanto, secularizámos o conceito e aplicámo-lo ao mundo *exterior*. A medição consistente das estatísticas do PIB teve início nos Estados Unidos em 1790, embora a humanidade até então não precisasse delas. Não era necessário conhecer em quantos pontos percentuais ou décimas de pontos crescera a nossa riqueza desde o ano anterior, nem como nos posicionávamos face aos outros países. Por falar nisso, em 1790, o PIB *per capita* verdadeiro, aos preços de hoje, era de 1025 dólares, quase 40 vezes inferior ao presente[5]. Só nos últimos vinte anos, o PIB *per capita* verdadeiro dos Estados Unidos subiu 37 porcento. Impressionante? Talvez. Mas sentimo-nos gratos ou satisfeitos? Diria que não.

A história do progresso: os (d)anos dourados

Como observámos com Gilgamesh e os primeiros gregos da Antiguidade, no começo a noção do progresso mal existia. Reinava uma ideia cíclica do tempo, sem qualquer desenvolvimento; tudo rodava em círculos, como as estações. O papel destas é mudar o que existe e depois recuperá-lo, nada mais. Esta vertente cíclica também se fazia acompanhar de rituais que supostamente incentivavam o regresso das estações. Além disto, as histórias ocorriam num tempo indefinido, numa espécie de repetição (que nunca ocorria, mas estava sempre a acontecer). E, em terceiro lugar, muitas destas culturas acreditavam que a idade de ouro da humanidade jazia algures no passado, e não no que estava por vir. O homem fora criado numa situação melhor do que a coeva e, quanto mais se distanciava desse início primoroso, mais se deteriorava a sua condição – o oposto do nosso atual conceito de civilização. Hoje em dia, damos graças pelo progresso nos ter libertado dos tempos antigos e «primitivos».

Os pensadores hebreus e, posteriormente, os gregos criaram um conceito linear do tempo que incorpora o desenvolvimento histórico. O sociólogo Robert Nisbet considera que «Nenhuma ideia individual tem sido mais importante do que [...] a ideia do Progresso na civilização ocidental durante três mil anos»[6]. Apesar de não se poder considerar moderno o conceito de progresso[7], a sua variante secularizada e economizada tornou-se a razão de ser da economia, da ciência e da política e tem acompanhado o crescimento da nossa civilização, que nela confia[8]. A bondade parece ficar sempre quase ao nosso alcance. O pensador britânico C. S. Lewis exprimiu esta observação de forma lapidar: «bondade = virá a seguir»[9]. Andamos tão obcecados com a ideia de crescimento máximo e constante que estamos dispostos a endividar-nos como dádiva sacrificial. Não apenas durante as épocas de recessão e crise, mas também quando o desenvolvimento económico se encontra relativamente generoso. Tem assumido valores tão díspares, o crescimento potenciado pela injeção dos «esteroides» da dívida, que já não podemos falar de uma expansão criada pelo Produto Interno Bruto, mas pelo Produto da Dívida Bruta. Obceca-nos com a ideia do crescimento. Sem qualquer noção exata do destino para onde este crescimento nos conduz, mas compensamos a lacuna com a aceleração[10].

Mas será este comportamento verdadeiramente natural? A dúvida sobre o progresso de *techne* nos aproximar ou afastar dos anos dourados envolve várias civilizações. Nem os antigos gregos estavam convencidos da resposta. Por exemplo, Hesíodo afirma: «a idade de ouro aconteceu quando não havia conhecimento, mas também não havia contaminantes da virtude moral nem da felicidade universal.»[11] Detetamos um certo alerta de que o progresso e a felicidade surgem às custas da felicidade, da tranquilidade e da harmonia[12].

O Renascimento traria mais tarde a noção de que os primórdios da humanidade, a sua situação natural, eram, nas palavras de Thomas Hobbes, uma realidade «sórdida, brutal e curta»[13]. Esta teoria defende a ideia de um paraíso *futuro* e, além disso, resulta de uma *tarefa* técnica, científica (ou seja, não espiritual) *do homem*. Portanto, em meados do século XIX, «Fichte proclamou que o verdadeiro paraíso não era a graça oferecida à humanidade num passado distante, mas uma terra prometida que devia ser conquistada pelos esforços da humanidade no futuro próximo»[14]. Mas também podemos seguir este raciocínio até à Grécia antiga, na qual prevaleceria uma noção semelhante: «Não muito depois, Protágoras, o primeiro e maior dos sofistas, afirmou a sua convicção de que a história do homem é descrita pela fuga à ignorância primeva, ao medo e aridez cultural, e pela ascensão gradual a condições de vida cada vez melhores, consequência de um avanço sustentado do conhecimento»[15]. Xenófanes, em finais do século VI a.C., acreditava que, «no início, os deuses não revelaram aos homens todo o conhecimento, mas os homens, pela sua própria investigação, no decurso do tempo, descobrirão o melhor que há para descobrir»[16].

Platão descreve em *Protágoras* uma cena tocante na qual «Prometeu lamenta o terrível castigo que recebeu de Zeus pelo "crime" de dar o fogo à humanidade e, portanto, estimular o homem a erguer-se intelectual e culturalmente, imitando os próprios deuses. Não há passagem mais tocante na literatura do que aquela em que Prometeu, condenado para uma eternidade de castigo, narra ter encontrado a humanidade numa condição miserável – sujeita a todo o tipo de privações, temerosa, ignorante, vivendo como animais em cavernas. Trouxe ao homem a dádiva do fogo, permitindo que a humanidade, por seus próprios esforços, ascendesse lentamente a escada da cultura, aprendesse a linguagem, artes e ofícios, tecnologia e como viver amigavelmente em grupos e federações»[17].

Descobrimos um argumento similar na história do Éden. Em ambos os casos, foi o conhecimento que provocou uma alteração fundamental da condição humana, seja a Árvore do Bem e do Mal ou o conhecimento tecnológico de Prometeu. O conhecimento parece originar progresso, mas também provoca a ira de Deus ou dos deuses e a deterioração do Seu envolvimento com os seres humanos ou do que se estabelece entre estes.

O fim da natureza e os sacerdotes modernos

O progresso material assumiu, de certa forma, o papel de uma religião secular, a grande esperança dos nossos tempos. Como refere Robert Nelson, economista que se dedicou a estudar estes temas, de onde resultaram dois livros, «muitos economistas encaram o progresso com uma fé religiosa, como algo que melhora significativamente a condição humana básica»[18]. O economista Robert Samuelson representou-o do seguinte modo: «[C]ada época tem as suas ilusões. A nossa tem esta crença fervorosa na força da prosperidade»[19].

Nós, os economistas, estamos obviamente cientes, ou pelo menos Frank Knight estava, de que vivemos num «meio em que a ciência, tal como está, é uma religião»[20]. Não há nenhuma obrigação de que as religiões tenham divindades (pré)definidas. A definição normalmente aceite pelo Tribunal Supremo dos Estados Unidos (inspirada por Paul Tillich, talvez o mais proeminente teólogo protestante do século XX) admite «uma vasta gama de "sistemas de crença" como religiões válidas, mesmo quando "evitam referências a entidades ou forças sobrenaturais"»[21]. A ideia originalmente religiosa do progresso secularizou-se numa crença técnica de que a ciência é capaz de nos salvar e de que a riqueza não só nos dá felicidade (um céu na terra pessoal e individualista), mas também torna a sociedade muito melhor (céu na terra para todos).

Sonhos do fim da avareza

Não só relacionamos automaticamente elevadas esperanças materiais com o progresso, como temos sonhos éticos e sociais com o fim da avareza, relacionados com o progresso. A noção de que o progresso pode salvar o mundo assumiu a forma de esperança social por excelência. David Hume acreditava que, «se a natureza nos ofereceu um excedente de posses materiais e, se todos tivéssemos o suficiente de tudo, é certo que todas as virtudes despontariam nesse estado de graça»[22]. A injustiça desapareceria, e «a magistratura seria portanto desnecessária». John Stuart Mill, um dos pais da economia[23], acreditava que «o atropelo mútuo, a destruição, o acotovelamento feroz e o pisar calcanhares» são apenas síndrome de um fenómeno de transição[24]. Quando terminarem, alcançaremos uma *idade estável*, em que «ninguém desejará mais riquezas»[25]. Mill, contudo, escreve num capítulo chamado «Sobre o Estado estacionário»:

> Contudo, perante um qualquer movimento progressivo, de natureza não ilimitada, o espírito não se satisfaz com a mera delineação das leis desse movimento; coloca inevitavelmente a pergunta, para que serve? Que derradeiro propósito serve o progresso industrial na formação da sociedade? Quando o progresso desaparecer, por fim, em que condição queremos que tenha deixado a humanidade? Sempre foi considerado, mais ou menos explicitamente, pelos economistas políticos, que o aumento da riqueza não é infinito.[26]

Convém não esquecer que a economia foi, durante bastante tempo desde o seu começo, uma «ciência desanimadora». Então, e graças principalmente a Thomas Malthus, o progresso económico inspirava um *estado* de desânimo *estacionário*. Como se, por assim dizer, caminhássemos para o inferno na terra. O processo pelo qual uma ciência desanimadora se tornou uma ciência contente e otimista merece estudo. Podemos dividir, de certa forma, os economistas em otimistas (aguarda-nos o céu na terra) ou pessimistas (virá o Armagedão económico). Mill e Hume revelam-se primeiros otimistas. Keynes juntou-se-lhes nos anos trinta do século XX, quando manifestou a esperança de que um céu na terra estaria ao nosso alcance no século seguinte. Depois ocorreria a «maior mudança jamais testemunhada pelo nosso desenvolvimento material»: verificando-se a maior alteração no desenvolvimento material do ser humano (e não apenas material, como se refere a seguir), o que daria azo a um novo ser humano – um novo e distinto Adão, que repousaria, livre da pressa constante:

> Retiro a conclusão de que [...] o problema económico seja passível de resolução, ou esteja perante uma solução dentro de cem anos [...] a luta pela subsistência sempre foi até hoje o problema primário e mais premente da raça humana – e não apenas desta, mas de todo o reino biológico desde o início da vida, nas suas formas mais primitivas. Logo, fomos expressamente moldados pela natureza – com todos os nossos impulsos e instintos profundos – para o fim de solucionar o problema económico. Se o problema económico for solucionado, a humanidade ficará despojada do seu propósito tradicional [...] Nas eras vindouras, o antigo Adão manifestar-se-á com veemência em cada um de nós, a ponto de termos de trabalhar para o satisfazer [...], sendo três horas por dia [de trabalho] o suficiente para contentar o velho Adão em quase todos nós![27]

Como se pode verificar, Keynes mostra-se como um dos maiores otimistas do progresso económico. Não só encontra no crescimento económico uma salvação material, mas também, tal como David Hume, um renascimento moral, uma grande alteração «no código da moralidade».

> Quando a acumulação da riqueza já não tiver importância a nível social, terão ocorrido grandes alterações no código da moralidade. Seremos capazes de expurgar de nós muitos dos princípios pseudomorais que nos assolam desde há duzentos anos, e pelos quais exultámos algumas das mais detestáveis qualidades humanas como nobres virtudes [...]. Vejo-nos aptos a retomar alguns dos mais certos e seguros princípios tradicionais da religião e da virtude – que a avareza é um vício, que a extorsão pela usura é um crime e que o amor ao dinheiro é detestável; e quem calcorrear com mais propriedade o trilho da virtude e da sabedoria menos lhe preocupará o porvir. Voltaremos a dar valor aos fins e não aos meios, e preferiremos o bom ao útil. Honraremos aqueles que nos ensinem a aproveitar cada instante e cada

dia com virtude e plenitude, as encantadoras pessoas capazes de retirar um apreço direto das coisas, os lírios dos campos que não trabalham nem fiam.[28]

Os únicos quatro elementos de que precisamos para alcançar este estado, que Keynes designa por «deleite económico», são:

> A nossa capacidade de controlarmos a população, a nossa determinação para evitarmos guerras e distúrbios civis, a nossa disponibilidade para confiar à ciência a orientação dos temas que sejam devidamente atribuíveis à ciência e a taxa de acumulação fixada pela margem entre produção e consumo, dos quais a última facilmente se alcança com o bom resultado das outras três.[29]

Keynes terá possivelmente expressado a maior fé na satisfação económica das nossas necessidades; a crença na ação benéfica do progresso material foi professada pelas grandes figuras do pensamento económico dos nossos tempos. Eis o motivo pelo qual somos impelidos ao crescimento constante – caminhamos rumo ao paraíso sobre a terra.

Economistas como padres

Com a substituição do cuidado da alma pelo cuidado das coisas externas, os economistas tornaram-se figuras de extrema importância na nossa era. Espera-se que apresentem interpretações da realidade (como se o caprichoso Olimpo tivesse dado lugar a um Wall Street não menos caprichoso), prestem serviços de profecia (previsões macroeconómicas), reformulem a realidade (mitigar os impactos da crise, acelerar o crescimento) e, a longo prazo, liderem o rumo para a terra prometida. Samuelson, Friedman, Becker, Knight e muitos outros tornaram-se promotores fervorosos do progresso económico, não apenas nos respetivos países, mas orientando-se para culturas alheias. Nelson chama-lhe o Zelo Económico – os economistas sentem-se «compelidos para ele»[30]. Como indicaria Gary Becker num tributo pessoal, Frieman apresentava «o zero de um missionário na profissão da verdade [...] e um zelo enorme em convencer os idólatras»[31].

No fim, a fé de Fukuyama em O *Fim da História e o Último Homem* pela vitória do capitalismo democrático é reveladora. O único desafio agora passa por convencer todos os cidadãos da fé correta (a económica) e exportá-la para outras culturas, pagãs, que ainda não «amadureceram» economicamente. Temos o céu económico ao nosso alcance e queremos oferecê-lo aos outros. E, tal como acontece com as religiões, quanto mais adeptos tiver, mais bem servidos ficarão os seus proclamadores originais. O comércio internacional terá as suas vantagens para os países pobres, mas seguramente tem muitas mais para os países ricos.

Conforme já percebemos, o céu económico não é fácil de alcançar, e talvez ainda demore muito a vir. Devíamos perceber que a nossa época atribui um valor excessivo ao papel da economia[32]. Mesmo assim, é bom estar ciente de que foi Marx quem deu origem a esta tendência. Marx (paradoxalmente) acreditava que a economia e a disciplina económica eram as bases de tudo, os pilares da sociedade que determinariam o resto, e que este resto (incluindo a moral e a cultura) representa uma superstrutura assente numa base económica. Tudo o mais é, na sua perspetiva, uma consciência falsa – uma ilusão que cobre toda a sociedade, ópio das massas. O desenvolvimento económico torna-se o principal fator explicativo da história. Como escreve, persuasivamente, o historiador económico Niall Ferguson:

> Nos meus tempos de escola, os manuais de História continham um manancial de explicações para a violência verificada durante o século xx. Por vezes, explicavam-na pelas crises económicas, como se as depressões e recessões fossem as causas dos conflitos políticos. Um truque favorito passava por relacionar o aumento do desemprego na Alemanha de Weimar com o crescente voto nazi e a «tomada» de poder por Adolf Hitler, supostamente explicando-se assim a Segunda Guerra Mundial [...]. Depois surgiu a teoria de que o século foi uma manifestação de conflito entre as classes.
>
> [...] Permitam-me reformular as ideias preliminares daquele jovem estudante com maior rigor [...] algumas crises económicas severas não desencadeiam guerras. Agora, é certamente impossível argumentar (embora os marxistas o tentem fazer há muito) que a Primeira Guerra Mundial se deveu à crise do capitalismo; pelo contrário, interrompeu abruptamente um

período extraordinário de integração económica global com alto crescimento e baixa inflação.[33]

Uma bofetada na cara do progresso

Permitam-me uma derradeira nota sobre o progresso científico, e o golpe que sofreu na primeira metade do século xx. Por sinal, veja-se que foi o marxismo-leninismo e por fim o racismo (baseando-se numa versão extremada do darwinismo científico) que reivindicou o adjetivo «científico», salientando a sua natureza científica a cada oportunidade. Nessa época, não havia forma de lançar dúvidas «objetivas» sobre a teoria em causa; hoje em dia conseguimos fazê-lo porque o etos mudou. O problema está no facto de uma determinada abordagem, quando é reconhecida como científica pela respetiva comunidade, se tornar tema das ciências[34]. O oposto é também aplicável; a verdade científica não corresponde, então, a um processo de avaliação objetiva, mas a um processo de avaliação pela comunidade científica. E daqui decorre, sem dúvida, uma desconfiança, a de que na comunidade científica existirão tendências favoráveis às modas políticas ou científicas. Neste aspeto, devemos ter muito cuidado com as ideias da moda. Nem sequer questionamos aqui como «cria» a comunidade científica esta verdade, ao mesmo tempo que a «arbitra». São os mesmos, os que «criam» a verdade e os que a «avaliam». No mundo científico, não existe a divisão de poder que se conhece e observa na política. Por este motivo, o marxismo-leninismo e, no longo prazo, inclusive o racismo sentiam-se no direito (na época) de se apropriarem do título de «científicos». A evidência de a nossa era científica se ter tornado uma das mais sangrentas da história foi um espinho doloroso na religião do progresso secular. O sociólogo Zygmunt Baumann argumenta que o Holocausto não foi um erro nem um tropeção da modernidade, mas a sua consequência direta[35].

I Can't Get No Satiation – Still Haven't Found What I'm Greeding For*

Um debate sem dúvida interessante para a economia moderna, pois a ideia do progresso tem dois gumes. Por um lado, a procura da felicidade permitiu um progresso efetivo. O motivo pelo qual crescemos tanto (em termos do PIB) num passado recente deve-se ao facto de *querermos mesmo, mesmo crescer*. Por outro lado, coloca-se a pergunta: sentimo-nos mais satisfeitos? Não só ignoramos como se alcança a satisfação, como, a bem dizer, nem a queremos: «A saciação é indesejável para os crentes modernos no progresso.»[36]

Numa perspetiva objetiva, o nosso período é o mais rico da história do planeta. E, contudo, o que temos não nos basta; a afluência cria novos problemas. Ter de optar por um dos sete doces da padaria, quando somos gulosos e temos dinheiro para os comprar a todos, é uma tarefa psicologicamente árdua. A decisão implica desistir dos outros seis sabores, fazendo-nos pensar se não devíamos ter escolhido o bolo de avelã ao invés do de pistácio ou, melhor ainda, o de chocolate. Seria preferível comer os sete, saindo da padaria num dilema ou com ou a barriga empanturrada, pois não conseguimos travar a escolha.

Para os economistas, este cenário é difícil de abarcar. A economia baseia-se no pressuposto de que o indivíduo ainda não atingiu o ponto de saturação e quer continuar a consumir (e ganhar mais dinheiro). O que lhe resta sem esta premissa? Os nossos recursos cresceram de tal modo que nos permitimos mais do que a plena saciação. A economia é o estudo da «atribuição dos recursos escassos», mas o que sucede quando forem abundantes? O nosso ponto de satisfação situa-se algures *dentro* da zona das nossas possibilidades; está ao alcance das nossas limitações orçamentais. Mas descobri-lo é igualmente difícil. Incorre-se em excesso de produção material, causando sobressaturação. E, como não se traduzem em pontos de satisfação, começamos a amaldiçoar o peso de tudo o que adquirimos.

Tyler Durden, protagonista do romance *Clube de Combate*, descreve o modo de vida da sociedade de consumo de forma bastante persuasiva:

---

* Referência óbvia às famosas canções de Rolling Stones e U2 e que se podia traduzir por «Não consigo ficar saciado – Ainda nem descobri o que cobiço». [*N. do T.*]

Gerações que trabalham em empregos que odeiam só para poderem comprar aquilo de que, realmente, não precisam.»[37] O período do pós-guerra caracteriza-se por este rápido crescimento da riqueza, dando azo à primeira onda de crítica da vida consumista nos anos sessenta. A esperança da geração *hippie* revelou-se falsa. A nossa sociedade não só se tornou dependente da sua riqueza como da sua dívida. Envolvem-se psicólogos, economistas e sociólogos em debates, questionando se a riqueza contribui de forma significativa para a nossa felicidade[38]. Depois de muitos anos passados a estudar o fenómeno da felicidade de vários países, o sociólogo Ronad Inglehart[39] concluiu que a sensação de bem-estar aumenta com a riqueza crescente, mas em proporções cada vez menores – a curva da função do bem-estar é côncava. Num mundo rico, a felicidade cresce num valor mínimo, ante uma acumulação de riqueza. Não se consegue crescer mais. De acordo com Inglehart, nos países ricos, a correlação entre rendimentos e felicidade é «espantosamente fraca (aliás, praticamente negligenciável)»[40]. Designa-se por paradoxo de Easterlin.

David G. Meyers refere que, «no que toca à felicidade, não interessa realmente se conduzimos um BMW ou, como muitos escoceses, andamos a pé e de autocarro»[41]. Inquéritos realizados às pessoas ricas (inquérito aos 100 norte-americanos mais ricos que constam da *Forbes 100*, conduzido pelo psicólogo Ed Diener, da Universidade do Illinois) indicaram que são «um pouco mais felizes do que a média»[42]. Meyers adentra-se na análise da alegria temporária da riqueza: «quem ganha a lotaria aparentemente recebe um impulso temporário de alegria pela sua vitória, mas a euforia não dura. De facto, há o risco de ficar sem o gosto por atividades anteriormente apreciadas, como a leitura. Os prazeres ordinários perdem o brilho, para quem ganhou um milhão de dólares»[43]. Aristóteles[44] também aborda um efeito semelhante de êxtase ensurdecedor comparativamente com a alegria normal (a alegria normal desvanece-se perante a alegria intensa [drogas], e esta nova alegria substitui-a, por assim dizer).

Numa sociedade em que todos vivem em casas com quatrocentos metros quadrados de área, as pessoas não são necessariamente mais felizes do que as de uma sociedade em que todos vivem em casas de duzentos metros quadrados[45]. No longo prazo, o que temos ou deixamos de ter significa pouco, embora mesmo esta estatística seja alvo de forte discussão[46].

Se encontrarmos o ponto de deleite imaginário, saberemos que se trata dele e não avançaremos mais? Como reconhecer tal ponto? E porque não o atingimos ainda? A citação de Beckett de *À Espera de Godot* é expressiva:

VLADIMIR: Diz que estás, mesmo que não seja verdade.

ESTRAGON: O que é que eu digo?

VLADIMIR: Diz, Eu estou contente.

ESTRAGON: Eu estou contente.

VLADIMIR: Também eu.

ESTRAGON: Também eu.

VLADIMIR: Nós estamos contentes.

ESTRAGON: Nós estamos contentes. (Silêncio) O que fazemos agora, agora que estamos contentes?

VLADIMIR: Esperamos pelo Godot.[47]

Há aparentemente duas formas de sermos felizes através do consumo: aumentá-lo progressivamente (atingir a próxima unidade de felicidade requer mais material para consumir) ou *tomarmos consciência* de que já temos o suficiente. A única escassez que nos resta é a da própria escassez.

Se a economia perde o seu fim último, resta-nos o crescimento em si – crescimento que nada conhece a não ser a si próprio, pois não tem alvos a medir. Um sentimento de errância[48] liga-se à falta de sentido[49] e ao despojamento. Correr para a meta é diferente de correr pelo mero ato de correr. Se este for o fim da corrida (*jogging*), corremos em círculo – o que não é necessariamente mau, mas não podemos ficar espantados por não «termos chegado a parte alguma».

A frase «não tenho tempo para a minha vida pessoal» costumava ser considerada uma perda, uma expressão de incapacidade. Hoje demonstra empenho e é dita com expectativa de respeito pelas atividades dessa pessoa. Gilgamesh negou as vidas pessoais aos trabalhadores pelo recurso à violência, mas hoje oferecemo-las voluntariamente. Como Gilgamesh e o seu muro (um muro voluntário, hoje em dia, mas ainda desnecessário).

A escassez da escassez

O paradoxo está no facto de precisarmos – por meios artificiais, se for caso disso – de criar escassez. Só na escassez existe aventura e, portanto, divertimento e sentido na vida. É sintomático que se tenha criado uma indústria completa com este fim em vista: a do entretenimento. Fabrica entretenimento e diversão que *estimula a escassez*. Porquê? Porque a escassez verdadeira não ocorre no nosso quotidiano. E daqui decorre que nós, os saciados em excesso, assistimos, no conforto dos nossos lares, a aventuras televisionadas em que os heróis passam fome e frio. Somos entretidos pelo perigo que gostaríamos de experimentar. Um paradoxo: quanto mais saciados e seguros nos sentimos, mais procuramos entretenimento artificial e perigo de plástico. E surge um segundo paradoxo: *só* nos dispomos a ver simulações de sofrimento e frio e fome desde que estejamos numa posição excedentária, no conforto dos nossos lares, com pipocas à mão. Assistir a tais filmes enquanto atravessamos mesmo tipo de provações (frio, fome) seria improvável.

Talvez seja a escassez, a caça, que procuremos. Procuramos o desejo. A inflação das necessidades foi descrita por Xenofonte no diálogo *Hieron*, em que o tirano reclama ter uma condição pior do que o resto do povo, com tantos prazeres ao seu dispor que não goza de nenhum. «Quando mais vitualhas o homem tem à mesa (além das suficientes), mais rapidamente a saciedade da degustação se apodera dele. Em duração, retira menos prazer do que um ser vivo moderado.»[50]

Esta inconstância volátil da época presente é fortalecida pela economia do défice, a qual gostaríamos que se situasse sempre à beira do sobreaquecimento. Se o crescimento máximo a qualquer custo é o imperativo dos nossos tempos, jamais alcançaremos o verdadeiro descanso e satisfação. E, se se perder o significado, Jan Patočka, um filósofo checo iminente e companheiro de cárcere de Havel numa prisão comunista, chama a este estado «o tédio como estatuto ontológico da humanidade»[51]. O que conduz a uma necessidade de *orgiasticidade*, uma espécie de libertação universal num evento extático. O vazio da moderação quotidiana impele-nos a sair dos nossos habitáculos, que não são lares, para um excesso orgástico sem limites.

É possível aplicar a explicação de Patočka sobre a dialética do comportamento humano às causas da atual crise – um festim de consumo demasiado grande assente no crédito.

O resíduo da insuficiência

A insuficiência é inerente ao homem; é nossa característica, e, segundo a narrativa do Jardim do Éden, já existia antes da Queda e da expulsão efetiva do Paraíso. «A raça humana não precisou de aguardar pelo capitalismo para o infetar com o vírus da insaciabilidade [...] o vírus já existia [...] inativo, o vírus precisou somente de uma mudança nas condições socioeconómicas e culturais para encontrar um ambiente caloroso.»[52]

Mas podemos influenciar *aquilo* de que sentimos falta. E devíamos prestar mais atenção às nossas escolhas. Como dizia Aristóteles, uma paixão sobrepõe-se à anterior. Apesar do crescimento acentuado de riqueza dos últimos anos, ainda não temos o suficiente. Como se toda a nova «produção preenchesse o vazio que ela própria criou»[53]. Quanto precisamos de ter para deixarmos de sentir que ainda é pouco? Que elemento volátil é esse, dentro de nós, eterno insatisfeito? Porque não estamos em paz?

Por um lado, tanta volatilidade e escassez é útil. Impele-nos a realizar novas descobertas, novas atividades, e é precisamente a escassez renovada que dinamiza o crescimento económico constante. A destruição criativa, em que algo novo está permanentemente a substituir as coisas funcionais da véspera, é vista pelos economistas como o princípio impulsionador do capitalismo e da liberdade.

Por outro, é assim que o economista Fred Hirsch[54] explica o paradoxo de uma riqueza crescente não causar uma felicidade suprema.

Se assistimos a um concerto sentados, e alguém se levanta, esta pessoa adquiriu uma vantagem competitiva à custa dos espectadores a quem obstruiu a vista. Quando os restantes se levantam também, a vantagem competitiva desaparece – agora estão todos em igual situação, com a diferença de que as pernas lhes começaram a doer. Depois há quem se ponha em bicos de pés, e a espiral recomeça. A seguir, uns começam a subir para os ombros dos outros, que já estão em bicos de pés, e assim por diante.

A nossa satisfação é relativa, não absoluta: sentimo-nos pobres quando o vizinho compra um carro novo, embora estejamos satisfeitos com o nosso. Existe alguma forma de fugir a esta espiral? Bem, é de supor, talvez, que se pode escapar à maldição do consumo entrando no paraíso do coração, onde existe paz e sossego. Não encontramos sossego no material, mas no espiritual. Mesmo Jesus nunca saudou os discípulos com «a felicidade esteja convosco», mas «a paz esteja convosco».

Na obra *Confissões*, Agostinho apresenta a frase memorável «o nosso coração está inquieto enquanto não repousar em ti»[55]. Mas terá ele aquietado o seu coração em vida? Terá encontrado o que procurava, interrompendo a procura? Os judeus do Antigo Testamento, quando entraram por fim na Terra Prometida, não pararam de lutar, sem vislumbre da paz e do descanso tão almejados. «Jerusalém» significa, em tradução, *Cidade da Paz*. Mesmo um nome tão prometedor não lhe trouxe a paz, na nossa era. É provável então que o mundo material seja como o mundo espiritual. Em ambos queremos sempre mais, e nada amansa este querer. Como se houvesse um resquício de insuficiência dentro de nós que origina uma tensão interminável.

A herança estoica de Aristóteles inclina-se a favor da ideia de que devemos satisfazer-nos com o que possuímos e de que a felicidade representa este estado. De outro modo, caímos na armadilha da síndrome «feira das vaidades», e, porque o apetite cresce ao mesmo tempo que a comida, jamais ficaremos satisfeitos. «Todas estas coisas cansam tanto que ninguém o pode declarar: os olhos não se fartam de ver, nem os ouvidos de ouvir»[56], escreveu Eclesiastes há milhares de anos. O conselho de Aristóteles é bom, mas difícil de seguir, particularmente se transportarmos em nós o elemento residual da insuficiência – o qual temos mimado nos últimos anos. E, contudo, convém fazer um esforço para nos darmos por gratos e satisfeitos, nomeadamente sempre que possuirmos – com crise ou sem ela – cem vezes mais, a nível material, do que o incrivelmente pobre filósofo.

A ECONOMIA DO SABAT

A solução que procuramos não será, portanto, o asceticismo, mas uma economia do Sabat. O descanso é uma perspetiva agradável. E, no entanto, um dos Dez Mandamentos que hoje mais se quebra é – paradoxalmente – o cumprimento do Sabat. A humanidade encontra-se presa num dilema: deve alterar a realidade, ou satisfazer-se com o que já possui e com o progresso que já conquistou? Na Torá, o ser humano estava destinado a mudar o mundo durante seis dias, e a descansar no sétimo. Tinha de repousar, contemplar e *apreciar* o resultado do seu labor. A mera existência deste mandamento é um paradoxo; devia bastar a Deus *recomendar* o descanso, sem proibir o trabalho (e sob ameaça de morte[57]). Talvez haja uma tendência na nossa natureza íntima que nos impele a trabalhar sem interrupção – a maximizar –, justificando assim a necessidade daquele mandamento.

No Antigo Testamento, impunha-se que, uma vez em cada sete anos, o solo teria de descansar. Além do facto de permitir que o pousio das terras trouxesse benefícios a nível agrário, a implicação deste mandamento é mais profunda. A cada sete anos, os escravos de dívida (hebreus incapazes de pagar o que deviam e que, portanto, se tornavam escravos) eram libertados da sua condição de escravos. A cada quarenta e nove anos, perdoavam-se as dívidas, e a terra regressava às famílias tribais de origem. Resumindo, periodicamente, anulava-se a acumulação de riqueza. Era um reinício sistémico, começar de novo sem historial, ou, em termos modernos, um *reboot*.

Se olharmos para nos próprios, percebemos a imensidão do que conquistámos nas recentes décadas. O meu país libertou-se da sua herança comunista, tornando-se uma economia «ocidentalizada» mais ou menos normal. O próprio Ocidente mergulhou num progresso ainda mais acentuado, quer em termos de tecnologia quer de prosperidade. Mas é como se o cavalo tivesse sido usado até à exaustão. Orientamos o imperativo económico e social para a maximização, e não para o contentamento – maximizar o desempenho, maximizar o consumo. E, embora as novas tecnologias finjam que nos pouparão tempo, não nos são concedidos (não concedemos a nós mesmos) mais períodos de descanso.

Afinal, é realmente necessário investir toda a nova energia adquirida com o progresso tecnológico em consumo e crescimento? A energia pode ser investida noutras áreas; há mais poços de alegria.

Contrariamente a esta postura, encontramos o mandamento do Sabat: *não otimizem constantemente*. A utilidade que resulta do consumo pode estar quase esgotada; o poço quase secou, e corremos o risco de não conseguir maximizá-lo mais.

A pergunta então é o que fazer com este maná, com esta energia. Parece-me que depositamos todas as poupanças temporais na produção. Não provamos o maná; pelo contrário, devolvemo-lo ao sistema para que possa criar «mais maná». Por outras palavras, os Estados Unidos podiam ter dedicado o desenvolvimento tecnológico dos últimos vinte anos à poupança do tempo – se o nível de vida fosse igual ao de vinte anos atrás e o progresso tecnológico tivesse sido investido em tempo livre, manter aquele padrão de vida requereria menos 40 porcento do trabalho atual, ou seja, ficaríamos com uma semana de trabalho de três dias, e não cinco, tal como Keynes previra há sete décadas (admitimos que usámos o truque (des)honroso do *ceteris paribus*).

Situação equivalente encontra-se nas diferenças de competitividade entre os Estados Unidos e a França. Os Estados Unidos são mais produtivos, em termos anuais (num ano, o americano médio produz mais do que um francês médio), mas em termos horários o francês produz mais na mesma hora (durante a qual o francês realmente trabalha). A diferença reside no número de dias de folga. Eis o desequilíbrio EUA--Europa: como europeus, queremos um PIB superior? Então, risquemos metade dos dias de folga, trabalhemos mais, e problema resolvido. A questão é, obviamente, se realmente nos compensa este crescimento adicional do PIB.

Existe uma alternativa ao MaxPIB para toda e qualquer situação? A questão é se devíamos decretar um ano de jubileu, um período de descanso, um período de contentamento. Se os hebreus que viviam na época do Antigo Testamento, uma sociedade várias vezes mais pobre do que a nossa, podiam *dar-se ao luxo* de usufruir desta opção, por que motivo não podemos nós? A sociedade contemporânea encontra-se, contudo, muito longe desta ideia. Até agora, não ousamos sequer tomar o primeiro passo necessário – livrar-nos do estímulo artificial do crescimento atthrough da dívida. Mas abrandar não é uma parvoíce, se olharmos para o pensamento económico vigente antes do atual período do fascínio com o crescimento do PIB.

José, o faraó e o keynesianismo abastardado

A economia funciona em ciclos desde tempos imemoriais. A primeira história de ciclos económicos de que há registo foi-nos ensinada na cate-quese. Há cerca de 4000 anos, o faraó do Egito teve um sonho no qual anteviu uma previsão macroeconómica, adiantando-se catorze anos ao futuro: sete vacas gordas e sete vacas magras, sete anos de abundância e sete de desespero. A Bíblia não explica este fenómeno: o ciclo (abundân-cia e fome) não representava um castigo ou uma recompensa pelos atos praticados, mas um teste. Um teste de sabedoria, em como lidar com esta característica da realidade.

O conselho que José deu ao faraó, enquanto intérprete daquele so-nho, teve um pendor keynesiano. Crie excedentes durante os bons tem-pos e não os consuma durante esses anos, mas guarde-os para os sete anos maus. Esta estratégia ajudou o Egito a prosperar e escravizar mui-tas nações vizinhas (incluindo os próprios descendentes de José), se acre-ditarmos na história contada pelo Génesis, capítulo 41.

A beleza da história é que é tão simples que até uma criança a percebe. A parte assustadora reside no grande distanciamento que criámos face a esta sabedoria básica. Avancemos rapidamente para a nossa época. Construímos modelos matemáticos fabulosos que explicam os detalhes, mas ignoram o básico. Aproveitou-se Keynes como uma receita para as economias fracas após a crise de 2008. Contudo, a política económica a que hoje estamos habituados não é minimamente keynesiana. O melhor termo que me ocorre para descrever a nossa atual filosofia fiscal é keyne-sianismo abastardado. Pegámos num único elemento da lição (permitir o défice), esquecemos o segundo elemento (há que gerar excedentes) e permitimos e aceitámos défices (precisamos deles?), mesmo durante tem-pos excedentários. Na perspetiva atual, situamo-nos muito à *esquerda* de Keynes. Hoje não só parámos de construir silos para armazenar os cereais, a precaver tempos difíceis, como enchemos os que existem de promissórias de dívida.

As regras da União Europeia que governam o euro estabeleceram um limite para os défices orçamentais anuais de 3 porcento do PIB, mas o padrão rapidamente mudou de «3% é o máximo» para «3% é razoável». Tratamos psicologicamente défices de 3 porcento «como se» fossem equilibrados. Tudo abaixo de 3 porcento é saudado como êxito[58]. De onde vem esta mentalidade? E porque falamos em reduzir o défice, quando o debate a ter seria como atingir um excedente orçamental? Na maioria dos casos, reduzir o défice implica apenas um ritmo mais lento de criar dívida – não temos de aumentar a dívida mais lentamente, mas, sim, de a reduzir o mais depressa possível, de modo a garantirmos um volume de reservas fiscais antes que a próxima crise se abata sobre nós. No futuro, seremos obrigados a sacrificar parte do crescimento do PIB e a desacelerar artificialmente a economia, de modo a recuperarmos a energia e dedicarmo-nos a diminuir a dívida. Chama-se a isto uma política fiscal restritiva. E também nos esquecemos de que, se por vezes é preciso estimular a economia para crescer mais rapidamente (expansão fiscal), há que estar preparado para um tempo de compensação (restrição fiscal).

Para já, não existe regra que nos obrigue a criar excedentes durante os tempos bons. Poderia ser um primeiro passo. Cumprir esta regra não evitaria a recessão (objetivo impossível), mas criaria margem para soluções. Margem que atualmente é muito reduzida.

A respeito da crise da dívida, uma primeira sugestão de uma regra fiscal que funcione assemelhar-se-ia à nova «regra de José»: o crescimento do PIB somado com o défice orçamental não pode exceder, digamos, 3 porcento do PIB. Por outras palavras, se a economia crescer em 6 porcento, o excedente orçamental deve ter um mínimo de 3 porcento. Se a economia regredir em 3 porcento, o défice pode chegar aos 6 porcento do PIB. Devem permitir-se défices durante os anos maus, mas também compensá-los durante os anos bons.

Alcançámos uma riqueza incomensurável no decurso do último período de crescimento, entre 2001 e 2008 (apenas sete anos!) e, contudo, não pomos nada de parte para cobrir as dívidas passadas nem criamos uma folga para os tempos difíceis. Pelo contrário, muitos países ainda geraram mais dívida.

Não vás tão depressa

Aquilo que devíamos ter reservado e guardado cuidadosamente, a pensar nos tempos maus (política fiscal de défice), devorámos durante os tempos bons. No verão, quando a madeira está seca e fácil de apanhar, é sensato armazená-la a pensar no inverno. Mas queimámos toda a lenha durante o verão – e não só não apanhámos mais, como queimámos (durante o verão) lenha que pedimos emprestada aos vizinhos. Há que seguir o princípio sugerido por José: gerem excedentes para suportarem os défices. A crise não nos destruiu (embora alguns países da nossa civilização ficassem na bancarrota ou perto dela), mas, se entrarmos na nova crise tão oprimidos pela dívida como hoje estamos, civilizacionalmente, a próxima crise, que virá dentro de uma ou duas gerações, será verdadeiramente letal[59].

Temos de mudar o alvo genérico da política económica – do MaxPIB para o MinDívida. O lema jamais contrariado da nossa geração foi o MaxCrescimento – a qualquer custo, seja dívida, sobreaquecimento ou excesso de trabalho. Ao contrário do MaxPIB, devíamos *visar níveis razoáveis* de crescimento. Um país avançado devia «apontar» para níveis razoáveis de crescimento, e, se os ventos do crescimento fossem mais fortes, proporcionando um crescimento mais acelerado, consolidar essa energia fiscalmente e usá-la para criar excedentes fiscais capazes de diminuir o nível da dívida. Quando o carro começa a acelerar montanha abaixo, utilizamos os travões, abrandamos e recuperamos energia, como num carro elétrico. Acelerar na descida, como temos feito nos últimos anos, não faz sentido. A principal mensagem é esta: temos de mudar a forma como conduzimos, de MaxVelocidade para MinDívida, e abrandar a marcha da economia.

10

O EIXO DO BEM E DO MAL
E AS BÍBLIAS DA ECONOMIA

Na introdução, referi que toda a economia representa, essencialmente, uma análise do bem e do mal e da economia dessa relação[1]. Apesar de a economia atual evitar, a todo o custo, quaisquer menções a bem e mal, juízos de valor, opiniões subjetivas ou manifestações de fé, é incerto se foi bem-sucedida – nem se irá ter hipóteses de sucesso. Por sinal, a vontade da economia (e da ciência como um todo) em manter-se afastada de questões sobre o bem e o mal, recorrendo ao positivismo e à neutralidade dos valores (existir ao lado do bem e do mal) evoca fortemente os tempos idos em que a humanidade era ignorante da diferença entre o bem e o mal. Não perderam Adão e Eva essa ignorância, quando provaram do fruto da árvore do conhecimento do bem e do mal? Até então, eram neutros de valores; não sabiam diferenciar o bem do mal e desconheciam sequer esta dualidade. A economia (e a ciência como um todo) deseja saber muito em *determinadas áreas*, mas sobre a moralidade *nada* pretende saber.

Contudo, já não podemos evitar debater o bem e o mal, pois encontramos esta dualidade em quaisquer atividades do ser humano, incluindo a ciência. Mesmo que procuremos uma isenção de valores, grande parte da nossa ciência económica assenta em juízos normativos, e temas como o sofrimento[2], a ineficiência, a pobreza, a ignorância, a desigualdade social, e assim em diante, são considerados maus e devem ser eliminados (pela ciência). Não assenta a razão de ser da ciência, bem como do nosso progresso em geral, na esperança de podermos acabar com todos os males?

Durante largos períodos históricos, a noção de que existe uma ligação forte entre ética e economia, de que uma influencia a outra, tem sido dominante. Os hebreus, gregos, cristãos, Adam Smith, David Hume, J. S. Mill e outros, consideraram a interdinâmica entre ciência económica e ética como tema crucial. Não obstante a conclusão obtida por cada um, todos acreditavam que o estudo da ética é *importante* para a economia. Raramente colocaram distinções entre os temas económicos e os éticos.

O EIXO DO BEM E DO MAL

Na nossa peregrinação pela história, deparámo-nos repetidamente com a pergunta cardinal: se a bondade compensa, se é «económico» ter um bom comportamento e se deste colhemos alguma recompensa económica ou utilidade. Comecemos com um breve sumário dos sistemas económicos do bem e do mal. Entre as principais escolas morais para lidar com a «economia» (ou recompensa) do bem ou mal, também incluiremos o pensamento económico vigente na atualidade. Mesmo que tenhamos de incorrer numa simplificação aceitável, para melhor ilustrarmos, iremos classificar individualmente cada escola num eixo nocional, consoante a respetiva opinião sobre a recompensa da bondade. Comecemos pelas escolas de pensamento em que a distinção entre moralidade e utilidade é acentuada, e que são também as mais céticas perante a economia do bem e do mal. Terminaremos nas que colocam um sinal de equivalência entre moralidade e utilidade.

Immanuel Kant, o austero

Começaremos com a escola moral mais extremada. Kant defende uma moralidade na qual a recompensa (económica) obtida neste mundo seja alvo de crítica e considerada degradação da moralidade de um determinado ato. Kant considera morais apenas os atos isentos de recompensa.

Se salvarmos a vida de alguém com risco da nossa, mas o nosso ato trouxer uma recompensa ou tiver sido praticado com o intuito do ganho ou utilidade, a moralidade desse ato fica anulada. Este racional aproxima Kant do pensamento cristão sobre a recompensa moral, devidamente descrita pela parábola de Lázaro: o homem rico vai para o inferno, pois já gozou neste mundo, enquanto o pobre vai para o céu porque sofreu.

Para Kant, um ato moral apenas se realiza por altruísmo ou por pura responsabilidade perante o imperativo moral. A ética kantiana é completamente antiutilitarista. Afirma que a pessoa moral não se interessa pelo aumento nem pela diminuição da utilidade; para realizar um ato moral, a pessoa deve, por assim dizer, ir contra as suas curvas de indiferença pessoal e, nas palavras de Kant, «ultrapassar-se a si mesma», ir contra os ditames da procura de maximização da utilidade individual. Com esta postura, Kant torna-se o mais rigoroso professor de moral.

Os estoicos abstratos

Kant consegue ser mais austero do que os próprios estoicos, os quais não recusam recompensas pelas boas ações – mas não devendo a recompensa ser a *razão* do ato. Os estoicos são indiferentes perante o resultado das suas ações; não querem saber se há de vir recompensa ou castigo. Têm por responsabilidade cumprir as regras, independentemente do resultado, o qual nem lhes interessa. Apenas lhes interessa o motivo, o ato em si. O impacto económico nos indivíduos, um aumento ou diminuição da utilidade, não é um fator para os estoicos e nem sequer devia ser considerado.

Quer Platão quer Aristóteles estão ambos próximos dos estoicos. Embora, em campos opostos relativamente ao efeito negativo do prazer (uma crença de Platão, segundo Aristóteles), ambos concordassem que o essencial era ter uma vida boa. Aristóteles defendia que, embora o prazer nem sempre fosse mau, seria menos importante do que uma vida boa.

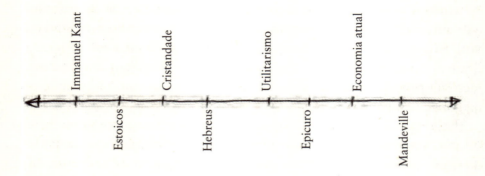

Cristandade

Pela sua tradição ascética, a Cristandade aproxima-se dos ideais estoicos de indiferença face à utilidade, ao prazer e à mágoa. Também desdenha dos motivos e prazeres sensuais, que retrata como sendo características de um corpo humano caído em desgraça – uma fisicalidade que há que domar, subjugar e (para recorrer ao vocabulário cristão) crucificar. Os cristãos rompem com os estoicos no que se refere à forma de resolver o problema. Os cristãos declaram que o homem, por si só, é incapaz de alcançar estes ideais. O ideal cristão é mais exigente do que o estoico, pois a Cristandade também considera que se peca em pensamento, e não apenas na execução física, ao contrário dos estoicos. A ênfase numa vida honrada não depende de uma força de vontade nem da autoabnegação (ao contrário dos estoicos), mas da ajuda do alto (transformação de coração, da vontade, do pensamento). Contrariamente aos estoicos, surge uma nova dimensão transcendente.

Tomás de Aquino também atribuiu um papel semelhante à razão; em último caso, foi ele quem tomou uma Cristandade até então emotiva e lhe deu fundações racionais. Aquino equiparou razão com virtude, porque Deus é formado por inteligência pura. Uma pessoa é tanto mais virtuosa quanto mais capaz for de escutar a sua razão e de agir em conformidade. Aquino escreve, e literalmente pune, quem hesitar recorrer à razão, porque «a ignorância é pecado».

Um rumo diferente e mais emotivo para a Cristandade conduz os crentes a transformações interiores mais profundas, que alinham automaticamente quaisquer motivos e anseios com o bem. A Bíblia refere-se neste contexto à «transformação do coração» e ao «homem novo».

Ensinamentos hebreus

Do ponto de vista da utilidade e da moral, os ensinamentos dos antigos hebreus poderão colocar-se entre as lições dos estoicos e as dos utilitaristas. Encaixam-se melhor numa perceção positiva da utilidade do que os cristãos. O Antigo Testamento atribui marcas nitidamente positivas ao prazer; o homem deve «regozijar-se e alegrar-se no dia que fez o Senhor». Os ensinamentos do Antigo Testamento não colocam objeções à maximização da utilidade por si mesma. Mas esta maximização não pode ultrapassar regras (dadas por Deus). Os hebreus acreditavam assim na maximização da utilidade dentro do contexto de certas limitações. Isto é descrito perfeitamente numa citação do livro de Eclesiastes: «Alegra-te, mancebo, na tua mocidade, e recreie-se o teu coração, nos dias da tua mocidade, e anda pelos caminhos do teu coração, e pela vista dos teus olhos: sabe, porém, que, por todas estas coisas, te trará Deus a juízo.»[3]

Os hebreus do Antigo Testamento não estavam contra o prazer. Não condenavam as boas ações que eram alvo de recompensas. Não partilhavam a indiferença (mais ou menos sincera) dos estoicos perante a utilidade. Ao contrário da maioria dos cristãos, não rebaixavam os prazeres corporais, mas aceitavam-nos como uma parte natural do legado de Deus. As recompensas pelos feitos que se praticam (e, portanto, o prazer pela utilidade) não transitam para o outro mundo, ao contrário dos cristãos, mas pertencem a este mundo. Mas, inversamente aos hedonistas, os hebreus acreditavam que o prazer tem regras e que a procura da utilidade tem limites bem definidos.

Utilitarismo

Antes de avançarmos para os epicuristas no nosso eixo nocional, temos primeiramente de classificar o utilitarismo. Embora sustentado em pilares semelhantes, conforme demonstra J. S. Mill, o utilitarismo procura ultrapassar o egoísmo humano ao implementar a instituição do observador imparcial.

O utilitarismo total *não* tem uma natureza egoísta; dá prioridade ao *bem do todo* e coloca-o (desinteressadamente) acima do bem do indivíduo. Se a diminuição de utilidade para o indivíduo Y for inferior ao aumento proporcional da utilidade para o todo (ou para um segundo indivíduo), o indivíduo Y concorda, por si mesmo (de forma agradável e voluntária), em reduzir a sua utilidade para beneficiar o todo (ou o segundo indivíduo). As abelhas de Mandeville jamais concordariam com esta atitude.

Contudo, Mill é muito menos egoísta na sua senda moral da utilidade do que os hedonistas. É simples esta diferença: os hedonistas consideram que a maximização da utilidade *pessoal* é o *summum bonum*, enquanto a maximização de Mill é a do *sistema integral*. De acordo com Mill, para o ato em questão é necessário considerar não a maximização da utilidade de quem o realiza (como acontece no realismo hedonista, que espelha os ensinamentos de Maquiavel), mas a maximização do sistema como um todo.

Epicuro

Rivais intelectuais dos estoicos, os epicuristas (hedonistas) valorizam a moralidade dos atos exclusivamente consoante o valor obtido; foram pioneiros do famoso lema, «o fim justifica os meios». No nosso eixo nocional de bem e mal, adentramo-nos portanto em territórios que toleram o mal e o vício. Obviamente, os epicuristas precisam de meios pecaminosos para alcançar objetivos santificados. Se o objetivo for bom, se maximiza o bem-estar da comunidade mais do que as alternativas, o meio torna-se legítimo. Os epicuristas são – na nossa lista – a primeira escola que dispensa regras externas e atribuídas exogenamente. Como argumento, confere uma vantagem considerável, pois defender a validade geral de regras abstratas e eternamente benéficas para todas as pessoas é uma armadilha para as várias escolas, dos estoicos a Kant. O hedonismo (bem como a sua variante moderna – utilitarismo) não requer um sistema abstrato. O bem é não só observável, como literalmente calculável e endógeno, partindo do sistema e da própria situação.

Seriamos injustos para com os epicuristas e seus sucessores se não salientássemos que também eles procuravam minimizar o mal – ao contrário de Mandeville, que considerava o mal necessário para o devido funcionamento de uma sociedade avançada. Mandeville não procurava minimizá-lo, uma vez que prejudicaria a estabilidade e prosperidade da colmeia.

A corrente principal da ciência económica

Se tivéssemos de classificar os ensinamentos da economia atual, colocá-la-íamos atrás dos hedonistas. Mesmo Epicuro admitiu que nem *todos* os nossos atos são motivados pelo amor-próprio e apresenta a amizade como exemplo de uma relação não egoísta. Inversamente, a economia atual consegue inclusive descobrir amor-próprio no amor maternal, nas relações dos casais, e assim por diante.

As tentativas da economia atual para reduzir *tudo* a questões de amor-próprio e de cálculo são tão veementes que nem Epicuro ousaria propô-las. Além disso, as escolas modernas de economia apoderaram-se do utilitarismo de Mill, mas não admitiram o respetivo fundamento de moralidade pessoal, o do observador imparcial. O princípio da renúncia voluntária da utilidade (que os utilitaristas ortodoxos de Mill devem cumprir) em prol do coletivo é totalmente alheio à economia atual. A antropologia económica encontra-se numa desordem invulgar, não se intrometendo na moralidade pessoal, uma vez que a mão invisível do mercado reformula vícios pessoais em bem-estar generalizado.

Mandeville

Mandeville classifica a atenção pela moralidade como fator irrelevante. Mas também alcançou o seguinte: introduziu uma relação implicitamente reversa e indiretamente proporcional entre moralidade e economia. Quando menos honesto for um indivíduo num dado estado ou sistema, mais o todo beneficia. Eis uma perspetiva extremista sobre a relação entre economia e ética. Os vícios privados determinam o bem-estar público. Assente nesta perspetiva, Mandeville confirma haver dependência entre benefício e ética, mas apresenta-a ao contrário. Opondo-se às outras escolas, argumenta que um maior número de vícios possibilita a maior felicidade do todo.

Com isto encerramos o nosso eixo nocional analítico sobre a economia do bem e do mal: desde Kant, que exigia altruísmo, a Mandeville, para quem o bem omnipresente prejudica a sociedade.

«BÍBLIAS» DA ECONOMIA: DE SMITH A SAMUELSON

Adam Smith, e outros economistas clássicos a par dele, veem a questão da ética e da economia com uma forte proximidade. Muitos deles eram filósofos morais (Mill, Bentham, Hume) ou padres (Malthus). Pode inclusive afirmar-se, neste sentido, que Adam Smith não foi o fundador da economia, mas o pensador em quem o debate da ética e da economia atingiu o apogeu. Os exploradores da economia que o sucederam interessaram-se menos pelas questões éticas. O último economista clássico de renome que se envolveu seriamente no debate ético foi Alfred Marshall. Mas também trouxe a matemática para a corrente principal do pensamento económico, não obstante ter sido precedido pela matematização de escolas marginais e de determinados economistas franceses.

O primeiro manual generalizado de ciência económica foi *Riqueza das Nações*, da autoria do professor de moral Adam Smith, em 1776; em 1848 (ano em que Marx publicava o *Manifesto Comunista*), este seria substituído pelos *Princípios de Economia Política* de J. S. Mill, com o subtítulo expressivo *Algumas das suas aplicações à filosofia social*. Nenhum destes manuais inclui um único gráfico ou equação. Além do capítulo «Números», praticamente não contêm valores nem apresentam modelos matemáticos. Pelo contrário, ambas as obras são textos filosóficos de índole narrativa. Em 1980, *Principles of Economy*, de Marshall, tornou-se a bíblia da ciência económica; continha gráficos simples (39 em 788 páginas ou um gráfico por cada 20 páginas), e, na conclusão, Marshall incluiu um «Apêndice de Notas Matemáticas». O livro faz, obviamente, uma introdução à história do pensamento económico, contendo ainda uma história da gestão e vários debates ético-económicos.

John Maynard Keynes também depositou grande ênfase na dimensão ética da ciência económica. E, embora Keynes fosse competente na matemática, a sua grande obra, *Teoria Geral*, apresenta apenas um punhado de gráficos e equações. No entanto, a bíblia de ciência económica seguinte, o famoso manual *Economia*, de Paul Samuelson, que desenvolveu a teoria de Keynes, já se parecia com um manual de física: gráficos, equações ou tabelas preenchem quase todas as páginas. Sem haver dúvidas, sem questões ético-económicas. Uma mensagem explícita: eis uma explicação da máquina mecânica chamada *Economia*.

11

A HISTÓRIA DA MÃO INVISÍVEL DO MERCADO E DO *HOMO ECONOMICUS*

Há que ver para crer, dizem. Um conceito estranho; como acreditar naquilo que se vê – faz sentido acreditar no que é (ou parece ser) evidente? Não devíamos antes *acreditar* no que não se pode ver? Se tem uma natureza, à partida, invisível, é impossível de observar, por exemplo, a mão invisível do mercado – logo, enquanto economistas, somos obrigados a *acreditar nela (ou não)*.

A crença na mão invisível do mercado tem tido uma existência complicada. Ou se acredita demasiado na sua omnipotência e omnipresença, encontrando nela uma solução (disfarçada e, portanto, invisível) para todos os problemas da vida (e do mundo) ou se acredita que seja a fonte de todo o mal. É uma situação semelhante à de outro conceito-chave da ciência económica: a noção do *Homo economicus*.

Clássico na matéria, Albert Hirschamn refere[1] que Santo Agostinho acreditava nos seguintes três vícios (ou ambições) principais: a ambição do poder (*libido dominandi*[2]), a ambição sexual (*libido carnalis*) e a ambição de dinheiro. Cada um destes três vícios recebeu lugar de destaque nos textos de vários pensadores influentes, enquanto forças motrizes da humanidade ou da sociedade. E cada um destes vícios (pessoais) acabou por se tornar, nas palavras de outros pensadores (conforme a época e a sua inclinação pessoal), virtudes e princípios que fazem avançar a humanidade e a sociedade.

Veja-se o poder, por exemplo. «A *libido dominandi* de Agostinho compara-se com *der Wille zur Macht* de Nietzsche, "a vontade do poder" [...] a diferença essencial entre Nietzsche e Agostinho é que o primeiro considerava a "vontade de poder" uma virtude, mas o segundo dizia da "ambição do poder" que era um vício.»[3] O tópico da libido sexual nos primórdios da psicologia (em particular nos textos de Sigmund Freud) como força motriz de todos os atos também foi alvo de análise específica.

Estes impulsos fundamentais contêm as suas próprias mãos invisíveis – cada um destes três «vícios impulsionadores do indivíduo», se devidamente calibrados no formato de instituições, poderá criar benefícios sociais. Agostinho acrescentava com sarcasmo que a sociedade romana se tornara característica por ter muitos benefícios privados e muitos vícios públicos[4]. Por outras palavras, uma inversão do princípio-chave da mão invisível do mercado, definido mil anos mais tarde por Bernard Mandeville: que os vícios privados dão origem ao bem comum.

A fé nas capacidades sobrenaturais da mão invisível do mercado é uma das crenças fundamentais da economia. É um dos seus principais mistérios, devidamente captado pela citação seguinte: «a mão invisível é um deus místico, que labora de forma misteriosa (ou não explicada), aplicando vários toques milagreiros na produção de uma beneficência holística não previsível a partir dos motivos profanos dos seus agentes, que são motivados apenas pelos seus próprios interesses.»[5]

Ao mesmo tempo, é um dos principais elementos da argumentação económica, a qual dura há séculos: até que ponto é fiável a mão invisível do mercado? Podemos confiar que o caos do livre-arbítrio irá, em último caso, impor uma ordem (para toda a sociedade)? Que áreas da economia são beneficiadas quando planeadas e influenciadas pelo governo, e quais as beneficiadas pelo *laissez-faire*? Portanto, uma solução extrema poderá ser o uso de planeamento central – um medo tão grande do caos da espontaneidade que provoca um governo de praticamente tudo no extremo contrário à anarquia.

A que ponto podemos confiar em que a mão invisível do mercado reformule o egoísmo (e outros vícios privados, para usar as palavras de Bernard Mandeville) num bem-estar geral? Neste capítulo, não entraremos a fundo nas respostas a estas perguntas eternas[6], mas acompanharemos a história e a implicação destas noções, fés, teorias ou mitos.

A HISTÓRIA DOS PRECEDENTES

O tópico da mão invisível que transforma pecado em bem pela sociedade corre como um rio por todos os capítulos históricos deste livro. O termo provém de Adam Smith, que o mencionou de passagem, quase por acaso. O mesmo acontece com Keynes e o seu uso passageiro do termo *espíritos animais*. Ambos os autores deixaram os termos por si inventados envoltos num grande mistério, abrindo espaço a debates futuros, questiúnculas e enganos que duraram muitas gerações, e mesmo hoje em dia os tópicos enchem secções nas bibliotecas.

Em termos gerais, o grande poder da mão invisível do mercado jaz, aparentemente, nas seguintes características principais: em primeiro lugar, a inversão do mal privado numa bondade genérica (Mandeville: os vícios privados tornam-se benefícios públicos); em segundo lugar, o cimento social que une as estruturas básicas da economia e sociedade, criando ordem a partir do caos (Smith: o homem do talho que proporciona carne porque obtém disso utilidade).

DOMAR O MAL

Embora Adam Smith tivesse batizado o fenómeno[7] sobre o qual Mandeville se alongara previamente, encontra-se uma antevisão deste princípio no início da história da nossa civilização. Observamos a sua aparição logo no épico de Gilgamesh, na forma como ocorreu a domesticação, a domação do primeiro mal que feriu a humanidade (ou a civilização); mas este mal natural (Enkidu) foi usado, no fim, em nosso proveito. Ganhar a esta força numa luta cara a cara seria impossível; havia que ludibriá-la, recorrendo a truques para controlar o mal selvagem, caótico, natural, prejudicial, em benefício da sociedade.

Como F. A. Hayek[8] refere, os antigos gregos, em particular Aristófanes, também conheciam o princípio da mão invisível do mercado:

> Existe uma lenda de tempos passados
> Em que as nossas mágoas insensatas e vãos conceitos
> São seduzidos para contribuir para o bem público.[9]

Depois abordámos o conceito cristão da (co)atividade do bem e do mal. Apresentámos a parábola do joio, na qual Jesus disse que não era sensato apanharmos as raízes e arriscarmo-nos a arrancar também o trigo[10]. Não é aconselhável nem possível (neste mundo) livrarmo-nos de todo o mal; muito do bem também sofreria se assim acontecesse.

Tomás de Aquino escreveu sobre este tema, e o excerto seguinte revela a sua familiaridade com a questão, muito antes de Mandeville: «Nem seria propício ao bem comum que fosse destruído para evitar o mal individual, em particular sendo Deus tão poderoso que é capaz de encaminhar qualquer mal para um bom propósito.»[11] Ou: «As leis humanas deixam impunes determinados atos, pois quem os pratica é imperfeito e seria privado de muitas vantagens, se todos os pecados fossem estritamente proibidos e atribuídos castigos para eles.»[12]

Não há nada de novo neste raciocínio. Mesmo os pensadores do Renascimento admitiram-no várias vezes, como indica Hirschman: «Todas as virtudes heroicas são formas de autopreservação para Hobbes, de amor-próprio para La Rochefoucauld, de vaidade e fuga frenética ao conhecimento verdadeiro do *eu* para Pascal.»[13] E até a ciência política tem a sua mão invisível, como refere Montesquieu: «Cada pessoa trabalha para o bem comum, crendo que trabalha para os seus interesses pessoais [...] é verdade que a honra que conduz as várias fações do Estado é uma falsa honra, mas esta falsa honra é útil para o público.»[14] Desenvolve o tópico: «Podíamos dizer que é como o sistema do universo, em que existe uma força que repele constantemente os corpos do centro e uma força de gravitação que os atrai. A honra faz todas as fações do corpo político moverem-se.»[15] Os economistas do Renascimento também devem ter pensado desta forma: o amor-próprio de uma pessoa compensa e equilibra o de outra. Em último caso, Pascal (quase meio século antes de Mandeville) escreve que «a grandeza do homem na sua própria concupiscência, por ter sabido tirar um regulamento admirável e por ter feito um quadro com a caridade. Grandeza – as razões dos efeitos marcam a grandeza do homem, por ter tirado da concupiscência uma tão bela ordem»[16]. Vemos assim que a mão invisível teve inúmeros antepassados.

Em último caso, «a filosofia de Mandeville, em grande parte, pode resumir-se como elaboração da máxima de La Rochefoucauld, «Nos vertus ne sont le plus souvent que des vices déguisés.»[17] O que significa:

as nossas virtudes, na maior parte das vezes, não são mais do que vícios disfarçados. Há muitos outros pensamentos sob a aplicação «económica» da «mão invisível». A teologia tem os seus, bem como a política e a ética. A mão invisível não pertence apenas à ciência económica (nem à economia em ação).

DARWINISMO SOCIAL: A SELEÇÃO NATURAL E A TAUTOLOGIA IMPLÍCITA

Não é difícil encontrar, na noção de que os mercados encontram a melhor solução para os problemas, ecos da antiga fé estoica na harmonia da natureza: a natureza do mercado reside em procurar autonomamente um equilíbrio – mas porque haveria este equilíbrio de não necessitar de influência externa? A ideia da mão invisível do mercado está também ligada ao conceito de que o mercado é capaz de escolher os intervenientes melhores (mais adaptáveis) e de expulsar os piores. Por outras palavras, a ideia do darwinismo social.

Historicamente, verificou-se o inverso: foi Darwin quem se inspirou no progresso social e aplicou o princípio à biologia. O sociólogo Herbert Spencer escrevera sobre a «sobrevivência dos mais aptos» muito antes de Darwin – e também tornou o termo popular. Como humoristicamente refere Jonathan Turner[18]: «A questão não está em Spencer ser um darwinista social, mas sim em Darwin ser um "spenceriano biológico".» Darwin foi influenciado pelas teorias económicas de David Ricardo, Adam Smith e Thomas Malthus. Esta «mão invisível da seleção», como indica o biólogo e filósofo checo Stanislav Komárek, criou na biologia o conceito da «sobrevivência de quem é mais apto, o desaparecimento de quem não se adapta tão bem [...]. A noção de que animais e plantas nascem com o único propósito da reprodução e sobrevivência»[19].

E, de facto, a Seleção Natural de Darwin (por ele personalizada ao utilizar maiúsculas) evoca muito fortemente a «mão invisível do mercado». É Adam Smith – e os seus precursores e seguidores – quem apresenta esta noção sociomórfica; posteriormente, Darwin iria aplicá-la e desenvolvê-la na biologia[20].

O problema com a teoria da seleção natural é semelhante ao conceito da utilidade – ambos pretendem ser uma causa omniexplicativa do comportamento humano ou do desenvolvimento social e natural. E, no caso da seleção natural – seja biológica ou social –, seremos capazes de dizer de antemão o que tem de acontecer para *invalidar* a teoria? Por outras palavras, o que acontece se o mercado (natureza) não escolher o elemento mais adaptável? Encontramos novamente uma certa tautologia: se sobreviveu, era portanto o mais adaptável. Mas quem são verdadeiramente os mais adaptáveis (e como identificá-los)? Bem, aqueles que sobrevivem. Apenas o sabemos após o facto, olhando para trás. Portanto, se parafrasearmos um ditado famoso com uma alteração mínima: sobrevivem os mais capazes de sobreviver (não usando o termo adaptável). Por outras palavras: sobrevive quem sobrevive. E, por conseguinte, *todos* os que sobrevivem são apontados como os mais adaptáveis. Daí que não tenhamos alternativa, a não ser concordarmos com a «teoria», pois não temos como discordar. O darwinismo social é um truísmo.

SÃO PAULO E AS MÃOS INVISÍVEIS DO MERCADO: O BEM E O MAL RESIDUAIS

Com o pensamento económico, muita tinta correu a respeito do bem involuntário, tema que também alimentou a economia clássica. O homem do talho egoísta de Smith busca os seus objetivos enquanto *Homo economicus*, dando origem ao bem social como subproduto, residual, involuntário. «Não é da bondade do homem do talho, do cervejeiro ou do padeiro que podemos esperar o nosso jantar, mas da consideração em que eles têm o seu próprio interesse»[21], afirma a citação famosa de Adam Smith. Para Mandeville, também numa leitura popular redutora de Smith, a bondade torna-se uma externalidade positiva automaticamente gerada que decorre do interesse próprio. A mão invisível do mercado tem a capacidade de reformular, converter e reapresentar o egoísmo num proveito geral. Como indica o subtítulo da *Fábula das Abelhas* de Mandeville, os *vícios privados* tornam-se *benefícios públicos*, de forma total, não intencional e espontânea, graças à mão invisível do mercado.

O apóstolo Paulo lidou com um tema semelhante. Também considerava a relação voluntária e involuntária entre o bem e o mal, e os seus impactos. Mas, interessantemente, visto pelo outro lado:

> Acho, então, esta lei em mim: que, quando quero fazer o bem, o mal está comigo. [...] Miserável homem que eu sou! quem me livrará do corpo desta morte?[22]

Ou, como indica uma tradução diferente*:

> Encontro pois em mim esta regra: quando eu quero fazer o bem, faço mas é o mal. [...] Que homem infeliz eu sou! Quem me libertará deste corpo que me leva à morte?

Portanto, exatamente ao contrário das abelhas de Mandeville, Paulo *quer* praticar o bem, mas termina no *mal*. Com isto, reproduz o sentido da história da primeira transgressão no Jardim do Éden. Adão e Eva, que se tornaram mais iguais a Deus ao provarem da proibida Árvore do *Conhecimento* do Bem e do Mal[23], ficaram capazes de *pressentir* a diferença entre bem e mal, mas não de a categorizar no abstrato e muito menos de praticar o bem. Pelo que a humanidade conhece o *conceito* do bem e do mal – percebemos a diferença entre os dois (e, neste aspeto, somos mais iguais a Deus), mas não sabemos identificá-lo com precisão (tal como na parábola do joio mencionada), nem *realizar* atos de bondade. Além disso, *desejando* o *bem*, acabamos por praticar o *mal*. Este é o mal involuntário que parte das boas intenções. Temos um ditado que o descreve: de boas intenções está o inferno cheio.

A teoria de Mandeville sobre a mão invisível tem uma postura completamente oposta. Os vícios dos indivíduos foram transformados (de graça!) num bem-estar generalizado (e involuntário). O processo não

---

* No original, é utilizada a *New Living Translation*, versão que, na língua inglesa, pretende aproximar o texto bíblico de uma leitura contemporânea. Na língua portuguesa, após consulta de algumas possibilidades, optou-se pela *Bíblia para Todos* (Edição Comum. Lisboa: Loja da Bíblia Editorial, Lda., 2010), edição apresentada com um propósito equivalente e que melhor permitiria reproduzir a intenção do autor. [*N. do T.*]

depende da intenção do indivíduo, que podia ser egoísta, mas resulta no contributo do bem-estar para o todo – criando, na economia moderna, um estado de cinismo moral. Em primeiro lugar, não depende da moralidade privada; em segundo, os vícios são automática e involuntariamente transformados no bem-estar do todo; daí (em terceiro lugar) estar de certo modo implícito que os vícios privados caem na categoria do bem. Portanto: faça o homem o que fizer, sob este prisma, é irrelevante, pois até os vícios contribuem para a melhoria global da economia.

O INVOLUNTÁRIO CLÁSSICO

O problema clássico da mão invisível do mercado aborda apenas um único aspeto da involuntariedade: os resultados involuntários de atos egoístas, constituindo estes um mero subconjunto das interações sociais. Não inclui os resultados maléficos e involuntários dos bons atos. Não considera os resultados benéficos e involuntários dos bons atos. Nem os resultados prejudiciais dos maus atos. A situação pode ilustrar-se da seguinte forma:

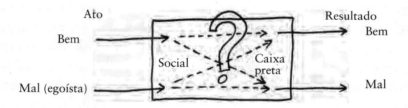

Os estudiosos cristãos desenvolveriam posteriormente um aparelho conceptual para examinar o mal involuntário na sociedade: um sistema em que o mal não é proposto, mas surge como consequência da atividade das instituições sociais, que se designou por *estrutura pecaminosa* nas encíclicas sociais dos papas[24]. Há instituições cuja estrutura, mesmo sem os seus atores individualmente praticarem o mal, dão azo, no final do processo, à geração do mal (por exemplo, prejudicar inadvertidamente o ambiente). Em último caso, esta advertência também estaria no espírito de quem criou o antigo ditado romano: *Senatores boni viri,*

senatus autem mala bestia, ou seja, os senadores são homens bons, mas o senado é um monstro maligno[25].

Comparada com a divisão da responsabilidade ou da culpa, a noção da divisão do trabalho é bastante simples. Somos capazes de diferenciar e de repartir o trabalho com precisão, mas distribuir a culpa ou a responsabilidade pelas consequências é uma tarefa problemática. O problema de tais estruturas encontra-se no facto de a sua pecaminosidade só se manifestar *a posteriori* – sem terem o mal como objetivo, torna-se difícil reconhecê-lo na tecedura da própria instituição[26]. O segundo problema jaz nas complicações inerentes a uma repartição precisa da culpa. Na divisão do trabalho, reconhecemos facilmente o valor que cada ator acrescenta ao processo; mas, no que toca à culpa, é quase impossível especificá-la do mesmo modo. Numa sociedade altamente especializada, o mal pode despontar e sobreviver nas fraturas da especialização, por assim dizer.

A cultura do Antigo Testamento resolvia este mal residual, criado algures nas áreas cinzentas das instituições sociais, realizando um sacrifício simbólico todos os anos. Era impossível atribuir esta e aquela culpa a uma pessoa em particular; não obstante, os habitantes concordavam que se devia colmatá-la. Na Cristandade, o sacrifício simbólico dos que «não sabem o que fazem»[27] e são «condutores cegos»[28] resolve-se pelo sacrifício de Cristo, o sacrifício do cordeiro cerimonial em que se tornou. Numa sociedade cada vez mais complexa, é cada vez mais fácil andarmos cegos. Infelizmente, não sabemos sequer (ou nunca quisermos perguntar) quem fabricou a camisa que vestimos e dizemos nossa; e este é um tema simples – imaginem só quão cegos somos perante interações sociais mais complexas.

O MAL: SUBORDINADO AO BEM

Observemos agora o termo «mal». De onde vem? Na noção hebraica, o mal encontra-se sempre numa relação subordinada com o bem. Durante o tempo primordial da Cristandade, existiam correntes dualistas que argumentavam estarem o bem e o mal ao mesmo nível ontológico, e que por isso Deus e Satanás seriam antagonistas, antípodas no mesmo nível ontológico, por assim dizer. Agostinho, defendendo ele próprio esta crença, numa fase da sua vida, lida com o tema cautelosa mas aprofundadamente – identifica a tese como sendo uma *armadilha maniqueísta*[29]. Mas, argumenta, Satanás e o mal não estão ao mesmo nível de Deus e do bem. Satanás é um dos anjos de Deus (apesar de insurgente, segundo reza a lenda) e permanece sempre um servo incapaz de realizar os seus afazeres sem a permissão ou consentimento de Deus (ou do ser humano)[30]. Este fator é perfeitamente exemplificado no Livro de Job: embora (tecnicamente falando) a agonia de Job seja cometida por Satanás, toda ela foi permitida por Deus, motivo pelo qual Job Lhe endereça todas as suas queixas[31]: «Porque as frechas do Todo-Poderoso estão em mim, e o seu ardente veneno o bebe o meu espírito; os terrores de Deus se armam contra mim»[32] e «Por que escondes o teu rosto [Senhor] e me tens por teu inimigo?»[33]. O mal não consegue fazer nada que Deus não autorize, e por esta razão Job não se dirige a Satanás (é como se nem soubesse que este existia), mas endereça todas as suas reprimendas e lamentações diretamente a Deus.

O mal tem de ir beber os seus objetivos ao bem, pois não tem nenhum que lhe pertença[34]. O bem cria objetivos por livre iniciativa. Mas o mal nunca. O mal não dispõe de uma entidade ontológica. O mal *puro* inexiste; surge sempre como parasita perante do bem[35]. Praticamos o mal com uma *desculpa*, temos um bem em vista (por muito distorcida que seja a visão do mundo do seu praticante). Por exemplo, se uma pessoa roubar, tem por finalidade ficar mais rica. E na riqueza não existe mal. Não se rouba por roubar. Rouba-se pela experiência, pela aventura e pela emoção – mas, mais uma vez, aventura e emoção são sentimentos *bons*, e é por isso que há quem roube. Em ambos os casos, foram escolhidos meios maléficos para alcançar um propósito passível de obter *sem cometer o mal*. Acontece que se optou por aquele atalho inapropriado.

Seja como for, o princípio genérico é que o mal se encontra numa posição subordinada perante o bem. Que o mal deva sempre servir um bem maior é uma noção antiga. Alternativamente, podemos adotar um maniqueísmo moral, ou a crença de que o bem e o mal se situam no mesmo patamar ontológico. Em termos ligeiramente matemáticos, pode representar-se esta crença como uma equivalência entre o valor absoluto do bem e o valor absoluto do mal. Ora, o maniqueísmo moral foi

A ÉTICA DO *HOMO ECONOMICUS* E A ECONOMIA DE PONTA

rejeitado pelas religiões monoteístas – procurei demonstrar que, na opinião de Santo Agostinho ou Tomás de Aquino, por exemplo, o mal está sempre subordinado ao bem. Portanto, num sentido ontológico e teológico, o princípio da transformação do mal em bem é defensável[36].

A ÉTICA DO *HOMO ECONOMICUS* E A ECONOMIA DE PONTA

Como desapareceu a moralidade da economia, tendo derivado esta, inicialmente, da ciência moral? Principiemos com uma das expectativas esperançosas de Alfred Marshall [ênfase minha]:

> É uma forte prova do maravilhoso crescimento dos últimos anos, e de um **espírito de honestidade e integridade** nas lides comerciais, que os gestores mais destacados das grandes empresas públicas cedam tão pouco às vastas tentações de fraude que se lhes atravessam pelo caminho [...] temos motivos para crer que o progresso do comércio e da moralidade continuarão a bom ritmo [...] e, logo, as formas coletivas e democráticas da gestão empresarial poderão crescer com segurança em áreas que anteriormente tinham falhado [...].[37]

Eis uma expectativa otimista: um *maior espírito de honestidade* proporcionará as condições necessárias para o crescimento. O desenvolvimento da teoria, contudo, escolheu uma perspetiva diferente: a inversa.

A teoria económica adotou os ditames de Marx relativos ao substrato económico da sociedade. Na sua perspetiva, a economia era capaz de impor um certo espírito de honestidade. Esta pode ser uma explicação para o motivo pelo qual se alteraram os interesses dos economistas, deixando de contemplar uma investigação moral e passando a crer que a economia representa *efetivamente* a base da sociedade, orientadora de todo o movimento e atuação dos seus indivíduos (incluindo a vertente ética). O aviso de Smith concretizara-se – a economia procura explicar a totalidade dos acontecimentos a partir de um único fator: ela própria.

Outras declinações da economia clamam pelo seu regresso às origens: à moralidade[38]. Lorde Keynes junta-se, inclusive, a este pedido, como indica o professor Milan Sojka: «Keynes incitava ao regresso da perceção original da economia como sendo uma ciência moral e criticava a abordagem científica típica da economia neoclássica, querendo imitar as ciências naturais e exatas.»[39] As inúmeras críticas à economia atual atacam-na pela ideia, como Etzioni lhe chama, da *redução equivocada do homem*[40]. Esta redução do homem num agente racional que otimiza a sua utilidade, dentro dos limites do orçamento disponível, enfiou-nos nos becos da matematização da economia. A filosofia de ponta que guia a ciência económica atual não é sequer utilitarista, embora se acredite e proclame como tal. Segundo a teoria hoje prevalecente, um indivíduo *não consegue* agir *contra* a sua função de utilidade. Uma teoria hedonista, no seu melhor caso – mas nem sempre, considerando o destaque que os hedonistas davam à importância e relevância da vertente moral. Eis a diferença: os hedonistas admitiam que *nem tudo* se podia explicar pelo princípio do amor-próprio, havendo áreas de *exceção*, como a amizade.

Hoje em dia, não se presta qualquer relevância à ética, por causa da incorreta interpretação de Adam Smith. A bem dizer, a economia desenvolveu afinal o sistema de pensamento de Bernard Mandeville, que Smith rejeitou. O estudo da economia deixou de ser uma ciência moral e tornou-se uma mera ciência de repartição matemática. Estou convicto de que a segunda parte devia ter sido desenvolvida, mas sem negligenciar a primeira. Se a economia tivesse continuado a dedicar a mesma energia mental às questões éticas, é razoável supor que algumas das perguntas «sem saída» que se colocam no estudo da sua disciplina, e no estudo da economia política em particular, seriam mais explícitas. A ciência económica como um todo tem sido espantosamente pouco comunicativa com as ciências éticas que lhe deram origem.

A MORALIDADE DO EGOÍSMO: O AMOR-PRÓPRIO NÃO DEIXA DE SER AMOR

É uma questão fulcral, a do egoísmo ser ou não moralmente condenável. Adam Smith defendeu, inclusive, até certo ponto o egoísmo, mas sem entrar em detalhes.

Até o mandamento mais importante, a «regra de ouro», afirma:

Amarás o teu próximo como a ti mesmo.[41]

Esta regra coloca o amor-próprio a par do amor de quem nos rodeia, não mais alto nem mais baixo. Se nos der prazer (aumento de utilidade) o ato de dar prazer a quem amamos (aumentar a utilidade), então este ato pode se classificado como (i) egoísmo encoberto ou (ii) bondade e simpatia. Se, ao invés de comer o gelado por inteiro, o oferecer altruisticamente ao meu filho ou a um amigo, pratiquei um ato de bondade. Também se pode dizer o seguinte: *por ter* oferecido sem coação, o meu objetivo foi aumentar egoisticamente a minha utilidade. Na linguagem do dia a dia, este ato não seria considerado egoísta, mas, pelo contrário, seria alvo de agradecimento, reconhecimento e louvor. E, contudo, não temos por hábito louvar atos egoístas. Segundo uma perspetiva estritamente económica, se, pela opção (i), retiro uma utilidade maior por dar do que por consumir, deixa de fazer sentido que me agradeçam pela dádiva, ou então devia agradecer eu à pessoa a quem dei porque me ajudou a aumentar a minha utilidade. Cenário obviamente absurdo.

Por outro lado, faz parte da natureza humana desejar dor e humilhação a quem se odeia, aos nossos inimigos. Este caso aparece, por exemplo, num dos Salmos:

Ah! filha de Babilónia, que vais ser assolada; feliz aquele que te retribuir consoante nos fizeste a nós.[42]

Numa variante mais ligeira, colocou-se um sinal de igual entre a diminuição da minha utilidade e a de outrem.

Quando, também, alguém desfigurar o seu próximo, como ele fez assim lhe será feito; quebradura por quebradura, olho por olho, dente por dente; como ele tiver desfigurado a algum homem, assim se lhe fará.[43]

Por conseguinte, no Antigo Testamento, o preço do decréscimo da minha utilidade é igual (nem maior nem menor) ao do decréscimo da utilidade da pessoa que o originou. Como se esta regra fosse verdadeira: amarás o próximo como a ti mesmo e odiarás o teu inimigo como ele te odeia a ti. A minha utilidade e a do outro ficam portanto equilibradas.

Jesus discutiu este tema no seu famoso Sermão da Montanha:

> Ouvistes que foi dito: Amarás o teu próximo, e aborrecerás o teu inimigo. Eu, porém, vos digo: Amai os vossos inimigos, bendizei os que vos maldizem, fazei bem aos que vos odeiam, e orai pelos que vos maltratam e vos perseguem; para que sejais filhos do vosso Pai que está nos céus; porque faz que o seu sol se levante sobre maus e bons, e a chuva desça sobre justos e injustos. Pois, se amardes os que vos amam, que galardão havereis? não fazem os publicanos também o mesmo? E, se saudardes unicamente os vossos irmãos, que fazeis demais? não fazem os publicanos também assim? Sede vós, pois, perfeitos, como é perfeito o vosso Pai que está nos céus.[44]

Desejar coisas boas aos nossos inimigos e amá-los é, portanto, um ato não natural (ao contrário de desejar coisas boas a quem nos é chegado e desejar coisas más aos nossos inimigos). Mas a Cristandade quer que amemos inclusive os inimigos. Uma virtude não natural.

Se estes dois princípios (egoísmo individual e simpatia para com terceiros) se manifestarem com igual intensidade, qual deles prevalece, então? Podemos argumentar que cumprimentamos um estranho, desejando-lhe (pois nada nos custa) «passe bem» ou «tenha um bom dia»; é raro ouvirmos «tenha um mau dia». Se não nos custar, e nos aprouver, desejaremos coisas boas aos outros sem retirar qualquer utilidade direta deste desejo. De igual modo, condói-nos saber que algo belo foi destruído – mesmo uma paisagem que dificilmente teríamos hipótese de (voltar a) ver, para dela obtermos utilidade pessoal (a nível estético ou outro).

E, contudo, é utópico pensar que esta forma de altruísmo puro será a *principal* causa de dinamização da sociedade, conforme indica Adam Smith:

> Apelamos, não para a sua humanidade, mas para o seu egoísmo, e nunca lhes falamos das nossas necessidades, mas das vantagens deles. Ninguém, a não ser um mendigo, se permite depender essencialmente da bondade dos seus concidadãos.[45]

Aristóteles, inclusive, exprimiu-se em termos semelhantes e espantosamente contemporâneos [adicionada ênfase]:

A HISTÓRIA DA MÃO INVISÍVEL DO MERCADO E DO *HOMO ECONOMICUS* | 297

Mais uma vez, quão incomensuravelmente maior é o prazer, quando o homem sente que a coisa é sua; seguramente o amor do eu é um sentimento implantado pela natureza e não dado em vão, embora se deva censurar devidamente o egoísmo; mas este não representa apenas o amor do eu, mas o **amor do eu em excesso,** como o amor pelo dinheiro que sente o avarento; para todos, ou quase todos, os homens amam o dinheiro e tais outros objetos com peso e medida. Além disso, existe um imenso prazer em prestar um favor ou bondade a amigos ou convidados ou companheiros, que só podem ser realizados quando um homem tem propriedade privada.[46]

Aparentemente, o egoísmo é o comportamento dominante na sociedade, mas este comportamento deve ser moderado (mantido dentro de fronteiras razoáveis, como indica Aristóteles) e complementado com amor (simpatia, participação) aos que são próximos de nós (como afirmam a Cristandade e Smith).

O homem procura a sociedade dos outros, e não pode viver (não quer viver) em total egoísmo. Robert Nelson, no provocador livro *Economics as Religion: From Samuelson to Chicago and Beyond*, refere o paradoxo fundamental da economia de mercado: na opinião de vários economistas, devemos o funcionamento da nossa economia de mercado ao interesse próprio. Mas, se o interesse próprio «transpuser alguns limites», pode inclusive ameaçar este funcionamento.

12

A HISTÓRIA DOS ESPÍRITOS ANIMAIS:
O SONHO NUNCA DORME

Em cada um de nós existe uma parte de Gilgamesh, um quinhão de Platão, uma parte do antigo príncipe de Aragorn. E nem sempre estamos cientes disto. Existe algo em nós que é forte e incontrolável, que parece dominar-nos sem se deixar dominar. «Os sonhos falam contigo, caminham ao teu lado», para usar uma frase do filme *Veludo Azul*. Diríamos que não temos sonhos; são os sonhos que nos têm. Há algo que nos impele para a frente, estimula a nossa racionalidade, dá sentido e propósito à nossa vida. Este residual místico, por assim dizer, na equação racionalística-causal da matriz do mundo foi designado por Keynes como «espíritos animais». E, tal como indicam Akerlof e Shiller, «jamais compreenderemos os acontecimentos económicos mais importantes, a não ser que confrontemos o facto de as suas causas serem, habitualmente, mentais... [a teoria] ignora o papel dos espíritos animais. E também ignora o facto de as pessoas possivelmente não saberem que entraram numa montanha-russa»[1].

Neste capítulo tentarei defender um dos meus principais argumentos no livro: embora a economia se apresente como uma ciência que valoriza a racionalidade, existe um surpreendente número de fatores inexplicados nos bastidores e um zelo religioso e emocional inerente a muitas escolas do pensamento económico. É importante analisar a metaeconomia: devemos ir além da economia e estudar as suas crenças, o que existe «por detrás do pano». Há tanta sabedoria económica nos nossos filósofos, mitos, religiões e poetas como nos modelos matemáticos, exatos e rígidos do comportamento económico.

Por este motivo, é boa ideia examinar o fenómeno dos espíritos animais como um contrapeso do frequentemente mencionado *Homo economicus*. Talvez graças a isto será possível mostrar como é extremo e enganador confiar no modelo matemático, racional e rígido, em que se baseia a economia vigente.

O ÍMPETO ESPONTÂNEO DO HOMEM

O que originalmente se entendia pelo termo «espíritos animais» é tão dúbio e incerto como o caso da *mão invisível* de Adam Smith. Adam Smith usou o termo *mão invisível* apenas três vezes na sua obra; o mesmo fez Keynes na sua *Teoria Geral* – aplicou o termo «espíritos animais» em três momentos apenas: não dedicou mais do que uma breve passagem ao conceito que se tornaria a sua contribuição mais notória, e à qual livros inteiros seriam ulteriormente dedicados. Keynes usou-a no seguinte contexto:

> [H]á também a instabilidade económica decorrente de uma característica da natureza humana que faz que grande parte das nossas atividades positivas dependa mais do otimismo espontâneo do que de uma esperança matemática, seja ela moral, hedonista ou económica. Na maior parte dos casos, provavelmente, quando decidimos fazer algo positivo cujas consequências finais só produzem os seus efeitos passado muito tempo, só o fazemos impelidos pelos espíritos animais – por um impulso espontâneo para agir, em vez de não fazer nada –, e não em consequência de uma média ponderada de benefícios quantitativos multiplicados pelas respetivas probabilidades quantitativas [...]. Assim, se os espíritos animais arrefecerem e o otimismo espontâneo vacilar, deixando-nos exclusivamente dependentes de uma esperança matemática, a empresa murcha e morre [...] a iniciativa individual só será adequada quando o cálculo razoável for suplementado e sustentado pelos espíritos animais [...].[2]

Os espíritos animais, como o termo indica, têm uma natureza mística: «De onde surgem estes espíritos animais é um mistério», como indica o dicionário de Bishop[3]. Na interpretação comum incorpora confiança, e nada tem a ver com animais: refere-se à «vontade de agir». Gostaria agora de expandir (alargar) o conceito e propor a perspetiva mais abrangente e não ortodoxa: o que representam os nossos verdadeiros espíritos animais, resquício de tempos passados. Os seres humanos podem ter abandonado a selva, construído cidades civilizadas e previsíveis, que parecem manter sob controlo, mas o lado selvagem não nos abandonou. Mudou-se connosco para a cidade; existe dentro de nós. Trouxemos, por assim dizer, Enkidu connosco para a civilização.

Os espíritos animais podem representar o que nos motiva, anima, no lado irracional; o que nos dá propósito, esperança, sonhos. É imprevisível e não se presta à análise matemática. «John Maynard Keynes definiu em tempos "espíritos animais" como precisamente os impulsos humanos imprevisíveis que influenciam os mercados bolsistas e impelem os ciclos económicos.»[4] Ou, recorrendo às palavras de dois grandes economistas, quando, referindo-se aos espíritos animais, falam da «abrangência dos fatores não económicos na motivação individual. E sem considerar a abrangência das decisões irracionais ou equivocadas»[5].

INATURALMENTE NATURAL

Seja qual for a perspetiva, darwiniana, criacionista ou outra, os seres humanos estão próximos dos animais. E, contudo, são diferentes. Em várias linguagens, equiparar uma pessoa a um animal é uma forma básica de insulto (porco, verme, cabra...), mas também de elogio (leão, tigre, pomba...). Outras formas de insultar incluem as nossas partes íntimas, órgãos sexuais e reprodutivos. Será que existe uma relação? Apontamos para o que se esconde? Para o animal dentro de nós e para a nudez coberta? Qual é a ligação entre a nossa vergonha e os animais? Insulta-se e coloca-se a ridículo aquilo que é tabu e que nos causa embaraço. A nossa sexualidade parece provocar este sentimento. E onde se encontra a ligação à economia?

A larga escala, os seres humanos representam talvez a única criação que considera natural um comportamento inatural. E vice-versa: é inatural sermos naturais. Veja-se o exemplo da nudez: embora seja literalmente o nosso estado natural, andar nu é inatural. Alguns autores consideram a nudez um tabu secreto da nossa sociedade[6]. C. S. Lewis aponta: «Pode dizer-se que vestem a nudez como um manto cerimonial.»[7] Creio que ele identifica uma noção comum partilhada universalmente: «Ocorre-me apenas um selvagem feliz e nu sentado na relva.»[8] A nudez identifica o selvagem, e a noção do selvagem prende-se com a noção de uma existência satisfeita.

Na história do Génesis, quer Adão quer Eva encontravam-se nus num estado perfeito, no Jardim do Éden. Depois de provarem o fruto da Árvore do Conhecimento do Bem e do Mal, a primeira emoção sentida foi vergonha e nudez[9]. Adão e Eva sentiram a necessidade de se cobrir. Usando termos relevantes para os economistas, as parras que cobriam as partes íntimas foram as primeiras *posses externas* do homem – já não lhes bastava *serem como eram*, e sentiram uma insuficiência apenas satisfeita pela proteção. Parafraseando o dilema de Fromm, «Ter ou ser», precisavam de ter, e não apenas de ser[10]. Sentiam-se mais naturais com uma posse externa. O primeiro uso da posse externa pretendia cobrir a vergonha. Antes da Queda, andavam contentes (nus). Mais tarde, a primeira transação do livro do Génesis foi uma *dádiva* de Deus: pele animal a servir de roupa. Aqui, a primeira ocorrência inatural: pele animal cobriu pele humana. E assim nos sentimos (muito) melhor.

O desejo de que algo nos ampare, o desejo de possuir (ter propriedade protege-nos), de salvaguardar a nossa existência (não estarmos sós no mundo, não estarmos nus), para não nos ferirmos facilmente, levou-nos a abandonar a liberdade e a ficarmos dependentes de coisas, porque nos faziam falta. Rousseau capta este fenómeno exemplarmente:

> O selvagem respira liberdade e descanso; deseja apenas viver e divertir-se; e a sua indiferença perante os objetos nem sequer é rivalizada pela ataraxia do estoico. O cidadão, pelo contrário, labuta, preocupa-se e atormenta-se sem parar, para obter ocupações ainda mais trabalhosas; trabalha até morrer, apressa esta morte, para obter uma condição de vida, ou renuncia à vida para obter imortalidade [...]. Na realidade, é esta a verdadeira causa

de todas as diferenças: o selvagem vive dentro de si; o homem da sociedade, sempre fora de si, não vive sem ser nas opiniões alheias, e é do juízo que estas fazem, se me permitem, que obtém a sensação de que de facto existe.[11]

Afirmação que nos faz lembrar Enkidu – também vivia como animal; nada lhe faltava. Shamhat despertou nele a insuficiência. Na cidade tornou-se cidadão; provou cerveja, que é inatural (a bebida não se encontra no «estado natural da natureza»). Em traços gerais, como indica Slavoj Žižek, não há *nada natural nem espontâneo nos nossos desejos*. A questão não está em satisfazê-los, mas entender o que desejamos. *Temos desejos artificiais, somos ensinados a desejar* e desejamos o que nos é mostrado. As narrativas, os filmes e anúncios, são imprescindíveis para este processo, bem como a ideologia política e económica (como vimos, por exemplo, na ideia do progresso). Nesta perspetiva, a racionalidade torna-se mero instrumento manipulado pelos nossos sonhos.

HUMANOS E ANIMA(I)S

A história da relação entre o racional e o irracional é animada. Neste contexto, escreve C. G. Jung, «Com base no mito de Gilgamesh, torna-se óbvio que o ataque do subconsciente [Enkidu] é a fonte de poder de uma batalha heroica; e tão impressionante esta se mostra que há que perguntar se esta alegada animosidade do arquétipo [anima] maternal não representará um truque da Mater Natura (mãe natureza) para motivar o filho preferido a atingir um desempenho exímio»[12]. Na versão de Jung, Enkidu representa a primeira *anima* de Gilgamesh – elemento originário da floresta destinado a atacá-lo, mas que conseguiu trazer para a cidade e que dele se tornou amigo. Não sobreveio a guerra, mas uma reconciliação de dois princípios e uma grande história de vida.

Mesmo assim, o que Jung pensava da matreira mãe natureza é explicado algumas páginas depois. Nesta narrativa, revela-nos que as «douradas alturas» não são alcançáveis pelos mortais[13]. Estas metas eternas que estabelecemos para nós mesmos – por exemplo, o ponto de deleite da utilidade – assumem a forma do Olimpo mítico, um esforço para regressar ao Jardim do Éden (que nos está proibido).

Regressemos ao conceito do espírito animal e irracional. No pensamento grego, existia uma dialética importante entre o ideal da fiabilidade e constância e o mundo da variabilidade, inconstância, instabilidade. Platão revela num conceito muito negativo da componente da alma variável e irracional:

> «Partes irracionais da alma» [...] a nossa natureza corpórea e sensual, as nossas paixões, a nossa sexualidade, tudo serve como ligações poderosas ao mundo do risco e mutabilidade [...] [n]utri-las a todas é expormo-nos a um risco de desordem ou «loucura».[14]

Aristóteles parece adotar uma perspetiva mais amigável, manifestando estar ciente do seu caráter complementar e suplementar:

> [...] [Há] na alma duas partes: uma a irracional, a outra a racional [...]. Na parte irracional, é discernível uma primeira parte que parece ser comum a todos os seres vivos e **pertencer às plantas** [...]. A excelência de tal faculdade manifesta-se, portanto, **comum a todos os seres e não especificamente humana**. Parece, com efeito, que é durante o sono que essa parte da alma – essa faculdade – atinge a atividade máxima [...]. Parece, porém, haver ainda na natureza da alma uma outra parte irracional que, não obstante, participa de certo modo na razão [...] **impulsiona-os** [aos homens] corretamente, no sentido das ações mais excelentes. Mas neles manifesta-se também um outro elemento, **estranho por natureza à razão**, com a qual entra em conflito e à qual se opõe.[15]

Este elemento irracional (e em parte *vegetativo*, pertencendo «às plantas») dos espíritos animais (que *em parte* partilhamos com todas as criaturas vivas) anima-nos, mesmo que jamais compreendamos o seu funcionamento. Afinal, seria possível compreender *racionalmente* o elemento *irracional* da alma? Os espíritos animais são o que nos faz mexer, um impulsionador primário. Aristóteles está convicto de que a alma é responsável pelo movimento[16].

Muitos pensadores discorreram, posteriormente, sobre os desejos da paixão, sempre espantosamente fortes e quase determinantes. Uma visão expressa sucintamente nas palavras do estadista huguenote Duque de

Rohan (1579–1638): «Os príncipes mandam nos súbditos, e os interesses mandam nos príncipes.»[17] Muitos séculos depois, David Hume avalia a razão como sendo escrava da paixão. A importância da paixão (inverte a lógica de Platão acima citada) é defendida por Helvécio: «[F]icamos estúpidos quando perdemos as nossas paixões.»[18] A que ponto estes sonhos, emoções e todas as paixões são controláveis (se forem) é uma outra pergunta, a qual Hirschman debate extensivamente, pelo que encaminho o leitor para a sua obra. Sobre a presente discussão, basta indicar que estamos cientes da força e da intensidade dos nossos desejos e dos nossos espíritos animais.

ANIMAL-NÃO HUMANO

> [Q]uanto maior for o espírito, maior será o monstro[.]
> Antigo ditado judaico-holandês[19]

Aquilo que tememos, *aquilo do qual fugimos*, é habitualmente o melhor indício do que constitui o nosso íntimo e a nossa época, mais do que conseguem revelar os nossos desejos ou *aquilo que* (julgamos nós) procuramos. No capítulo anterior, abordámos os atratores irracionais; aqui, pretendo abordar os repelentes, os medos. Como seres humanos, tememos duas coisas – excesso de animalidade (ser-se demasiado espontâneo e vivaz) e excesso de mecanicidade (demasiado impassível e cadavérico). Recentemente, mesmo a «filosofia aristotélica [...] existe numa permanente oscilação entre demasiada ordem e desordem [...] excesso e deficiência, o super-humano e o mero animal»[20].

Consideremos as personagens de terror e o facto de resultarem de uma mistura entre animal e humano (por exemplo, o diabo tem cornos como um bode, um vampiro é como um morcego, e o lobisomem combina seres humanos e lobos). As outras figuras de terror ilustram a separação entre corpo e espírito. Por exemplo, somos caçados por *zombies* com o aspeto de (ex-)familiares nossos (ou que usam os seus corpos), mas que não passam de animais (o princípio vegetativo) ocupando um invólucro humano, vazios de alma ou espírito. Nada têm em comum com os seres humanos, a não ser o corpo (animal). O outro caso é o medo dos espíritos, de fantasmas sem corpo. Quando corpo e espírito se separam, qualquer uma das metades nos apavora.

Não se trata de um medo novo. Os seres humanos têm um pavor generalizado de se tornarem animais. «As nações não europeias, por outro lado, explicam a origem dos símios, em particular dos macacos, como resultante do "declínio" e da "selvajaria" do povo, da fuga para a floresta e do esquecimento (intencional, na maioria dos casos) da fala, por causa de maldições ou não quererem trabalhar.»[21] Era a crença comum antes de Charles Darwin ter invertido a noção de animal e de o tornar precursor do ser humano. Regressando ao exemplo do lobisomem, o medo é de que a natureza em bruto entre no corpo humano e nos faça assumir comportamentos impróprios do ser humano. Os lobisomens lutam e tentam resistir à transformação, mas algo se apodera deles, algo animal (em noites de lua cheia...), e controla-os.

MEDO DOS ROBÔS, SÍMBOLOS DE RACIONALIDADE PURA

Por outro lado, um grande número de narrativas e mitos modernos, hoje em dia captados pelo cinema, mostram os robôs (ou seja, a nossa criação mecânica que se destina a servir-nos) como a maior ameaça à humanidade. As máquinas, criadas pelas nossas mãos, ficam desgovernadas, com consequências terríveis – como se invocássemos um demónio mecânico que habitava a lâmpada científica de Aladino. Este génio também se propunha servir-nos e, contudo, no fim, é ele quem assume o controlo. A humanidade não é ameaçada pela animalidade, mas pela máquina inumana e morta que se vê ressuscitada (pensem, por exemplo, no filme *Matrix*, mas também nos clássicos, como a peça checa de ficção científica *R. U. R.*, de 1920). O movimento *ciberpunk* desmonta a visão otimista do futuro dado pelo progresso (numa ótica técnico-científica, mas também consumista) e transforma-a em pesadelo. As máquinas também são incontroláveis, mas ao contrário; comportam-se como se possuídas por uma racionalidade pura, desprovidas de compaixão e sentimentos (conforme é perfeitamente ilustrado em *2001: Uma Odisseia no Espaço*, de Kubrick). E as máquinas têm tendência para recriar o mundo à sua imagem[22]: a destruição do animal humano e a sua substituição pelo robótico. Poderia dizer-se que este género armagedonista pós-industrial do *ciberpunk*, em voga nas últimas décadas, mistura *alta tecnologia* e *baixa vida*[23].

No primeiro cenário, são os animais que nos destroem; no segundo, são os robôs que inventámos. Em ambos os casos, o inimigo é o mesmo: a apatia com que a (nossa) destruição acontece. Em ambos os casos, a humanidade tem menos valor que um guardanapo que envolve uma sanduíche – e é desfeita com igual prontidão.

Mas em que medida isto se relaciona com economia? Em primeiro lugar, não temos de ser psicólogos para notar que, em ambos os extremos, o homem receia as suas características psíquicas. Estes filmes (de terror) são obviamente um reflexo no espelho do nosso *eu* íntimo (infernal?) – o assustador não é a imagem no ecrã, mas o que esta transmite sobre nós. Receamos os dois extremos do nosso ser: aquele que é mero animal e aquele que é mero racional. Enquanto seres humanos, queremos situar-nos precisamente a meio, entre os dois extremos, entre a racionalidade cadavérica e a animalidade das emoções descontroladas. Em segundo lugar, os humano-animais, tal como as máquinas mecânicas (ou almas mortas) dos filmes de terror, não possuem aquela que o economista Adam Smith considera ser a nossa principal característica: a empatia. Quando a perdermos, somos apenas animais ou máquinas. Depende do extremo para o qual nos inclinamos, quer o animal quer o mecânico-racional dentro de nós. Nutrimos um pavor ontológico de ambos. Em terceiro lugar, subconscientemente, tememos o progresso técnico-científico. Tememos ter convocado algo que fugiu ao nosso controlo, que ganhou «vida» própria e que, já não controlado por nós, se torna o controlador, destruindo o mundo que conhecemos e adoramos.

Mas da floresta apenas trouxemos o que era animal e espontâneo, nesse tempo em que vivíamos naturalmente. Habitemos civilizadamente a cidade, usemos gravatas e interpretemos estatísticas, mas todos transportamos o espírito animal dentro de nós. É por sua causa que existimos, mas receamos a sua força elementar. O contrário aplica-se aos robôs racionais e mecanísticos. Precisamos da tecnologia (e dependemos dela para existir), mas, por outro lado, tememo-la. Os dois extremos terão assumido, de certo modo, a figura de um pesadelo. Mas, infelizmente, também contribuem ambos para a nossa humanidade. Talvez apenas alcancemos paz quando formos capazes de conviver em harmonia com os dois. «É preciso integrar o subconsciente, ou seja, a síntese do cognitivo com o subcognitivo.»[24] Ou não, pois o maior erro da psicanálise pode estar na crença fervorosa de que se pode alcançar a paz psicológica. Talvez estejamos para sempre divididos entre os dois extremos, sustidos por duas forças que jamais controlaremos.

O nosso lugar, como seres humanos, situa-se algures no meio. Não podemos ficar cativos do nosso *Homo economicus* racional e explicável, mas também não podemos ceder a primazia aos nossos espíritos animais.

OS SONHOS NUNCA DORMEM; OU O HERÓI DENTRO DE NÓS

No filme *Watchmen – Os Guardiões*[25], há uma cena que parece saída de um Armagedão urbano: ruas em chamas, pessoas a morrerem nas barricadas. Um dos heróis do filme, aterrorizado, pergunta ao amigo, que traz um revólver e luta, disparando contra as pessoas: «O que nos aconteceu? O que aconteceu ao sonho americano?» E o outro herói, o que tem o revólver, responde: «O que aconteceu ao sonho americano? Tornou-se realidade. Tornou-se isto que estás a ver.» Se realizarmos o que pretendíamos, e mesmo assim não ficarmos satisfeitos, querendo sempre mais, é provável que o resultado se verifique igualmente apocalíptico.

Os nossos sonhos acompanham-nos – e influenciam-nos mais do que julgamos. Não só durante a noite, mas também durante o dia. Se nutrirmos o sonho de progresso e quisermos acreditar no imperativo do aumento constante do padrão de vida, então é precisamente este sonho que nos faz sair da cama todas as segundas-feiras de manhã e trabalhar em empregos que detestamos e nos quais não encontramos realização nem sentido ou que, literalmente, consideramos repugnantes. Estas noções tornam-se uma prisão que nem vemos nem sentimos, mas que inevitavelmente nos controla; os sonhos nunca dormem, estejamos nós a dormir ou acordados.

Mas este sonho influencia-nos de outras formas. Um dia queremos ser o aventureiro Aragorn e, portanto, entramos na floresta (ou, mais

A HISTÓRIA DOS ESPÍRITOS ANIMAIS: O SONHO NUNCA DORME | 309

propriamente, na selva urbana, no ermo domesticado: um bar); noutro dia, o sonho do homem rico e sedutor conquista-nos, pelo que procuramos um jantar à luz das velas. De onde surgem estes heróis dentro de nós e quando é que cada um deles se manifesta, eis o grande mistério. Alguns chegam-nos dos contos de fadas das nossas avós, outros dos meios de comunicação narrativos – filmes, livros, anúncios. Estes *media* (!) mediaram (inadvertidamente) lendas de séculos: arquétipos de heróis com milhares de anos são passados à geração seguinte, modernizados e adaptados[26]. Nas palavras de C. G. Jung, «O herói como personagem-*anima* atua ao invés da pessoa cognitiva, o que significa que faz aquilo que o sujeito em questão não teve, não pode ou não quis fazer, mas conscientemente o abandonou... o que acontece na fantasia é uma compensação para o estado ou objetivo do eu (*self*) cognitivo. No que toca aos sonhos, é uma regra.»[27]

Em tempos, os filmes eram feitos de forma a retratarem «a vida real»; hoje, creio, tentamos viver as nossas vidas como se «saíssem de um filme». Os sonhos nunca dormem – e são difíceis de controlar. Em vários sentidos do termo: quem aprende a controlar os seus sonhos será capaz de controlar a sua realidade[28].

13

METAMATEMÁTICA

[...] Esperar, por multiplicação ou alargamento das nossas faculdades, chegar a conhecer um espírito como se conhece um triângulo parece tão absurdo como esperar ver um som.

George Berkeley[1]

Quase todos os números reais são irracionais.

Wikipédia[2]

A matemática, sem qualquer dúvida, tornou-se a principal linguagem da economia moderna – situação descrita por George Stigler nos idos de 1965: «Chegámos à era da quantificação. Estamos armados com um arsenal volumoso de técnicas dedicadas à análise quantitativa, e uma capacidade – quando comparada ao senso comum dos leigos – que faz lembrar a troca dos arqueiros por canhões.»[3] Entretanto, a economia tem aproveitado esta oportunidade como pode, tornando-se a mais matemática das ciências sociais; se tem equivalente científico, será a física (embora não seja uma disciplina de ciências sociais, ao contrário da norma). Exemplificando: se abrirmos um manual avançado de economia (e praticamente todos os periódicos académicos desta disciplina) e nos afastarmos alguns passos, acabaremos por o confundir com um manual de física, em termos de aspeto.

Na primeira parte do presente livro, procurei demonstrar que, ao longo da história, houve uma influência significativa e constante das correntes filosóficas e religiosas sobre o pensamento económico, que tinha uma vertente ética intrínseca. Era assim a economia, tal como a descobrimos nas obras dos seus fundadores.

Contudo, posteriormente, e em grande medida no decorrer do século XX, o pensamento económico foi influenciado pelo determinismo, pelo cartesianismo mecânico, pelo racionalismo matemático e pelo utilitarismo individualista simplificado. O aparecimento de tais influências alterou a forma da economia até assumir a presente, que encontramos nos manuais. Uma economia repleta de equações, gráficos, números, fórmulas... bem, de matemática – e muito pouco de história, psicologia, filosofia ou sequer uma visão abrangente de ciência social.

QUEIMAR A MATEMÁTICA?

O aparecimento da tecnologia informática moderna – que nos permite trabalhar com impressionantes quantidades de dados e testar novas hipóteses – trouxe uma revolução real à economia. Um pormenor curioso: deveu-se à economia de planeamento central do bloco soviético, por acreditar que, com as crescentes capacidades informáticas e matemáticas, os planificadores centrais conseguiriam substituir os mecanismos de mercado pela fixação «ideal» do preço. Os planificadores centrais à moda soviética viam na matemática a ferramenta para organizar e governar a economia.

Espantosamente, em princípios do século XXI, descobre-se a matematização do comportamento humano não só no pensamento económico do planeamento central (um dos fatores por detrás do seu colapso foi a incapacidade de determinar o comportamento humano «ideal»), mas também na economia do mercado livre. Hoje em dia, o sistema de mercado mais desenvolvido é quem coloca tanta ênfase nos modelos matemáticos e na previsão económica. Como evoluiu a economia de uma disciplina de filosofia moral para uma ciência assaz matemática?

Alfred Marshall, um dos fundadores da economia matemática, sublinhou há quase cem anos que a matemática era *apenas uma linguagem*, e não uma «máquina de investigação». Citemos o texto integral do

METAMATEMÁTICA | 313

homem que esteve na origem da era de matematização do atual pensamento económico:

> Nos anos a seguir, fui insistindo nas regras: (1) usar a matemática como linguagem para encurtar caminho, e não como máquina de investigação. (2) Mantê-la até concluir a tarefa. (3) Traduzir para a língua inglesa. (4) Seguidamente, ilustrar com exemplos importantes para a nossa vida. (5) Queimar a matemática. (6) Quando não se tem sucesso no passo quatro, eliminar o três. Este último passo, fi-lo repetidamente [...] creio que se deve fazer o possível para impedir as pessoas de usarem a matemática quando a língua inglesa é tão sucinta quanto a matemática.[4]

Portanto, no seu monumental *Principles of Economics*, a bíblia da economia no alvor do século XX, «Marshall relegou o formalismo para os apêndices. Mas, tal como explica o seu pupilo Keynes [...], também o fez para evitar transparecer a ideia de que a matemática fornece respostas, em si mesma, aos problemas da nossa existência»[5]. Olhe-se em redor: cem anos depois de Marshall, foi precisamente este o resultado.

A MATEMÁTICA NA ECONOMIA

Não obstante os avisos de Marshall no século passado, a matematização da economia e do comportamento económico é cada vez mais advogada. Em 1900, o matemático francês Louis Bachelier focou a sua dissertação sobre os movimentos dos preços das ações na Bolsa de Paris. Bachelier notou que é possível ter em conta a atuação de todos os pequenos participantes na Bolsa como influências independentes e aplicar-lhes as leis dos fenómenos aleatórios com distribuição normal – curvas de Gauss[6]. Estas ideias chamaram a atenção do economista e matemático Irving Fisher, que, no seu livro *The Nature of Capital and Income*, estabeleceu o pilar daquilo a que mais tarde se chamaria «passeio aleatório», que explica as flutuações do preço das ações nos mercados[7]. Fisher fundou uma empresa de consultoria que recolhia dados sobre ações, criava índices e dava recomendações aos investidores. Nos anos vinte do século XX, ganhou bastante reputação e dinheiro. Também ficou famoso pelos comentários feitos dez dias antes do *crash* da bolsa de Nova Iorque, afirmando que as ações haviam alcançado um patamar elevado e duradouro[8]. Ironicamente, as estatísticas não conseguiram prever a crise da Sexta-Feira Negra em 1929, que lhe levou toda a riqueza investida em ações.

Em 1965, Eugene Fama formulou a hipótese racional dos mercados. A convicção de que o mercado é racional e quantificável tem dominado a economia financeira há quarenta anos. Mas esta ideologia livre de mercado, sustentada na matemática, foi até certo ponto abalada pela última grande crise financeira. Mesmo Alan Greenspan, o decano diretor da reserva federal americana e grande defensor do mercado livre e da abordagem *laissez-faire*, anunciou em outubro de 2008 que a sua visão do mercado livre (e de uma regulamentação reduzida ao mínimo essencial) estava errada[9]. Nenhum modelo matemático conseguiu ajudar os participantes do mercado a evitarem o *crash*. Os modelos serão sempre imperfeitos, e uma das razões para esta imperfeição matemática é ser impossível descrever o comportamento humano por equações. Restará sempre um comportamento impossível de modelizar e prever.

Mais uma vez, não se trata de uma crítica à matemática, nem sequer à economia matemática. Mas um recordatório, um apelo, para não nos esquecermos de que a economia é bastante mais rica do que a mera matemática aplicada e de que devemos compreendê-la totalmente, se quisermos analisar o comportamento humano. A matemática contribuirá para o seu entendimento, mas não é suficiente. Representa somente a ponta do icebergue. Imersos no oceano, escondem-se temas fundamentais que procurámos abordar do decurso do presente livro.

Portanto, de onde nos chega a matemática, e como se afastou a economia atual dos dogmas da ética? É impraticável reproduzir todo o debate[10], pelo que me limitarei aos exemplos e ideias que considero interessantes (mencionando de passagem alguns equívocos da investigação matemática na economia). Não quero «lutar» contra a matemática, que considero ser uma ferramenta muito poderosa e útil, bem como um tema interessante e exigente de investigação. Gostaria, contudo, de exprimir as minhas reservas face à crença, entre os economistas, de que a matemática pode conter e descrever a totalidade do mundo real. Nós, economistas, nem sempre medimos devidamente o que afirmamos acerca

METAMATEMÁTICA | 315

dos nossos modelos. E isto sucede porque dedicamos mais atenção aos métodos (matemáticos) do que aos problemas aos quais se aplicam.

OS NÚMEROS, ENQUANTO METAFÍSICA

As descobertas no campo da geometria, em particular na Grécia antiga, são consideradas os primórdios da matemática moderna, para a qual contribuíram de modo inquestionável, nomeadamente pelo elevado volume de obras preservadas[11]. Mesmo assim, várias civilizações desenvolveram uma proficiência matemática antes da grega. Muitos dos conceitos abstratos hoje em uso tiveram origem, por exemplo, na antiga Babilónia. «A divisão do círculo em 360 unidades surge na astronomia babilónica [...]. O astrónomo Ptolomeu (século II d.C.) adotou esta prática dos babilónios.»[12] Os babilónios usavam sistemas de base 6 e base 10 numa livre mistura (como ainda hoje acontece; um minuto tem 60 segundos, e a hora, 60 minutos, mas um segundo tem 1000 milissegundos, etc.); conheciam as frações, os exponenciais e as raízes; trabalhavam com equações algébricas e geométricas; e, numa tabela, resolviam um conjunto de 10 equações (lineares, maioritariamente) com 10 variáveis[13]. Sobre geometria, conheciam o π e arredondavam-no para 3 ou, mais precisamente, 3 1/8.

Os antigos egípcios, nos quais os gregos se inspiraram, detinham conhecimentos avançados de matemática e geometria, como se pode ajuizar pelas suas edificações. Em todas estas culturas, a matemática era quase inseparável da filosofia e do misticismo.

No caso dos hebreus, a história dos números também teve um desenvolvimento extraordinário. Apesar de muitas construções do Antigo Testamento serem descritas com detalhe numérico (as instruções da arca de Noé[14] ou do primeiro templo[15]), outros números são particularmente indistintos. Por exemplo, durante a criação do mundo, Deus alterna constantemente entre a forma singular e a plural. Do mesmo modo, durante a visita dos três seres a Abraão, antes de Sodoma e Gomorra sofrerem a destruição, as formas singular e plural dos visitantes oscilam constantemente. E tendo referido Abraão: embora negoceie arduamente com Deus o número de pessoas retas que salvariam Sodoma, o resultado apresenta-se como um exemplo pitoresco do facto de a questão não depender de números – não é efetuada qualquer *contagem* de 10 pessoas retas na narrativa, como se a negociação numérica fosse, toda ela, completamente irrelevante[16]. Mesmo assim, no que toca aos números, «a "ciência" hebraica da guematria (uma forma de misticismo cabalista) baseava-se no facto de cada letra do alfabeto ter um valor numérico, porque os hebreus usavam letras para representarem números [...]. Na proferia de Isaías (21:8), o leão anuncia a queda da Babilónia porque as letras da palavra hebraica para leão e as da palavra para Babilónia, quando somadas, dão ambas o mesmo resultado»[17]. Encontramos um equivalente também no Novo Testamento: no livro do Apocalipse, o número da besta é *calculado*: «Aqui há sabedoria. Aquele que tem entendimento calcule o número da besta, porque é o número de um homem, e o seu número é seiscentos e sessenta e seis.»[18]

Mas regressemos à Grécia antiga. «Também descobri para eles, os números, a principal das invenções engenhosas»[19], anuncia Ésquilo no século IV a.C., pela boca do protagonista da peça *Prometeu Agrilhoado*. A bem dizer, os gregos consideravam a matemática como uma ferramenta *filosófica* que lhes permitia explorar o mundo. E, para a escola pitagórica, era a ferramenta mais importante; o número foi inclusive considerado o mais básico princípio do próprio cosmos. «O número foi o princípio inicial que usaram na explicação da natureza [...]. Daqui a doutrina pitagorista "Todas as coisas são números". Diz Filolau, um pitagorista famoso do século V, "Se não fossem os números e a sua natureza, nada do que existe seria claro para ninguém, em si mesmo ou em relação com outras coisas" [...]. Observa-se o poder dos números sendo exercido, não somente em assuntos de demónios e deuses, mas em todos os atos e pensamentos dos homens, em todo o artesanato e música.»[20] Platão ficou ligado aos pitagoristas, cuja perspetiva contemplativa das verdades matemático-filosóficas veio tornar-se a atividade que melhor conduziria ao legítimo *conhecimento* místico. Como sabemos dos capítulos anteriores, este raciocínio é muito similar ao do fundador da ciência moderna, Descartes – com a mera diferença de Descartes não ter encontrado conhecimentos místicos na matemática, embora nem ele mesmo estivesse isento de experiências místicas, conforme indicámos.

O HOMEM VIVE POETICAMENTE

Devido a Descartes, vemos na matemática e na mecânica a personificação da razão e da racionalidade e mais além: a verdade perfeita. A matemática tornou-se a linguagem usada para exprimir uma verdade, modelo ou princípio científico. Na economia atual, os modelos da sociedade devem estar imbuídos de termos matemáticos. O homem económico é um módulo que calcula permanentemente a utilidade marginal e o custo, preocupando-se com a atribuição ótima dos recursos. Neste sentido, a citação «o homem vive poeticamente», de Heidegger[21], há muito deixou de ser válida; hoje, o homem vive matematicamente. Instalou-se uma convicção implícita: a de que, quanto mais matemático for um determinado problema (ou resposta), mais exato e real, e «melhor» assenta, também, numa espécie de pedestal. Estas respostas são consideradas mais relevantes e também, por assim dizer, «mais verdadeiras».

O economista Piero Mini aponta o seguinte: Newton teve de resolver um problema físico e, para tal, criou uma forma de cálculo. Usou a sua matemática como ferramenta – adequando-a aos factos observados para lhe simplificar o trabalho. A economia faz habitualmente o oposto: cria modelos do mundo (e do homem) de forma a encaixarem-se na matemática[22]. Mas o que há na matemática de tão belo que nos seduz?[23]

BELA MATEMÁTICA: A CULPA NÃO É DELA

Muito do que queremos saber a respeito dos fenómenos económicos pode ser descoberto e expresso sem recorrermos a uma afinação conceptual de índole técnica, e muito menos matemática, e sem o tratamento elaborado de estatísticas.[24]
Joseph Schumpeter

Sobre a citação anterior de um dos maiores economistas, Joseph Schumpeter, queria salientar este paradoxo: uma abstração não consegue resolver as operações mais simples. George Berkeley exprimiu com concisão este conceito: «As coisas mais claras do mundo, mais habituais e perfeitamente conhecidas, quando tratadas abstratamente, parecem extraordinariamente difíceis e incompreensíveis.»[25]

O grande milagre do pensamento matemático é que *algumas partes* do mundo físico em que habitamos se comportam até certa medida de acordo com essa criação abstrata e puramente humana: a matemática. Ou pelo menos assim aparentam[26]. Os gregos estavam cientes deste mistério e prestavam muita atenção à forma de ligar os dois mundos – ou de como não o fazer. Ora, a matemática apresenta as seguintes características: «As entidades numéricas existem autonomamente. Existem dentro de si mesmas, não referem nada mais, não assinalam nada mais, não representam nada mais, não substituem nada mais, não indicam nada mais e não significam nada mais do que elas mesmas. Existem na mente [...] criam um mundo seu, um mundo em que é preciso saber entrar, ser-se santificado e benzido.»[27]

Mas, posteriormente, ocorreu uma «identificação do mundo natural com o mundo geométrico [...] até então ocupações que eram desdenhadas, mundanas [...] o cálculo e a contabilidade [...] tecnologia e mecânica, viram-se elevadas, transitando, não só de ofícios menores para grande arte, mas diretamente para o nobre estatuto da real ciência da matemática»[28]. A matemática não deve ser culpada das aplicações incorretas. A responsabilidade jaz sobre as aproximações mal escolhidas, os números representativos ou a aplicação pobre de métodos inadequados à realidade. Se cai uma ponte, não é um erro da matemática, mas do construtor, que não soube aplicá-la – ao mesmo tempo, é possível que não tenha cometido nenhum erro matemático. O erro costuma encontrar-se no uso da matemática, e não nela mesma.

A matemática é *universal*, mas, tal como acontece com uma nova linguagem, há que aprender as regras. Aqui se encontra o grande poder da matemática, e também a sua sedução perigosa – quando começa a reivindicar mais do que lhe pertence. Habitualmente, o orgulho pelos aspetos positivos da matemática faz-se acompanhar de um tipo de «purismo matemático», ou mesmo «extremismo matemático», que recusa tudo o que apresente inexatidão ou subjetividade.

Afirmar que a matemática é universal não é o mesmo que afirmar que a matemática é imutável. Enquanto conceito artificial, tem de ser alterada no momento certo. Se um conceito não «está à altura» da sua aplicabilidade, inventamos outro. Obviamente, componentes da matemática, como a álgebra, são meras linguagens, tautologias prestativas, ferramentas nas quais não existem surpresas. No entanto, os fundamentos em que se baseiam estes conceitos requerem uma abordagem distinta. Facilmente se demonstra que, de tempos a tempos, precisamos de uma matemática «nova». Veja-se, por exemplo, o paradoxo de Russell. Bertrand Russell demonstrou que a atenção dada na sua época aos conjuntos conduzia a resultados indesejados (!). Por esse motivo, tornava-se necessário criar uma nova teoria de conjuntos, nos quais apenas determinado grupo de objetos poderia formar conjuntos[29]. Reconstruímo-los de modo a obter as conclusões pretendidas. A teoria tinha de mudar para nos livrarmos do paradoxo.

Acontece com a matemática o mesmo que acontece com todas as nossas ciências: é verdadeira até nos depararmos com uma insuficiência/ /problema irresolúvel/paradoxo; depois, criamos/inventamos uma nova abordagem.

MATEMÁTICA SEDUTORA

O fascínio com a elegância da matemática encontrou porto de abrigo na economia. Talvez a maior desvantagem ou fraqueza da matemática seja precisamente a sua atratividade, a qual nos seduz a uma utilização frequente – pois é elegante, robusta, exata e objetiva.

Por outro lado, a elegância da matemática nem surpreende nem é milagrosa, se tivermos em mente que resulta da criação humana e que não existe realmente. Não tem qualquer ligação com o mundo exterior – ligação que tem de ser acrescentada externamente, por exemplo, recorrendo à física ou à engenharia civil. A matemática é uma mera criação abstrata das nossas mentes – nada mais, nada menos. É elegante e perfeita precisamente por ter sido pensada com esse fim; a matemática é *efetivamente* irreal.

Consiste numa tautologia pura: um conceito abstrato, uma linguagem, um sistema de fórmulas (úteis) que se fazem mutuamente referência. É o motivo pelo qual Ludwig Wittgenstein, um dos grandes lógicos do século passado, afirma que «[a]s proposições da Lógica são tautologias»[30] e que «a [l]ógica é transcendental [...] a [m]atemática é um método lógico [...] a proposição matemática não é de facto a que usamos na vida»[31]. Sim, a matemática não passa de um método, e a matemática pura é isenta de conteúdo. Bertrand Russell, um dos pensadores mais famosos na área da lógica, matemática e filosofia, descreve-a deste modo: «Portanto, a matemática pode definir-se como aquele assunto em que nem dominamos nem sabemos se é verdade o que tentamos descrever.»[32] Não se pode negar que os economistas descobriram inúmeras aplicações práticas para as linguagens abstratas da matemática; mas um bom criado pode ser um mau patrão. O comentário de Wittgenstein infelizmente também se aplica aqui: «Os limites da minha linguagem significam os limites do meu mundo.»[33] Se a matemática se tornou a linguagem dos economistas, há que ponderar o resultado: limitámos o nosso mundo.

A economia teórica tem apenas dois possíveis «poisos» na realidade. O primeiro é o mecanismo de assunção e o segundo é o teste empírico dos resultados dos modelos. E, contudo, ocorre uma situação incómoda na disciplina económica: o modelo não tem assunções realistas, nem os seus resultados concordam normalmente com a realidade – ou podem ser explicados pelos modelos concorrentes. O que resta para a economia? Apenas o meio-termo, o subconjunto sorridente da matemática e das estatísticas de ordem elevada[34]. A matemática tende a expulsar a concorrência mental e a descontrolar-se, se não for vigiada – como demonstra exemplarmente o seguinte episódio: «Platão apresenta-nos em Glauco um senhor vulgar que descobre em si, após conversa com Sócrates, um amor intenso pela tarefa pura e estável do raciocínio matemático, um amor que requer a difamação das coisas a que anteriormente dava valor.»[35] Se o nosso pensamento for matemático, seremos capazes de muitas realizações, mas também perderemos o acesso a outras facetas valiosas da vida. Pensar sobre a alma (ou o amor) de forma matemática é certamente viável, mas causará mais males do que bens. Se classificarmos como científico apenas o que tem tradução em termos matemáticos, áreas como as emoções e a alma (e o amor) descem para uma categoria ontológica inferior.

E, enquanto estamos no tópico emocional, tal como se indica no exemplo de Glauco, a própria matemática insurge os sentimentos («um amor intenso pela tarefa pura e estável do raciocínio matemático»), e portanto, de acordo com o relato de Platão, podemos amar a matemática, inclusive com paixão (e odiá-la, como os tempos da escola bem nos fazem lembrar).

Mas, por não ser baseada na realidade, a matemática tende a levar-nos por outros caminhos. Convém exercer cautela de modo a confrontar a abstração com a realidade. Na economia teórica, é praticamente impossível fazê-lo. No livro *The Secret Sins of Economics*, Deirdre McCloskey aponta o facto de a economia contemporânea teórica não ser mais do que um jogo intelectual assente em pressupostos. «Eis uma afirmação típica na "teoria" económica: "se a informação for simétrica, existe um equilíbrio do jogo" ou, "se as pessoas forem racionais nas suas expectativas neste sentido, blá, blá, blá, existirá então um equilíbrio da economia no qual a política governamental se torna inútil" [...]. Muito bem, imagine-se agora um conjunto alternativo de pressupostos[36] [...]. Não há nada profundo nem surpreendente a este respeito: alterar os pressupostos altera as conclusões [...] e assim em diante, até os economistas se cansarem e voltarem para casa [...]. Exprimi admiração pela matemática pura e pelos concertos de Mozart. Pronto. Mas a economia é supostamente uma análise do mundo; não raciocínio puro.»[37]

ECONOMETRIA

Muitos economistas (e uma larga percentagem dos leigos) encaram a economia como sinónimo da econometria[38]. Mas, aparentemente, as profecias dos modelos económicos (e outros) aplicam-se «corretamente» quando a realidade (por acaso ou coincidência) se comporta de acordo com os modelos (e, portanto, se não variarem em demasia das observações passadas que sustentam os modelos).

A aplicação exagerada da matemática tem paradoxalmente, pelo menos no caso da econometria, tendência para ofuscar a realidade. Como indica Wassily Leontief, galardoado com o prémio Nobel da Economia, «Infelizmente [...] o entusiasmo acrítico pela formulação matemática tende a esconder o conteúdo substantivo efémero do argumento por detrás da frente formidável de sinais algébricos [...]. Não existe outra área da investigação empírica [além da económica] em que uma maquinaria estatística tão massiva e sofisticada tenha sido usada com resultados tão indiferentes [...]. Muitos destes [modelos] são relegados para o lixo sem qualquer aplicação prática»[39]. Alguma econometria de série temporal, de acordo com o eminente economista checo-americano Jan Kmenta, «distancia a econometria da economia. Por exemplo, é difícil acreditar que tudo o que alguém formado em economia sabe dizer a respeito do PIB é que é determinado por uma tendência temporal e por uma perturbação estocástica»[40].

David Hendry[41] critica humoristicamente esta abordagem, quando analisa a influência da chuva na inflação da Grã-Bretanha – influência que se revela *muito significativa*. E ainda mais significativa do que as tentativas de explicar a inflação pela da quantidade de moeda em circulação. Dá vontade de rir, certo? Infelizmente, na análise econométrica, é normal obter resultados desprovidos de valor, mas, para situações *absurdas* menos óbvias; seremos capazes de perceber que estamos perante um erro se a nossa intuição não nos alertar (ou fez-se a pergunta errada)? Por este motivo, a matemática não deve representar, para os cientistas da economia, mais do que uma subferramenta (importante). O economista deve equipar-se primeiro de um conhecimento social e histórico amplo. Só então será capaz de distinguir entre situações absurdas e causas «mais credíveis». É o ser humano dentro de nós que nos distingue dos computadores.

Contudo, talvez a crítica mais feroz da econometria tenha sido feita em 1980 por Jeffrey Sachs, Christopher Sims e Stephen Goldfeld, ao declararem que «é possível ir mais longe e afirmar que, no meio académico da macroeconomia, os métodos convencionais (ou modelização macroeconométrica) não foram apenas atacados, mas desacreditados. A prática de recorrer a modelos econométricos para projetar o resultado provável de diferentes escolhas políticas [...] é tida por injustificável ou representa, inclusive, a principal fonte dos problemas recentes»[42].

A VERDADE É MAIOR DO QUE A MATEMÁTICA

Mas retornemos à matemática, depois da nossa excursão pela econometria. Afirma-se com frequência que a matemática é completa e consistente, objetiva, não contendo contradições. O golpe fatal para esta noção concreta (ou seja, descrever a realidade como um todo recorrendo apenas a axiomas aceites pela maioria, bem como a regras sobre o seu manuseio) foi desferido em 1931 pelo matemático checo, nascido em Brno, Kurt Gödel. No famoso teorema da incompletude, demonstra a inexistência de teorias consistentes que, contendo aritmética elementar, consigam comprovar ou refutar todos os seus argumentos. Por outras palavras, nem todas as questões matemáticas são computáveis ou têm resposta. Desde então, habituámo-nos a ouvir «é verdade, mas não se pode comprovar», inclusive na matemática. Uma das implicações diretas é que nunca conseguimos comprovar tudo o que *sabemos* verdadeiro. Por outras palavras, a nossa forma de pensar natural abarca uma escala mais vasta de perceção da verdade, permitindo-nos deduzir a (in)veracidade das declarações, do que as abordagens formais por nós inventadas. O resultado de Gödel é único no sentido em que representou uma total surpresa, e ainda hoje matemáticos e filósofos lidam com os resultados do seu teorema. De acordo com Gödel, um sistema pode ser ou consistente ou completo – ambos não é possível, e há que fazer uma escolha. Hoje em dia, o conhecimento regressa confusamente a uma combinação de intelecto e emoção/intuição ou, no mínimo, à necessidade de reavaliar o conceito da razão.

É interessante que Kierkegaard também mencione a impossibilidade de entender o mundo real de forma sistémica e abstrata: «um sistema lógico é possível; um sistema existencial é impossível.»[43]

O DETERMINISMO E O SIMPLES NÃO SÃO BELOS

O século XIX era dominado pelo determinismo ou pela convicção de que o desenvolvimento do mundo está mecanicamente subordinado ao seu estado atual e aos estados anteriores. Para o determinismo, é difícil lidar com o acaso, o aleatório, explicando estes fenómenos inversamente, pela falta de conhecimento das suas causas. A física newtoniana é um símbolo do determinismo. Embora a física quântica a tenha enfraquecido sobremaneira, na economia, o determinismo permanece firmemente ancorado. Tipicamente, na economia moderna, encontramos manifestações do mundo sob a forma de séries de equações, que contemplam condições iniciais, e a fé de, evitando os choques externos, conseguirmos descrever o desenvolvimento do mundo até ao infinito.

O comportamento humano, obviamente, costuma prestar-se mal a previsões. O determinismo pertence então à economia apenas de forma limitada, e representa precisamente uma das diferenças fundamentais entre a economia e a física newtoniana. Infelizmente, as expectativas do público leigo são outras. Com os seus espessos tomos, equações, derivações, prémios Nobel e diplomas das várias universidades, os economistas deviam – diz a crença geral – ser capazes de indicar o ponto de começo da crise económica e que meios – que fármacos – usar para extingui-la o mais rapidamente possível. Mas eis o grande logro. A economia é uma ciência social e não, como finge ser, uma ciência natural. Aplicar muita matemática não significa que nos tornamos uma ciência exata (os próprios numerologistas usam matemática com bastante frequência).

Keynes previu acertadamente: «Não está longe o dia em que o problema económico se sentará no banco traseiro, e a arena do coração e da cabeça ocupará ou reocupará os nossos verdadeiros problemas – os problemas da vida e das relações humanas, da criação e comportamento e religião.»[44] Este dia mantém-se distante, apesar do incrível crescimento da riqueza. A matemática não tem culpa. Mas, estou convicto, uma disciplina económica que – pela concentração *exclusiva* na matemática – negligencie demasiado a abordagem lata, e própria de uma ciência social, da sociedade (a qual *não se limita à economia*) e que finja compreender a economia e todo o contexto social, e inclusive mesmo prever o futuro..., esta tendência, há que culpá-la.

14

DONOS DA VERDADE

CIÊNCIA, MITOS E FÉ[1]

> *O homem razoável adapta-se ao mundo.*
> *O homem irrazoável insiste em tentar*
> *Adaptar o mundo a ele.*
> *Logo, todo o progresso depende*
> *Do homem irrazoável[2]*
> George Bernard Shaw

O que é a verdade? Qual a natureza da verdade? A verdade presta-se mais prontamente à investigação científica ou será a verdade uma questão para os poetas investigarem? Nas palavras de Lévi-Strauss: «[O] facto mais espantoso e desafiante é que a ciência não pretende ser "verdadeira", nem consegue sê-lo em sentido absoluto... é uma organização preliminar de hipóteses em desenvolvimento.»[3]

A verdade pode ser difícil de descobrir. Atualmente, a economia recorre essencialmente a instrumentos analíticos para conseguir compreendê-la. Mas a verdade nem sempre é analítica. Muitos são os segredos que nos rodeiam, que tentamos compreender, mas que se encontram além da capacidade dos nossos aparelhos analíticos. Devíamos então abandonar o desejo de compreender totalmente a verdade através dos métodos científicos analíticos – que nos trazem um maior grau de modéstia do que habitualmente a ciência económica apresenta. Não obstante, a economia comporta um aparelho matemático admirável, em construção desde há cem anos. Graças a ele, foi possível reescrever grande parte da economia, transformando uma linguagem puramente verbal num discurso matemático. A matemática tornou a economia mais coerente e precisa, mas também não passa de uma linguagem. Uma linguagem que – como qualquer outra – é incapaz de exprimir o total da existência. Além de colocar uma dúvida mais premente: se usamos outra linguagem, devemos colocar perguntas diferentes? Deve o foco da nossa atenção mudar, por termos começado a usar esta linguagem nova?

A economia atual abandonou os seus temas originais, como a ética e a moralidade, e deixou-se distrair entretanto pelo refúgio no aparelho analítico-técnico. Alterámos – ou deslocámos *in extremis* – o foco de atenção da ciência, apenas por causa da nova linguagem. Resumidamente, a economia dá uma ênfase excessiva ao aspeto matemático e negligenciou a humanidade não matemática que nos é intrínseca. A economia normativa foi suprimida pela economia positiva (descritiva). No limite, podemos considerar que a ciência económica positiva e descritiva é assaz perigosa. Abstrai pontos importantes, faz-nos considerar juízos de valor não existentes ou não importantes e pode, sozinha, conduzir-nos para becos sem saída e arriscados; pior, negligencia aspetos importantes da existência, aspetos que não se prestam facilmente à (mera) investigação matemática.

OS MODELOS, SOMOS NÓS

> *Não vemos as coisas como elas são;*
> *Vemo-las como nós somos*[4]
> Talmude

A introdução de certas abstrações (como a gravitação), que se tornaram geralmente aceites, alterou também a nossa forma de estar. Uma teoria, se for credível, orienta a perceção do mundo de acordo com o seu prisma, inevitavelmente. Kolman, o filósofo de matemática chegou à conclusão de que, «enquanto seres racionais e autoconfiantes, não somos apenas produtos, mas também cocriadores da realidade. Os cientistas, incluindo os matemáticos, esquecem-se sistematicamente de indicar as leituras que deram azo aos seus argumentos»[5]. As teorias científicas, modelos da realidade, tornam-se parte indivisível da realidade. Cada teoria é uma ideologia (recorro ao termo ideologia sem qualquer conotação negativa). Ou, por outras palavras, cada enquadramento interpretativo forma uma ideologia (isenta de um cunho político). E as ideologias mais bem-sucedidas são aceites por nós com tal naturalidade que nem sequer notamos a sua presença, muito menos as pomos em questão. No debate das ideias, a vitória de qualquer ideologia ou ideia é tornar-se tão profundamente enraizada que parece natural e «eternamente presente».

Somos, desta forma, aperfeiçoadores da criação, como indica o Livro do Génesis quando Adão recebe a tarefa de atribuir nomes aos animais, e, cumprindo-a, dispõe o mundo em categorias ordeiras. Não conseguimos sequer descrever o que observamos sem um enquadramento interpretacional. Pelo que se aplica a analogia de Wittgenstein: o olho que observa também faz parte do mundo; na nossa aceção, este olho representa o enquadramento interpretacional que se interpõe entre nós e a realidade. Nas palavras de David Hume: «A matemática demonstra-nos com precisão absoluta que não existe, nem no mundo nem na linguagem, nenhuma espécie de factos precursores, imediatos ou naturais, se de antemão não estabelecermos uma teoria na qual assentem as nossas descobertas, implicando a possibilidade de as coisas em nosso redor terem outro significado.»[6] Factos e «realidade objetiva» são termos vagos, ou seja, predispostos a interpretações variadas. Ora bem, os economistas, usando os mesmos conjuntos de dados, as mesmas estatísticas, retiram conclusões muito distintas.

Na ciência, aplicamos o enquadramento em vigor – cientes das suas insuficiências – até se erguer um novo enquadramento coerente que crie, por assim dizer, um «mundo novo» (uma nova interpretação). Por exemplo, ao longo de vários séculos, o mundo «comportou-se» segundo a lei da gravidade. Esta abstração (gravidade) não foi alvo de concorrência nem de disputa, pois (com um certo nível de simplificação necessária) era suficiente. Perguntámos à realidade por que motivo os objetos caem no chão e demos a nós mesmos a resposta: por causa da «gravidade».

A nossa resposta bastou-nos (durante algum tempo). Segundo Hegel: «Se olharmos racionalmente para o mundo, o mundo também olha racionalmente para nós.»[7]

As mesmas leis aplicam-se à economia. Os pressupostos (aqui devemos ressalvar que uma vasta maioria dos nossos pressupostos iniciais continuará inaudita) não passam de *meios* de pensar ou observar o mundo. Na ausência de observadores para tal capacitados, o mundo continua caótico, até o nosso pendor para um raciocínio modelizado aplicar modelos que existem dentro de nós (não pertencentes ao mundo), permitindo-nos assim encarar o mundo através da razão. O conceito (equação matemática, princípio, lei) ao qual obedece o «comportamento» do mundo não reside neste, mas dentro de nós. É o nosso raciocínio, a nossa imaginação, que organiza o mundo em teorias e modelos. Cada modelo supremo que ambiciona tornar-se uma visão do mundo (explicar como e porque funciona) é, sempre e somente, um conceito, um ponto de vista, uma perspetiva, uma opinião. Cada teoria é, por conseguinte, uma ficção, mais ou menos útil, ou, caso se prefira, uma história, um mito. Um mito que, sabemos, não é verdadeiro (não usamos pressupostos realistas), mas no qual acreditamos, ainda assim, que contém *truísmos* sobre nós e sobre o mundo.

Os modelos costumam ser uma imagem de algo (o modelo de um castelo, o modelo informatizado de uma simulação da água, o modelo do big-bang do Universo). Ou serão modelos no sentido de quem posa para estátuas e desfiles de moda? Por outras palavras, que modelos usamos para modelizar o real? Reescrevemos a economia para concordar com os nossos modelos ou criamos modelos para concordarem com a realidade? A diferença é óbvia: o castelo verdadeiro, a água verdadeira e/ou o mundo físico não se deixam influenciar pelos modelos da ciência física. Contudo, a economia real deixa-se influenciar pela ciência económica. A teoria económica, por exemplo, influencia a expectativa dos indivíduos e também o seu comportamento. Mais um motivo pelo qual é determinante a teoria económica que for escolhida.

ESCOLHA A SUA FÉ

Os modelos *an sich* (em si mesmos) não bastam para nos convencer; praticamente todas as visões do mundo possuem uma legião de modelos suficientemente funcionais ao seu dispor. A escolha de uma determinada teoria económica depende, portanto, em grande medida, da visão pre-concebida do mundo que enforma o indivíduo. Não é possível com-provar o paradigma, a perspetiva e os axiomas de um dado modelo; um indivíduo escolhe então a escola de pensamento que melhor corres-ponde à sua visão do mundo, segundo os pressupostos ou conclusões do seu modelo – o qual, supostamente, está na moda. A escolha pode ser completamente irracional e emotiva, baseada numa simpatia preexis-tente com os seus pressupostos ou resultados esperados. Os modelos são portanto aceites, não porque se conformam à realidade (não há modelos realistas), mas pela *harmonia* com um determinado conceito do mundo, por rimarem com «aquela» visão do mundo, em que acreditamos ou (habitualmente) queremos acreditar. Mesmo os modelos positivos (no sentido de serem descritivos) têm uma base normativa. Assim se torna a economia uma fé – perante axiomas não comprováveis, resta-nos acre-ditar neles. Uma abordagem extrema faz-nos concluir que a economia poderá representar uma religião[8].

Sucede com os modelos o mesmo que com as parábolas. Se a Bíblia descreve Jesus como o «Leão da Judeia», obviamente que o Messias não terá juba amarela, nem será carnívoro com um tempo de vida médio de dez anos. Devem considerar-se as abstrações de acordo com os respeti-vos contextos; sem estes, tornam-se arriscadas. A economia teórica é um conjunto de histórias contadas segundo um preceito científico (adulto), que, diferindo em grande medida dos contos de fadas e dos mitos, não deixa de partilhar características comuns com estes. Sabemos que em ambos podemos encontrar máximas verdadeiras[9], mas também estamos cientes de serem ficções.

A história da onda gravitacional de Newton cedeu lugar à teoria da relatividade[10]. O mesmo acontece na escola económica. E, no futuro, qual será a evolução do pensamento económico? Por este motivo, os economistas deviam ser mais humildes quando analisam a realidade. Mas a humildade entra em direto conflito com a tentativa de explicar o comportamento humano como um todo, recorrendo a um único princípio – uma tendência frequente da economia moderna. Os modelos económicos costumam posicionar-se num mundo abstrato que não contempla a diversidade dos contextos (culturais, sociais, históricos, religiosos). O contexto encontra-se habitualmente ausente da economia. E, no entanto, conseguiremos estudar o comportamento económico sem lhe conhecermos o contexto?

UMA CATEDRAL DE ANDAIMES

Tendo referido repetidamente a física – disciplina em que a economia costuma encontrar exemplos –, será relevante salientar as diferenças metodológicas essenciais entre as duas ciências. A física emprega uma lógica hipotética totalmente distinta: as hipóteses são montadas como se fossem andaimes: usam-se para construir o edifício, mas, a seguir, com a ajuda destes guias e apoios artificiais, desmontam-se. Por exemplo, ignorar a fricção do ar para realizar medições de queda livre foi uma ideia de génio – uma abstração útil, que simplificou o raciocínio. Mas, num cálculo *a sério*, temos de entrar em conta com a resistência do ar, quando queremos *realmente* descobrir se a pena chega mais depressa ao chão do que a pedra. A aplicação à realidade requer que se desconsiderem e repensem os pressupostos simplificados. Ao construir modelos, temos de nos afastar da realidade e, ao aplicá-los à realidade, temos de nos afastar dos modelos. Temos, por assim dizer, de derrubar os andaimes para verificar se, debaixo deles, resta algum edifício.

Na economia, contudo, não podemos desmontar os pressupostos, nem mesmo *a posteriori* – todo o edifício ruiria. Logo, construímos uma catedral de andaimes, que continua oca. O que aconteceria à economia teórica atual se o pressuposto do modelo do *Homo economicus* fosse abandonado? Se derrubarmos o nosso andaime de pressupostos, toda a nossa catedral tombará – ou, alternativamente, descobriremos que a magnífica catedral nem sequer existiu à partida, tal como o rei que vai nu.

Mesmo Wittgenstein utiliza a analogia dos andaimes (uma ferramenta que nos permite trabalhar nas alturas): «A proposição constrói um mundo com a ajuda de um andaime lógico, e por isso se pode também ver na proposição como tudo se organiza logicamente, se ela é verdadeira. É possível tirar inferências de uma proposição falsa.»[11] É uma questão de andaimes, não do edifício. Apenas depende da forma como são usados. Os andaimes por si mesmos são irrelevantes. Espantosamente, um dos pais da economia moderna, Alfred Marshall, indicou que os «andaimes» da matemática fossem queimados, findo o trabalho[12].

Mas ocorre um fenómeno desagradável na economia, com bastante frequência. O que acontece se os modelos tiverem pressupostos irrealistas e os resultados forem falsificáveis ou impossíveis de testar (o modelo do *Homo economicus*, por exemplo)? Vemos este efeito em modelos cujas conclusões concordam, na prática, com os pressupostos (seria de esperar...). Escolhemos os pressupostos e axiomas que concordam com os resultados que queremos obter.

ALÉM DAS METODOLOGIAS: PARA UM MISTÉRIO DA INSPIRAÇÃO

Se quisermos criar um paradigma novo, temos de imitar Einstein – libertarmo-nos dos conceitos antigos. Uma nova abordagem metodológica requer mais do que a correta aplicação da metodologia, obviamente. Primeiro temos de *nos livrar por completo da metodologia original* e ousar uma abordagem *totalmente nova*.

O rumo para uma nova perceção do mundo passa pelo abandono da atual. Devemos aplicar a escada de Wittgenstein; subir por ela e depois deitá-la fora[13]. Não existe nenhum método para descobrir um novo método. O método (e com ele todo o discurso científico) representa apenas um *processo secundário* de aprendizagem. As descobertas do conhecimento que são revolucionárias e originais surgem com a recusa precisa e exata, e a negação e violação, do(s) antigo(s) método(s). E como nasce este objeto totalmente inédito? A partir da inspiração. Esta acontece no refúgio das musas, dos sonhos, da arte ou das revelações. Por outras palavras, na área emotiva, e não na racional. Há uma razão para dizermos que uma ideia nos «bateu», nos atingiu (no sentido em que somos atingidos por um relâmpago ou por um pau). Quando atinge, acende-se a «lâmpada» no espírito. Heffernanová afirma que «não dizemos que produzimos uma ideia, mas que tivemos [!] uma ideia»[14]. A autora faz uma observação divertida ao descrever as experiências de vários cientistas sobre os vários meios de inspiração, que formam os *três B: Bus* [autocarro], *Banho* e *Bed* [cama][15]. Apenas nos processos secundários se atribuem as ideias à razão. Um pensamento novo que não seja contextualizado a partir de outros pensamentos (com outros sistemas de conhecimento) será recusado, quer pelo próprio autor da ideia quer pela comunidade científica. (O processo de descoberta permite que a ideia encontre harmonia com as demais ideias. O novo fenómeno terá de ser contextualizado juntamente com os outros fenómenos que já foram explicados.)[16] «Uma proposição tem de comunicar um sentido novo com expressões velhas», nas palavras de Wittgenstein[17].

A perspetiva de «solidificar» o que teve origem como emoção e torná-la pensamento racional observa-se no próprio processo de descoberta. O frémito inicial de uma teoria nova é a força-motriz da teoria económica, que a faz avançar, e só o avanço permite solidificar a nova descoberta, transformando-a em método (processo que costuma ser realizado pelos sucessores do pensador original). É plausível afirmar que novas ideias surgem com alguma frequência, mas que são rejeitadas por não se considerarem razoáveis, por não se encaixarem. As sementes caem em solo infértil. Por outras palavras, a noção de que o tempo é relativo terá ocorrido em inúmeras ocasiões, mas apenas Einstein foi capaz de fazer deste «disparate» (numa perspetiva newtoniana) um conceito relacionado com outros conceitos mais sensatos.

Usando uma parábola, com todas as limitações que lhe são inerentes, compararíamos a inspiração emotiva com um tipo de motor no automóvel da descoberta, em que a razão representa a estrutura e os travões. Estes dois polos de uma experiência suave e sólida (nova e estabelecida) existem em simbiose, tal como um automóvel não funciona sem motor nem travões. O motor, sozinho, não nos conduz a parte alguma, e a estrutura do carro sem o motor também não. Para o conduzirmos, temos de confiar nos *travões* e no facto de conseguirmos controlá-los. Uma mão sozinha não bate palmas. A razão tem de ser complementada (reanimada) pelo uso da inspiração, tal como a inspiração tem de ser ajustada (mantida com os pés na terra) pelo uso da razão. Evans afirma: «O conhecimento progride com a invenção de conceitos novos. Mas o que torna um conceito significante? [...] É o brilho da imaginação que constitui a glória da ciência.»[18] E, tal como indica Wittgenstein no prefácio, pode ser «compreendido por alguém que tenha uma vez ele próprio já pensado os pensamentos que são nele expressos – ou pelo menos pensamentos semelhantes»[19].

A lógica deve ser complementada pelo misticismo da inspiração (alvo de debate por Russell, por exemplo[20]). É preciso método para ancorar e comunicar a inspiração. Temos de *equipar* a inspiração com o método, e não de a provocar pelo uso deste. A consolidação da metodologia de análise pode (e deve) ser um ato secundário ao enquadramento do *novo sistema*, que o próprio sistema irá determinar de forma contínua e inesperada. Não há metodologia de investigação científica *preestabelecida*. Caso existisse, teria um efeito destrutivo. Não se pode abordar cientificamente a própria ciência.

A POBREZA DO FUTURISMO: ECONOMISTAS COMO PROFETAS MODERNOS

A finalidade de qualquer ciência é a previsão.[21]
Auguste Comte

Se fosse possível calcular o estado futuro do mercado, não existiria incerteza sobre o futuro. As empresas não teriam proveitos nem perdas. Aquilo que as pessoas pedem aos economistas não está ao alcance dos seres humanos[22].
Ludwig von Mises

Se indagássemos que profetas existiram nos séculos XX e XXI, teríamos de incluir os economistas, pois cumprem atualmente o papel de prever o futuro, ocupando assim o lugar que outrora, no mundo antigo, pertenceu aos oráculos. Contudo, estas previsões não se concretizam com muita frequência, nem a matéria prevista é realmente importante. Mas porque falhamos tantas vezes? E, eventualmente, poderá esta situação mudar?

Na Grécia antiga, a verdade foi durante longo tempo o domínio do poeta. A *Ilíada* e a *Odisseia* de Homero apresentaram respostas possíveis a perguntas como: *o que é o homem? O que são os deuses? De onde surgiram as regras, e quais são elas?* O comportamento das personagens nestas histórias e as interpretações poéticas dos seus atos são em grande medida determinados por uma opinião universal sobre o caráter da divindade e do homem. Com o aparecimento de Tales, a verdade passou a ser o domínio dos filósofos, e, após Aristóteles, também dos cientistas, embora o poema e a narrativa desempenhassem um papel importante na explicação do mundo ao longo de milénios, até ao século xx. Durante a Primeira República (1918–1938) da Checoslováquia, os jornais mais lidos publicavam poemas e narrativas, e os respetivos autores exerciam uma influência real na formação das opiniões políticas do público. Nos nossos tempos, palavras como *falta de precisão científica, subjetividade* ou *narrativa* são epítetos que nos fazem desconsiderar uma extensa parte das possíveis descrições da realidade. Os economistas ocupam uma posição privilegiada entre estes descritores. Por que razão?

A última crise económica voltou a demonstrar que economistas são incapazes de prever o futuro. É-nos impossível antecipar o começo de uma crise e o seu alcance. Embora tal falha ocorra com relativa frequência entre os economistas, são ainda estes o grupo mais ativo de entre as ciências sociais que procura antever o futuro. Não se veem sociólogos, cientistas políticos, advogados, psicólogos e filósofos atropelarem-se para adiantar cenários de futurologia; no limite, opinam sobre uma visão. Porque não encontramos igual reserva entre os economistas? Por um lado, existe, pura e simplesmente, procura para tais previsões, mas, por outro, a economia tem feito um esforço claro para se aproximar o mais possível da física, que é uma ciência natural acerca de objetos «mortos», aquela que se encontra provavelmente mais próxima de antever acontecimentos futuros.

Embora procuremos explicar o futuro, a verdade é que nem sempre conseguimos explicar o passado. O filósofo Karl Popper escreveu um livro chamado *The Poverty of Historicism*, em que conclui ser praticamente impossível explicar os acontecimentos do passado. Nomeadamente: encontraremos um número quase arbitrário de «explicações». Não temos de ir longe para exemplificar: os economistas não conseguem sequer chegar a acordo a respeito dos motivos que originaram a grande crise económica de 1929, tal como não concordam nos fatores que lhe deram fim. Da mesma forma, não somos capazes de explicar com exatidão o que terá causado a crise atual, pese o facto de a termos vivido em primeira mão.

PROGNÓSTICO: AS PROFECIAS AUTOEXCLUÍVEIS

A primeira grande dificuldade – e bastante óbvia – reside no facto de ser impossível prever o imprevisível. É uma contradição direta. Se fosse possível prever o acontecimento, este simplesmente deixaria de ser imprevisível. Observadores atentos dos acontecimentos (sejam físicos ou economistas) conseguem identificar uma tendência e expandi-la. Mas não somos capazes de prever os acontecimentos. Conseguimos indicar o que deveria acontecer em casos-modelo, mas o mundo não é um modelo.

Também temos uma incantação mágica para prever o futuro; dizemos sempre *ceteris paribus* – «com o pressuposto de que tudo o mais não se altera» ou «mantendo-se o restante igual». É como um «abracadabra», embora sejamos forçados a admitir que o mundo real não funciona *ceteris paribus*.

Para terminar, todos os verdadeiros profetas carregam uma maldição própria. Ponderem no fenómeno da maldição do profeta Jonas: o profeta bíblico Jonas não queria realizar profecias, portanto, foi engolido por um peixe gigantesco quando se fez ao mar e cuspido, dias depois, para a margem de Nínive, a cidade cuja destruição deveria ter previsto. Com relutância, Jonas admoestou a cidade de que sofreria um fim tenebroso. Mas, afinal, os habitantes acreditaram no aviso (quem teria imaginado?) e realizaram atos de expiação. A história tem um final feliz para todos, menos para Jonas: em vez de uma destruição massiva, nada aconteceu! Pelo facto de Jonas passar uma mensagem credível, e de as pessoas reagirem em conformidade, a profecia não se cumpriu, e a cidade não foi destruída. E Jonas ficou a sentir-se como o rei dos tolos.

A mensagem da narrativa é óbvia: não damos valor aos bons profetas. O motivo é explicado perfeitamente por Nassim Taleb em *The Black Swan*: se alguém em 2001, um excelente analista de assuntos internacionais e especialista em terrorismo, fosse capaz de imaginar o ataque que se preparava contra os Estados Unidos e fosse também capaz de convencer os chefes de Estado, o que teria acontecido? Nada – porque a informação teria impedido o cumprimento da previsão. Posteriormente, no melhor dos casos, este (verdadeiro) profeta cairia na obscuridade. No pior, recordá-lo-iam como um belicista, um pessimista, e o pior regulador da sua época. Por sua causa, nos aeroportos, seríamos obrigados a descalçar os sapatos e a sujeitarmo-nos a inspeções de segurança degradantes. Como se houvesse um princípio da «profecia autoexcluível»: quando a profecia é «verdadeira» e precisa, normalmente não ocorre. Se pudermos antecipar os problemas, estes deixam de ser problemas. Que é precisamente o oposto do princípio da «profecia autorrealizável» conhecido das ciências sociais. O busílis é que não sabemos qual dos princípios prevalecerá. Por vezes os avisos espoletam precisamente aquilo que se queria evitar; por vezes, evitam-no.

Se um indivíduo fiável desatar a gritar, durante um período de normalidade, «Crise! Crise!», o potencial efeito de avalanche psicológica pode dar azo ao próprio início de uma crise. Ou a crise será defletida, porque alguém avisou a tempo, e os agentes mudaram de comportamento. Mas dificilmente conseguimos perceber que tipo de caso temos entre mãos. E, já que falamos de profetas: é possível que nem Deus conheça o futuro, caso contrário, os teólogos, desde há séculos, não discutiriam este tema.

Talvez a conclusão mais provável seja a de Alfred Whitehead, um dos mais importantes filósofos e teólogos (e também matemáticos) do último século: o futuro encontra-se em aberto, radicalmente, e inclusive para Deus. Se Ele sabia que Eva e Adão provariam do fruto proibido, porque reagiu com tamanha raiva? As profecias do Antigo Testamento não representam visões determinísticas do futuro, mas avisos e variações estratégicas de possíveis desenlaces, incidindo no que requeria alguma forma de reação. As reações adequadas impediriam, normalmente, a profecia de se realizar. Não podemos ser otimistas nem pessimistas a respeito do futuro, apenas conservarmo-nos místicos.

A POBREZA DO FUTURISMO

E quereríamos realmente conhecer o futuro, se tal capacidade fosse viável? Amaríamos uma pessoa que iríamos odiar ao fim de alguns anos, plenamente conscientes do percurso? Não teremos a agradecer muito da nossa carreira ao fator incerteza? Lembro-me de uma cena maravilhosa de *À Boleia pela Galáxia*, sobre filósofos que ameaçavam fazer greve porque um génio informático se preparava para desvendar o problema da «Pergunta sobre a vida, o universo e tudo o resto» e aqueles pensadores temiam perder o emprego[23].

O mesmo acontece com a incerteza. Os mercados existiriam sequer se conhecêssemos de antemão o desenvolvimento dos preços? Ou, usando outro exemplo: quanto dinheiro (quantos milhares de milhões de dólares) foram investidos na análise da evolução dos preços do petróleo? Quem adivinha corretamente fica rico. E, no entanto, quem «acerta na mosca» fá-lo por sorte.

Compreende-se a necessidade de saber que cavalo ganhará a corrida. Mas, no próprio instante em que fosse possível prever o futuro, as pistas de corridas fechariam as portas. Amaldiçoamos o futuro incerto, e, contudo, é graças a esta incerteza que temos experiências muito agradáveis na vida.

É evidente que não existe glória em fazer previsões. Não seria melhor, então, deixarmos o futuro entregue às mãos do futuro e concentrarmo-nos no «aqui e agora»? A resposta é: não. São fatores indissociáveis, a preocupação com o amanhã e a vida humana. Sem amanhã, a vida não teria sentido. Sem amanhã, nem o presente teria sentido. Conforme afirmou um dos grandes filósofos checos, Ladislav Hejdánek, «Há que ter uma perspetiva do progresso, seja próximo seja remoto, para entender o presente, cujo verdadeiro sentido se manifesta, antes de mais, nos contextos que chegam e nos que partem»[24]. Para conhecer o presente, precisamos de uma noção do futuro. Sem futuro e sem passado, o presente não faz sentido.

Mas, perante um futuro radicalmente aberto, tentamos orientar o nosso destino. Tanto os apóstolos do crescimento económico permanente como os profetas do Armagedão económico dispõem das mesmas estatísticas. Contudo, e conforme as suas disposições, um encontra esperança, e o outro, a situação inversa.

A TEORIA DA REDE COGNITIVA: O CONTÍNUO DE RAZÃO E EMOÇÕES

A diferença entre razão e emoção é quase inexistente, para efeitos práticos.[25]
Jana Heffernanová

Sempre me intrigou o processo em que atribuímos certos efeitos mentais à emoção e outros à racionalidade. Não se baseiam ambos no mesmo princípio? Existe alguma forma de unir o lapso (talvez aparente) entre razão e emoção? Seremos capazes de ultrapassar a diferença entre factos subjetivos e objetivos? Seremos capazes de reunir a religião, a fé e o mito de um lado, e a ciência, a evidência e a paradigma no outro?

O primeiro passo da nossa meditação conclusiva (para adotar a metodologia de Descartes) consiste em abandonar o nítido dualismo entre racional e emotivo. Esqueçamos para já a afirmação de Hume, em que «a razão é escrava das paixões» ou o contrário. Mas, ao mesmo tempo, repensemos o conceito do *Homo economicus*, cuja maximização da utilidade nos orienta para uma otimização racional e contínua. Comecemos pela base, pelo *Homo sapiens*.

Poderá haver um sistema em que a razão não sirva de contraponto aos sentimentos, perceções e emoções – um sistema unificado, um contínuo em que razão e emoção se complementam e incentivam mutuamente? No mundo real, a perceção pura e isenta de um enquadramento racional e abstrato é algo que não existe, tal como não existem conceitos racionais isentos de impulsos percetuais. Tudo forma um contínuo único, de índole racional-emocional. A única diferença entre a metade racional e a sua contraparte percetual é o nível de recursividade da confirmação, em termos da afirmação social e empírica da perceção em causa. Novas perceções, que sejam originais e difíceis de categorizar, são emoções «suaves», enquanto as emoções confirmadas (socialmente) de forma assertiva e repetitiva são conceitos racionais. Nas culturas primevas, perante um reduzido leque de emoções fortes e admitidas, não se vincava tanto a diferença como agora, tendo a humanidade investido bastante na afirmação de certas histórias ou conceitos.

Vejamos um exemplo extremo da matemática como apogeu reconhecido da racionalidade (a matemática não tem, efetivamente, um conteúdo empírico, pois é, em último caso, um sistema de símbolos completamente abstratos, expurgado de oponentes empíricos). Considerando a equação em que um mais um igual a dois: quando interagimos pela primeira vez com este facto (logo na infância ou ao depararmos com este conceito), é-nos tão emocionalmente infundamentado e ininteligível como qualquer perceção. *Mesmo a matemática, no início, é experimentada como mera emoção.* Uma emoção que *tivemos* de aprender (como qualquer estudante da primeira classe). Foi devido à repetição constante e a confirmações sociais positivas do facto em questão (um mais um é sempre, constantemente, igual a dois) que a *emoção* se *solidificou* e se tornou um conceito firme e fiável, usado com segurança, sem necessidade de repetição e nova confirmação e verificação. As confirmações repetidas «solidificam» e *racionalizam* as perceções emocionais.

Mediante esta abstração (útil), o conceito que envolve dois números «um», um sinal de «mais», o número «dois» e o sinal de «igual» adquire um real significado. Mas estes termos não existem no mundo (o mundo não contém abstrações). Ninguém entre nós viu, na sua essência, nem o *número um* nem o *número dois*. Podemos ter visto duas maçãs e duas peras, sendo o número dois uma das equivalências entre estes conjuntos de frutas. Mas o número dois em si mesmo não existe no mundo real. Este truísmo aplica-se a qualquer outro símbolo matemático (por exemplo, o número «menos dois»). São meros símbolos cujos significados e regras fazem parte da nossa aprendizagem. Percebemos os impulsos do mundo real por intermédio de unidades abstratas, dos sinais de igual e de mais (o número de peras e de maçãs e a soma resultante). A base desta perceção forma então um enquadramento interpretacional (no nosso exemplo, o número «um» matemático) aplicado pela pessoa no ato de observar, simplificar e solucionar o mundo. A racionalidade é apenas uma emoção *solidificada*.

Um exemplo que descreve o polo oposto da experiência descreve um elemento fundamentalmente específico e único, subjetivo. Imagine-se o amor ardente ou a amizade como exemplos. Quando sentimos estas emoções fortes pela primeira vez, não sabemos classificá-las, pois a experiência é *radicalmente nova e diferente* para nós, e não temos palavras – literalmente – para as exprimir; no sentido mais profundo do termo, estamos incapazes de falar (quais animais). (As palavras só funcionam num sistema de vivência sociogeneralizada que seja partilhada por, no mínimo, dois membros da sociedade, quando descobrem coletivamente que as vivências singulares de cada membro são *muito parecidas* entre si, ou seja, que contêm elementos comuns. Não existem palavras que descrevam vivências irrepetíveis.) Apenas posteriormente nos deparamos com elementos entretanto familiares pelo contacto alheio ou pela leitura e ficamos dispostos (ou somos obrigados) a generalizar a nossa experiência individual, irrepetível e inenarrável, usando termos vigentes com que se depararam os outros membros da sociedade. Não há amor nem amizade iguais entre si; os sujeitos que foram alvo de tais sentimentos não têm perceções idênticas (nem são comparáveis). E, contudo, se uma pessoa experimenta sentimentos que estão em harmonia com os de outras pessoas, todas elas encontrarão palavras abstratas capazes de exprimir a natureza comum das suas experiências irrepetíveis. Arredonda-se assim uma vivência subjetiva ao denominador social mais aproximado. Nenhum pôr do Sol é igual a outro; todos são únicos, mas conseguimos obviamente descrever esta vivência aplicando um termo único capaz de descrever o pôr do Sol observado por todos os olhos humanos. A frequência dos acontecimentos, aliada à necessidade de comunicarmos as nossas vivências, forma em certas ocasiões (nunca em todas!) uma experiência repetida que ganha nome próprio e se torna conceito abstrato. Ou algo mais sólido e aplicável. Criando assim um arredondamento abstrato (por tratar-se da linguagem) e objetivo de uma experiência subjetiva e única. A nossa linguagem não passa de «um arredondamento» das emoções subjetivas para as quais escolhemos o termo mais aproximado ao nosso dispor.

Até uma vivência emocional como o amor e a amizade solidifica ao longo do tempo; confirmações mútuas e repetidas da vivência em questão fazem dela uma componente automática da nossa vida. Solidifica e assume um formato racional em que depositamos confiança. Podíamos falar de uma *inflação de vivências*, quando os mesmos estímulos já não causam o «sangue na guelra» como o estado virgem inicial. Solidificaram, tornaram-se racionais, são fiáveis. Um amor solidificado não é melhor nem pior do que um novo. É diferente, pois contém propriedades racionais.

A emoção é a vivência jovem que não encontrou ainda uma forma racional (que talvez mais tarde a aguarde). Surge da perceção inconsciente e, num instante original, *não existe*, pois somos incapazes de encontrar um termo abstrato que corresponda a esta vivência, embora ulteriormente se torne algo que sabemos classificar, comunicar e aplicar. Emerge então um conceito do mundo (numa pessoa ou numa sociedade) a partir destas perceções, uma malha no nosso espírito que tece a realidade. A ordem nasce do caos de uma solidez sem nome, expressa por via de características repetitivas (as quais denominamos ou consideramos racionais).

E se a razão e a emoção forem compostas pela mesma matéria? E se forem dois polos do mesmo contínuo? A psicóloga Jana Heffernanová exprime esta hipótese da seguinte forma: «A contenda entre razão e emoção é algo que não existe, pois jamais na vida diríamos uma frase apenas sustentada no pensamento racional sem um traço de emoção; por detrás das declarações mais razoáveis encontram-se sentimentos e opiniões, envoltos em emoções positivas ou negativas [...] no nosso quotidiano, uma emoção é oposta de outra, por exemplo, medo e compaixão, em que se mascara, se explica ou se defende o medo ou falta de compaixão por meio de argumentos racionais como sendo a opção razoável a tomar, a opção certa a tomar, a única opção a tomar.»[26]

Alguns pensadores separam emoções estáveis das instáveis. As estáveis são tão inamovíveis que normalmente são consideradas racionais – e podem criar confusão. Por exemplo, o interesse económico, o apreço pelo próprio, etc., parece ser uma «opção razoável», embora se limite na verdade a uma emoção estável. Por outras palavras, o aviso bíblico do *amor pelo dinheiro* é, na sua essência, *amor*. E amor é uma emoção de excelência. Pode ser uma forma de amar sórdida, sobrevalorizada ou orientada para o destino errado... mas não deixa de representar um amor, e amor será[27].

ELOGIANDO OS ERROS

> *Tudo na vida tem defeitos, é por ali que a luz penetra.*[28]
> Leonard Cohen

A razão e a emoção (perceções antiga e velha) raramente entram em conflito. Os conflitos despertam quando novas vivências (não consolidadas, inexplicadas) colidem com as antigas (consolidadas e explicadas) e quando as nossas perceções e emoções subcognitivas não encaixam nos conceitos cognitivos observáveis ou pressentidos existentes. Se ocorrer repetição da realidade subcognitiva inexplicada, se esta permanecer temporalmente e não formos capazes de a explicar no contexto de um enquadramento existente, acontecerão dois fenómenos: o nosso sistema cognitivo suprime a nova perceção (consciente ou inconscientemente), tornando-a residual ou anomalia – sabemos (inconscientemente) que existe, mas não estamos dispostos, obrigados ou capazes de a processar dentro de um sistema (ou dedicar atenção a esses desvios), o que pode causar a supressão total num patamar ontológico, em que nem sequer notamos que a realidade *não se encaixa*. A outra alternativa é a óbvia possibilidade que estes «erros» destruírem o sistema antigo.

Por vezes, erros pequenos (quando a observação não se encaixa no enquadramento ou desvios do esperado que não correspondam a uma teoria existente) têm a capacidade de desnudar as imperfeições da teoria e de a desmontar por completo. São precisamente estes «soluços na *Matrix*» que destapam o conceito mental da nossa visão do mundo, qual ilusão da *Matrix*. Foi o que sucedeu com a observação da órbita de Mercúrio no final do século XIX, em que se descobriram dois pequenos desvios contraditórios com a visão do mundo proposta por Newton. O tema foi resolvido (tendo dado origem à investigação) em 1915, ao surgir a *teoria geral da relatividade* de Einstein, capaz de explicar estas pequenas discrepâncias e de substituir o sistema newtoniano.

Um modelo não passa de uma história (ou, como indica o economista Weintraub, uma autobiografia[29]), e, graças a erros nos modelos e a abstrações vigentes (até então funcionais), abrimos a porta para novas histórias. O fator residual que não se enquadra nas equações das teorias vigentes pode esconder a chave de novos horizontes. Os cientistas não devem portanto arredondar os erros, mas, pelo contrário, dedicar-lhes a maior das atenções, pois é provável que dentro deles encontrem os rudimentos de um sistema axiomático totalmente novo (e talvez melhor). O mesmo se aplica nas vidas pessoais.

O elemento residual (explícito ou inconsciente) cria uma dialética esquizofrénica no conhecimento científico (bem como na *psique* humana). A impossibilidade de consolidar a sua vivência pode originar no homem uma personalidade dividida (até certo ponto, esta afirmação tem um caráter generalista, pois todas as situações na vida requerem a aplicação de outros sistemas paradigmáticos – e não é segredo algum que estes sistemas podem ser, e costumam ser, inconsistentes; em cada papel na vida, que pode alternar em intervalos temporais rápidos, somos compelidos a aplicar diferentes conceitos do eu, *self*, e do mundo[30]). O mesmo ocorre na ciência. Nenhum modelo económico é aplicável a todas as situações – quando o contraste tem uma natureza axiomática, cria-se uma nova escola económica. A nova escola adquire então o potencial de ultrapassar a escola atual e de se estabelecer como o enquadramento vigente de interpretação generalizada.

O MUNDO MORTO E O MUNDO DOS VIVOS

A matemática é indicada para o estudo do mundo apenas enquanto conhecermos os seus limites. Primeiramente, os objetos do estudo matemático devem ser «abatidos» e postos no lugar. Nelson argumenta: «[C]omo os economistas nos últimos anos começam a descobrir, um mundo estático pouco explica a essência da situação económica do mundo real.»[31]

Søren Kierkegaard escreveu em tempos: «A existência transcende a lógica.»[32] É como se o esforço para modelizar a realidade tenha solidificado a nossa visão de dois mundos. Um destes abrange os conceitos derivados do modelo do mundo abstrato (ou *irreal*) que usamos para entender a realidade, e o outro é o mundo *an sich*, *real* e *empírico*, que não aceita modelos (pois está vivo e não pode ser alterado consoante a nossa vontade, como é o caso dos nossos conceitos mentais – criados, ao que parece, com o intuito de serem modificados livremente ou «comandados»). Este conflito tem o seu reflexo na economia. De um lado, encontramos os modelos económicos que tentam descrever o comportamento dos indivíduos ou da sociedade como um todo e em que tudo encaixa entre si. Contudo, estes modelos ou se baseiam em fundamentos irrealistas ou conduzem a conclusões dificilmente aplicáveis na prática. Infelizmente, é normal depararmo-nos com ambas as situações.

Machlup estava ciente do problema na sua plena escala: «[A] ciência económica é um sistema de verdades *a priori*, produto da razão pura, uma ciência exata com leis de aplicação universal, como as das matemática, uma disciplina puramente axiomática, um sistema de deduções puras a partir de um conjunto de postulados, fechadas para efeitos de verificação ou refutação a partir da experiência.»[33] Piero Mini vai mais longe: «[O] mundo da lógica é um mundo morto.»[34]

O mundo morto

Apenas o que *não* está vivo, por ser estático, previsível e lhe faltar espontaneidade, é passível de análise científica. Eis o preço que Descartes e os cientistas da sua escola pagam pela exatidão. Alcançar a precisão e a elegância científicas tem um custo, que é o facto de a vida iludir a ciência. O mundo da lógica e da abstração pode servir de substituto, mas *funciona* num plano à parte. Como se qualquer conceito inconcebível em termos matemáticos tivesse perdido o direito a existir verdadeiramente (cientificamente). A matemática funciona no mundo passivo, tal como a mecânica, a causalidade e todos os nossos conceitos (internamente consistentes). Os modelos abstratos podem ser elegantes e encaixarem entre si na perfeição. Mas também procuram o distante mundo dos vivos. Por exemplo, a economia realiza uma eutanásia do mundo vivo quando entoa a fórmula encantatória *ceteris paribus* – isolando os modelos da realidade. Neste mundo artificial criaremos, se for nossa vontade, modelos quase arbitrários. Considera-se a disciplina económica mais como uma ciência sobre fatores económicos do que sobre a economia em ação. O truque do *ceteris paribus* é salientado por Terence Hutchison. Segundo este autor, representa uma das principais formas pelas quais a teoria económica impede a verificabilidade empírica (a segunda forma é o distanciamento acima mencionado entre modelos lógico-dedutivos e o mundo empírico). Porque no mundo real *ceteris* não é *paribus*, dá-se ampla margem aos economistas para tecerem fantasias, sem limites ou obstáculos impostos pela realidade[35].

A Idade Média transbordava de especulações sobre o número de anjos que cabem na cabeça de um alfinete..., e a nossa era encontra-se possuída pela ideia da contagem da otimização marginal. Contudo, nesta perspetiva, o debate medieval sobre o número de anjos que cabem na cabeça do alfinete tem uma aparência mais realista porque, ao contrário da terminologia secreta da economia teórica, a cabeça do alfinete é um objeto real, e a ideia do anjo é acessível ao comum dos mortais. Mesmo assim, não é possível medir empiricamente ambas as formas de teorização, e fora deste discurso nem fazem sentido nem são aplicáveis. Fazem sentido apenas quando enquadradas no discurso em questão – o do seu próprio mundo.

O silêncio e o mundo do 65.º quadrado

No segundo mundo, o mundo dos vivos (face a face com o mundo dos mortos), a ciência cala-se. A última frase do monumental *Tratado* de Wittgenstein descreve bem esta postura e tornou-se também o clímax de toda a sua obra: «[S]obre aquilo de que se não sabe falar, há que ficar calado.»[36] Wittgenstein efetivamente expõe o paradoxo da falta de sentido (e não do disparate!) nos modelos. É livre de conteúdo, mas dá-nos uma base conveniente que podemos escalar. Podemos apontar para os problemas do mundo, mas não podemos enunciá-los; estes permitem ou perguntas ou respostas. O mundo real dos vivos não se compreende no abstrato. Não existe modelo que saiba abarcar a sua presença desajustada e integral – em toda a complexidade viva.

Um tabuleiro de xadrez contém sessenta e quatro quadrados, pretos e brancos, regulares e com forma quadrada; qualquer movimento sobre eles é devidamente vigiado por regras fixas e inquestionáveis. É, inclusive, possível reconstruir o jogo de trás para a frente[37]; compreendemos o xadrez, criámos as regras do jogo. Os meus amigos jogadores pousam as bebidas na mesa ao lado, a que chamam o 65.º *quadrado*. E, assim, o 65.º quadrado rapidamente se tornou o mundo externo ao tabuleiro de xadrez. E se o mesmo suceder com a abordagem analítica? Somos capazes de apresentar explicações e de analisar os quadrados de xadrez a preto e branco, mas o que é importante decorre no quadrado grande, o 65.º. Afinal, é nele que os jogadores se encontram.

As coisas que não são alvo de comentário (científico ou analítico) e passam em silêncio acabam por se tornar berrantes, pois «são as coisas que mais interessam e as coisas sobre as quais queremos falar»[38]. Determinadas áreas da vida (possivelmente as mais importantes) devem ser *atravessadas em silêncio* e desconsideradas pela ciência analítica (se a análise for conduzida com honestidade e para fins meramente científicos). Muitos dos nossos interesses como seres humanos, e mesmo como cientistas, reside no 65.º quadrado. Apresentar respostas inequívocas (e científicas) a perguntas verdadeiras é mais difícil do que parece.

Os economistas ficam portanto com um problema redobrado: vivemos num estado invulgar de esquizofrenia. Um economista teórico deve ignorar o mundo real (deve sonhar, tal como Descartes), caso contrário não vai chegar longe nos modelos. Será recompensado com conclusões tão abstratas e inaplicáveis ao mundo real como o próprio modelo. Mas quando um economista debate economia prática – por exemplo, política económica – deve esquecer os modelos exatos, livrar-se dos aparelhos teóricos sofisticados mas desnecessários e pronunciar-se a partir da experiência[39].

E temos ainda a implicação final para os economistas: devemos ser humildes – temos de estar cientes de que nem inventámos a economia nem a construímos. Como tentei demonstrar, a economia já existia antes de ser dada a primeira lição a seu respeito. É um arquétipo intrínseco da humanidade. Não somos arquitetos da economia, apenas turistas (mais ou menos viajados) que observam com grande reverência uma cidade antiga e magnífica. É uma situação idêntica a encarar o mostrador de um relógio e tentar identificar o princípio do mecanismo que se alberga no interior. Com o tempo, seríamos capazes de prever em que ponto se encontrariam os ponteiros numa determinada hora. Se o mesmo relógio fosse analisado por um extraterrestre ou alguém ignorante do seu funcionamento, estes poderiam desenvolver um número arbitrário de teorias para justificar o movimento dos ponteiros. Destas, e segundo determinados métodos e debates académicos, escolher-se-ia a melhor, por cumprir critérios da elegância matemática, simplicidade, desenvoltura política, por se enquadrar no conceito subjetivo de como *devia* funcionar uma máquina desta natureza, e assim em diante (ao mesmo tempo, é de duvidar que uma teoria cuja proposta de explicação se baseasse em relações complicadas de molas e engrenagens diversas teria hipótese de vencer, em tal contexto).

A verdade apenas surge quando o relógio se avaria e requer arranjo – só então descobriremos se a nossa leitura do *funcionamento do relógio foi a correta*. Os economistas não só são incapazes de concertar o mecanismo que deixou de funcionar conforme a sua visão, como nem sequer chegam a acordo sobre os fatores que o farão retomar um bom funcionamento.

Mas como poderemos admitir este princípio oculto se não o encararmos diretamente? Andaremos às apalpadelas para todo o sempre, com postura humilde, perante um mecanismo vivo que não foi nossa obra – verdadeiros alunos desnorteados que encaram, atónitos, este milagre colossal chamado economia de mercado e que rezam para que não pare, pois, tal como na lenda do relógio astronómico de Praga, ninguém, a não ser o Mestre Hanuš – que o criou –, é capaz de o arranjar. Os economistas sabem tecer comentários sobre temas económicos e fazer afinações, e nada mais – desde que tudo o resto funcione devidamente.

A BELA CIÊNCIA ECONÓMICA

Quando a economia ofusca a vista e cresce, há poucas razões para duvidarmos das capacidades da ciência económica. Contudo, deve-se ao médico o crescimento da criança? Certamente que este contribui com melhores e piores conselhos, mas, enquanto a criança for saudável, é complicado afirmar que temos um médico bom ou mau. Um bom médico, tal como um bom economista, manifesta-se perante uma doença, ou uma crise.

Ocasionalmente, há quem diga (e esse alguém é geralmente economista) que a ciência económica é a rainha das ciências sociais. Estamos tão fascinados pelo crescimento da economia global nos últimos anos que nos esquecemos por completo de que esta ciência não se sabe orientar em tempos de crise. Os modelos deixam de funcionar. Só funcionam bem enquanto funcionam, mas quando não funcionam... E agora?[40].

Em tempos de crise, perante mudanças abruptas e frequentes, não se deviam aplicar modelos matemáticos normais. Ao construí-los, devíamos olhar para um período temporal suficientemente alargado; mas, entretanto, devíamos também revisitar a história e a intuição como fontes de inspiração. Quantas vezes ouvimos os analistas dizerem: «O modelo indica-nos isto, mas julgamos que...» O modelo tem de ser complementado pela intuição[41]. E este processo tem de ser admitido.

Embora pensar como um economista seja um exercício mental prático, assemelha-se ao jogo de xadrez. O xadrez é útil – ajuda-nos a pensar estrategicamente, mas seria irresponsável argumentar que o mundo é um tabuleiro de xadrez, e que as jogadas neste efetuadas correspondem ao verdadeiro movimento dos exércitos, e que os cavalos verdadeiros se deslocam em forma de L. Além disso, se alguém se entranha demasiado no seu papel de economista, esquece-se de que a vida é tocada em acordes diferentes dos económico-egoístas. Schumpeter também pensava desta forma: «A história em geral (social, política e cultural), a história económica e, em particular, a história industrial não são apenas indispensáveis, como apresentam o contributo mais importante para compreender o nosso problema. Todos os restantes materiais e métodos, sejam estatísticos ou teóricos, são-lhe subservientes e, sem aquelas, totalmente inúteis.»[42]

Há elementos do conhecimento que um economista pode identificar com base em modelos abstratos (tal como no caso do xadrez), e em certas situações a abstração é a única coisa que nos resta. Além disso, estando habituados a aplicar um determinado método de raciocínio, torna-se difícil expurgá-lo da nossa mente. Ao sermos confrontados com o problema em questão, a mesma imagem regressa automaticamente ao nosso pensamento. O modelo é ora útil ora enganador; em ambos os casos, não podemos esquecer que não descreve a realidade, mas apenas uma abstração racional. É portanto uma ficção, esperamos que útil, mas mera ficção. *E os economistas devem estar cientes destas ficções*. Que usem os modelos, mas ergam-se acima deles, como disse Wittgenstein. Olhem em volta, não acreditem piamente no que é descrito (são parábolas!) e não se dediquem *integralmente* a eles. Percebam em que medida são úteis e quando deixam de o ser. Caso contrário, irão causar mais mal do que bem.

A QUESTÃO QUE NOS MOVE

O presente livro pode ser encarado como uma crítica pós-moderna da economia mecanista e imperial dos nossos dias. Ao invés deste imperialismo, seria mais útil aplicar o dadaísmo metodológico – nas palavras de Feyerabend. Usemos as escolas económicas consoante se encaixem nas matérias em estudo, e não de acordo com o sistema axiomático mais próximo da nossa visão do mundo. Abandonemos os esforços para encontrar a escola «certa» ou «mais perto da verdade», mas classifiquemo-las de acordo com a sua utilidade para um determinado fim.

A inspiração é involuntária; não se instiga por via de métodos científicos ou rigorosos. Deixem-se levar. Somos educados a aplicar o rigor, mas, por outro lado, negligenciamos a outra face do conhecimento, a da própria cognição, o desvendar de mistérios, a inspiração fugaz, a exposição às musas, a finura e sensibilidade do espírito. Características, no mínimo, tão importantes quanto o próprio rigor do método científico. Sem inspiração, nem questões prementes, nem entusiasmo pelo tema, a descoberta não surge. Porque «é a pergunta que nos motiva»[43], como explica Trinity, no filme *Matrix*.

CONCLUSÃO:
ONDE MORAM OS SERES SELVAGENS[*]

Estudámos o desenvolvimento da alma económica desde os primórdios da escrita, da memória do ser humano neste planeta. Este processo foi deixando pistas, que ainda hoje se observam. Tudo o que temos são as histórias das nossas vidas e as herdadas dos nossos antepassados. Também herdámos outras, sem sabermos. Existe um pedaço de Enkidu em cada um de nós, uma parte do tirânico e heroico Gilgamesh, uma grande parte da influência de Platão, sonhos mecânicos que partilhamos com Descartes, e outros. Há os feitos e as palavras de Jesus e dos profetas, que ressoam no nosso espírito, oriundos de milénios remotos. Ajudam a moldar as nossas narrativas pessoais e a dar razão e sentido aos nossos feitos. E estes contributos discretos para a história das nossas vidas (e para história da nossa civilização) ficam expostos, revelam-se, em tempos de crise.

Tentámos apresentar a história da procura desde os primórdios da Criação no Antigo Testamento. «Pecado original» também pode ser interpretado como consumo excessivo. Os antigos gregos dedicavam muita da sua filosofia aos temas económicos. Tal como a Cristandade. As palavras-chave, os princípios enunciados nos Evangelhos, têm origem económica ou social. Também Tomás de Aquino e outros contribuíram grandemente para os princípios posteriormente atribuídos a Adam

---

[*] Alusão provável à obra *Where the Wild Things Are*, de Maurice Sendak, que na edição portuguesa recebeu o título *Onde Moram os Monstros* (Kalandraka, 2009) [*N. do T.*].

Smith, que os elucidaria no período certo da história. Tentámos medir a herança da abordagem científica cartesiana, revelando passagens da economia do bem e do mal nos textos de Bernard Mandeville e Smith.

Na segunda parte do livro, procurei demonstrar que o enigma do consumo nos acompanhou desde sempre, que os humanos são inaturais de uma forma natural e que quereremos sempre mais, mesmo rodeados de abundância. Esta ansiedade medonha persegue-nos desde Pandora e Eva e relaciona-se com o fardo do trabalho. Até as civilizações mais antigas já sabiam o que hoje (re)descobrimos – com grande esforço. Também abordo a forma como optámos pelo programa hedonista (aumentar a oferta de bens) em vez do estoico (diminuir a procura de bens). A questão do autocontrolo depende de nós. Não é sem motivo que se diz no Antigo Testamento «Melhor é o longânimo do que o valente, e o que governa o seu espírito do que o que toma uma cidade»[1]. Ou, nas palavras de Milton, «Quem reina dentro de si, e governa as suas paixões, desejos e medos, ascende sobre os reis»[2].

O segundo capítulo da parte II, capítulo 9, lida com a ideia do progresso, que descrevemos como sendo uma escatologia secularizada, e questiona a noção da necessidade do crescimento. Também (re)introduz o conceito dos anos de Sabat e alerta para os limites do progresso. O final deste capítulo apresenta uma mensagem prática do antigo José, a mesma que apresentou ao governante egípcio – orçamentos ciclicamente equilibrados a par de uma fórmula fiscal dinâmica. José foi mais eficaz a passar esta simples mensagem do que tem sido a economia atual e os seus modelos (excessivamente) sofisticados. O capítulo 10 lida com a economia do bem do mal, apresentando um resumo das várias abordagens, e questiona o imperativo da economia da MaxU. Sugere que MaxB (maximizar o Bem) é mais adequado para descrever o mesmo propósito com igual tautologia – permitindo assim uma economia mais filosófica e menos calculadora.

O capítulo 11 apresenta a história antiga (e praticamente desconhecida) da mão invisível e do *Homo economicus*. Este pensamento tem-nos acompanhado desde os primórdios da civilização – observado no épico de Gilgamesh, na Torá hebraica e nos pensamentos antigos greco-cristãos, nomeadamente em Tomás de Aquino. O capítulo 12 oferece-nos outra ideia interessante, e não muito elaborada, a dos espíritos animais – uma certa contrapartida ao *Homo economicus*. Neste capítulo, alargámos a definição tradicional do termo, procurando entender que parte de nós é animal – esta parte, tal como Enkidu, já não existe num estado natural, mas numa cidade, na civilização. Trouxemos connosco, para dentro da cidade, um pouco de Enkidu – e tememos a racionalização excessiva dos seres humanos (que nos transforma em robôs), bem como a espontaneidade excessiva (que nos transforma em animais). O nosso rumo, enquanto seres humanos, situa-se no meio-termo.

A seguir, no capítulo 13, deparamo-nos com a beleza e sedução da matemática. Tenta mostrar-se que a matemática é uma linguagem, ou ferramenta, eficaz, mas que este martelo não deve ser usado para resolver todos os enigmas da economia, muito menos da vida. Também lidamos com a história mística da crença nos números enquanto tijolos da existência.

O capítulo final pondera o tema da verdade. Diferenciamos a verdade dos poetas da verdade dos cientistas; lidamos com os aspetos normativos de uma economia supostamente positivista e com os valores da economia isenta de valores. A verdade, as questões que realmente importam, funciona como um organismo vivo; não se presta facilmente a equações analíticas, ao contrário de outros elementos.

VIVER À BEIRA DO ABISMO

Seria de esperar que a economia contemporânea (e também certas políticas económicas que nela se baseiam) nos trouxesse ideias novas e – por outro lado – recuperasse outras antigas. Que abandonasse a insatisfação persistente e as insuficiências socioeconómicas artificialmente criadas, e ao mesmo tempo redescobrisse o papel da suficiência, do descanso e de dar graças pelo que temos. E o que temos é imenso; numa perspetiva material-económica, nunca tivemos tanto, em toda a civilização ocidental grego-judaica-cristã... ou qualquer outra neste planeta. Devíamos portanto abandonar esta finura material, esta ênfase excessiva na felicidade dada pela prosperidade material.

O motivo para uma reformulação desta natureza está no facto de as políticas económicas com objetivos materiais incorrerem, por inerência, em dívidas. Qualquer crise económica provocará danos muito mais catastróficos se formos constantemente obrigados a aguentar o peso de tanto endividamento. Um peso que há que pagar sem demoras – antes que a próxima crise económica chegue e nos apanhe desprevenidos: cheios de mimos, pois não aprendemos a lição.

Quem vive sempre à beira do abismo não se pode espantar quando se magoa. Quem cruza a fronteira (do abismo competitivo) não pode queixar-se quando o abismo reage. Quem voa muito alto e muito perto do Sol, como o Ícaro da lenda, não pode surpreender-se se as asas derreterem; quanto mais alto subiu, mais do alto tombou. Vivemos numa fronteira muito aguçada, e sobre ela fazemos *skating*. Não nos bastava voar e passear de forma moderada; talvez tenha chegado o momento de regressarmos a altitudes mais pacíficas e seguras.

Há uma canção que diz que as regras e as leis foram criadas pelos advogados e pelos poetas. Os poetas (na aceção lata do termo) dão sentido e espírito às regras; os advogados dão-lhes forma e expressão. Diríamos, igualmente, que um grande economista pode ser ou um notável matemático ou um excelente filósofo. Talvez tenhamos dado aos advogados e aos matemáticos um papel demasiado importante, à custa dos poetas e dos filósofos. Sacrificámos demasiada sabedoria pela exatidão, demasiada humanidade pela matematização. Faz lembrar uma torre de marfim muito refinada, cujas fundações assentam em areia. Não é de admirar que uma certa parábola mostre o construtor sábio como aquele que prestou mais atenção às fundações do edifício do que às decorações barrocas nos pináculos das altas torres. Quando chegar a época das chuvas, a sua catedral não cederá como uma casa feita de açúcar.

Falando de torres, não será a miscelânea das linguagens científicas – a incapacidade de as áreas individuais da ciência conseguirem falar entre si – também um efeito da ascensão, de cada disciplina, às alturas, onde o ar tende a ser vazio e solitário, deixando os terrenos baldios e comunais vazios de conhecimento? Não aconteceu à confusa linguagem científica o mesmo que prejudicou, há muito tempo, a construção da Torre de Babel? É verdade que, próximos do chão, não vemos a grande distância, mas, por outro lado, é no chão que habitamos. E não seria melhor – como se costuma dizer – estarmos mais ou menos certos do que convictamente errados?

Se abandonarmos a nossa sofisticação e usarmos uma linguagem clara e acessível, ainda que simplificada, talvez possamos compreender-nos melhor. E ficaremos a perceber a que ponto estas disciplinas isoladas precisam realmente umas das outras para aguentarem o edifício de pé.

Falei sobre aquilo que devíamos abandonar – por outro lado, aquilo que devíamos recuperar mereceria uma resposta mais fácil. A pergunta aqui parece ser: desçam da torre babilónica de marfim antes de a confusão linguística atingir um cúmulo (em que ninguém se entende).

Não reprovo o progresso que a ciência realizou até hoje, mas, como economista, temos de repetir a nós mesmos, constantemente, que coisas sabemos e que coisas ignoramos – e quais as nossas crenças. É verdade que sabemos muito, mas há sem dúvida muito que desconhecemos e que talvez jamais venhamos a saber.

Fugimos dos princípios morais com a maior das alegrias, princípios nos quais a economia se devia basear. A política económica foi deixada à solta, e como resultado tivemos uma psicose deficitária sob a forma de uma dívida gigantesca. Antes de procurarmos novos horizontes, convinha fazer um retrocesso económico. Em último caso, se um matemático descobre um erro no cálculo, não continua, pois não eliminaria o erro nem o resolveria. É obrigado a regressar ao ponto em que surgiu o erro, corrigi-lo e continuar a calcular.

Aprender com a crise poderá ser a nossa única esperança. Os bons tempos não são os mais adequados para escrutínios ou reflexões, e muito menos para uma substancial *inversão de sentido*, retomando a aceção original da palavra *contrição*. A verdade descobre-se nas crises – e frequentemente com uma nudez desagradável (o rei vai nu!), mas em toda a sua veemência.

A crise da dívida não se circunscreve à economia ou ao consumo. É mais lata e profunda. A nossa era nunca conheceu a moderação. Não apelo a um regresso à natureza, nem ao estado natural das coisas, nem à negação ou rejeição das coisas materiais. Desempenham o seu papel e são uma das muitas fontes de felicidade (mas não a única, apesar do nosso comportamento dos últimos anos). Apelo, sim, a que estejamos conscientes da nossa saciação; apelo a que demos graças pelo que temos – e que é deveras bastante.

Somos tão ricos e fortes que não nos impomos limites exteriores. Conquistámos quase todos os obstáculos e há muito que fazemos o que nos dá na gana. O facto de tanta liberdade ultimamente não ter dado bons resultados é uma triste lição.

A VIDA ESTÁ ALHURES, EM NÓS

Por vezes, penso que se podia resumir assim a história da humanidade: há que ser cada vez mais avançado para apreciar e aceitar as coisas simples da vida. Os nossos pais e mães brincavam com peças de madeira – tal como todas as crianças desde tempos remotos –, e estas davam-lhes tanta alegria como os brinquedos eletrónicos dos nossos filhos. Mas as novas gerações já não ficam satisfeitas com pedaços de madeira, como sucedia há duas gerações. Precisamos de brinquedos mais sofisticados e de teorias e livros, para apreciar e descobrir as coisas e os aspetos simples da vida. O nosso conhecimento abstrato e técnico cresce e fica mais avançado; o nosso entendimento da vida real, em nós e à nossa volta, continua igual.

Habitamos histórias, sejam infantis ou destinadas a adultos. Aliás, a vida não parece ter qualquer substância sem elas. Talvez por este motivo falemos sem parar: os cientistas contam as suas histórias uns aos outros, e, como Roy Weintraub refere, «todas as teorias são autobiográficas»[3]. Sabemos, tal como as crianças sabem, que as histórias não são representações fiéis do mundo que nos envolve, dão-lhe relevância, estabelecendo ligações por vezes difíceis de indicar.

Em geral, este livro pretende demonstrar que existe uma narrativa mais lata e fascinante na economia do que a sua vertente matemática. De certo modo, talvez este livro represente uma tentativa pouco eloquente de despertar a alma da economia e da disciplina económica, os seus espíritos animais. E, como em todas as almas, há que cuidar dela e mantê-la e alimentá-la, para que não se perca – e devíamos conhecê-la e apreciá-la antes de quaisquer reivindicações sobre o mundo exterior. Até a economia precisa que se cuide da alma.

Um dos grandes paradoxos da vida é que não parecemos saber (de forma intuitiva ou muito sofisticada) o que nos faz bem. Desde a época

CONCLUSÃO: ONDE MORAM OS SERES SELVAGENS | 357

remota das primeiras memórias escritas da humanidade que buscamos o sentido e a vida – como Gilgamesh. E, tal como ele, falhámos. Para encontrarmos uma vida feliz, a eudaimonia, devemos ser egoístas e maximizar a nossa utilidade ou esquecermo-nos de nós mesmos, ficarmos «ocos», por assim dizer, reduzindo a procura ao mínimo, como os estoicos e as demais escolas nos ensinam? Pode a felicidade ser um objetivo de vida ou é o derivado de uma demanda maior?

O livro também procura ser uma antítese à economia descritiva e positivista da atualidade, com a sua *suposta* isenção de valores e moral. Há mais elementos normativos na economia do que estamos dispostos a admitir e usar. Há mais valores e normas no nosso pensamento económico do que neutralidade e descrições positivistas.

Este livro procura apresentar uma contrapartida à abordagem económica dos modelos matemáticos, analíticos e reducionistas. Também tenta, de forma limitada, estabelecer ligações mais profundas e pontos de encontro com várias áreas – filosofia, teologia, antropologia, história, cultura, psicologia, sociologia, entre outras. De facto, procurei demonstrar que estas estão mais presentes na economia do que a matemática e nos métodos analíticos dos modelos; a matemática é apenas a ponta do icebergue, e o resto da problemática económica é menos concreta, mais mística, e não se encaixa em modelos determinísticos. Esclarecendo, não me insurjo *contra* a matemática, pretendo apenas arguir que tem uma importância menor do que a que lhe atribuímos. A economia não precisa de mais matemática, mas de mais do resto. Acredito que, para a economia se tornar mais relevante, temos de desenvolver a metaeconomia. Conseguiremos assim avançar mais do que com o uso de matemática aplicada. Dizia-se que a ética e as aptidões sociais eram os acompanhamentos do prato da análise matemática. Neste livro, pretendi defender que a verdade se encontra na visão contrária: a análise matemática é que representa o acompanhamento da refeição substancial, que é um desenvolvimento económico mais vasto e profundo. A economia existia em plena pujança, muito antes do predomínio da abordagem matemática. E, embora não devamos ignorar o que os números nos dizem (pois, até os números falam!), também não devemos ignorar aquilo que não pode ser modelizado. E, na tomada de decisões, este parece ser um fator crucial. Os elementos matemáticos são fáceis. Mesmo num domínio numérico, o truque da economia teórica é o mesmo das decisões quotidianas, quer no âmbito profissional quer no pessoal: saber *o que deve ser* calculado e como *interpretar* e *aplicar* os resultados; por outras palavras, para que números olhar (e como) e que números ignorar (e como).

Este livro apresenta (para o bem e para o mal) uma certa abordagem existencialista do pensamento económico, talvez útil após décadas dedicadas à abordagem reducionista. Bem, seria de esperar tal abordagem numa era em que este pensamento se perdeu nos seus próprios meandros e ignorou as demais facetas da existência... e inclusive a própria economia em ação. É uma reação natural, ocorrida no passado e também noutras áreas, tal como na filosofia, com o existencialismo, o berro de que a «vida está alhures».

Assim, o livro tenta, por vários modos, avançar um passo no sentido de uma escola alternativa de economia e afastar-se da perceção atual da economia e da antropologia económica. Para os economistas, há que repensar a questão: «O que significa, ser-se humano?» Talvez o ensino da economia seja inadequado. Acreditamos na liberdade de escolha, mas não permitimos que os estudantes optem por uma escola de pensamento económico; apenas lhes ensinamos a corrente dominante. Só depois de estarem devidamente doutrinados lhes revelamos as abordagens alternativas e «heréticas» e contamos a história da disciplina – vista como uma montra de «tentativas e erros» pelas culturas (primitivas e estúpidas) precedentes – antes de se ter alcançado a *verdade* hoje disseminada, que o passado bem se esforçou por perceber. O livro tenta fazer o percurso contrário, desconfiar da economia de ponta e dar crédito às ideias dos nossos antepassados. Esperemos que os nossos filhos e filhas nos tratem com igual consideração. Os seres selvagens não moram no passado, em filmes e narrativas heroicas, nem em selvas distantes. Moram dentro de nós.

NOTAS

INTRODUÇÃO: A HISTÓRIA DA ECONOMIA: DA POESIA À CIÊNCIA

[1] Xenofonte, *Œconomicus*, 2.12. Economia significa, neste contexto, gestão do lar.

[2] Do grego *oikonomia*: *oikos* – lar, casa, família; *nomos* – lei.

[3] Contudo, ignoramos ainda o que constitui a *matéria*. Compreendemos os relógios, por assim dizer, a partir de certo nível para cima. Também não conhecemos a verdadeira essência do tempo. Logo, o que compreendemos é a mecânica do relógio, as partes construídas por nós.

[4] Usamos o termo «ciência» com alguma margem de manobra. Uma discussão mais detalhada do que é «científico» e «não científico» encontra-se na segunda parte do livro.

[5] Feyerabend, *Against Method*, 33–34.

[6] Jung, *Psychology and Religion*, 41.

[7] Smith, *The Theory of Moral Sentiments*, 7.4.25.

[8] Akerlof, Shiller, *Animal Spirits*, 51, no capítulo «Stories».

[9] Campbell, *Myths to Live By*, 97.

[10] Sallust, *On the Gods and the World*, Parte IV: *That the species of myth are five, with examples of each* [As espécies do mito são cinco, com exemplos].

[11] Paráfrase livre da citação de John Stuart Mill: «Não será provavelmente um bom economista político quem não for capaz de fazer mais nada.» Retirado de *Essays on Ethics, Religion and Society*, por John Stuart Mill, vol. 10 de *Collected Works of John Stuart Mill*, 306.

[12] Nelson, *Economics as Religion*, 38.

[13] *Idem*, 132.

[14] Whitehead, *Adventures of Ideas*, 130.

[15] Keynes, *The General Theory of Employment, Interest, and Money*, 364.

[16] O termo «metaeconomia» foi primeiramente usado por Karl Menger, em 1936, no ensaio *Law of Diminishing Returns. A Study in Metaeconomics*. «Quando batizou o termo "metaeconomia" não pensou em reintegrar a ética na economia, mas em criar modelos económicos e também éticos, e formar padrões lógicos e coerentes, sem ligações entre si» (Becchio, *Unexplored Dimensions*, 30).

[17] Schumacher, *Small Is Beautiful*, 36.

360 | A ECONOMIA DO BEM E DO MAL

[18] Para parafrasear uma pergunta fundamental colocada pelo teólogo checo Tomáš Halik, veja-se *Stromu zbývá naděje* [*Há Esperança*].

[19] Polanyi, *Personal Knowledge*, 171.

[20] Feyerabend, *Against Method*, 33: «Não existe ideia, por mais antiga e absurda, que não melhore o nosso conhecimento.»

[21] Vanek, *The Participatory Economy*, 7.

[22] Os sociólogos mantêm a noção da sociedade clássica (rústica). Os psicólogos acreditam haver uma harmonia entre a parte civilizada e a parte animal da nossa personalidade. O ideal de ambos encontra-se no passado e são normalmente céticos do progresso-desenvolvimento. Das várias disciplinas, os economistas são provavelmente os únicos cientistas sociais cujo ideal se situa *no futuro*.

PARTE I
A ECONOMIA NA ANTIGUIDADE E MUITO ANTES

1. O ÉPICO DE GILGAMESH: SOBRE A EFICÁCIA, A IMORTALIDADE E A ECONOMIA DA AMIZADE

[1] A versão suméria mais antiga do épico data da terceira dinastia de Ur, no período que medeia entre 2150 e 2000 a.C. A versão acádia mais tardia data do final do segundo milénio a.C. A versão acádia-padrão, na qual se baseia a tradução utilizada, data entre 1300 e 1000 a.C. e foi encontrada numa biblioteca em Nínive. Nos capítulos seguintes, considera-se o Épico de Gilgamesh como sendo a versão-«padrão» acadiana de onze tábuas, que não contém a descida de Gilgamesh ao submundo, posteriormente combinada com uma décima segunda tábua de argila, mas inclui o encontro com Utanapishtim na décima primeira tábua e a conversa com Ishtar na sexta tábua. Exceto quando indicado em contrário, usaremos a tradução de Andrew R. George de 1999. A narrativa decorre no território do atual Iraque. [Na versão portuguesa, recorremos à tradução exemplar de Francisco Luís Parreira com o fim único de estabelecer as correspondentes lusas das citações mencionadas no presente livro, mantendo inalteradas, necessariamente, as restantes indicações do texto. Também conservámos as diferentes grafias dos nomes entre o original e Parreira, como, por exemplo, Gilgamesh e Gilgameš. N. do T.].

[2] Os textos mais antigos chegam-nos dos sumérios; textos de outras culturas (tais como a indiana e a chinesa) datam de épocas posteriores. Os *Vedas* indianos foram elaborados por volta de 1500 a.C., bem como o *Livro dos Mortos* do Egito. As secções mais remotas do Antigo Testamento foram escritas entre os séculos IX e VI a.C. A *Ilíada* e a *Odisseia* surgiram no século VIII a.C., e os textos de Platão e Aristóteles no século IV a.C. Os clássicos chineses (como Confúcio) datam do século III a.C.

[3] Kratochvíl, *Mýtus, filozofie a věda* [*Mito, filosofia e ciência*], 11.

[4] Ferguson, *A Ascensão do Dinheiro*, 30.

[5] Tal como no (nosso) épico (mito, história, conto de fadas) dos tempos modernos – a trilogia do *Senhor dos Anéis* de J. R. R. Tolkien –, o dinheiro não entra. A «transação»

NOTAS | 361

acontece sob a forma de uma oferenda, de uma batalha, de uma fraude, de um engodo ou de um roubo. Cf. Bassham and Bronson, *The Lord of the Rings and Philosophy*, 65–104.

[6] Nenhuma pesquisa se pode afirmar exaustiva, mas, embora tenha vasculhado extensivamente os arquivos convencionais do EconLit (a mais abrangente, e certamente a mais respeitada, base de dados de literatura económica), o autor não conseguiu encontrar um livro, nem mesmo um capítulo de um livro ou artigo académico, que examinasse o Épico de Gilgamesh sob uma perspetiva económica. Estamos assim cientes de que a presente tentativa de analisar um dos textos mais antigos a partir de um ponto de vista até agora inédito está predestinada às falhas, simplificações, contradições e imprecisões inerentes a uma escavação inicial.

[7] Épico de Gilgamesh, Tábua I, 46.

[8] *Idem*, Tábua I, 47.

[9] Mumford, *The City in History*, 41.

[10] O termo «robô» foi usado pela primeira vez em 1920, pelo autor checo Karel Čapek, na peça de ficção científica *R.U.R.* [*Robôs Universais de Rossum*] sobre uma revolução de seres artificiais que foram criados para trabalhar em lugar do ser humano. Čapek queria originalmente chamar-lhes *laborï* (trabalhadores), mas o irmão, Josef (um artista notável), lembrou-se do termo mais adequado «robô».

[11] Marx exprime esta redução do homem com maior ênfase: «[o trabalhador] torna--se apêndice da máquina...» *Rich, Business and Economic Ethics*, 51 (originalmente publicado em alemão: *Rich, Wirtschaftsethik*). De referir que os modelos económicos atuais identificam o indivíduo como fonte de trabalho (L – labuta) ou como capital humano (H). Nas empresas, os departamentos de recursos humanos (DRH) brotam de forma regular, como se uma pessoa fosse realmente um recurso, igual aos recursos naturais ou financeiros (de capital).

[12] O *Homo economicus*, ou «humano económico», assenta na noção de que os seres humanos agem de forma racional e com base em interesses próprios e de que fazem juízos para atingir fins subjetivos. O termo foi originalmente usado pelos críticos do economista John Stuart Mill como simplificação do comportamento humano em geral. Mill argumentara que a economia política «não engloba a totalidade da natureza humana, tal como modificada pelo Estado social, nem o pleno comportamento do homem em sociedade. Preocupa-se apenas com o homem enquanto ser que almeja riqueza e é que capaz de medir a eficácia comparativa dos meios para alcançar esse fim». Mill, *Essays on Some Unsettled Questions of Political Economy*, 1874, ensaio 5, parágrafos 38 e 48 (Mill, *Essays on Some Unsettled Questions of Political Economy*, 1844, 137). O modelo do *Homo economicus* representa uma simplificação assaz controversa do comportamento humano, tendo sido alvo de fortes críticas, inclusive por parte de economistas.

[13] «Tomarão conta das crianças que forem nascendo as autoridades para esse fim constituídas [...] [os filhos] dos homens inferiores, e qualquer dos outros que seja disforme, escondê-los-ão num lugar interdito e oculto, como convém» (Platão, *A República*, 460b–460c). Os filhos não deviam conhecer os pais verdadeiros e seriam ensinados deliberadamente para produzirem os melhores descendentes («[que] os homens superiores se encontrem com as mulheres superiores», Platão, *A República*, 459d), quais cães de caça (459a–d). Só quando perderem a capacidade (re)produtora, só quando

362 | A ECONOMIA DO BEM E DO MAL

«as mulheres e os homens tiverem ultrapassado a idade da geração, deixaremos aos varões [e às mulheres] a liberdade de se unirem a quem quiserem» (461b).

[14] Cf. Lewis, C. S., *The Four Loves*, 60. A economista Deride McCloskey cita frequentemente C. S. Lewis no livro *The Bourgeois*.

[15] De salientar que, nas histórias e mitos mais recentes, como nos filmes *Matrix*, *A Ilha*, *Equilibrium*, *Gattaca*, e outros, encontramos pessoas robotizadas (de forma mais ou menos inconsciente) e tornadas escravas de uma função produtiva, e as emoções são terminantemente proibidas, situação melhor expressa no filme *Equilibrium*, realizado por Kurt Wimmer.

[16] Stiglitz, *Globalization and Its Discontents*, 10. [Encontrámos o excerto, não na obra mencionada, nem na correspondente edição portuguesa, *Globalização – A Grande Desilusão* (Terramar, 2002), mas em Stiglitz, Joseph E. «Employment, social justice and societal well-being», International Labour Review, vol. 141 (2002), n.º 1–2. http:// citeseerx.ist.psu.edu/viewdoc/download?doi=10.1.1.450.7669&rep=rep1&type=pdf (consultado em setembro de 2017) N. do T.]

[17] Para o presente fim, compreendemos as relações cordiais entre colegas de trabalho como «amizades menores». Tal como a sociedade precisa de um «amor menor» ou de uma qualquer sensação fraca de empatia mútua entre estranhos, as empresas funcionam melhor se não houver continuamente lutas internas e se os colegas forem «amigos menores». Regressaremos ao problema da empatia, da pertença e, portanto, a uma espécie de «amor menor» no capítulo dedicado a Adam Smith.

[18] Sobre o tópico de amor e economia, cf. McCloskey, *The Bourgeois Virtues*, 91–147.

[19] Cf. Lewis, *The Four Loves*, 64.

[20] Balabán e Tydlitátová, *Gilgameš* [*Gilgamesh*], 72.

[21] Épico de Gilgamesh, Tábua II, 64–66.

[22] George, *The Babylonian Gilgamesh Epic*, 144.

[23] Na épica de Gilgamesh, era necessário abordar a natureza com a honra dedicada às coisas inumanas, no sentido em que nem foi criada pelo ser humano nem este a podia controlar. Havia inclusive uma intocabilidade perfeitamente «sagrada» (e que Gilgamesh rompe inadvertidamente) relativa a determinadas componentes da natureza. Hoje em dia, essa inviolabilidade torna-se mais rara a cada dia que passa, mas, apesar disso, encontramos ainda «lugares sagrados» nos quais a mão invisível do mercado não consegue efetivamente entrar. Tomemos como exemplo o paradoxo do Central Park nova-iorquino. Este parque encontra-se cercado por arranha-céus, uma floresta de eficiência – eis uma grande cidade na qual cada metro quadrado é aproveitado ao máximo, quer em altura quer em profundidade. Vêm-nos à memória as torres sagradas da Babilónia, os zigurates, que supostamente «chegariam ao céu». Tinham por função óbvia a domesticação das montanhas, que, desde tempos remotos, albergavam deuses (incontroláveis e numerosos). Aquilo que domesticamos e produzimos é aquilo sobre o qual temos controlo; e, controlando, podemos «entendê-lo». O zigurate era por conseguinte a solução provável para a necessidade de enquadrar a montanha natural dentro da cidade, construí-la com mãos humanas e urbanizá-la (como aconteceu com o feral Enkidu). «...a caverna deu ao homem primitivo o primeiro conceito de espaço arquitetural [...] apesar das suas diferenças, a pirâmide, o zigurate, a gruta de Mitra,

NOTAS | 363

a cripta cristã têm como protótipo a caverna na montanha». (Mumford, *The City in History*, 17). Mas regressemos a Nova Iorque, urbe das urbes: no que toca ao preço dos terrenos, Central Park é um dos lugares mais caros do mundo; é talvez o espaço natural mais dispendioso do mundo. Este lugar «sagrado» ocupa 3,5 quilómetros quadrados, os quais, na ausência de legislação e submetidos a forças de mercado genuínas, teriam há muito sido engolidos pela urbanização. Mas, como as propostas de usar a vasta propriedade, ou uma parte dela, para efeitos de construção nunca foram aceites pelos governadores da cidade ou pelos habitantes, a cidade e os eficazes arranha-céus estão banidos de Central Park. Uma última observação: sob uma perspetiva temporal longa, a anomalia não está na natureza «protegida» de Central Park, mas na cidade envolvente. A natureza não se intromete na cidade, embora atualmente assim pareça. A cidade é que é intrusa na natureza.

[24] Heffernanová, *Gilgameš* [*Gilgamesh*], 8.

[25] George, *The Babylonian Gilgamesh Epic*, 98.

[26] Os *espíritos animais* representam um termo introduzido na economia por J. M. Keynes. Designa as nossas almas, aquilo que nos «anima» ou, consequentemente, o nosso ímpeto espontâneo, que dá sentido e energia aos nossos atos:

«... faz com que grande parte das nossas atividades positivas dependa mais do otimismo espontâneo do que de uma esperança matemática, seja ela moral, hedonista ou económica. Na maior parte dos casos, provavelmente, quando decidimos fazer algo positivo cujas consequências finais só produzem os seus efeitos passado muito tempo, só o fazemos impelidos pelos espíritos animais – por um impulso espontâneo para agir, em vez de não fazer nada –, e não em consequência de uma média ponderada de benefícios quantitativos multiplicados pelas respetivas probabilidades quantitativas. A empresa só a si própria se convence de que a principal força motriz da sua ação reside nas afirmações do seu prospeto, por mais franca e sincera que seja. O cálculo exato dos lucros futuros desempenha nela um papel apenas pouco maior do que numa expedição ao Polo Sul. Assim, se os espíritos animais arrefecerem e o otimismo espontâneo vacilar, deixando-nos exclusivamente dependentes de uma esperança matemática, a empresa murcha e morre». Keynes, *Teoria Geral*, 169–170.

Para mais informação sobre o tópico do espírito animal, cf. Akerlof e Shiller, *Animal Spirits*.

[27] Épico de Gilgamesh, Tábua I, 48.

[28] Balabán e Tydlitátová, *Gilgameš* [*Gilgamesh*], 72.

[29] Épico de Gilgamesh, Tábua 1, 50.

[30] Parece-nos realmente um paradoxo: como pode o sexo ajudar, no épico, a tornar Enkidu *civilizado* e *humano*? Não é costume considerar-se o instinto sexual animalesco? No épico, surge com função contrária, em larga medida por causa do culto da fertilidade, mas também porque se considerava, na época, a experiência existencial do sexo como uma forma de elevar e emancipar o ser humano do estado animal. Havia uma deificação do sexo, como demonstra o papel das sacerdotisas do templo que se dedicavam à sua prática. A abordagem ao sexo é o que realmente diferencia o homem da maioria absoluta das criaturas – poucas espécies na natureza o praticam por prazer: «... em algumas espécies, nas quais se incluem os bonobos (chimpanzés-pigmeus) e os golfinhos, o sexo não se destina exclusivamente à reprodução.» (Diamond, *Porque Gostamos de Sexo?*,

16) A noção de eros invocar paradoxalmente na nossa consciência um fator animal também foi referido pela economista Deirdre McCloskey, que critica o conceito. cf. McCloskey, *The Bourgeois Virtues*, 92.

[31] Existe uma relação próxima entre a perda da naturalidade e o desenvolvimento da humanidade e da alma no Épico de Gilgamesh; na economia, esta relação designa-se por *trade-off* ou princípio do compromisso – nada se obtém de graça, e tudo tem um preço. No caso de Enkidu, significa que não pode ser uma criatura, ao mesmo tempo, natural e civilizada; a ascensão da nova personalidade de Enkidu suprime a sua anterior naturalidade.

[32] Épico de Gilgamesh, Tábua I, 51.

[33] *Idem*, Tábua I, 50. A natureza torna-se, não apenas hostil para a pessoa civilizada, mas inclusive assombrada e demoníaca. Ratos, morcegos e aranhas podem não atacar pessoas, mas espoletam um medo irracional. A natureza não nos ameaça; assombra-nos. Uma floresta negra, um pântano, um vale de nevoeiro – todos estes lugares causam terror na pessoa civilizada. Medos personificados pelas criaturas dos contos de fadas, que frequentemente simbolizam uma natureza assombrada (bruxas, vampiros, lobisomens, etc.).

[34] *Idem*, Tábua II, 58.

[35] *Idem*, Tábua II, 58.

[36] *Idem*, Tábua I, 51.

[37] Sokol, *Město a jeho hradby* [*A Cidade e as Suas Muralhas*], 288.

[38] *Idem*, 289.

[39] Atualmente, encaramos a natureza intocada como um ideal de beleza e de pureza, mas poucas pessoas do Ocidente conseguiriam sobreviver nos locais intocados da natureza. Este mundo não é para seres humanos.

[40] «No prólogo o poeta designa a muralha como sendo obra de Gilgamesh, mas também diz que as suas fundações foram colocadas pelos Sete Sábios, seres primitivos que ofereceram ao homem a arte da civilização. Esta postura reflete uma tradição antiga na qual Uruk era (devidamente) considerada como o berço da primeira civilização». George, *The Babylonian Gilgamesh Epic*, 91.

[41] Ao mesmo tempo, é bom estarmos cientes das grandes mudanças que a humanidade atravessou nas últimas gerações. Os nossos bisavós ou trisavós costumavam usar estas aptidões «naturais»; teoricamente, eram capazes de sobreviver sem dependerem dos outros. Mas atualmente as pessoas manifestar-se-ão relutantes ou incapazes face ao ato de matar galinhas, porcos ou vacas, ainda que não tenham pejo em consumir carne no dia a dia.

[42] O conceito de «fazer uma única tarefa» deu origem ao extremo da produção fabril, em que o indivíduo executa um trabalho quase robotizado. Foi numa destas fábricas (que produzia alfinetes) que o próprio Adam Smith, considerado o decano da ideia da especialização económica, acabaria por perceber a magia da divisão de trabalho. Se todas as famílias tivessem de produzir os seus próprios alfinetes, nem sempre seriam capazes, mas, graças à produção fabril especializada, bastava-lhes adquiri-los a um preço irrisório.

[43] Sokol, *Město a jeho hradby* [*A Cidade e as Suas Muralhas*], 289.

NOTAS | 365

[44] *Idem*, 290.

[45] Cresce a importância societal de outro objeto dos interesses dos economistas: o mercado. Torna-se um *meio de comunicação* para quem dependa de um grande número de outros membros da sociedade; por causa deste grande volume, muitos não seriam capazes, isoladamente, nem de comunicar nem de fazer comércio.

[46] Épico de Gilgamesh, Tábua I, 48.

[47] Stigler, «Frank Hyneman Knight», 58.

[48] Heffernanová, *Gilgameš* [*Gilgamesh*], 4.

[49] Mumford, *The City in History*, 44.

[50] Épico de Gilgamesh, Tábua XI, 143.

[51] A única forma de Gilgamesh conseguir levar a sua avante foi usar a meretriz. Gilgamesh jamais conseguiria submeter Enkidu apenas pelo uso da força.

[52] O filósofo e biólogo checo Zdeněk Neubauer referiu que o mesmo se aplica na ciência: «Parece que a naturalidade da ciência, como qualquer naturalidade, gosta de ocultar-se hermeticamente (por sinal, "hermético" também indica segredo, oclusão...)» Cf. Neubauer, *O čem je věda?* [*O Que É a Ciência?*], 59, o capítulo «[Ciência como religião da história moderna]» indica também: «A ciência – considerando a sua espiritualidade – encontra-se naturalmente envergonhada deste "corpo secreto"». Neubauer, *O čem je věda? (De possest: O duchovním bytí Božím)* [*O Que É a Ciência? (De Possest: Sobre o Ser Espiritual de Deus)*], 58.

[53] E ele disse: «Ouvi a tua voz soar no jardim, e temi, porque estava nu, e escondi-me.» E Deus disse: «Quem te mostrou que estavas nu? Comeste tu da árvore de que te ordenei que não comesses?» Génesis 3:10–11. Escondiam-se os genitais, o ponto central do homem, tal como descrito no famoso quadro de Leonardo da Vinci, *O Homem Vitruviano*.

[54] Isaías 11:6–8. Exceto quando indicado, usamos a *New International Version of the Holy Bible* (Grandville, MI: Zondervan, 2001). [Na versão portuguesa, recorremos à tradução de João Ferreira de Almeida revista e corrigida da *Bíblia Sagrada*, Lisboa: Sociedade Bíblica de Portugal, 2001. *N. do T.*]

[55] As matreirices e as artimanhas desempenham um papel importante no mito antigo, em geral – o Matreiro é um dos arquétipos narrativos essenciais. Este entendimento foi alvo de análise pelo antropólogo americano Paul Radin, na famosa obra *The Trickster*, em que descreve o arquétipo básico dos heróis. O ardil é um símbolo da emancipação original da humanidade e o começo da luta contra forças mais fortes do que o homem, contra deuses e natureza, por exemplo. É a revolta original contra a regra da lei e da dádiva, a recusa original da passividade e o começo de um combate contra um princípio mais poderoso (ou abstrato). Mesmo Gilgamesh tem de usar ardis contra o feral Enkidu. O patriarca Abraão mente, apresenta a mulher como irmã e, num esforço para evitar questiúnculas, mantém o engano, ao ponto de a vender ao harém do faraó. Jacob é «matreiro» durante uma parte substancial da sua vida, o que até certo ponto se relaciona com o seu nome: em hebreu, Jacob significa «agarrado ao calcanhar», o equivalente português a «pregar uma partida» (embora um equivalente mais próximo talvez seja a expressão em português do Brasil «pegar no pé»). Torna-se necessário salientar que, nas culturas primitivas, a matreirice não tem mesma conotação pejorativa que atualmente, era simplesmente uma forma de luta, nomeadamente contra um inimigo mais forte.

Mesmo Odisseus é conhecido pelo epíteto Odisseus, *o Manhoso*. Desde essa época, os matreiros surgem nos contos de fadas como heróis positivos. Alcançam frequentemente objetivos que os cavaleiros e os príncipes são incapazes de realizar, e precisamente por este motivo acabam por ganhar a mão da princesa e a coroa real.

[56] Em *Tajemství dvou partnerů* [*O Segredo dos Dois Parceiros*] de Heffernová, a autora vê nesta história uma contenda entre o subconsciente natural (o caçador cabeludo Esaú) e a consciência do pouso fixo (Jacob, «habitando em tendas», mestre da linguagem e da vigarice potenciada pela linguagem). Com o seu excesso de pelos, Esaú também evoca nitidamente a aparência animal e feroz de Enkidu. Neste simbolismo, ambos se classificam como parte integrante do mundo natural.

[57] A primeira das cidades mencionadas na Bíblia é a cidade fundada pelo caçador heroico Nimrod. «E o princípio do seu reino foi Babel, Erech, Acad e Calne, na terra de Sinear. Desta mesma terra, saiu à Assíria e edificou Nínive [...]». A Babilónia provavelmente indica a cidade na qual a torre/zigurate de Babel foi construída. Erek provavelmente significa Uruk, governada pelo mítico Gilgamesh no século XXVII a.C. Outras cidades também se relacionam com a nossa história: a versão acádia é hoje considerada a versão-padrão do Épico de Gilgamesh, e encontra-se uma cópia na biblioteca da cidade de Nínive.

[58] Génesis 11:9.

[59] A Bíblia descreve o Leviatã como um monstro grande e feroz (cf. livro de Job 3:8 e Job 41:1–7). Thomas Hobbes usa este nome no sentido metafórico, como uma marca do Estado ou do governante, sem a qual a sociedade, na ideia de Hobbes, cairia em caos e desordem.

[60] Hobbes, *Leviathan*, 100 (o nome do capítulo treze é «Sobre a condição natural da humanidade relativa à sua felicidade e miséria»).

[61] Épico de Gilgamesh, Tábua XI, 147.

[62] *Idem*, Tábua XI, 145–146.

[63] *Idem*, Tábua I, 49.

[64] *Idem*, Tábua II, 58–59.

[65] Cf. também Neubauer, *Přímluvce postmoderny* [*Advogado da Pós-Modernidade*], 37-36, 53–55.

[66] Jan Heller examina esta referência no livro *Jak orat sčertem* [*Como Lavrar com o Diabo*], 153–156.

[67] Goethe, *Fausto*, 1363–1364, p.98.

[68] Uma igual defesa a favor do capitalismo é feita por figuras como Deirdre McCloskey na obra *The Bourgeois Virtues*.

[69] Novak, *Duch demokratického kapitalismu* [*O Espírito do Capitalismo Democrático*], 77–78 (citação e tradução a partir da versão checa do livro).

[70] Smith, *Inquérito sobre a Natureza e as Causas da Riqueza das Nações*, Livro I, Cap. 2.

[71] Como frequentemente refere o economista checo Lubomír Mlčoch, com pertinência, só um santo consegue aguentar tantos males.

[72] Na cultura babilónica, as sacerdotisas eram também as «prostitutas» do templo, como parte do culto da fertilidade. «O épico não revela qual a posição de Shamhat em Uruk, por não ser relevante para a história, mas convém notar que, enquanto

NOTAS | 367

centro do culto de Ishtar, deusa do amor sexual, Uruk era uma cidade afamada pelo número e beleza das suas prostitutas. Muitas destas mulheres eram prostitutas cúlticas empregues no templo de Ninsun e Ishtar» (George, *The Babylonian Gilgamesh Epic*, 148). «A meretriz enviada por Gilgamesh enviou é uma sacerdotisa ou cortesã, e não uma mera prostituta. [...] À parte o prazer do amor carnal, era-lhe requerido que soubesse apresentar ao selvagem a sabedoria humana para o conseguir convencer das vantagens da vida civilizada» (Balabán e Tydlitátová, *Gilgameš [Gilgamesh]*, 139).

[73] Termo usado frequentemente pelos economistas. O ponto de deleite é uma espécie de nirvana do consumidor, um ponto no qual a utilidade não só foi otimizada no contexto da situação, mas também se aproxima do estado ideal. Não entra em consideração com potenciais limites (por exemplo, de natureza orçamental). Na economia, o termo «ponto de deleite» (ou «ponto de saturação») é empregue como o nível ideal e desejado de consumo no qual o indivíduo em causa se encontra plenamente satisfeito, e, portanto, torna-se impossível aumentar o seu bem-estar com mais consumo. Na economia, esta função da utilidade é frequentemente traçada sob a forma de uma colina, situando-se no cume o ponto de deleite.

[74] A imortalidade, seja qual for a sua forma, tinha um significado fundamental para os babilónios – não havia um paraíso à sua espera, quando morressem, e encaravam a morte como a transição para um estado desagradável e repulsivo.

[75] O desejo de imortalidade, tal como muitos outros desejos primitivos, ainda se encontra entre nós, tendo assumido uma forma muito mais folclórica: o culto do corpo eternamente belo e jovem criou um imperativo em que se tenta manter uma vida tão saudável e longa quanto possível, sobrepondo-se à qualidade. Não se alcança esta vida prolongada através de atos heroicos, nem levando uma vida rica e moral, mas, por exemplo, consumindo alimentos que cumpram determinados critérios (sempre em mudança) e evitando certos hábitos de consumo. Mesmo este movimento moderno assume a forma de «um regresso à natureza», nem que seja no conteúdo dos menus. Ao mesmo tempo, a procura da origem mais exótica de ervas e misturas, que formam o conteúdo destes milagrosos elixires da juventude, é risivelmente igual à das eras antigas.

[76] Heidel, *Gilgamesh Epic and Old Testament Parallels*, 11.

[77] Heffernanová, *Gilgameš [Gilgamesh]*, 8.

[78] Épico de Gilgamesh, Tábua IX, 123.

[79] *Idem*, Tábua X, 131–132.

[80] *Idem*, Tábua X, 132.

[81] É justo reconhecer que esta parte do épico atravessou um desenvolvimento significativo ao longo dos séculos. Na antiga versão babilónica do épico, a décima tábua era a última, e a narrativa terminava com a partida de Gilgamesh, finda a conversa com a taberneira, para nova incursão em busca de imortalidade, em que aceitava o seu papel enquanto mortal de estatuto régio. Na versão original, portanto, Siduri teve uma influência em Gilgamesh igual à de Shamhat em Enkidu – humanizando-o, fazendo-o regressar à coletividade humana, que lhe daria uso. Foi com a adição posterior da décima primeira tábua, descrevendo o encontro entre Gilgamesh e Utanapishti, que Siduri se revela uma sedutora, oferecendo prazeres que Gilgamesh recusa.

[82] Patočka, *Kacířské eseje o filosofii dějin [Ensaios Heréticos na Filosofia da História]*, 23.

368 | A ECONOMIA DO BEM E DO MAL

[83] Épico de Gilgamesh, Tábua XI, 152.

[84] Kratochvíl, *Mýtus, filosofie, věda I a II* [*Mito, Filosofia e Ciência*], 17.

[85] Que reconhecemos pela canção «Another Brick in the Wall» da banda Pink Floyd. Como se pode ver, o tema da muralha sobrevive até hoje. Não é um aspeto significativo que a queda do comunismo se tenha reduzido ao simbolismo da queda do muro de Berlim?

[86] Kratochvíl, *Mýtus, filosofie, věda I a II* [*Mito, Filosofia e Ciência*], 12.

2. O ANTIGO TESTAMENTO: A MUNDANIDADE E A BONDADE

[1] Seguindo o exemplo de Bimson (*The Compact Handbook of Old Testament Life*, 7–8), será útil referir as formas corretas de designar o povo a quem Deus atribuiu a terra «prometida». Seguindo o precedente bíblico, pode atribuir-se certamente o título de «hebreu» a partir de Abraão (cf. Génesis 14:13). «Israel» foi o novo nome dado por Deus a Jacob, o neto de Abraão (Génesis 32:28, 43:6, etc.), e, por conseguinte, os descendentes de Jacob são «israelitas». No Êxodo 3:18 e 5:1–3, «hebreus» e «Israel» aparecem como sinónimos. «Israel» também assume um significado secundário e mais específico no Antigo Testamento, uma vez que pode significar as tribos do Norte, para as diferenciar de Judá, particularmente após a divisão do reino. Embora os termos «hebreu» e «israelita» continuem a ser usados no Novo Testamento (ex.: Romanos 9:4;2 Coríntios 11:22; Filipenses 3:5), na época usava-se com maior frequência o termo «judeu». Este referia-se originalmente à tribo meridional de Judá (o uso em Jeremias 32:12; 34:9), mas depois do exílio babilónico tornou-se substituto de «israelita» como sendo a forma mais comum de indicar um dos povos do pacto de Deus. Na época, todos os israelitas, para efeitos práticos, pertenciam à tribo de Judá, pois as tribos setentrionais («Israel», no sentido estrito) haviam perdido a sua identidade após a queda de Samaria, em 722 a.C. Não se deve usar «judeu» nem «judaico» num sentido comummente aceite, quando nos referimos ao período anterior ao exílio. No entanto, e para efeitos do presente texto, trataremos «israelitas», «hebreus» e «judeus» como sinónimos.

[2] No entendimento do autor, o tema do pensamento económico no Judaísmo terá tido Max Weber (*Ancient Judaism, Economy and Society, Sociology of Religion*) como o seu principal estudioso e, posteriormente, em menor grau, Werner Sombart *(The Jews and Modern Capitalism)* e Karl Marx (*On the Jewish Question*), embora nenhum deles (talvez com a exceção de alguns capítulos das obras de Max Weber) estabeleça como objetivo analisar os aspetos económicos dos textos fundamentais da antiga fé judaica. Os jornais económicos (*Journal of Business Ethics, Business Ethics Quarterly* e outros) publicaram diversos artigos sobre a ética judaica na atividade empresarial, mas nenhum deles, conhecidos do autor, examina a vertente económica das raízes históricas e filosóficas do Judaísmo como um todo. Relativamente a textos académicos sobre o pensamento económico: num exemplo entre muitos, podemos indicar o livro de MacIntyre, *A Short History of Ethics*. No capítulo «The History of Moral Philosophy from Homer to the 20th Century», não se encontra uma única menção a ensinamentos hebraicos. A mesma abordagem prevalece também noutros textos. Refiram-se as exceções, obras de história do pensamento económico, mais antigas e pouco usadas atualmente, que abordam o

NOTAS | 369

tema com maior profundidade: Haney, *History of Economic Thought*, e, em parte, Roll, *A History of Economic Thought*, ou Spiegel, *The Growth of Economic Thought*. As contribuições dos hebreus para a vida intelectual da civilização ocidental são referidas por vários académicos, tais como Thorstein Veblen, no artigo «The Intellectual Pre-Eminence of Jews in Modern Europe» (cf. Veblen, *Essays in Our Changing Order*).

[3] Weber, *Protestant Ethic and the Spirit of Capitalism*.

[4] Novak, *The Catholic Ethic and the Spirit of Capitalism*.

[5] Sombart, *The Jews and Modern Capitalism*.

[6] Este é um dos pontos que Max Weber tenta demonstrar; dedicou um livro inteiro ao tópico; cf. Weber, *Ancient Judaism*.

[7] Weber, *Protestant Ethics and the Spirit of Capitalism*, 270.

[8] Cf. Ferguson, *War of the World*, 32. Para mais informação sobre as ideias de Marx na influência dos hebreus, cf. também Mini, *Philosophy and Economics*, 201.

[9] Class, *Wenn ich der Kaiser wär* [*Se Fosse Eu o Imperador*].

[10] Cf. Ferguson, *War of the World*, 35.

[11] Neste tema, cf. Yoder, *Politics of Jesus*, em particular o capítulo «The Kingdom Coming», relativo às expectativas políticas dos judeus ligadas ao Messias, e em particular, neste caso, a Jesus.

[12] Tamari, *The Challenge of Wealth*, 47–48.

[13] Depois de Gilgamesh perder Enkidu, e incapaz de descobrir a imortalidade, regressa à sua cidade de Uruk em plena futilidade sisífica, à sua muralha inacabada, como se nada tivesse acontecido: «[...] a mim mesmo flagelei, prescindindo do sono, e com angústia repleti as entranhas. Porém, que obtive eu com tantas fadigas?» (Épico de Gilgamesh, Tábua X, 138). Gilgamesh tornou-se o herói tal como era descrito no início do épico. De Utanapishti traz novidades de eventos anteriores ao dilúvio, mas, de outro modo, é como se o épico pudesse começar de novo. De uma perspetiva histórica, foi «apenas» uma aventura, uma espécie de deambular histórico, nada mais. O fenómeno da aventura foi analisado com interesse pelo sociólogo Georg Simmel, no livro *The Philosophy of Money*. Corresponde à noção arquétipa do ciclo do tempo, dominante nas primeiras culturas.

[14] Para mais informações, cf. Eliade: *The Myth of Eternal Return*, particularmente o capítulo «Regeneration of Time».

[15] E consideramos menos desenvolvidas quaisquer civilizações com menos capacidades técnicas e materiais do que a nossa, incapazes de nos igualar. Falamos delas como tendo ficado «mais atrás» no caminho do progresso e como ainda não nos tendo conseguido «apanhar».

[16] Keynes, *Economic Possibilities for Our Grandchildren*, 360–361. Não é desprovido de interesse citar aqui mais um parágrafo:

> Quase tudo o que realmente importa e que o mundo possuía ao ter início a idade moderna, era já conhecido pelo homem na alvorada da historia. Língua, fogo, os mesmo animais domésticos que hoje temos, trigo, cevada, o vinho e a azeitona, a charrua, a roda, o remo, a vela, o couro, o linho e o tecido, tijolos e panelas, ouro e prata, cobre, estanho, e chumbo e ferro foram sendo acrescentados à lista antes de 1000 a.C. – a banca, o estado, a matemática, a astronomia e a religião. Não há registo de quando começámos a possuir tais coisas.

[17] «No mundo ocidental, a "divisão" plena entre corpo e alma vem surgir com o pensamento grego. [O antropólogo famoso] Jaynes data este evento no século VI a.C. O conceito da alma como essência difere do conceito do corpo, em particular nas elaborações de Platão e Aristóteles, assunto futuramente desenvolvido pela Cristandade. O Judaísmo primevo não diferenciava tão distintamente corpo e alma, embora depois aceitasse a noção da alma imortal.» Heffernanová 2008, 61.

[18] Deuteronómio (o quinto livro de Moisés) 4:15–19. Proíbem-se as ilustrações visuais; por outro lado, dá-se uma forte ênfase na interpretação e na apresentação oral. Apenas uns versículos adiante, o Senhor solicita: «Tão somente, guarda-te a ti mesmo, e guarda bem a tua alma, que te não esqueças daquelas coisas que os teus olhos têm visto, e se não apartem do teu coração todos os dias da tua vida: e as farás saber aos teus filhos, e aos filhos dos teus filhos». (Deuteronómio 4:9) A tradição oral desempenha um papel principal na cultura hebraica – ao contrário de outros povos, em que predominava a manutenção da herança cultural (história) por via das representações: imagens ou esculturas. O herói grego, em particular, devia preencher todos os requisitos de um retrato atraente.

[19] Para mais informação, cf. Weber, *Ancient Judaism*, 141.

[20] Cf. Génesis 2:10–14.

[21] Voltaire, *The Philosophical Dictionary for the Pocket*, 308.

[22] O presente trabalho não tem por objetivo acompanhar o desenvolvimento posterior do Judaísmo (nomeadamente da diáspora), quando surgem elementos ascéticos frequentes. Apenas nos concentraremos na antropologia económica do Antigo Testamento.

[23] Weber, *Economy and Society*, 611.

[24] «Pelo que os desejos ou vontades económicas são tratadas pelo Judaísmo exatamente da mesma forma que todas as demais tendências básicas humanas. Não podem nem têm de ser destruídas, mas pelo contrário podem e devem ser santificadas pelas pessoas, de modo a estas, em seguida, receberem santificação [...]. Portanto, auferir ganhos e acumular bens económicos são atividades que o Judaísmo considera legítimas, permissíveis e benéficas, embora restritas e santificadas pelo cumprimento dos mandamentos revelados por Deus» Tamari, *The Challenge of Wealth*, 47.

[25] Sombart, *The Jews and Modern Capitalism*, 216.

[26] Cf. Lalouette, *Ramessova říše* [*O Império dos Ramsés*], 194.

[27] Por acaso, é interessante notar que, até aos dias de hoje, equiparamos moralidade e estética. As personagens más são desagradáveis à vista, enquanto as positivas são belas. Os leitores certamente recordarão de imediato vários exemplos. Demónios e monstros dos mitos modernos – livros e filmes – parecem-se com a morte e com cadáveres; se forem belos, trata-se de uma beleza enganadora (e temporária), à qual recorrem para atraírem (sexualmente) as presas. São realmente poucas as personagens negativas da nossa mitologia moderna que apresentem uma beleza ímpar.

[28] Ramsés II é «um herói sem igual, com ombros fortes e um coração corajoso».

[29] Ramsés II «tem um coração tão inteligente como Thvot». Não é irrelevante mencionar que, para os egípcios, a inteligência se situava no coração; o coração era o local do pensamento. Hoje o coração é considerado o local da emoção; além disso, encontra-se frequentemente em conflito com a razão, que, sabemos, se situa na cabeça.

NOTAS | 371

Cf. Pascal, *Pensées*: «O coração tem as suas razões que a razão não conhece» (parte 477 na Secção II «O nó»). Facilmente se substituiria o termo «razão» pelo termo «cabeça».

[30] Esta arma moral, como diz Lalouette, tem o mesmo efeito de todas as vezes: a queda ou pelo menos a paralisia perfeita de um inimigo sem um único golpe. Neste ponto, é adequado evocar que, durante a queda de Jericó, a primeira cidade ocupada pelos hebreus, as suas muralhas (muralhas e não pessoas) também tombaram sem um único golpe. Cf. Josué 6.

[31] Cf. Lalouette, *Ramessova říše* [O Império dos Ramsés], 277–283, a partir do capítulo «Portrait of a Hero».

[32] A grande maioria das narrativas do Antigo Testamento também procura datar com precisão os acontecimentos (baseando-se no ano de um determinado rei ou na genealogia), bem como indicar a localização geográfica.

[33] Situação particularmente aplicável aos governantes mais importantes da nação hebraica. Contudo, mesmo os profetas (para quem a deificação não apresenta uma ameaça) veem frequentemente os seus erros ficarem escritos. O profeta Jonas recusa-se a escutar Deus e pragueja quando Deus mostra compaixão perante a cidade de Nínive. Jeremias tem vontade de morrer, e assim em diante. Uma exceção notória é a do profeta Daniel – uma das poucas personalidades a quem não se conhece uma única «falha» de caráter.

[34] Cf. Heffernanová, *Gilgameš* [Gilgamesh], 6.

[35] Parece ser este o arquétipo mais atacado por F. Nietzsche.

[36] Lalouette, *Ramessova říše* [O Império dos Ramsés], 118.

[37] No Génesis, o Sol e a Lua – as tradicionais divindades das primeiras culturas – não têm sequer nome; são apenas indicadas como luzes maiores ou mais pequenas.

[38] Como recordaremos, naquele épico, a natureza, que cercava as pessoas, era a encarnação de divindades caprichosas detentoras das mesmas fraquezas e caprichos que os seres humanos. Por exemplo, segundo o épico, as divindades causaram o dilúvio porque as pessoas faziam demasiado barulho e incomodavam os deuses. A natureza não era desprovida de divindade, e, portanto, estava fora de questão examiná-la cientificamente, muito menos interferir com ela (a não ser que o homem em questão fosse dois terços um deus, como Gilgamesh). Era perigoso estudar sistemática e exaustivamente (bem como cientificamente) uma floresta de deuses caprichosos e cheios de humores. Além de não fazer sentido – pois não se acreditava na fiabilidade dos acontecimentos regulares.

[39] Tamari, *The Challenge of Wealth*, 51.

[40] O que tem implicações interessantes no tocante à divisão por Tocqueville dos poderes legislativo, judicial e executivo. O Senhor seria o legislador e os juízes os Seus profetas designados.

[41] Salmos 147:6.

[42] 1 Samuel 8:11–19.

[43] Contudo, a ciência moderna é capaz de estudar um determinado caos. Por exemplo, a teoria do caos estuda o comportamento dos sistemas dinâmicos com extrema sensibilidade às condições iniciais.

[44] Este motivo do caos surge também noutros contos e mitologias antigas.

[45] É importante notar que o ato de *nomear* também está relacionado com qualquer

tipo de criação, separação. Se algo não tiver nome, ou seja, não for separado do resto, não é autónomo – não está delimitado e, portanto, mantém-se indefinido.

[46] E, contudo, nem mesmo a rainha das ciências exatas, a física teórica, conseguiu desvendar as fundações da própria «realidade objetiva». Até hoje, os físicos não sabem responder devidamente a perguntas básicas como a natureza da matéria – nem nós. Os temas mais profundos continuam envoltos em mistério.

[47] Provérbios 8:22–30.

[48] Provérbios 8:30–36.

[49] Provérbios 1:20–22.

[50] Provérbios 4:7.

[51] O facto de esta participação ser a vontade de Deus é demonstrado quando Deus diz a Adão que nomeie a criação. Em culturas mais antigas, e até certo ponto ainda hoje, o ato de nomear é uma atividade privilegiada. No entendimento judaico, reflete um certo domínio sobre quem é nomeado.

[52] Génesis 1:1–10.

[53] Wittgenstein, *Tratado Lógico-Filosófico*, 5.6.

[54] *Idem*, 5.61.

[55] Génesis 2:19–20.

[56] Génesis 2:15. Um corretivo da interpretação da nomeação pode ser o facto de Adão também ter nomeado a mulher – Eva. Mas isto ocorreu antes da Queda; anteriormente, Adão não dera nome a Eva.

[57] Neubauer, *Respondeo dicendum*, 23.

[58] Neubauer, *O čem je věda* [O Que É a Ciência?], 173–174. Cf. também Pirsig, *Zen and the Art of Motorcycle Maintenance: An Inquiry into Values*, 32–37, que aqui cito:

«"Acredita em fantasmas?"

» "Não", digo.

» "Porque não?"

» "Porque não-são-ci-en-tí-fi-cos [...] não existem a não ser na mente das pessoas."»

[...]

«Por exemplo, parece completamente natural assumir que a gravidade e a lei da gravidade existia antes de Isaac Newton. Seria parvo pensar que até ao século XVII a gravidade não existia [...] se pensarem bem, andarão em círculos até chegarem à única conclusão possível, racional e inteligente. Nem a lei da gravidade nem a gravidade existiam antes de Isaac Newton [...] a lei da gravidade não existe em parte alguma, exceto na cabeça das pessoas! É um fantasma!... a lógica só existe na mente. Os números só existem na mente. Não me incomoda quando os cientistas afirmam que os fantasmas só existem na mente. É o "só" que me incomoda. A ciência também só existe na mente, mas isso não a torna má. Nem os fantasmas.»

[59] Locke, *Two Treatises of Government*, livro 2, capítulo 5, §37, 304–305.

[60] Novak, *The Catholic Ethic and the Spirit of Capitalism*, 150–151.

[61] Neubauer, *Respondeo dicendum*, 28.

[62] Mini, *Philosophy and Economics*, 228; ou cf. Veblen, «The Intellectual Preeminence of Jews in Modern Europe».

[63] Mini, *Philosophy and Economics*, 229.

[64] Cf. Lalouette, *Ramessova říše* [O Império dos Ramsés], 336.

NOTAS | 373

[65] Conforme escreve Sombart: «Tal como todos os demais elementos estrangeiros [ou seja, narrativas retiradas de outros povos] no Judaísmo, também estes receberam um significado ético, de acordo com o génio da religião». *The Jews and Modern Capitalism*, 215.

[66] Pode inclusive afirmar-se que é induzido pelo reconhecimento. Cf. *Ethics* de Bonhoeffer, argumentando que «o conhecimento do bem e do mal é portanto uma separação de Deus. Apenas contra Deus pode o homem conhecer o bem e o mal... "Então disse o Senhor Deus: Eis que o homem é como um de Nós, sabendo o bem e o mal." (Gen. 3:22) [...] Conhecer o bem e o mal é conhecermo-nos como sendo a origem do bem e do mal, como sendo a origem da escolha e eleição eternas [...] este segredo foi roubado a Deus [...] a vida do homem existe agora em desunião com Deus, com os homens, com as coisas, e consigo mesmo». 21–24.

[67] Génesis 3. Em ambas as histórias, o Épico de Gilgamesh e o Génesis, é uma cobra que priva a humanidade da sua imortalidade. Rouba e come a flor de Gilgamesh – o elixir da juventude; na história do Éden, convence Eva a provar do fruto da Árvore do Conhecimento do Bem e do Mal.

[68] Génesis 6:5. A única exceção era Noé: «Depois disse o Senhor a Noé: "Entra tu e toda a tua casa na arca, porque te hei visto justo, diante de mim, nesta geração"». Génesis 7:1.

[69] Génesis 18:20–21.

[70] «Nenhum dos homens desta maligna geração verá esta boa terra que jurei de dar aos vossos pais». Deuteronómio 1:35.

[71] Génesis 41:1–4.

[72] Génesis 41:29–32.

[73] Génesis 41:33–36.

[74] A primeira menção aos impostos no livro do Génesis.

[75] É interessante notar que os Estados modernos aplicam impostos sobre os cidadãos com taxas muito mais elevadas, embora não sejam capazes de manter orçamentos equilibrados de forma cíclica. Alguns países não conseguem sequer alcançar um excedente orçamental há décadas.

[76] A exceção importante é quando estamos cientes de problemas vindouros, mas ninguém tem a coragem para os resolver. A política económica atual em vários países serve como o melhor exemplo dos adiamentos de reformas necessárias, para além do horizonte dos ciclos políticos de curto prazo.

[77] Nassim Taleb discute um princípio semelhante no livro *The Black Swan*.

[78] «E começou Jonas a entrar pela cidade, caminho de um dia, e pregava e dizia: Ainda quarenta dias, e Nínive será subvertida. E os homens de Nínive creram em Deus; e proclamaram um jejum, e vestiram-se de saco, desde o maior até ao menor. [...] E Deus viu as obras deles, como se converteram do seu mau caminho: e Deus se arrependeu do mal que tinha dito lhes faria, e não o fez». Jonas 3:4–10. Esta «profecia falhada mas bem-sucedida» desagradou a Jonas, irando-o. «Ah! Senhor! não foi isso o que eu disse, estando ainda na minha terra? por isso me preveni, fugindo para Társis, pois sabia que és Deus piedoso e misericordioso, longânimo e grande em benignidade, e que te arrependes do mal». Jonas 4:2.

[79] O faraó não é apresentado como um deus ou filho de um deus, assim considerado pelos seus compatriotas, e o facto de se debater com adversidade sugere, técnica e humanamente, algo mais interessante. O faraó não recorre a magia para conquistar a crise; os leitores são apresentados aos segredos da sua cozinha, por assim dizer, e ao «segredo» da política económica, que foi uma reação sensata perante a informação existente.

[80] Apesar de podemos encontrar exemplos de tais profecias ao longo da história, a problemática da profecia autorrealizável foi primeiramente descrita em pormenor pelo sociólogo Robert K. Merton na obra *Social Theory and Social Structure*.

[81] Outros cientistas políticos também abordam a questão do futuro, mas a diferença reside no facto de os economistas se deixarem convencer mais da sua capacidade de prever a próxima evolução. Além disso, são alvo de pressões para emitirem uma previsão de longo prazo, pois um elevado número de decisões, em todos os estratos da economia, é ou não tomado por sua causa. Estados, empresas e agregados familiares orientam comportamentos de acordo com os economistas.

[82] Além disso, este segredo valioso é confiado, não apenas aos judeus, mas ao faraó. E, graças a isso, o Egito fortalece a sua posição, escraviza as nações envolventes (os filhos de José são um exemplo) e cresce, quer financeiramente quer em termos de poder, pois vende cereais em tempos de escassez ou troca-os por terrenos.

[83] Os inúmeros exemplos surgem na ocupação da Terra Prometida no Livro dos Números (o quarto livro de Moisés), 31 e seguintes.

[84] O exemplo culminante serão os reinados de David e Salomão. Cf, por exemplo, 2 Crónicas 9.

[85] Deuteronómio 7:12–16. Outro exemplo é Êxodo 23:25: «E servireis ao Senhor, vosso Deus, e ele abençoará o vosso pão e a vossa água [...]».

[86] Êxodo 22:2123.

[87] 2 Reis 13:1–3: Para ter um relato integral, o rei israelita Jereboão II tinha muito sucesso economicamente, embora fosse malvado: «Fez o mal aos olhos do Senhor». Mas o sucesso económico é indicado na Bíblia pelas palavras: «Porque viu o Senhor que a miséria de Israel era mui amarga, e que nem havia encerrado, nem desamparado, nem quem ajudasse a Israel [...] porém os livrou por mão de Jeroboão, filho de Joás» 2 Reis 14:26–27.

[88] Não examinaremos os motivos pelos quais não se cumprem as regras. Há muitas razões (exploradas, por exemplo, pela teoria dos jogos), em que compensa ao indivíduo não seguir as regras e aproveitar-se da confiança alheia e da adesão às regras pelos outros. Claro que isto conduz a um declínio generalizado do bem-estar a nível social. Para mais informação, cf. Sedláček, «Spontaneous Rule Creation».

[89] Sombart, *The Jews and Modern Capitalism*, 214–215.

[90] Malaquias 3:9–12. Esta abordagem pode encontrar-se em muitos lugares no Antigo Testamento. Como exemplo, vejamos: «[...] porque eu, o Senhor, teu Deus, sou Deus zeloso, que visito a maldade dos pais nos filhos, até à terceira e quarta geração daqueles que me aborrecem, e faço misericórdia, em milhares, aos que me amam e guardam os meus mandamentos». Êxodo 20:5–6.

[91] Como Jan Payne designa com exatidão no livro *Odkud zlo?* [*De Onde Vem o Mal?*], 69. A divisão seguinte da tradição hasídica e da escola profética refere-se a Hengel, *Judentum und Helenismus*, 310–381, 394–453.

NOTAS | 375

[92] Se omitirmos a referência à «cobra» na história do Jardim do Éden, na qual a cobra é colocada em equivalência direta com Satanás. Noutras partes, encontramos uma referência direta a Satanás uma única vez no Antigo Testamento e muito de passagem (no Livro de Malaquias). Compare-se isto com a diversidade de menções da palavra no Novo Testamento. Robert Muchembled, em *A History of the Devil*, 1–2, chega a argumentar que, apesar de que «O [conceito do] demónio tem feito parte do tecido da vida europeia deste a Idade Média, e tem acompanhado todas as suas grandes mudanças [...] representa o lado negro da nossa cultura, a antítese exata das grandes ideias que gera e exporta por todo o mundo». Neste contexto, citemos este livro mais uma vez a respeito da influência da representação do demónio na história. Quando Muchembled descreve o trabalho do famoso autor Daniel Defoe, *The Political History of the Devil*, conclui que, «Tal como Locke e Hume e antes de Kant, ele [Daniel Defoe] progride para uma definição do demónio enquanto motor da história». (166)

[93] Job 1:8–11.

[94] Job 19:6. Para mais listas e evidências da integridade de Job, cf. Job 31:1–40.

[95] Job 13:15.

[96] Job 27:5–6.

[97] Eclesiastes 8:14.

[98] Salmos 73:2–5.

[99] No final do livro, Job recupera a propriedade («[...] [O] Senhor acrescentou a Job outro tanto, em dobro, a tudo quanto dantes possuía» Job 42:10), mas passar por este sofrimento (para a «recompensa») dificilmente seria um bom negócio e na verdade não representa a mensagem do livro. A recompensa é um bónus, não um cálculo prévio.

[100] Sobre o mal, Sócrates indica uma visão curiosa sobre a distinção entre o mal (dado) e o mal (praticado): em *Fedón*, Sócrates, preso, opta por não fugir, mas cometer suicídio, ingerindo cicuta. Prefere receber o mal do que praticar um ato que considera errado – fugir da prisão e ser banido. De acordo com Sócrates, o mal (dado) é mais sério do que o mal (recebido): «É preferível sofrer a injustiça do que cometê-la» (*Górgias* 473a–475e).

[101] Eclesiastes 11:9.

[102] Tamari, *The Challenge of Wealth*, 45.

[103] Também sob a influência da herança cultural dos gregos, bem como da mistura religiosa do Médio Oriente durante os primeiros séculos do crescimento da Cristandade «base». Se quisermos compreender certas noções, como o jejum regular, enquanto elementos ascéticos, encontraremos poucos exemplos no Antigo Testamento, embora sejam abundantes nas expressões de piedade dos cristãos (e judeus) dos primeiros séculos.

[104] Lucas 16:19–25.

[105] O elemento-chave da ética kantiana (ética que até aos dias atuais representa uma escola bastante influente) é o dever. «Kant situa-se num dos grandes pontos de divisão na história da ética. Durante talvez a maioria dos autores filosóficos posteriores, incluindo muitos que sejam propositadamente antikantianos, a ética define-se como um assunto expresso em termos kantianos. Para quem nunca tenha ouvido falar em filosofia, muito menos em Kant, a moralidade é aproximadamente como Kant a definiu.» MacIntyre, *A Short History of Ethics*, 122.

[106] Deuteronómio 10:12–22.

107 Deuteronómio 11:18.

108 Salmos 119:97,127.

109 Salmos 1:1–2.

110 Sombart, *The Jews and Modern Capitalism*, 134, 136. A bem dizer, é uma citação inexata, não de Deuteronómio 6:5, mas de dois versículos adiante, 6:7. Como podemos ver, mesmo Sombart padecia da imprecisão.

111 Existem 613 leis mencionadas na Torá, a maioria no Livro de Levítico.

112 Cf. Lalouette, *Ramessova říše* [*O Império dos Ramsés*], 284.

113 Conforme mencionado, uma parte do termo «economia» significa *nomos*: lei ou espírito da lei. *Nomos* é a origem do sufixo *–onomia*, tal como astronomia e taxonomia.

114 Êxodo 23:2.

115 Sokol, *Člověk a svět očima Bible* [*O Homem e o Mundo aos Olhos da Bíblia*], 30. Sokol propõe também que, até certo ponto, os fundadores da sociedade americana eram nómadas com igual preferência pela liberdade, como os judeus.

116 A transformação do paraíso natural na noção de uma cidade celestial ocorre posteriormente, surgindo no final do Novo Testamento no Livro do Apocalipse, em que a vida após a morte é descrita na Jerusalém celestial e, portanto, numa cidade. Em hebreu, «Jerusalém» significa literalmente *cidade de paz*.

117 Génesis 11:4.

118 Génesis 13:10.

119 Génesis 12:1.

120 Números 11:4–6.

121 Sokol, *Člověk a svět očima Bible* [*O Homem e o Mundo aos Olhos da Bíblia*], 33.

122 Levítico 25:2–5. As colheitas do sexto ano durariam mais três anos; cf. Levítico 25:20.

123 O simbolismo deste número baseia-se no quadrado de 7.

124 Levítico 25:8.

125 «E santificareis o ano quinquagésimo, e apregoareis liberdade na terra a todos os seus moradores; ano de jubileu vos será, e tornareis, cada um, à sua possessão, e tornareis, cada um, à sua família. O ano quinquagésimo vos será jubileu; não semeareis nem segareis o que nele nascer de si mesmo, nem nele vindimareis as uvas das vides não tratadas. [...] Neste ano do jubileu tornareis, cada um, à sua possessão. [...] Conforme ao número dos anos, desde o jubileu, comprarás ao teu próximo; e conforme ao número dos anos das novidades, ele venderá a ti. Conforme à multidão dos anos, aumentarás o seu preço, e conforme à diminuição dos anos abaixarás o seu preço; porque conforme ao número das novidades é que ele te vende. Ninguém, pois, oprima ao seu próximo; mas terás temor do teu Deus: porque Eu sou o Senhor, vosso Deus.» Levítico 25:10–17.

126 «Quando, também, teu irmão empobrecer, estando ele contigo, e se vender a ti, não o farás servir serviço de escravo. Como jornaleiro, como peregrino, estará contigo; até ao ano do jubileu te servirá; então sairá do teu serviço, ele e seus filhos com ele, e tornará à sua família, e à possessão dos seus pais tornará. Porque são meus servos, que tirei da terra do Egito; não serão vendidos como se vendem os escravos. Não te assenhorearás dele com rigor, mas do teu Deus terás temor» Levítico 25:39–43.

127 Cf. Ferguson, *A Ascensão do Dinheiro*, 33.

NOTAS | 377

[128] Um problema diferente deriva da pouca adesão prática a estes regulamentos, como indicam os relatos históricos, quer da Mesopotâmia quer da era do Antigo Testamento.

[129] Salmos 24:1.

[130] Levítico 25:13–16.

[131] Levítico 25:23.

[132] Levítico 23:22.

[133] Deuteronómio 24:19.

[134] Deuteronómio 26:12–15.

[135] Tamari, *The Challenge of Wealth*, 52.

[136] «Porque eu quero misericórdia, e não o sacrifício; e o conhecimento de Deus, mais do que os holocaustos» Oseas 6:6. Cf. também Isaías 1:11; existe uma contraparte no Novo Testamento, em Mateus 9:13: «Ide, porém, e aprendei o que significa: Misericórdia quero, e não sacrifício. Porque eu não vim a chamar os justos, mas os pecadores, ao arrependimento.» E também Mateus 12:7: «Mas, se vós soubésseis o que significa: Misericórdia quero, e não sacrifício, não condenaríeis os inocentes.»

[137] 1 Samuel 2:8.

[138] Provérbios 14:31.

[139] Provérbios 21:13.

[140] Êxodo 22:20.

[141] Levítico 25:47.

[142] Levítico 24:22.

[143] Levítico 19:10.

[144] Pava, *The Substance of Jewish Business Ethics*, 607.

[145] «A idade moderna inaugurou-se, creio, com a acumulação de capital, que começou no século XVI. Acredito, por motivos com os quais não pretendo sobrecarregar o presente argumento, que isto se deveu inicialmente à subida de preços, e dos lucros deles derivados, como resultado do tesouro de ouro e prata trazidos por Espanha do Novo Mundo para o Velho. Desde essa época até hoje, o poder de acumulação do juro composto, o qual parece ter estado dormente durante gerações várias, renasceu e recuperou a sua força. E a força do juro composto ao longo de duzentos anos assombra a imaginação.» Keynes, *Economic Possibilities for Our Grandchildren*, 358.

[146] Ferguson, *A Ascensão do Dinheiro*, 33.

[147] *Idem*, 28, 31.

[148] *Idem*, 33.

[149] *Idem*, 33.

[150] Ao mesmo tempo o dinheiro potencia o relacionamento entre as grandes sociedades. Por causa dele podemos confiar numa pessoa que não conhecemos, mas que honra os mesmos valores (monetários). Como Simmel indica no capítulo «Economic Activity Establishes Distances and Overcomes Them» (o título praticamente explica tudo: «A atividade económica impõe distâncias e transpõe-nas»), no fim do dia o dinheiro forma mais relações entre pessoas do que existiam anteriormente (cf. Simmel, *Philosophy of Money*, 75–79). Que o dinheiro seja de algum modo uma confiança institucionalizada é assegurado pelos vários ornamentos, sinais e símbolos que figuram nas notas e as moedas desde a Antiguidade. São uma espécie de símbolo «sagrado» da presença do

378 | A ECONOMIA DO BEM E DO MAL

Estado, das nossas personalidades históricas importantes ou respeitadas. Como se a determinada nota ou o seu utilizador «jurasse» na sua autoridade: com isto acredito, respeito, aceito.

[151] Cf. também Simmel, *Philosophy of Money*.

[152] Génesis 23:3–16: «Depois, se levantou Abraão de diante do seu morto, e falou aos filhos de Heth, dizendo: "Estrangeiro e peregrino sou entre vós; dai-me possessão de sepultura convosco, para que eu sepulte o meu morto de diante da minha face". E responderam os filhos de Heth a Abraão, dizendo-lhe: "Ouve-nos, meu senhor; príncipe de Deus és no meio de nós; enterra o teu morto na mais escolhida das nossas sepulturas; nenhum de nós te vedará a sua sepultura, para enterrares o teu morto". Então se levantou Abraão, e inclinou-se diante do povo da terra, diante dos filhos de Heth, e falou com eles, dizendo: "Se é de vossa vontade que eu sepulte o meu morto de diante da minha face, ouvi-me e falai por mim a Efron, filho de Zoar, que ele me dê a cova de Macpela, que tem no fim do seu campo; que ma dê pelo devido preço, em posse de sepulcro no meio de vós". Ora Efron estava no meio dos filhos de Heth; e respondeu Efron, heteu, a Abraão, aos ouvidos dos filhos de Heth, de todos os que entravam pela porta da sua cidade, dizendo: "Não, meu senhor; ouve-me, o campo te dou, também te dou a cova que nele está, diante dos olhos dos filhos do meu povo ta dou; sepulta o teu morto". Então Abraão se inclinou diante da face do povo da terra, e falou a Efron, aos ouvidos do povo da terra, dizendo: "Mas se tu estás por isto, ouve-me, peço-te; o preço do campo o darei; toma-o de mim, e sepultarei ali o meu morto". E respondeu Efron a Abraão, dizendo-lhe: "Meu senhor, ouve-me, a terra é de quatrocentos siclos de prata; que é isto entre mim e ti? sepulta o teu morto". E Abraão deu ouvidos a Efron, e Abraão pesou a Efron a prata de que tinha falado aos ouvidos dos filhos de Heth, quatrocentos siclos de prata, correntes entre mercadores.»

[153] Abraão recebe uma grande dádiva de Abimelec, a quem Abraão enganara ao afirmar que a esposa, Sara, era sua irmã: «Então tomou Abimelech ovelhas e vacas, e servos e servas, e os deu a Abraão; e restituiu-lhe Sara, sua mulher. E disse Abimelech: "Eis que a minha terra está diante da tua face; habita onde bom for aos teus olhos". E a Sara disse: "Vês que tenho dado ao teu irmão mil moedas de prata; eis que ele te seja por véu dos olhos para com todos os que contigo estão, e até para com todos os outros; e estás advertida"». Génesis 20:14–16.

[154] Génesis 14.

[155] Êxodo 22:25.

[156] Deuteronómio 23:19–20; cf. também Levítico 25:36–37, Ezequiel 24.

[157] Ferguson, *A Ascensão do Dinheiro*, 37.

[158] Deuteronómio 24:6.

[159] Levítico 25:35–37.

[160] «Porque a maioria das pessoas modernas se concentra na aquisição de dinheiro como o objetivo mais imediato durante toda a sua vida, surge a noção de que toda a felicidade e toda a satisfação definitiva na vida se encontram firmemente ligadas à posse de um determinado volume de dinheiro; [...] Mas se o objetivo for alcançado, instala-se um tédio e desapontamento fatais, situação notória nos empresários que se reformam depois de alcançarem determinado nível de poupanças [...] o dinheiro revela a sua verdadeira natureza como sendo um meio que se torna inútil e desnecessário, mal a

NOTAS | 379

vida se concentra apenas nele não passa de uma ponte para valores definitivos, e não se pode viver em cima da ponte.» Simmel, *Simmel on Culture*, 250.

[161] Não obstante, académicos como F. A. Hayek, que já mencionámos, pretendiam que cada instituição imprimisse o seu próprio dinheiro, para concorrerem entre si.

[162] «[...] aquela com não menos motivo desprezada, por não ser natural e sim só resultante do tráfico, deu origem à execração da usura, porque é um modo de aquisição nascido do próprio dinheiro, ao qual não se dá o fim para o qual foi criado. O dinheiro só devia servir para a troca, e o lucro que dele se tira multiplica-o [...] e de todas as aquisições esta é a mais contrária à natureza» Aristóteles, *A Política*, 1258a39–1258b7.

[163] Com um certo grau de exagero, pode dizer-se que o dinheiro consegue fazer algo parecido com o álcool, que tem um poder único parecido. Não é capaz de melhorar a disposição nem a energia da pessoa como um todo, mas é como se conseguisse transferir a energia do dia seguinte. Por outras palavras, o «valor energético» do fim de semana é constante. Acontece que uma parte da energia é subtraída do futuro (sábado de manhã) para o presente (sexta-feira à noite). Tal como com a dívida monetária, o álcool suga a energia da manhã de sábado e transpõe-na, investe-a, na sexta-feira à noite. E de repente temos tanta energia que nos comportamos de outro modo, não normalmente. Somos mais audaciosos, consumimos mais... divertimo-nos, por assim dizer. Acontece que a energia monetária tem um alcance muito superior ao fim de semana.

[164] Os orçamentos estatais atualmente são tão vastos que o crescimento da economia pode ser manipulado através do seu desequilíbrio, quer para ativar ou desacelerar o ritmo desse crescimento.

[165] Um exemplo: se eu pedir emprestado 10 porcento do meu rendimento, apenas um maluco dirá que fiquei 10 porcento mais rico ou, para ser preciso, mais produtivo. Não fiquei, nem num cêntimo. Mas, em termos numéricos, o meu rendimento cresceu realmente, e agora posso (graças ao empréstimo!) gastar 10 porcento mais.

[166] É interessante notar que, se virmos o trabalho manual como trabalho para escravos, e escravos como máquinas, Platão não estava muito longe da verdade atual. Hoje em dia todo o trabalho manual é realmente despachado para as máquinas, e o trabalho que requeira criatividade, razão, ou decisões de livre arbítrio é reservado para as pessoas. Era esta a noção de Platão da função de uma pessoa livre (um não escravo) – a atividade intelectual.

[167] Génesis 1:28. O trabalho adota a figura de labuta árdua após a maldição de Génesis 3:17–19.

[168] Génesis 3:17–19: «E a Adão disse: "Porquanto deste ouvidos à voz da tua mulher, e comeste da árvore de que te ordenei, dizendo: Não comerás dela: maldita é a terra por causa de ti; com dor comerás dela, todos os dias da tua vida. Espinhos, e cardos também, te produzirá; e comerás a erva do campo. No suor do teu rosto comerás o teu pão, até que te tornes à terra; porque dela foste tomado: porquanto és pó, e em pó te tornarás"».

[169] Génesis 3:19.

[170] Provérbios 22:29.

[171] Depois, ao longo da história, o preço do trabalho foi levado ao extremo, como a postura dos trabalhadores no comunismo, em que o trabalho não só é bastante valorizado, como se torna a única fonte de valor.

172 Deuteronómio 24:19.

173 Hill, *Historical Context of the Work Ethic*, 1.

174 Provérbios 10:4

175 Eclesiastes 5:12

176 Provérbios 21:25

177 Cf. também Eliade, *The Sacred and the Profane: The Nature of Religion and Cosmos and History: The Myth of the Eternal Return*.

178 Êxodo 20:8–11.

179 Como refere devidamente o economista Jagdish Bhagwati no livro *In Defense of Globalization*, 33, há não muito tempo um crescimento do PIB de 2 porcento teria sido considerado um crescimento decente. Mas, nos últimos anos (antes do romper da crise), se determinadas economias não crescessem pelo menos 6 porcento, seriam consideradas um fracasso.

3. GRÉCIA ANTIGA

1 O coautor deste capítulo é Lukáš Tóth, que também coeditou este livro.

2 Lowry, «Ancient and Medieval Economics», 19.

3 Nussbaum, *The Fragility of Goodness: Luck and Ethics in Greek Tragedy and Philosophy,* 12.

4 Hesíodo, *Teogonia*, 25.

5 Nussbaum, *The Fragility of Goodness: Luck and Ethics in Greek Tragedy and Philosophy,* 12.

6 Detienne, *The Masters of Truth in Archaic Greece*, 128 na tradução checa, citação original proveniente de Psellos, M.: *Energeias Daimonon*, 821B, Migne, PG, CXXII.

7 «...após o qual o cérebro pode acompanhar com os seus comentários interessantes», continua a citação. Campbell, *Myths to Live By*, 88. Nos próximos capítulos, tentaremos mostrar que, mesmo hoje em dia, esta «harmonia com a narrativa» interna (ou modelo, contendo assunções, conclusões, paradigmas, etc.) também desempenha um papel importante na economia e na ciência em geral.

8 Nussbaum, *The Fragility of Goodness: Luck and Ethics in Greek Tragedy and Philosophy,* 13.

9 Detienne, *The Masters of Truth in Archaic Greece*, 128, na tradução checa.

10 Hesíodo, *Teogonia*, 28 e 38.

11 Eurípedes, *The Iphigenia in Tauris*, 92. Ou 1240: «[E]ntão a Terra produziu os Sonhos, aparições noturnas, e estes para as mortais multidões adivinharam coisas primordiais, coisas do tempo e da fábula, e o que nele transcorreria.» Cf. 1261 nn e 1278. Cf. também «Profética, irrompeu da terra dos sonhos/A visão, englobando as terras do amo!» Ésquilo, *The Seven against Thebes*, de *The Complete Greek Drama*, vol. 1, 109.

12 «[...] era forçoso que eu [...] rejeitasse, como absolutamente falso, tudo aquilo em que pudesse imaginar a menor dúvida [...] resolvi supor que todas as coisas que até então tinham entrado no meu espírito não eram mais verdadeiras do que as ilusões dos meus sonhos.» Descartes, *Discurso do Método*, quarta parte, 49–50.

NOTAS | 381

[13] «A honra de ser o primeiro pensador económico da Grécia é dada ao poeta Hesíodo, um beócio que viveu nos primórdios da Grécia antiga, em meados do século VIII a.C. [...] dos 828 versos do poema [Os Trabalhos e os Dias], os primeiros 383 centram-se no problema económico e fundamental da escassez de recursos para satisfazer a demanda dos inúmeros e abundantes fins e desejos humanos.» Rothbard, *Economic Thought before Adam Smith: Austrian Perspetives on the History of Economic Thought*, 8.

[14] Hesíodo, *Works and Days*, 42–49.

[15] *Idem*, 305.

[16] Kratochvíl, *Filosofie mezi mýtem a vědou od Homéra po Descarta* [*Filosofia Entre o Mito e a Ciência, de Homero a Descartes*], 53.

[17] Cf. Aristóteles, *Metaphysics*, 986a1–987b30: «Os pitagoristas [...] acreditavam que o elemento dos números era o elemento de todas as coisas [...] afirmam que as coisas, inclusive, são números».

[18] Bunt, Jones, e Bedient, *The Historical Roots of Elementary Mathematics*, 82.

[19] Mahan, *A Critical History of Philosophy*, vol. 1, 241.

[20] Aristoxen of Stobaia, 58 B 2. Cf. Guthrie, volume I, p.177, *W.K.C.: A History of Greek Philosophy*, vol. I–III. Cambridge, The University Press, 1962, 1965, 1969. (O terceiro volume já foi publicado em formato de bolso: Parte 1: *The Sophists*; Parte 2: *Socrates*.)

[21] Harris, *The Reign of the Whirlwind*, 80.

[22] Para efeitos ilustrativos, eis exemplos do raciocínio inicial que poderia ter assumido esse misticismo matemático: amor e amizade, expressões de harmonia, têm o mesmo número que uma oitava na música, ou o número 8. A essência da saúde é o número 7. A justiça recebe um 4, pois está relacionada com a vingança, que equivale ao crime; o matrimónio define-se de acordo com os fundadores da matemática, pelo número 3; o espaço é 1. Este misticismo posteriormente torna-se a fundação dos antigos livros de sonhos. Cf. Rádl, *Dějiny Filosofie: Starověk a středověk* [*História da Filosofia: Antiga e Medieval*], 89. Cf. também Kirk, Raven e Schofield, *The Presocratic Philosophers*, capítulo 7.

[23] No ensaio «Mysticism and Logic», Bertrand Russell demonstra que os gregos antigos pensavam cientificamente e combinavam a observação científica com os seus conceitos místicos. Russell, *Mysticism and Logic and Other Essays*, 20.

[24] Pitágoras foi também o primeiro a criar o conceito dos números irracionais. Não é um nome curioso, o deste grupo de números? Afinal, consideramos os números como as representações mais racionais de toda a existência. Seremos objetivos e racionais, se designamos um elemento tão absoluto como um número irracional, apenas porque resiste à nossa experiência quotidiana, apenas porque se encaixa entre os outros números irracionais e não tem um uso banal como a contagem das ovelhas?

[25] Pitágoras foi um dos primeiros filósofos a utilizar o termo *cosmos*. O mesmo com o de *filosofia*.

[26] Lowry, «Ancient and Medieval Economics», 19.

[27] Herakleitos, B51.

[28] Lowry, *Archaeology of Economic Ideas*, 46.

[29] Os académicos atuais atribuem ocasionalmente esta obra a Teofrasto, estudante de Aristóteles.

30 Aristóteles, *Economics*, 1353b27.

31 *Idem*, 1344a3.

32 Xenofonte, *Ways and Means*, 2.7.

33 *Idem*, 2.4–7.

34 Jogo em que apenas alcançamos a vitória se o oponente sofre perdas no mesmo valor dos nossos ganhos.

35 Xenofonte, *Ways and Means*, 3.4.

36 Xenofonte, *Œconomicus*, 1.11–14.

37 Valor que indica a utilidade obtida pelo consumo do bem. O valor de troca baseia-se na raridade relativa do bem em questão. A água, por exemplo, tem um valor elevado de uso, por não podermos viver sem ela. Mas o valor de troca (o preço de mercado, por exemplo) é baixo, devido à sua abundância.

38 Xenofonte, *The Education of Cyrus*, 7, C.2, 5.

39 Lowry, *Archaeology of Economic Ideas*, 90.

40 «Manter baixo o custo da administração... e investir o balanço acima desse valor... para que o investimento traga a maior receita possível.» Xenofonte, *Ways and Means*, 4.40.

41 Xenofonte, *Œconomicus*, 5.18.

42 Novo Testamento, Tiago 4:13–17. «Eia agora vós, que dizeis: "Hoje, ou amanhã, iremos a tal cidade, e lá passaremos um ano, e contrataremos, e ganharemos"; digo--vos que não sabeis o que acontecerá amanhã. Porque, que é a nossa vida? É um vapor que aparece por um pouco, e depois se desvanece; em lugar do que devíeis dizer: "Se o Senhor quiser, e se vivermos, faremos isto ou aquilo". Mas, agora, vos gloriais nas vossas presunções: toda a glória tal como esta é maligna. Aquele, pois, que sabe fazer o bem, e o não faz, comete pecado.» Representa uma tentativa de contextualizar todos os eventos contra a plenitude do mundo, e não de separar o futuro dos atos que conduzem a ele a partir dos eventos no cosmos.

43 Xenofonte, *Ways and Means*, 6.2.

44 «Um aumento no número de caldeireiros, por exemplo, produz uma queda do preço do trabalho do cobre, e os caldeireiros deixam de exercer o ofício. O mesmo acontece no comércio do ferro. Quando o milho e o vinho abundam, as colheitas são baratas e desaparece o lucro que dariam, portanto muitos lavradores abandonam o cultivo das terras e estabelecem-se como mercadores ou lojistas ou prestamistas.» Xenofonte, *Ways and Means*, 4.6.

45 «Se [...] a troca ou o comércio forem vantajosos para a comunidade; se houver honra naquele que se aplicar com grande diligência ao comércio, o número de mercadores aumenta proporcionalmente. E se fizerem saber publicamente que quem descobrir uma nova forma de aumentar a receita pública sem prejudicar os indivíduos será bem recompensado, não se negligenciaria tanto este tipo de especulação.» Xenofonte, *Hiero*, 19.

46 «Expliquei as leis que, penso, deviam ser instauradas no Estado para que cada ateniense receba uma manutenção capaz a partir dos encargos públicos. Haverá quem julgue que jamais se conseguiria reunir dinheiro suficiente e providenciar o elevado capital necessário, segundo os seus cálculos, para financiar estes esquemas. Mas não

NOTAS | 383

devem desesperar. Pois não é essencial que o plano decorra totalmente como previsto [...] quaisquer casas erguidas ou navios construídos ou escravos comprados serão prontamente uma preocupação de pagamento. A bem dizer, neste aspeto, será ainda mais lucrativo avançar gradualmente do que fazer tudo de uma só vez [...] se avançarmos conforme nos permitem os meios, podemos repetir as boas ideias e evitar repetir os erros.» Xenofonte, *Ways and Means*, 4.33–37.

[47] Xenofonte, *Ways and Means*, 4.7.

[48] Não voltaremos a diferenciar estes dois pensadores. Sócrates nada escreveu por si mesmo, e o que conhecemos das suas ideias provém da versão de Platão. Torna-se assim difícil distinguir entre Platão e Sócrates, pelo que os filósofos procuram distanciar-se desta temática. Uma prática que também adotaremos. Para mais informação, cf. Kahn, *Plato and the Socratic Dialogue*.

[49] Platão, *Timaeus*, 29b.

[50] Platão, *A República*, 7, 515c.

[51] Ou da televisão. De certa forma, a versão televisionada da realidade é apenas uma sombra da realidade. Uma pessoa que se afaste da televisão e comece a encarar o mundo tal como é frequentemente desilude-se e, após um longo período de conforto, «estragaria a vista».

[52] Platão, *A República*, 7, 515c.

[53] «E se lhe fosse necessário julgar daquelas sombras em competição com os que tinham estado sempre prisioneiros [...] acaso não causaria o riso, e não diriam dele que, por ter subido ao mundo superior, estragara a vista, e que não valia a pena tentar a ascensão? E a quem tentasse soltá-los e conduzi-los até acima, se pudessem agarrá-lo e matá-lo, não matariam?» Platão, *A República*, 7, 517a.

[54] O filme *Matrix* desenvolve esta ideia em pormenor: somos escravos (utilizados na geração de energia) que veem sombras (coloridas) projetadas por outrem.

[55] Aparecemos no mundo com ideias inatas que temos de descobrir, ideias objetivas. No diálogo *Protágoras*, Platão critica o subjetivismo desregrado, imbuído no comentário passageiro que se atribui ao filósofo epónimo: «O homem é a medida de todas as coisas.» Platão, *Protágoras*, 361c. No mundo de Platão, não aprendemos nada de novo, apenas descobrimos o que já sabíamos no nosso íntimo.

[56] Popper, *The Open Society and Its Enemies*, volume 1, *The Spell of Plato*, 19.

[57] Nelson, *Reaching for Heaven on Earth*, 34–35, sobre Aristóteles, *Nichomachean Ethics*, tradução de T. Irwin (Indianápolis: Hackett Publishing, 1985), 166.

[58] McCloskey, *The Bourgeois Virtues*, 152, sobre Davis e Hersch: *Descartes' Dream*.

[59] Deirdre McCloskey prossegue adiante numa formosa equiparação verbal entre «Bem» [*Good*] e «Deus» [*God*] com uma referência à alegoria de Platão, em que o Sol ilumina os nossos pensamentos e os aproxima do entendimento do Bem. Um cristão convicto preferiria sem dúvida a alteração de «Filho do Bem» para «Filho de Deus». Cf. McCloskey, *The Bourgeois Virtues*, 365.

[60] Uma ideia parecida encontra-se no lema dos matemáticos e físicos, no que toca à interpretação estatística das coincidências: *Deus não joga aos dados*.

[61] Polanyi, *Personal Knowledge*, 171.

[62] McCloskey, *The Bourgeois Virtues*, 153.

[63] Salústio, *On the Gods and the World*, parte 4.

[64] Mas atente-se que *tudo* é uma *representação* ou *imagem* da realidade (e, portanto, não a realidade em si mesma) – as «verdades» e princípios científicos, bem como os mitológicos.

[65] «Nas hipóteses verdadeiramente importantes e significativas descobriremos "pressupostos" que fazem representações descritivas da realidade abertamente imprecisas, e, no geral, quanto mais significativa a teoria, mais irrealistas estes serão [...] para ser importante, uma hipótese deve portanto ser descritivamente falsa nos seus pressupostos; nem considera nem explica nenhuma das demais circunstâncias envolvidas, pois o seu próprio êxito demonstra a irrelevância destas para a explicação do fenómeno.» Friedman, *Essays in Positive Economics*, 14.

[66] A pergunta é: o que são os nossos modelos? Procuram ser verdadeiros ou são apenas instrumentais ou (mais ou menos) úteis? Mas como podem ser instrumentais ou úteis, se não reivindicarem a validade, *de certa forma*?

[67] Platão, *Phaedo*, 64d.

[68] *Idem*, 66d.

[69] *Idem*, 66b.

[70] *Idem*, 66b.

[71] *Idem*, 66c.

[72] *Idem*, 65b–66a.

[73] Nussbaum, *The Fragility of Goodness: Luck and Ethics in Greek Tragedy and Philosophy*, 142. Platão 492e.

[74] Nelson, *Economics as Religion*, 105.

[75] Com Nietzsche fortalece-se a crítica ao totalitarismo, e, depois da Segunda Guerra Mundial, tornou-se hábito apontar Platão como o tetravô do totalitarismo (cf. K. Popper Z. Baumann, J. Habermas, M. Foucault, etc.).

[76] A segunda vida do platonismo, incluindo as referências aos milhares de possibilidades do seu «uso» (incluindo J. V. Estaline), é descrita por Novotný, F., *The Posthumous Life of Plato*.

[77] Nelson, *Economics as Religion*, 270. Cf. também Popper, *The Open Society and Its Enemies*, 38, 164.

[78] Karl Marx, no volume 1, capítulo 12 do *Capital*, chega a queixar-se: «Le platonisme où va-t-il se nicher! [Todos os lugares em que o platonismo fez ninho!]» Refere-se a Platão como alguém que «vê na divisão do trabalho a base para separar a sociedade em estatutos. Um trabalhador deve adaptar-se ao trabalho, e não o trabalho ao trabalhador». Platão recebe assim o epíteto «utopismo reacionário do comunismo consumista das classes aristocráticas».

[79] Lowry, «The Economic and Jurisprudential Ideas of the Ancient Greeks: Our Heritage from Hellenic Thought», 25.

[80] Nussbaum, *The Fragility of Goodness: Luck and Ethics in Greek Tragedy and Philosophy*, 138.

[81] Rádl, *Dějiny Filosofie: Starověk a středověk* [*História da Filosofia: Antiga e Medieval*], 185.

[82] Nussbaum, *The Fragility of Goodness: Luck and Ethics in Greek Tragedy and Philosophy*, 139.

NOTAS | 385

[83] Nelson, *Reaching for Heaven on Earth*, 36.

[84] *Idem*, 61.

[85] Platão, *A República*, 5.

[86] No seu sentido literal, «utopia» é formada por *ou* (não) e *topos* (lugar). Representa, portanto, uma visão que não tem um lugar determinado para a sua existência e consubstancia.

[87] «No seu *Antígona*, Sófocles vai mais longe. Nele, marca os piores como sendo aqueles que, por qualquer motivo não dão o máximo pela comunidade no contexto das suas capacidades; não há lugar para nenhum tipo de conforto individual em prejuízo dos interesses coletivos. A "pior" (*kakitos*) pessoa é aquela que esconde as suas capacidades da cidade por interesse próprio (Ant. 181). A "má" (*ho kakoi*) contrasta com "quem tiver a cidade no seu pensamento", como se fossem opostos polares (Ant. 108–109).» Nussbaum, *The Fragility of Goodness: Luck and Ethics in Greek Tragedy and Philosophy*, 55.

[88] Nelson, *Economics as Religion*, 271.

[89] Nussbaum, *The Fragility of Goodness: Luck and Ethics in Greek Tragedy and Philosophy*, 89–90.

[90] *Idem*, 91.

[91] Popper, *The Open Society and Its Enemies*, vol.1, *The Spell of Plato*, 17.

[92] *Idem*, 18.

[93] Platão, *Timaeus*, 22e–23b.

[94] Campbell, *Myths to Live By*, 72.

[95] Platão, *Timaeus*, 23c.

[96] Algures, Platão escreve: «E as pessoas de idade, superiores a nós e vivendo próximas dos deuses.» *Philebus*, 16d.

[97] «[A] vossa gente recorda um dilúvio apenas, embora antes muitos houvessem.» Platão, *Timaeus*, 23b.

[98] Génesis 19:16–17: «Ele, porém, demorava-se, e aqueles varões lhe pegaram pela mão, e pela mão da sua mulher, e pela mão das suas duas filhas [...]. E aconteceu que, tirando-os fora, disse: "Escapa-te por tua vida; não olhes para trás de ti, e não pares em toda esta campina; escapa-te lá para o monte, para que não pereças."» Um tópico semelhante pode ler-se no aviso de Jesus, em Mateus 24:15–16: «Quando, pois, virdes que a abominação da desolação, de que falou o profeta Daniel, está no lugar santo; quem lê, atenda; então os que estiverem na Judeia fujam para os montes.»

[99] Nussbaum, *The Fragility of Goodness: Luck and Ethics in Greek Tragedy and Philosophy*, 261.

[100] Aristóteles, *Metaphysics*, 1025b25.

[101] Nussbaum, *The Fragility of Goodness: Luck and Ethics in Greek Tragedy and Philosophy*, 260.

[102] *Idem*, 260.

[103] Aristóteles, *Ética a Nicómaco*, 1094b3.

[104] *Idem*, 1113a15.

[105] Por «ética da virtude» referimo-nos à ética baseada na virtude (não na responsabilidade, benefício, utilidade ou no cálculo dos resultados do impacto). Para mais informação, cf. MacIntyre, *After Virtue*. MacIntyre foi inicialmente um aristotélico que

386 | A ECONOMIA DO BEM E DO MAL

mais tarde se tornou um tomista e que, nas suas próprias palavras, era «um aristotélico melhor do que o próprio Aristóteles». MacIntyre, *After Virtue*, X. Platão fundou a ética da virtude, mas foi Aristóteles quem efetivamente a estabeleceu. A ética da virtude foi a escola de ética dominante da nossa civilização até ao Renascimento, quando se viu parcialmente substituída pelo utilitarismo ou deontologia kantiana (a moralidade assenta na responsabilidade, nas boas intenções, no cumprimento de regras).

[106] Aristóteles, *Politics*, 2.5.

[107] *Idem*, 1258b. 1.10.

[108] *Idem*, 1.10. Aristóteles distingue aqui entre a boa economia praticada para o bem geral e a má *crematística*, a acumulação desenfreada de riqueza em prol da riqueza.

[109] *Idem*, 1.8–10.

[110] *Idem*, 2. 3, 1261b.

[111] *Idem*, 1.11.

[112] Aristóteles, *Ética a Nicómaco*, 1103b27–29.

[113] Aristóteles, *Ética a Eudemo*, 1214a6–7.

[114] *Idem*, 1214a18–19.

[115] Aristóteles, *A Política*, 1.1253a2.

[116] Para uma leitura diferente dos processos sociais e económicos na *Ética a Nicómano* e *Política*, cf. Polanyi, «Aristotle Discovers the Economy».

[117] Aristóteles, *A Política*, 2.1.1261a18, 3.1.1275b20.

[118] Aristóteles, *Ética a Nicómaco*, 1175b2–13.

[119] *Idem*, 1175a19–22.

[120] *Idem*, 1174b23.

[121] MacIntyre, um dos aristotélicos modernos mais importantes, define «eudemonia» como «o estado de estar bem e ter uma boa vida por se estar bem, do bem-estar intrínseco de um homem e da sua relação com o divino». MacIntyre, *After Virtue*, 148.

[122] Aristóteles, *A Política*, 1.1.1252a2–3.

[123] Aristóteles, *Ética a Nicómaco*, 1094a1–3, e sobre o agregado familiar, como sendo um subconjunto da cidade-estado, «…a medicina tem como fim a saúde […], a economia a riqueza». Aristóteles, *Ética a Nicómaco*, 1094a8–9.

[124] *Idem*, 1172a19–29.

[125] *Idem*, 1172b10–28.

[126] *Idem*, 1095a14–23.

[127] Aristóteles, *A Política*, 1.1.1252a1–7.

[128] Neste ponto, Aristóteles aproxima-se dos estoicos: «[A] maioria dos homens, e homens das estirpes mais vulgares, parecem (não sem motivo) identificar o bem, ou a felicidade, com o prazer; motivo pelo qual preferem uma vida de divertimento.» *Ética a Nicómano*, 1095b15–17. «Mas as pessoas de finura superior e disposição ativa identificam a felicidade com honra […] quanto ao bem, afirmamos que é inerente ao próprio e não facilmente retirado. Além disso o homem parece buscar a honra para afirmar o seu próprio mérito.» *Idem*, 1095b24–29.

[129] Neste ponto, concorda com os ensinamentos de Platão: «[O] homem que for verdadeiramente bom e sábio, enfrenta devidamente os desafios da vida e sempre aproveita as circunstâncias». *Idem*, 1101a1–2.

[130] *Idem*, 1174a4–9.

NOTAS | 387

131 *Idem*, 1106b29–30.

132 *Idem*, 1106b31–34.

133 *Idem*, 1107b9–10.

134 *Idem*, 1104a19–27.

135 *Idem*, 1106b6–7.

136 *Idem*, 1109a25–29.

137 *Idem*, 1109a24.

138 Procurar o meio é uma das grandes questões do aristotelismo – não surge de tentativa e erro, empíricos, mas segue a frónesis de Platão –, sabedoria prática; cf. Gadamer, *The Idea of the Good in Platonic-Aristotelian Philosophy*.

139 Smith, *The Theory of Moral Sentiments*, 395–430.

140 *Idem*, 415.

141 «Um sábio… [a]ssegurado da sabedoria que comanda todos os eventos da vida humana aceita com alegria o que lhe calhar, satisfeito por, caso soubesse todas as ligações e dependências das várias partes do universo, ser aquela a exata resposta ao seu desejo […] se for vida, contenta-se por estar vivo; e, se for morte, não tendo a natureza mais precisão de si, de bom grado irá aonde o convocam. "Aceito", disse um filósofo cínico, cujas doutrinas eram neste aspeto iguais às dos estoicos – "Aceito com igual alegria e satisfação o que a Fortuna me trouxe – riqueza ou pobreza, prazer ou dor, saúde ou doença, tudo é igual."» *Idem*, 405–406.

142 «Os estoicos terão considerado a vida humana como um jogo de grande perícia; mas no qual havia uma mistura de acaso… o prazer do jogo advém de um bom jogar, de jogar com justiça, e de jogá-lo com destreza. Mas, por muito dotado que o bom jogador seja, pela influência do acaso, se perder no fim, a perda deve ser um assunto de júbilo e não de tristeza sombria. Não cometeu golpes falsos; […] apreciou plenamente o prazer integral do jogo. Se, pelo contrário, por muitos erros que o mau jogador cometa, acabe, da mesma forma, por vencer, o seu êxito dar-lhe-á pouca satisfação. Penaliza-se na lembrança de todas as falhas cometidas. Mesmo durante o jogo, não gozará do prazer que seria capaz de ter.» *Idem*, 405–409.

143 *Idem*, 409.

144 «Os poucos fragmentos que sobreviveram até hoje com os escritos dos antigos filósofos a respeito destes temas constituem, talvez, um dos resquícios da Antiguidade mais instrutivos e também dos mais interessantes. O espírito e masculinidade da doutrina forma um contraste fabuloso com o tom lamuriento, queixoso e desanimado de certos sistemas modernos.» *Idem*, 415.

145 «"Se pretendo navegar", diz [o estoico] Epiteto, "escolho o melhor navio e o melhor piloto e espero pelo melhor tempo permitido pelas circunstâncias e dever. Prudência e propriedade, os princípios que os deuses me deram para orientar a minha conduta, exigem-me isto, mas não mais; e se, mesmo assim, se levantar a tempestade, que nem a força da embarcação nem a perícia do piloto conseguirem aguentar, não me deixo combalir pelas consequências. Tudo o que poderia ter feito já o fiz. Os diretores da minha conduta nunca me pedem para ser miserável nem ansioso, deprimido ou assustado. Se nos afogarmos ou encontrarmos bom porto, será a vontade de Júpiter, e não a minha. Deixo-a inteiramente à sua determinação, nem perturbo sequer o meu descanso

a ponderar no que terá decidido, mas recebo o meu destino com igual indiferença e segurança".» *Idem*, 406.

146 «Prudência, por exemplo, embora, de acordo com esta filosofia, [era] a fonte de todas as virtudes.» *Idem*, 434.

147 «Que fossem sempre os objetos naturais destas paixões, ele [Epicuro] acreditava que não precisava de provas.» *Idem*, 431.

148 *Idem*, 431.

149 *Idem*, 432.

150 Epicuro, *Principal Doctrines*, 1.

151 Mill, *Utilitarismo*.

152 Smith, *The Theory of Moral Sentiments*, 436.

153 *Idem*, 438.

154 Cf., por exemplo, Kant, *Introduction to the Metaphysics of Morals*.

4. CRISTANDADE: A ESPIRITUALIDADE NO MUNDO MATERIAL

1 Mateus 4:4.

2 Génesis 3:19: «No suor do teu rosto comerás o teu pão.»

3 Com o aparecimento da Cristandade, as ideias fundamentais da fé judaica começam a ser bem-recebidas, por fim, e a influenciar de forma significativa a história da civilização ocidental.

4 Nelson, *Economics as Religion*, 329.

5 McCloskey, «Rhetoric of Economics».

6 Lucas 15:8–10: «Ou qual a mulher que, tendo dez dracmas, se perder uma dracma, não acende a candeia, e varre a casa, e busca com diligência, até a achar? E, achando-a, convoca as amigas e vizinhas, dizendo: Alegrai-vos comigo, porque já achei a dracma perdida. Assim vos digo que há alegria, diante dos anjos de Deus, por um pecador que se arrepende.»

7 Mateus 25:27: «Devias, então, ter dado o meu dinheiro aos banqueiros, e, quando eu viesse, receberia o meu com os juros.»

8 Lucas 16:5–12: «E, chamando a si cada um dos devedores do seu senhor, disse ao primeiro: "Quanto deves ao meu senhor?" E ele respondeu: "Cem medidas de azeite". E disse-lhe: "Toma a tua obrigação, e, assentando-te já, escreve cinquenta". Disse depois a outro: "E tu, quanto deves?" E ele respondeu: "Cem alqueires de trigo". E disse-lhe: "Toma a tua obrigação, e escreve oitenta". [...] E se, no alheio, não fostes fiéis, quem vos dará o que é vosso?» Cf. também Lucas 19:13–24.

9 Mateus 20:8: «E, aproximando-se a noite, diz o senhor da vinha ao seu mordomo: "Chama os trabalhadores, e paga-lhes o jornal, começando pelos derradeiros, até aos primeiros."»

10 Lucas 7:41–43: «Um certo credor tinha dois devedores: um devia-lhe quinhentos dinheiros, e o outro cinquenta. E, não tendo eles com que pagar, perdoou-lhes a ambos. Dize, pois: "qual deles o amará mais?" E Simão, respondendo, disse: "Tenho para mim que é aquele a quem mais perdoou". E ele lhe disse:" Julgaste bem."»

NOTAS | 389

[11] Lucas 12:2021: «Mas Deus lhe disse: Louco! esta noite te pedirão a tua alma; e o que tens preparado, para quem será? Assim é aquele que para si ajunta tesouros, e não é rico para com Deus.»

[12] Indicando algumas: Parábola do Tesouro Escondido (Mateus 13:44), Parábola da Pérola (Mateus 13:45), Parábola do Bom Samaritano (Lucas 10:25–37), a Parábola do Bom Servo (Marcos 13:33–37; Lucas 12:35–48; Mateus 24:42–51), Parábola do Filho Pródigo (Lucas 15:11–32). Harmonia na aceção de Cox, Easley, Robertson e Broadus, *Harmony of the Gospels*, 348.

[13] Podendo também ser acrescentado com elegância à concentração desordenada do material. «Ninguém pode servir a dois senhores; porque, ou há de odiar um e amar o outro, ou se dedicará a um e desprezará o outro. Não podeis servir a Deus e a Mamon.» Mateus 6:24. Também Lucas 16:13.

[14] Willis, *God's Politics: Why the Right Gets It Wrong and the Left Doesn't Get It*, 212. Cf. também Colins e Wright, *The Moral Measure of the Economy*.

[15] Mateus 5:2–3.

[16] Mateus 6:11.

[17] Liddel e Scott, *Greek-English Lexicon*: «recompensa pelas boas novas que se dá ao mensageiro.»

[18] Apocalipse 13:17: «E assim, quem não tivesse o sinal, o nome da Besta ou o número do seu nome não podia comprar nem vender.»

[19] Cf. também Horsley, *Covenant Economics*, 81, 95.

[20] Mateus 6:12.

[21] No original, em grego, usa-se a palavra *opheílēmata*, o que implica uma dívida, *opheiló*. Todas as traduções inglesas da Bíblia (exceto duas) traduzem-na dessa forma. Esta oração repete-se em Lucas 11:2–4. Aqui é usado o grego *amartias*, que significa «pecar», da raiz *hamart*, mas também «errar o alvo, praticar o mal, pecar». Estas duas palavras são frequentemente sinónimas. (*Amartias* aparece no Novo Testamento 181 vezes, *hamartanó* 36 vezes, *opheiló* 36 vezes.)

[22] Cf. Levítico 25:39.

[23] Êxodo 21:1–6; Levítico 25:8–10, 41–42; Deuteronómio 15:1–6, 12–15. O cancelamento das dívidas também surge no código de Hamurábi §117. Cf. Horsley, *Covenant Economics*, 45.

[24] 1 Coríntios 7:23: «Fostes comprados por bom preço; não vos façais servos dos homens». Encontramos elementos similares no Antigo Testamento – um exemplo do resgate da escravatura em Levítico 25:48: «haverá resgate para ele; um dos seus irmãos o resgatará.» Ou 2 Samuel 7:23: «E quem há como o teu povo, como Israel, gente única na terra? a quem Deus foi resgatar para seu povo, e a fazer-se um nome, e a fazer-vos estas grandes e terríveis coisas, para a tua terra, diante do teu povo, que tu resgataste do Egito, desterrando as nações e a seus deuses.» Ou Salmos 107:2: «Digam-no os remidos do Senhor, os que remiu da mão do inimigo.»

[25] Marcos 10:42–45. «Resgate» refere-se ao mecanismo da aliança pelo qual aqueles que caíram na escravidão da dívida podiam ser resgatados (cf. Levítico 25:25–28, 47–55). Cf. Horsley, *Covenant Economics*, 123.

[26] Efésios 1:7.

27 Colossenses 1:14.

28 Hebreus 9:12–15.

29 Efésios 2:8–9.

30 Romanos 3:22–24.

31 Apocalipse 21:6. Ênfase do autor.

32 Da preposição latina *trans* («através, além»). O prefixo *trans* significa «além de, em troca de, ao través, para trás, através, para além de».

33 Atos 8:20.

34 Graeber, *Toward an Anthropological Theory of Value*, 154. Cf. também Cheal, *The Gift Economy*.

35 O filósofo checo Jan Sokol gosta de salientar que a avó apenas precisava de dinheiro algumas vezes por ano, para comprar sal.

36 É interessante acompanhar as áreas e culturas que se tornaram refugiadas da gorjeta. As gorjetas dão-se em restaurantes, mas nunca em lojas com serviço. Dão-se a taxistas, mas não a condutores de autocarros. Dão-se a quem repara avarias em nossa casa, na República Checa, mas na América não se oferecem a criadas nem a empregados de limpeza.

37 As gorjetas são alvo de debate aceso, e não apenas entre os economistas. Uma das discussões mais interessantes sobre o tópico encontra-se no início do filme de Quentin Tarantino *Cães Danados*.

38 Veja-se também a dinâmica das ofertas mútuas nos restaurantes e bares. As pessoas são convidadas para jantar ou tomar um copo, mas não ficariam felizes se recebessem simplesmente 8,5 euros. Contudo, poucos amigos recusarão uma bebida que custe 8,5 euros, mesmo representando igual transação (do ponto de vista «numérico» da economia).

39 Captado por uma passagem do Antigo Testamento: «Ó vós, todos os que tendes sede, vinde às águas, e os que não tendes dinheiro, vinde, comprai e comei; sim, vinde e comprai, sem dinheiro e sem preço, vinho e leite.» Isaías 55:1.

40 Bassham e Bronson, *The Lord of the Rings and Philosophy*. Conforme indica Alison Milbank, todos os bens são oferecidos, e não acontece qualquer troca financeira.

41 Mesmo se for rebatível que a pessoa é proprietária do anel, ou se acontecer o inverso. Veja-se Gollum, por exemplo: chegou a possuir o anel ou encontrou-o e ficou subsequentemente possuído e controlado por ele? Galadriel e mesmo Gandalf preocupam-se igualmente em não conseguirem controlar o anel, mas com o facto de o anel os controlar e os modificar à sua imagem. Com isto quero dizer que representa uma imagem extrema da propriedade biunívoca. Não só possuímos coisas, como as coisas nos possuem. Um tema semelhante é explorado pelo livro de Chuck Palahniuk, *Clube de Combate*, e na sua adaptação no filme de culto (David Fincher, 1999); nele, Tyler Durden diz ao protagonista do filme (que não tem nome e representa um americano vulgar) «aquilo que possuis acaba por te possuir a ti».

42 Mauss, *The Gift*, 66, 67.

43 Cheal, *The Gift Economy*, 2. Cf. também Durkheim, *The Division of Labor in Society*, 4–7, Levi-Strauss, *The Elementary Structures of Kingship*, e Bourdieu, *Outline of a Theory of Practice*.

44 Neubauer, *O čem je věda* [O Que É a Ciência], 145.

NOTAS

45 Simmel, *Pení ze v moderní kultuře a jiné eseje* [*O Dinheiro na Cultura Moderna*], 249.

46 Mesmo a vida de Jesus representa em último caso um paradoxo: o rei nasce numa manjedoura (Lucas 2); os «crentes» mais fervorosos da época recusam-se a crer nele (Mateus 21:45–46); ajuda cobradores de impostos (publicanos) e meretrizes; demonstra a sua força pela fraqueza e mediante a crucificação; Deus, o mais poderoso ser sobre a Terra, é brutalmente pregado na cruz ao lado de criminosos. Por tudo isto, citemos apenas algumas passagens que ilustram estes paradoxos: «Disse-lhes Jesus: "Em verdade vos digo que os publicanos e as meretrizes entram adiante de vós no reino de Deus. Porque João veio a vós no caminho da justiça, e não o crestes, mas os publicanos e as meretrizes o creram; vós, porém, vendo isto, nem depois vos arrependestes para o crer."» Mateus 21:31–32. «Convém que o Filho do homem seja entregue nas mãos de homens pecadores, e seja crucificado, e ao terceiro dia ressuscite.» Lucas 24:7. «E matastes o Príncipe da vida, ao qual Deus ressuscitou dos mortos, do que nós somos testemunhas.» Atos 3:15.

47 Marcos 12:42–44: «Vindo, porém, uma pobre viúva, deitou duas pequenas moedas, que valiam meio centavo. E, chamando os seus discípulos, disse-lhes: Em verdade vos digo que esta pobre viúva deitou mais do que todos os que deitaram na arca do tesouro; Porque todos ali deitaram do que lhes sobejava, mas esta, da sua pobreza, deitou tudo o que tinha, todo o seu sustento.»

48 Mateus 22:17–21: «"Dize-nos, pois, que te parece? É lícito pagar o tributo a César, ou não?" Jesus, porém, conhecendo a sua malícia, disse: "Por que me experimentais, hipócritas? Mostrai-me a moeda do tributo", e eles lhe apresentaram um dinheiro. E ele disse-lhes: "De quem é esta efígie e esta inscrição?" Disseram-lhe eles: "De César". Então ele lhes disse: "Dai, pois, a César o que é de César, e a Deus o que é de Deus".» Também Lucas 20:25.

49 João 2:14.

50 «E, tendo feito um azorrague de cordéis, lançou todos fora do templo, também os bois e ovelhas; e espalhou o dinheiro dos cambiadores, e derrubou as mesas; e disse aos que vendiam pombos: "Tirai daqui estes, e não façais da casa de meu Pai casa de venda".» João 2:15–16. Note-se que este é, de facto, o segundo ato público de Jesus (depois de ter transformado água em vinho em Caná, da Galileia), registado por João no seu evangelho.

51 Mateus 6:19–21.

52 Mateus 6:25–34.

53 1 Timóteo 6:10.

54 Hebreus 13:5.

55 Lucas 8:14.

56 Dixit e Nalebuff, *Thinking Strategically*, 106.

57 Em última análise, os grandes temas das peças de Shakespeare descrevem pequenos desentendimentos que, com o tempo, se amplificam até assumirem proporções gigantescas. As suas comédias tendem a terminar com os protagonistas a rirem-se de si mesmos, e as tragédias com a morte deles.

58 Êxodo 21:23–25: «Mas, se houver morte, então darás vida por vida, olho por olho, dente por dente, mão por mão, pé por pé, queimadura por queimadura, ferida por ferida, golpe por golpe.»

[59] Mateus 5:38–42.

[60] No livro *Bons Augúrios: As Belas e Preciosas Profecias de Agnes Nutter, Bruxa*, de N. Gaiman e T. Pratchett, um dos cavaleiros do apocalipse, Guerra, torna-se correspondente de guerra e inverte a causalidade. Começam-se guerras em qualquer sítio por onde passe. Uma conversa ligeiramente distorcida com uma fação, uma segunda ligeiramente alterada com a fação oposta, e desencadeia-se uma contenda entre elementos outrora amigos.

[61] Mateus 5:43–47; e Dixit e Nalebuff, *Thinking Strategically*, 109.

[62] Mateus 20:1–16.

[63] Tiago 4:4.

[64] «Porque para mim o viver é Cristo, e o morrer é ganho. Mas, se o viver na carne me der fruto da minha obra, não sei, então, o que deva escolher; mas de ambos os lados estou em aperto, tendo desejo de partir, e estar com Cristo, porque isto é ainda muito melhor; mas julgo mais necessário, por amor de vós, ficar na carne. E, tendo esta confiança, sei que ficarei, e permanecerei com todos vós, para proveito vosso e gozo da fé, para que a vossa glória abunde por mim, em Cristo Jesus, pela minha nova ida a vós.» Filipenses 1:21–26.

[65] «No Antigo Testamento, Satanás não é representado como um espírito maligno e caído em desgraça, mas como servo de Jeová, desempenhando uma função divina e assumindo o seu lugar no comboio celestial. Nos testemunhos paralelos da numeração de David de Israel (1 Samuel 24:1; 1 Crónicas 21:1), a tentação de David é atribuída tanto a Jeová como a Satanás [...] o desvendar de Satanás como um poder mundial rebelde é reservado para o Novo Testamento.» *International Standard Bible Encyclopedia*: artigo «Satan».

[66] 1 Crónicas 21:1 «Então Satanás se levantou contra Israel, e incitou David a numerar a Israel.» (Por sinal, é interessante comparar a mesma narrativa captada na passagem mais antiga 2 Samuel 24:1, em que, pelo contrário, «E a ira do Senhor se tornou a acender contra Israel; e incitou a David contra eles, dizendo: "Vai, numera a Israel e a Judá"». Depois, em Zacarias 3:1–2: «E me mostrou o sumosacerdote Josué, o qual estava diante do Anjo do Senhor, e Satanás estava à sua mão direita, para se lhe opor. Mas o Senhor disse a Satanás: "O Senhor te reprenda, ó Satanás; sim, o Senhor, que escolheu Jerusalém, te reprenda; não é este um tição tirado do fogo?"». Satanás revela-se várias vezes no início do Livro de Job (capítulos 1 e 2). O quarto caso, embora já o tenhamos abordado, é a figura da «serpente» no Jardim do Éden. Esta «cobra» costuma ser frequentemente descrita como Satanás. Algumas traduções convertem o ímpio dos Salmos 109:6 para Satanás.)

[67] Em João 14:30, Jesus refere-se a Satanás como sendo o príncipe deste mundo: «Já não falarei muito convosco; porque se aproxima o príncipe deste mundo, e nada tem em mim». Ou em João 12:31 «Agora é o juízo deste mundo: agora será expulso o príncipe deste mundo». Em Efésios 6:11–12, Paulo acrescenta: «Revesti-vos de toda a armadura de Deus, para que possais estar firmes contra as astutas ciladas do diabo. Porque não temos que lutar contra a carne e o sangue, mas, sim, contra os principados, contra as potestades, contra os príncipes das trevas deste século, contra as hostes espirituais da maldade, nos lugares celestiais.»

NOTAS | 393

[68] «"Amarás, pois, ao Senhor, teu Deus, de todo o teu coração, e de toda a tua alma, e de todo o teu entendimento, e de todas as tuas forças": este é o primeiro mandamento. E o segundo, semelhante a este, é: "Amarás o teu próximo como a ti mesmo". Não há outro mandamento maior do que estes.» Marcos 12:29-30.

[69] Gálatas 5:14. E depois, «Não adulterarás; não matarás; não furtarás; não darás falso testemunho; não cobiçarás; e, se há algum outro mandamento, tudo nesta palavra se resume: "amarás ao teu próximo, como a ti mesmo"» (Romanos 13:9). Tiago inclusive marca isto como a Lei Real: «Todavia, se cumprirdes, conforme a Escritura, a lei real: "Amarás o teu próximo como a ti mesmo, bem fazeis!"» Tiago 2:8.

[70] McCloskey, *The Bourgeois Virtues*, 8.

[71] Génesis 2:16-17: «De toda a árvore do jardim comerás livremente, Mas da árvore da ciência do bem e do mal, dela não comerás; porque, no dia em que dela comeres, certamente morrerás.»

[72] Mateus 13:24-30.

[73] Aquino, *Summa Theologica I.* Q22, A2, R.O.2: «Aquele que providencia universalmente permite que fiquem alguns pequenos defeitos, para que o bem do mundo restante não seja prejudicado [...] no sentido em que o defeito numa coisa causa o bem noutra, ou mesmo para o bem universal: pois a corrupção deste é a geração daquele, e mediante este processo se mantém uma espécie em existência. Uma vez que Deus, portanto, providencia universalmente para todos os seres, é da Sua providência permitir certos defeitos em efeitos particulares, para que não se prejudique a perfeição do universo, pois se todo o mal fosse erradicado, muito bem se ausentaria do universo. Um leão deixaria de viver se os animais não se abatessem; e não haveria mártires sem perseguição tirânica.»

[74] Agostinho, *Enchiridion on Faith, Hope, and Love*, 33, 110.

[75] Na ausência do mal, seremos capazes de discernir o bem? Perceberemos que os dentes não nos doem até começarem a doer e depois pararem?

[76] Mateus 7:1; também Lucas 6:37: «Não julgueis, e não sereis julgados; não condeneis, e não sereis condenados; soltai, e soltar-vos-ão.»

[77] Mateus 7:3-5.

[78] Mateus 23:24: «Condutores cegos! que coais um mosquito e engolis um camelo.»

[79] Marcos 2:27: «E disse-lhes: "O sábado foi feito por causa do homem, e não o homem por causa do sábado. Assim, o Filho do homem até do sábado é Senhor."»

[80] Payne, *Odkud zlo?* [De onde vem o mal?] 78.

[81] 1 Timóteo 1:5.

[82] Tito 1:15.

[83] 1 Coríntios 6:12. Paulo repete então estes quatro capítulos mais adiante em 1 Coríntios 10:23: «Todas as coisas me são lícitas, mas nem todas as coisas convêm; todas as coisas me são lícitas, mas nem todas as coisas edificam.»

[84] Para mais informação, cf. Bonhoeffer, *Ethics*.

[85] Mateus 5:21-22: «Ouvistes que foi dito aos antigos: Não matarás; mas qualquer que matar será réu de juízo. Eu, porém, vos digo que, qualquer que, sem motivo, se encolerizar contra seu irmão, será réu de juízo; e qualquer que disser a seu irmão: Raca, será réu do sinédrio; e qualquer que lhe disser: Louco, será réu do fogo do inferno.»

[86] Romanos 4:8.

[87]   A ideia de que o mal pode ser redimido e de que, ao mesmo tempo, cada homem deve prestar contas a Deus, por si e pelos seus próximos, precisamente porque o amor e a gratidão não são triviais. O «amem e façam como vos aprouver» de Agostinho poderá ser mais bem-entendido neste sentido. Compreende-se que o tema da graça e da lei seja mais profundo e complicado, tema que foi abordado por Paulo, por exemplo, na sua Carta aos Romanos.

[88]   «E tomou o Senhor Deus o homem, e o pôs no jardim do Éden, para o lavrar e o guardar.» Génesis 2:15.

[89]   Cf. mais informações em *Summa Theologica I*. Q102, A3.

[90]   *Summa Theologica I*. Q97, A3, Corpus.

[91]   Cf. Hesíodo, *Teogonia*, 571nn.

[92]   Génesis 3:17.

[93]   2 Tessalonicenses 3:10.

[94]   Atos 18:1–4: «E depois disto, partiu Paulo de Atenas, e chegou a Corinto. E, achando um certo judeu, por nome Áquila, natural do Ponto, que havia pouco tinha vindo da Itália, e Priscila, sua mulher (pois Cláudio tinha mandado que todos os judeus saíssem de Roma), se ajuntou com eles, e, como era do mesmo ofício, ficou com eles, e trabalhava; pois tinham por ofício fazer tendas. E todos os sábados disputava na sinagoga, e convencia a judeus e gregos.»

[95]   2 Tessalonicenses 3:6–14.

[96]   Atos 20:33–35.

[97]   Aquino, *Summa Theologica* IIa–IIae Q.66 A.7 Corpus.

[98]   Locke, *Two Second Treatise of Government*, 16.

[99]   Mill, *Principles of Political Economy*, 142. Para mais informação, cf. M. Novak, *The Catholic Ethic and the Spirit of Capitalism*, nomeadamente 151, 285, 287.

[100]   Aquino, *Summa Theologica* Ia–IIae Q.66 A.7 Corpus: «Respondo que, aquilo que é do direito humano não pode degenerar do direito natural ou divino.»

[101]   *Idem*, Ia–IIae Q.66 A.7 Corpus.

[102]   *Idem*, IIa–IIae Q. 66, A6 R.O.1.

[103]   John Locke: *First Treatise on Civil Governments*, 4.42. Cf. também a literatura secundária: Sigmund, *St. Thomas Aquinas on Politics and Ethics*, nomeadamente 73.

[104]   «A segunda coisa que compete ao homem relativamente às coisas externas é o seu uso. Neste aspeto, o homem deve possuir coisas externas, não enquanto suas, mas comuns a todos, para que esteja pronto a comunicá-las a outros quando delas necessitem. Daqui o dito do Apóstolo [1 Timóteo 6:17,18]: Manda aos ricos deste mundo [!] que repartam de boamente, e sejam comunicáveis, etc.» *Summa Theologica* IIa–IIae Q. 66, A2 Corpus.

[105]   «A finalidade da lei era de acostumar os homens a dar aos outros sem hesitações» *Idem*, Ia–IIae Q. 105, A2 R.O.1.

[106]   «Quando entrares na vinha do teu próximo, comerás uvas conforme ao teu desejo, até te fartares, porém não as porás no teu vaso.» Deuteronómio 23:24–25.

[107]   «Quando, também, segardes a sega da vossa terra, o canto do teu campo não segarás totalmente, nem as espigas caídas colherás da tua sega. Semelhantemente, não rabiscarás a tua vinha, nem colherás os bagos caídos da tua vinha; deixá-los-ás ao pobre e ao estrangeiro: Eu sou o Senhor, vosso Deus.» Levítico 19:9–10.

NOTAS | 395

[108] Atos 2:44–4:35.

[109] 1 Coríntios 16:19; Romanos 16:5.

[110] Horsley, *Covenant Economics*, 140.

[111] *Idem*, 144. Paulo terá visitado estas assembleias locais, e a elas endereçava as cartas que escrevia na sua jornada.

[112] 1 Coríntios 14:23; Romanos 16:23.

[113] Gálatas 2:1–10; Atos 15:6–41.

[114] Para mais informação, cf. Lewis, *The Four Loves*, ou McCloskey, *The Bourgeois Virtues*; compare-se com *Letters of C. S. Lewis*, 225.

[115] De acordo com Lowry, «a mais antiga sugestão ou conceito de justiça social ou económica chega-nos do livro de Neemias 5:5 no Antigo Testamento». Lowry e Gordon, *Ancient and Medieval Economic Ideas and Concepts of Social Justice*, 5. A citação bíblica é de Neemias 5:1–8: «Foi, porém, grande o clamor do povo e das suas mulheres, contra os judeus, seus irmãos. Porque havia quem dissesse: "Com nossos filhos, e nossas filhas, nós somos muitos; pelo que tomemos trigo, para que comamos e vivamos". Também havia quem dissesse: "As nossas terras, as nossas vinhas, e as nossas casas empenhámos, para tomarmos trigo nesta fome". Também havia quem dissesse: "Tomámos dinheiro emprestado até para o tributo do rei, sobre as nossas terras e as nossas vinhas. Agora, pois, a nossa carne é como a carne dos nossos irmãos, e nossos filhos como seus filhos; e eis que sujeitámos nossos filhos e nossas filhas para serem servos; e até algumas das nossas filhas são tão sujeitas que já não estão no poder das nossas mãos; e outros têm as nossas terras e as nossas vinhas". Ouvindo eu, pois, o seu clamor, e estas palavras, muito me enfadei. E considerei comigo mesmo, no meu coração; depois, pelejei com os nobres e com os magistrados, e disse-lhes: "Usura tomais, cada um do seu irmão. E ajuntei contra eles um grande ajuntamento". E disse-lhes: "Nós resgatámos os judeus, nossos irmãos, que foram vendidos às gentes, segundo as nossas posses; e vós outra vez venderíeis a vossos irmãos, ou vender-se-iam a nós?" Então se calaram, e não acharam que responder.»

[116] Horsley, *Covenant Economics*, 155.

[117] Lucas 12:31–33.

[118] 2 Coríntios 9:6–7.

[119] 2 Coríntios 8:11–15.

[120] 1 Coríntios 16:1–3.

[121] «O tempo está cumprido, e o reino de Deus está próximo. Arrependei-vos, e crede no Evangelho.» (Marcos 1:15). O reino de Deus é um conceito bizarro e difícil de identificar; «Nem dirão: "Ei-lo aqui", ou, "Ei-lo ali"; porque, eis que o reino de Deus está entre vós.» (Lucas 17:21). O facto de o reino não estar ali é também descrito no evangelho apócrifo de Tomé: «Jesus disse: "Se os vossos líderes vos disserem, "Vede, o reino (do Pai) está no céu", então os pássaros do céu preceder-vos-ão. Se vos disserem "Está no mar", então os peixes preceder-vos-ão. Mas o reino está dentro de vós e fora de vós.» Máximas 3 de Patterson e Meyer, *The "Scholars' Translation" of the Gospel of Thomas*.

[122] C. S. Lewis é quem provavelmente melhor descreve a chegada do reino de Deus: «Presentemente, encontramo-nos no exterior do mundo, do lado errado da porta. Vemos uma lente de Fresnel e uma pureza do sentido, mas não ficamos renovados nem puros.

Não nos misturamos com os esplendores que observamos. Mas todas as páginas do Novo Testamento restolham com o rumor de que nem sempre será assim. Um dia, queira Deus, entraremos» *The Weight of Glory*, 16–17.

[123] Mais especificamente, por exemplo, em *Confissões*, livro VII.

[124] Agostinho, *A Cidade de Deus*, 19:17: «Quando lá chegar [à paz celeste], a vida já não será mortal, mas plena e certamente vital; nem o seu corpo será mais um corpo animal que se corrompe e oprime a alma, mas um corpo espiritual, sem qualquer necessidade e todo submetido à verdade». Por outro lado, há que referir que Agostinho tentou abandonar a versão extremada de Platão e, particularmente, a dualidade entre espírito e matéria de Plotino, na qual a carne estava imbuída de uma conotação fortemente pejorativa. Uma distinção mais granular e pormenorizada encontra-se na *Enarration on Psalm 142*, versículo oitavo, de Agostinho. Para mais informações, cf., por exemplo, Sipe, «Struggling with Flesh: Soul/Body Dualism in Porphyry and Augustine».

[125] Falckenberg e Drake, *History of Modern Philosophy*, 13.

[126] Apesar de Aquino favorecer grande parte dos seus ensinamentos de Aristóteles, não os aceita sem juízos de valor, e seria uma grande simplificação afirmar que o tomismo se resume a aristotelianismo disfarçado, «rebatizado». Cita Aristóteles para evitar repetir provas já demonstradas, não por causa de uma honra cega aos ditos do filósofo. Ao contrário do seu contemporâneo, Sigério de Brabante, que proclamou que se devia defender a opinião do filósofo acima da verdade, para Aquino a intenção residia em defender a verdade, e não Aristóteles. Em certos pontos, Aquino vai assinalar os erros na argumentação de Aristóteles, e nas mesmas questões inclina-se a favor da opinião de Agostinho ou do neoplatónico Pseudo-Dionísio, *o Areopagita*.

[127] «A verdade é que a Igreja Católica histórica começou por ser platónica; demasiado platónica» Chesterton, *St. Thomas Aquinas*, 36.

[128] Pieper, *Guide to Thomas Aquinas*, 121.

[129] *Idem*, 142.

[130] Aquino, *Contra Gentiles* III, Q.7, parte 3. Para explicar a lógica por inteiro, é mais ou menos assim:

«Destas considerações torna-se evidente que nenhuma essência representa o mal. O mal é simplesmente a privação de algo que, à partida, o sujeito tem o direito de possuir [...]. Ora, a privação não é uma essência, mas a negação na substância. Portanto, o mal não é a essência das coisas. Além disso, cada coisa tem uma existência efetiva de acordo com a sua essência. No sentido em que possui um ser, tem algo de bom; pois, se o bom é o que todas as coisas desejam, então o ser, em si, deve considerar-se bom, pois todas as coisas o desejam. Consequentemente, cada coisa é boa pois possui um ser definido. Mas o bem e o mal são opostos. Portanto, nada é mau pela virtude de conter uma essência. Portanto, nenhuma essência é má [...]. Assim, nada é mau pela virtude da sua essência [...]. Ora, cada ser pretende ser bom, quando atua, como foi demonstrado. Portanto nenhum ser, enquanto ser, é mau.»

[131] Aquino, *Summa Theologica* I. Q8 (Está Deus em todas as coisas?) A1, Corpus.

[132] Novak, *The Spirit of Democratic Capitalism*, 71, 96.

[133] Aquino, *Summa Theologica* I. Q44, A2, Corpus.

[134] 1 Timóteo 4:4.

NOTAS | 397

[135] Opinião de Agostinho citada na *Summa Theologica*, Ia–IIea. Q4, A6, Corpus. Citação original de Agostinho, *A Cidade de Deus*, 22.26.

[136] Chesterton, *St. Thomas Aquinas*, 91.

[137] Hobbes, *Leviathan*, 129: «Forcem-nos, pelo medo de represália, ao cumprimento das suas alianças [...] justiça, equidade, modéstia, misericórdia, e, resumidamente, fazer aos outros o que fariam a nós, eles, sem o terror de algum poder [...] é contrário às nossas paixões naturais.»

[138] Aquino, *Contra Gentiles* III, capítulo 11 (o título do capítulo é «Que o mal se baseia no bem»). «Também se pode demonstrar pelas considerações anteriores que todo o mal se baseia num bem. Na verdade, o mal não pode existir desacompanhado, pois não tem essência, conforme demonstrámos.»

[139] *Idem*, capítulo 12. No capítulo 7 concluiu com alguma felicidade que «é impossível que um ser, enquanto ser, seja mau [...] perante esta consideração, refuta-se o erro dos Maniqueus, pois afirmavam que algumas coisas são más por sua natureza».

[140] *Idem*, capítulos 4, 6, e 7.

[141] *Idem*, capítulo 14: «É portanto evidente que o mal resulta de causa acidental e não pode ser uma causa direta em si mesmo». Ou mais adiante, no capítulo 71: «É impossível a um agente fazer algum mal, a não ser por virtude de o agente intencionar fazer algum bem.»

[142] *Summa Theologica* Ia–IIae, Q18, A1.

[143] *Idem*, Q71, A2, OTC, aqui citando Agostinho (De Lib. Arb. III, 13): «Todos os vícios, por serem vícios, são contrários à natureza.»

[144] «[C]omo se houvesse quem praticasse o mal por livre vontade. Estou certo que nenhuma pessoa sensata considera que o ser humano comete um erro ou um ato de maldade por livre vontade. Sabe perfeitamente que quem que praticar algo de errado ou mau, fá-lo involuntariamente.»
Plato [Platão], *Protagoras*, 345d–e.

[145] Marcos 7:20–23; Jeremias 17:9.

[146] «Os sãos não necessitam de médico, mas, sim, os que estão doentes» Marcos 2:17; «Que quer que todos os homens se salvem, e venham ao conhecimento da verdade» 1 Timóteo 2:4.

[147] Aquino, *Summa Theologica* I. Q22, A2, R.O.2.

[148] Aquino, *Contra Gentiles III*, capítulo 71.

[149] *Idem*, capítulo 71, parte 7.

[150] Aquando da sua publicação, a Fábula causou um grande escândalo (Hayek, *New Studies in Philosophy, Politics, Economics, and the History of Ideas*, 252). Adiante explicaremos as razões.

[151] Hayek, *New Studies in Philosophy, Politics, Economics, and the History of Ideas*, 252. Citação de *Summa Theologica* IIa–IIae. Q78, A.2.

[152] Aristófanes, *Ecclesiazusae*, 289. Hayek cita-o em *The Trend of Economic Thinking: Essays on Political Economists and Economic Thinking*, vol. 3, 85, também em *New Studies in Philosophy, Politics, Economics, and the History of Ideas*, 254.

[153] Aquino, *Contra Gentiles* I, capítulo 95.

[154] Aquino, *Summa Theologica* I. Q22, A2, R.O.2.

[155] Isaías 45:7.

[156] Amós 3:6. Com as seguintes *Anotações de Wesley* sobre o versículo: «O mal [...] ou no imediato, pela sua própria mão [de Deus] ou pelas mãos dos seus mandatados. Quaisquer que sejam os instrumentos, Deus é o principal agente. Da sua boca originam--se o bem e o mal.» Eis o comentário conciso de Matthew Henry: «O mal do pecado parte de nós, é feito pelas nossas mãos; mas o problema do mal provém de Deus, e é feito pelas suas mãos, quaisquer que sejam os veículos.»

[157] Génesis 3:22.

[158] Aquino, *Summa Theologica* I. Q92, A1, R.O.3.

[159] *Idem*, IIa–IIae Q.78 A4 Corpus.

[160] Goethe, *Fausto*, 1363–1364, p.98.

[161] Novak, *The Spirit of Democratic Capitalism*, capítulo 4, «Pecado».

[162] Ezequiel 28:12–19. Esta profecia contra o príncipe de Tiro foi tão persuasiva que tem sido adaptada para uma relação direta com Lúcifer, o anjo caído. Devido à sua capacidade de persuasão e poesia, é adequado citá-la na íntegra: «Tu és o aferidor da medida, cheio de sabedoria e perfeito em formosura. Estavas no Éden, jardim de Deus; toda a pedra preciosa era a tua cobertura, a sardónia, o topázio, o diamante, a turquesa, o ónix, o jaspe, a safira, o carbúnculo, a esmeralda e o ouro: a obra dos teus tambores e dos teus pífaros estava em ti; no dia em que foste criado, foram preparados. Tu eras querubim ungido para proteger, e te estabeleci: no monte santo de Deus estavas, no meio das pedras afogueadas andavas. Perfeito eras nos teus caminhos, desde o dia em que foste criado, até que se achou iniquidade em ti. Na multiplicação do teu comércio se encheu o teu interior de violência, e pecaste; pelo que, te lançarei, profanado, fora do monte de Deus, e te farei perecer, ó querubim protetor, entre as pedras afogueadas. Elevou-se o teu coração, por causa da tua formosura, corrompeste a tua sabedoria, por causa do teu resplendor; por terra te lancei, diante dos reis te pus, para que olhem para ti. Pela multidão das tuas iniquidades, pela injustiça do teu comércio, profanaste os teus santuários: eu, pois, fiz sair do meio de ti um fogo que te consumiu a ti, e te tornei em cinza sobre a terra, aos olhos de todos os que veem. Todos os que te conhecem, entre os povos, estão espantados de ti: em grande espanto te tornaste, e nunca mais serás, para sempre.»

[163] Aquino, *Summa Theologica* I. Q97, A4, Corpus; também Aquino, *Contra Gentiles* III, capítulo 117. O termo e a ideia do *zoon politikon* são retirados, obviamente, de Aristóteles. Cf. também Tomás Aquino, *De Regno, On Kingship to the King of Cyprus*: «E contudo é natural para o homem, mais do que para outro animal, tornar-se um animal social e político, viver em grupo.» 1.1.4.

[164] Por outro lado, para evitar possíveis interpretações equivocadas, será adequado indicar que o homem de Aquino é um indivíduo – que a individualidade existe (cf. *Contra Gentiles* III, capítulo 113) e as almas são específicas (Sigmund, *St. Thomas Aquinas on Politics and Ethics*, 137). Na época, nem esta questão era clara. Terá surgido uma disputa coeva com os filósofos islâmicos, por afirmarem que todas as pessoas tinham uma *racios* comum, uma razão comum.

[165] Génesis 2:18.

[166] «Porque o homem é naturalmente um animal social e, portanto, no estado de inocência teria uma vida social» *Summa Theologica* I, Q97, A4, Corpus.

NOTAS | 399

[167] Aquino, *Contra Gentiles* III, capítulo 117 (este capítulo intitula-se «Que somos ordenados por lei divina a amar o próximo»).

[168] *Idem*, capítulo 128.

[169] Aquino, *De Regno*, 1.1.8.

[170] *Idem*, 1.1.

[171] Provérbios 3:5.

[172] Luther, *Last Sermon in Wittenberg*, Banda 51:126, Linha 7ff. A citação na íntegra: «Mas surgindo a noiva do diabo, a Razão, essa meretriz bonita, crendo-se sábia, e o que diz, o que pensa, julga advir do Espírito Santo, quem nos pode então ajudar? Nem juízes nem doutores, nenhum rei nem imperador porque [a razão] é a maior meretriz do Demo.» Cf. Também Nelson: *Economics as Religion*, 131.

[173] Aquino, *Contra Gentiles* I, capítulo 7, parte 1.

[174] Aquino, *Contra Gentiles* II, capítulo 3. Cf. também Pieper, *Guide to Thomas Aquinas*, 118–119.

[175] Cf. Chesterton, *St. Thomas Aquinas*.

[176] Chesterton, *St. Thomas Aquinas*.

[177] *Summa Theologica* I, capítulo 2, Q 76, A.2.

[178] «Portanto, a embriaguez (desta natureza) é um pecado mortal, pois por causa dela um homem voluntaria e conscientemente se priva do uso da razão que o faz agir com virtude e evitar o pecado» *Summa Theologica* IIa–IIae, Q150, A2.

[179] Descartes, *Discurso do Método*; este tema que também se encontra em *Meditações*.

[180] Conforme G. K. Chesterton escreve: «Sou um racionalista. Gosto de ter uma explicação intelectual para as minhas intuições.» (Chesterton, *Orthodoxy*, 203).

[181] Introdução a *De Regno*, 1.1.

[182] Simmel, *Simmel on Culture*, 176.

5. DESCARTES, O MECÂNICO

[1] Mini, *Philosophy and Economics*, 24.

[2] O nascimento da análise algébrica coincidiu com a descoberta da geometria analítica por Descartes e também com a invenção do cálculo infinitesimal por Newton e Leibniz. Na verdade, se Pitágoras tivesse podido prever o desenvolvimento da corrente de pensamento a que dera origem, ter-se-ia sentido inteiramente recompensado no meio da excitação dos seus ritos misteriosos. [...] A história da ciência do século XVII decorre como se se tratasse de um sonho vívido de Platão ou de Pitágoras. Whitehead, *Ciência e o Mundo Moderno*, 45–46.

[3] Alguns autores encaram o bispo Nicolas de Kues como o verdadeiro fundador da ciência moderna. A primeira divisão entre «filosofia moderna e filosofia escolástica» remonta a 1450, quando Nicolas de Kues escreveu a sua obra-prima *Idiota*. O processo de «renascimento» concluiu-se com *Princípios de Filosofia* de Descartes, em 1644. Cf. Falckenberg, *History of Modern Philosophy*, 27.

[4] «Mas o renascer da filosofia nas mãos de Descartes e dos seus sucessores foi inteiramente marcado no seu desenvolvimento pela aceitação da cosmologia científica.

400 | A ECONOMIA DO BEM E DO MAL

O êxito das suas ideias últimas confirmou nos cientistas a sua recusa em modificá-las como resultado de uma investigação à sua racionalidade. Toda a filosofia se destinou, de um modo ou outro, a absorver todas as outras. O exemplo da ciência afetou igualmente outras regiões do pensamento. A revolta histórica tem sido assim sobrestimada a ponto de afastar a filosofia do seu papel harmonizador das várias abstrações do pensamento metódico. O pensamento é abstrato, e o uso intolerante das abstrações é o maior vício do intelecto.» Whitehead, *Ciência e o Mundo Moderno*, 31–32.

⁵ «E nos seus *Princípios da Filosofia*, [Descartes] diz: "Que pelos nossos sentidos nada conhecemos dos objetos além da sua figura (ou situação), grandeza e movimento..." [...] Atribuem-se aos corpos qualidades que na realidade não lhes pertencem e que não passam de criações do espírito. A natureza credita-se na verdade com aquilo que nos devia ser exclusivamente reservado: a rosa pelo seu aroma; o rouxinol pelo seu canto; e o Sol pela sua radiação. Os poetas estão completamente enganados. Deviam dedicar as suas líricas a si mesmos e transformá-las em odes à autocongratulação pela excelência do espírito humano. A natureza é opaca, sem sons, sem odores, sem cores; apenas matéria em movimento sem fim e sem sentido. Como quer que o disfarcemos, é esta a feição prática da filosofia científica de fim do século XVII.» Whitehead, *Ciência e o Mundo Moderno*, 67–68.

⁶ Mini, *Philosophy and Economics*, 24.

⁷ *Idem*, 18.

⁸ Descartes, *Treatise on Man*, 99, AT XI, 120.

⁹ Tudo de Descartes, *Treatise on Man*, 100, AT XI, 131.

¹⁰ Descartes, *Princípios de Filosofia*, segunda parte, parágrafo 22.

¹¹ Mas também teria feito o exercício de outra forma: «Sinto, logo existo», ou «Amo, logo existo», etc.

¹² «E o primeiro destes atributos que parece dever ser aqui considerado é que ele é muito verdadeiro e a fonte de toda a luz, de maneira que não é possível que nos engane [...].» Descartes, *Princípios da Filosofia*, 64.

¹³ «[...] [P]oderíamos questionar-nos se é Deus que, imediatamente por si mesmo, apresenta à nossa alma a ideia desta matéria extensa, ou se apenas permite que fosse causada em nós por algo que não tivesse a extensão, figura ou movimento; e assim poderíamos ser levados a crer que Ele tem prazer em nos enganar. Com efeito, concebemos esta matéria como uma coisa totalmente diferente de Deus [...]. Ora, porque Deus não nos engana, dado que isso repugna à Sua natureza, como já antes observámos, devemos concluir que existe uma certa substância extensa em comprimento, largura, altura que está presente no mundo [...].» *Idem*, segunda parte, parágrafo 1.

¹⁴ «E de facto, como observo vários tipos de cores, sons, odores, paladares, calor, firmeza, etc., posso concluir com segurança que existem, nos corpos de onde emanam as diversas perceções dos sentidos, certas variedades que lhes correspondem, embora, talvez não sejam uma representação exata das mesmas.» Descartes, *A Discourse on Method*, 135 [Este excerto pertencerá no entanto a *Meditations on First Philosophy, Meditation VI, N. do T.*]; e «[...] fora de nós, os sentidos só percecionam a luz, as cores, os cheiros, os gostos, os sons e as qualidades do tato. Ora, isto também demonstra que fora do nosso pensamento todas estas espécies de qualidades são apenas movimentos, grandezas

NOTAS | 401

e figuras de alguns corpos [...].» Descartes, *Princípios de Filosofia*, Parte IV, Da Terra, parágrafo 199.

[15] Cf. Anzenbaucher, *Úvod do filozofie* [*Introdução à Filosofia*], 79.

[16] Descartes, *Meditations*, segunda meditação, primeiro capítulo.

[17] Berkeley, *Tratado do Conhecimento Humano*, 7–8.

[18] Retirado de Arendt, *A Condição Humana*, 399, nota n.º 31, que cita *Dialogues Concerning the Two Great Systems of the World*, de Galileu.

[19] Há referências secundárias de elevada qualidade nesta área pela mão do autor checo B. Fajkus, *Současná filosofie a metodologie* [*Filosofia Contemporânea e a Metodologia da Ciência*], Mini, *Philosophy and Economics: The Origins of Development of Economic Theory*, ou Caldwell, *Beyond Positivism*.

[20] E, portanto, «reduzindo o conhecimento científico às crenças coletivas dos membros das disciplinas científicas». Cf. Redman, *Economics and the Philosophy of Science*, 22, que resume a perspetiva de Kuhn usando Suppe, *The Structure of Scientific Theories*, 647–648.

[21] Para mais leituras respeitantes às «meditações» cartesianas ou as visões por ele detidas, cf. Yates, *The Rosicrucian Enlightenment*, 152: «Descartes mudou-se para uma residência de inverno, algures junto ao Danúbio, na qual, aquecido por um fogão germânico, tombou numa série de meditações profundas. Na noite de 10 de novembro de 1619, sonhou – experiência que terá sido bastante importante para ele, pois iria conduzi-lo à convicção de que a matemática era a única chave capaz de compreender a ciência.» Sobre a importância dos textos hermenêuticos durante o Renascimento, cf. Feyerabend, *Contra o Método*, 53–54: «Depois de Aristóteles e Ptolomeu, a ideia de que a Terra se move – essa estranha, antiga e inteiramente "ridícula" conceção pitagórica – foi atirada para os caixotes de lixo da história, apenas para ser mais tarde ressuscitada por Copérnico, que forjou com ela fez uma arma capaz de derrotar os que a haviam derrotado. Os escritos hermenêuticos desempenharam um papel importante nessa ressurreição, um papel que não foi ainda suficientemente esclarecido, tendo sido ainda estudado com a maior atenção pelo grande Newton, em pessoa.» Cf. também Yates, *Giordano Bruno*, em particular o capítulo 8, «Magia e Ciência do Renascimento»: «Para a nova escola de filosofia cartesiana, as filosofias animistas da Renascença, com a sua base hermenêutica, representaram formas completamente ultrapassadas de abordar o mundo. A ciência substituiu a magia no grande progresso do século XVII», 395.

[22] McCloskey, *The Rhetoric of Economics*, 16.

[23] Por exemplo, as profissões apostólicas da fé: «Creio em um só Deus, Pai todo-poderoso Criador do Céu e da Terra.»

[24] «É esta fé que nos assegura que na base das coisas não encontraremos o mistério arbitrário. A fé na ordem natural tornou possível o crescimento da ciência e é um exemplo particular de uma fé maior. Esta fé não pode justificar-se por meio de generalizações indutivas» Whitehead, *Ciência e o Mundo Moderno*, 32.

[25] *Idem*, 68–69.

[26] «É uma das mais profundas ironias da história do pensamento que o desenvolvimento da ciência mecânica, mediante a qual surgiu a ideia do mecanismo como possível filosofia da natureza, foi consequência da tradição mágica da Renascença.»

Yates, *The Rosicrucian Enlightenment*, 150. Frances Yates é uma autoridade respeitada nesta área.

[27] No sentido de falta de uma estrutura interpretacional, ou de uma teoria explanatória – não somos capazes de entender cognitivamente os factos sem o enquadramento, a história, a interpretação, o significado.

[28] Caldwell, *Beyond Positivism*, 48.

[29] Husserl, *Cartesian Meditations*, 4.

[30] Compare-se com a postura de Marx em Mini, *Philosophy and Economics*, 174.

6. A COLMEIA DO VÍCIO DE BERNARD MANDEVILLE

[1] O tópico também é examinado por Amartya Sen, prémio Nobel de Economia. No seu livro *On Ethics and Economics*, refere que a disciplina de economia integrava, até há pouco tempo, as ciências morais na Universidade de Cambridge. Sen, *On Ethics and Economics*, 2.

[2] «A sociedade humana [...] aparenta ser uma grande e imensa máquina cujos movimentos regulares e harmoniosos produzem uma miríade de efeitos agradáveis [...]. Logo, a virtude, que é, por assim dizer, o verniz das engrenagens da sociedade [...] enquanto o vício é necessariamente ofensivo, como a ferrugem vil que faz chiar e raspar as engrenagens umas contra as outras.» Smith, *The Theory of Moral Sentiments*, 464.

[3] *The Journal of Rev. John Wesley*, Londres 1909–1916, IV, 157, nota de 14 de abril de 1756. Citado na introdução de Harth a Mandeville, *The Fable of the Bees*, 8.

[4] Smith, *The Theory of Moral Sentiments*, 451.

[5] Mandeville, *The Fable of the Bees*, 9 (na edição da Penguin, 67).

[6] *Idem*, 70.

[7] Mandeville, *An Essay on Charity, and Charity-Schools*, 164.

[8] Mandeville, *The Fable of the Bees*, 55.

[9] *Idem*, 56.

[10] *Idem*, Prefácio, 57.

[11] *Idem*, Prefácio, 57.

[12] *Idem*, Prefácio, 57.

[13] *Idem*, 68.

[14] *Idem*, 68.

[15] Mandeville, *Search into the Nature of Society*, 197.

[16] Mandeville, *The Fable of the Bees*, 23.

[17] *Idem*, nota M em 149.

[18] *Idem*, nota Q em 200–201.

[19] *Idem*, 68.

[20] *Idem*, 76.

[21] Mateus 13:29–30.

[22] Aquino, *Contra Gentiles III*, capítulo 71.

NOTAS | 403

7. ADAM SMITH, FERREIRO DA ECONOMIA

[1] Leacock, *Hellements of Hickonomics*, in Sen, *On Ethics and Economics*, 21.

[2] *Idem*, 75. Cf. também Sen, *On Ethics and Economics*, 21.

[3] Uma brincadeira parecida com nomes ocorre relativamente com frequência, tanto em narrativas antigas como modernas. O herói moderno do filme *Matrix* chama-se Neo (anagrama da palavra inglesa *one*, um, uma referência ao Messias, embora *neo*, em grego, signifique «novo»). Na ilusória Matrix, a mesma personagem chama-se Thomas Anderson. O nome Anderson é bastante comum (é o nono nome mais comum nos Estados Unidos) e, portanto, entra em conflito direto com o nome original e novo de Neo. Anderson tem por raiz «o filho de André» (*Andrew's son*). Em grego, André significa o mesmo que o Adão em hebreu, *homem*. Anderson significa assim *o filho do homem*, uma marca que Jesus frequentemente usava para si mesmo. E, enquanto estamos no tópico de *Matrix*, devemos lembrar-nos de que o principal inimigo de Neo é, nem mais nem menos, que (o agente) Smith.

[4] Smith, *The Theory of Moral Sentiments*, 1853, 3.

[5] Schumpeter, *History of Economic Analysis*, 177.

[6] Davies, *Europe: A History*, 604.

[7] Raphael, *The Impartial Spectator*, 1.

[8] Cf. Kerkhof, «A Fatal Attraction?», e Force, *Self-Interest before Adam Smith*, 14. Cf. também Hurtado-Prieto, *Adam Smith and the Mandevillean Heritage: The Mercantilist Foundations of Dr. Mandeville's Licentious System*.

[9] «A filosofia estoica é a influência primordial do pensamento ético de Smith. Também afeta fundamentalmente a sua teoria económica.» Raphael e Macfie na Introdução à edição de Glasgow de *Theory of Moral Sentiments*. Smith, *The Theory of Moral Sentiments*, 1982, 5.

[10] Smith, *The Theory of Moral Sentiments*, 1853, 438.

[11] *Idem*, 438.

[12] *Idem*, 283.

[13] «O tratamento mais extenso dado ao autocontrolo na edição 6 sugere que Smith adquirira entretanto um maior apreço pelo estoicismo do que sentia inicialmente.» Smith, *The Theory of Moral Sentiments*, 1982, 18.

[14] Smith, *The Theory of Moral Sentiments*, 1853, 302.

[15] *Idem*, 444.

[16] *Idem*, 445.

[17] *Idem*, 164.

[18] Raphael e Macfi argumentam que «Os comentadores colocam demasiado ênfase sobre a "mão invisível", que surge apenas uma vez em cada um dos livros de Smith. Em ambos os casos, o contexto é a ideia estoica do sistema harmonioso, observado no funcionamento da sociedade» (in Smith, *The Theory of Moral Sentiments*, 1982, 7) e continuam: «Na *Riqueza das Nações*, surge o conceito estoico da harmonia natural, em particular no "óbvio e simples sistema de liberdade natural" (IV.ix.51).»

[19] Smith, *Inquérito sobre a Natureza e as Causas da Riqueza das Nações*, Livro I, cap. 2, e Livro IV, cap.2.

[20] Smith, *The Theory of Moral Sentiments*, 1853, 264–265, ênfase minha.

21 Smith, *Essays on Philosophical Subjects*, 49. Cf. Macfie, «The Invisible Hand of Jupiter».

22 Smith, *The Theory of Moral Sentiments*, 1853, 451.

23 Por exemplo, Heilbroner, *The Worldly Philosophers*; Smith, *Adam Smith's Moral and Political Philosophy*; Morrow, «Adam Smith: Moralist and Philosopher»; Gaede, *Politics and Ethics: Machiavelli to Niebuhr*.

24 De entre os inúmeros volumes, gostaria de destacar, em especial, o artigo de Witzum (1998), no qual o autor resume em pormenor e analisa psicologicamente o possível conflito ou, pelo contrário, a harmonia entre o amor-próprio e a benevolência ou o (aparente) conflito entre a *Riqueza das Nações* e a *Teoria dos Sentimentos Morais*. Eis alguns destaques: Doomen («Smith's Analysis of Human Actions»), Hurtado («Pity, Sympathy and Self-interest: Review of Pierre Force's Self-interest before Adam Smith»), Friedman («Adam Smith's Relevance for 1976») ou Evensky («Adam Smith on the Human Foundation of a Successful Liberal Society»).

25 Smith, *Inquérito sobre a Natureza e as Causas da Riqueza das Nações*, Livro I, cap. 2.

26 Smith, *The Theory of Moral Sentiments*, 1853, 446–447.

27 Hildebrand, in *Die Nationalökonomie der Gegenwart und Zukunft* [*A Economia Nacional do Presente e do Futuro*], acusa Smith de «materialismo» (ou seja, uma teoria egoísta da natureza humana). Em *Knies in Die Politische Oekonomie vom Standpunkte der geschichtlichen Methode* [*Economia Política na Perspetiva do Método Histórico*], argumenta que Smith alterou a sua opinião entre a escrita de *The Theory of Moral Sentiments* e *Riqueza das Nações* e que essa mudança resultou da sua visita a França. Cf. também von Skarżyński em *Adam Smith als Moralphilosoph und Schoepfer der Nationaloekonomie* [*Adam Smith como Filósofo Moral e Criador da Economia Nacional*]. De acordo com von Skarżyński, Smith aprendeu toda a sua filosofia moral com Hutcheson e Hume, e toda a sua economia dos académicos franceses. Cf. Introdução a Smith, *The Theory of Moral Sentiments*, 1982, 20.

28 Volume 2 de Buckle, *History of Civilization in England*, 432–333, 437.

29 Na versão editada de *The Theory of Moral Sentiments*, os académicos argumentam que «O dito "problema de Adam Smith" era um pseudoproblema baseado na ignorância e desentendimento. Quem leia *The Theory of Moral Sentiments*, primeiramente numa das edições iniciais e depois na edição 6, não ficará minimamente intrigado sobre o seu autor, nem se terá sido o mesmo homem que escreveu a *Riqueza das Nações*, e nem suporá que sofreu uma mudança radical de perspetiva sobre a conduta humana. O relato de Smith sobre a ética e o comportamento humano é basicamente o mesmo na edição 6 de 1790, como na edição 1 de 1759. Existem desenvolvimentos, mas não alterações fundamentais. Também é perfeitamente óbvio que a *Teoria dos Sentimentos Morais* não existe isolada da *Riqueza das Nações*» 1982, 20.

Outros académicos que não veem problemas entre as duas perspetivas são Hasbach, *Untersuchungen über Adam Smith und die Entwicklung der Politischen Ökonomie*; Limentani, *La morale della simpatia*; Eckstein, na introdução à sua tradução (1926), ou Campbell, *Adam Smith's Science of Morals*. Podem acrescentar-se a estes, pelo tratamento acutilante de *Umschwungstheorie*: Zeyss, *Adam Smith und der Eigennutz*, Oncken, «The Consistency of Adam Smith» e, em maior detalhe, Wolf, org., *Das Adam*

NOTAS | 405

Smith Problem, Zeitschrift für Socialwissenschaft, 25–33, 101–8, 276–87. Cf. também Macfie, *The Individual in Society*.

[30] Smith, *The Theory of Moral Sentiments*, 1853, 124–125.

[31] Cf. Buber, *I and Thou*.

[32] Smith, *The Theory of Moral Sentiments*, 1853, 465.

[33] *Idem*, 463.

[34] *Idem*, 464.

[35] Hume, *Investigação sobre os Princípios da Moral*, in *Tratados Filosóficos II*, 177–178.

[36] *Idem*, 94.

[37] *Idem*, 97.

[38] *Idem*, 96. Ênfase no termo «útil» no texto original.

[39] *Idem*, 98.

[40] Halteman, «Is Adam Smith's Moral Philosophy an Adequate Foundation for the Market Economy?».

[41] Hume, *Investigação sobre os Princípios da Moral*, in *Tratados Filosóficos II*, 98.

[42] *Idem*, 97.

[43] *Idem*, 153.

[44] *Idem*, 154.

[45] *Idem*, 108.

[46] Smith, *The Theory of Moral Sentiments*, 1853, 470.

[47] Hume, *Tratado da Natureza Humana*, 482.

[48] Compare-se com Mandeville, *The Fable of the Bees*, 56.

[49] Rawls, *Lectures on the History of Moral Philosophy*, 29, 30.

[50] Citação de Hayek, *Law, Legislation, and Liberty*, 151.

[51] Hume, *Investigação sobre os Princípios da Moral*, in *Tratados Filosóficos II*, 98.

[52] *Idem*, 50.

[53] Kant, *The Metaphysical Elements of Ethics*, 41 (Capítulo 9: «What is a Duty of Virtue?»).

[54] Rawls, *Lectures on the History of Moral Philosophy*, 31–32.

[55] Hume, *Investigação sobre os Princípios da Moral*, in *Tratados Filosóficos II*, 50–51.

[56] Hume, *Tratado da Natureza Humana*, 483–484: «Não é contrário à razão preferir a destruição do mundo inteiro a uma arranhadela no meu dedo. Não é contrário à razão eu escolher a minha ruína total para impedir o mais ligeiro mal-estar de um indiano ou de uma pessoa totalmente desconhecida para mim [...]. Em resumo, uma paixão deve ser acompanhada de um juízo falso, para ser destituída de razão, e, mesmo então, não é, propriamente falando, a paixão que é destituída de razão, e, sim, o juízo.»

[57] Cf. Hayek: «Não irei mostrá-lo como um grande economista [...] estaria mais inclinado a louvá-lo como grande psicólogo.» *The Trend of Economic Thinking: Essays on Political Economists and Economic History*; *The Collected Works of F. A. Hayek*, 74–75, capítulo «Dr. Mandeville».

[58] Schumpeter: «Ele nunca descobriu as pegadas dos antecessores com sinceridade darwiniana. Na atividade crítica, era tacanho e egoísta [...], mas, não pensando no que teria aprendido ou deixado de aprender com os antecessores, o facto é que a *Riqueza*

A ECONOMIA DO BEM E DO MAL

das Nações não contém uma única ideia, princípio ou método analíticos que fossem completamente originais em 1776.» *History of Economic Analysis*, 177–179.

PARTE II: PENSAMENTOS BLASFEMOS

1   Jung, «The Archetypes and the Collective Unconscious», 33–34.

8. A VEZ DA AVIDEZ: A HISTÓRIA DO QUERER

1   Compare-se com Lowry, *Ancient and Medieval Economic Ideas*, 15.

2   Génesis 3:17–19. É interessante notar que o ser humano não foi amaldiçoado. Apenas a serpente foi alvo de uma maldição; a mulher e o homem não. A mulher foi amaldiçoada com a dor do parto e foi-lhe vaticinado: «o teu desejo será para o teu marido, e ele te dominará [...] maldita é a terra por causa de ti [Adão].»

3   Génesis 2:15.

4   Génesis 2:16. «E o Senhor Deus fez brotar da terra toda a árvore agradável à vista, e boa para comida: e a árvore da vida, no meio do jardim, e a árvore da ciência do bem e do mal.» [Esta citação é de Génesis 2:9. *N. do T.*]

5   Irwin, *The Matrix and Philosophy*, 139.

6   Lowry, *Ancient and Medieval Economics*, 14.

7   Génesis 3:6.

8   Os anúncios «criam elos entre o consumidor (um derivado da pessoa sagrada) e os valores incorporados nos bens. Significativamente, a publicidade salienta, não o valor racional (monetário), mas qualidades de valor imensurável (cf. Lears 1983) [...]. A publicidade, por conseguinte, proporciona [...] um mecanismo que estabelece modos (modas) temporariamente dominantes na representação do sagrado na vida quotidiana». Boli, «The Economic Absorption of the Sacred», 104.

9   Génesis 3:6.

10   Davies, *Europe: A History*, 604.

11   Žižek, *Pervert's Guide to Cinema*, filme.

12   Aqui, são mútuas a necessidade e a utilidade da publicidade. Não só a publicidade precisa de consumidores, como os consumidores precisam da publicidade – que os informa dos novos desejos a ter. Para mais informação, cf. Boli, «The Economic Absorption of the Sacred», 105. Neste contexto, Rushdie comenta: «Não admira que a publicidade fosse popular. Ela tornava-nos as coisas melhores. Mostrava-nos o caminho». Rushdie, *Fúria*, 43.

13   Marshall, *Principles of Economics*, 86.

14   Nelson, *The New Holy Wars*, 293.

15   Stigler, «Frank Hyneman Knight», 58. Cf. também Nelson, *Economics as Religion*, 294–295.

16   Malthus, *Ensaio sobre o Princípio da População*, capítulo 7, p. 116.

NOTAS | 407

[17] E, por conseguinte, a reprodução tem de ser limitada. Respetivamente, se os trabalhadores receberem um salário superior ao mínimo de subsistência, começarão a reproduzir-se, e em breve, deixará de haver comida suficiente para todos. De acordo com a visão desoladora de Malthus, os trabalhadores jamais serão pagos acima do salário mínimo, a longo prazo.

[18] «Se a população e os meios de subsistência tivessem aumentado ao mesmo ritmo, é provável que o homem nunca tivesse chegado a emergir do estado selvagem [...]. O mal existe no mundo a fim de criar não desespero, mas atividade». Malthus, *Ensaio sobre o Princípio da População*, 211–223.

[19] Patinkin, *Essays on and in the Chicago Tradition*, 34.

[20] Žižek, *The Plague of Fantasies*, 39. Em «O significado do falo», Lacan distingue entre desejo, necessidade e procura. A necessidade é um instinto biológico articulado pela procura, e contudo a procura realiza uma função dupla; por um lado, articula a necessidade e, por outro, funciona como uma procura de amor. Portanto, mesmo quando a necessidade articulada pela procura é satisfeita, a procura de amor continua insatisfeita, e este resíduo representa o desejo. Para Lacan, «o desejo nem é o apetite pela satisfação nem a procura de amor, mas a diferença que resulta da subtração entre o primeiro e a segunda». Lacan, *The Four Fundamental Concepts of Psychoanalysis*, 318. O desejo é assim o excedente produzido pela articulação da necessidade na procura. Lacan acrescenta ainda que «o desejo assume forma na margem em que a procura se afasta da necessidade». Lacan, *The Four Fundamental Concepts of Psychoanalysis*, 344. O biólogo checo Josef Šmajs chama a isto uma procura abiótica (ou necessidades abióticas, consumo abiótico). Cf. Šmajs, *Filozoie: obratk zemi* [*Filosofia: de volta à Terra*], 356–392.

[21] Eclesiastes 1:8.

[22] Marshall, *Principles of Economics*, 86.

[23] Estes, *Women Who Run with the Wolves*, 492.

[24] Rushdie, *Fúria*.

[25] Aristóteles, *Ética a Nicómaco*, 1106b29–30: «Ela [a virtude] é, portanto, de certo modo, um meio-termo, no sentido em que, com perspicácia, visa o ponto médio [...] é que o mal é da ordem do ilimitado [...] enquanto o bem é da ordem do limitado.»

[26] Salmos 107:17–18 «Os loucos, por causa do seu caminho de transgressão e por causa das suas iniquidades, são afligidos. A sua alma aborreceu toda a comida, e chegaram até às portas da morte.»

[27] O original deriva dos *Pensamentos* de Pascal.

[28] Knight, «Liberalism and Christianity», 71.

[29] Cf. Simmel, *Money in Modern Culture*, 19–20.

[30] Conforme escreve Paul L. Wachtel, citado em Volf, «In the Cage of Vanities», 177.

[31] Mill, *Utilitarismo*, 22.

[32] Platão, *Gorgias*, 492e. [A ligeira diferença face à citação indicada no capítulo 2 existe no original. N. do T.]

[33] Weber, *The Protestant Ethic and the Spirit of Capitalism*, 123.

[34] Um paradoxo controverso na literatura, conhecido como o problema da adaptação hedonista.

[35] Volf, «In the Cage of Vanities», 172. Kant, *Critique of Judgement*. Ou «Insatiability belongs to the basic makeup of human beings».

[36] Becker, *The Economic Approach to Human Behavior*, 8. Cf. também Force, *Self-Interest before Adam Smith*, 8.

[37] Diderot, *Diderot's Selected Writings*, 77.

[38] O termo «utilidade» não aparece sequer no índice de alguns manuais de economia. Em Mankiw, *Principles of Economics*, surge na página 442 – utilidade é, ao mesmo tempo, felicidade e satisfação de uma pessoa com a sua condição de vida. A utilidade é uma medida de prosperidade. De novo, uma definição de sinónimos, podendo também afirmar-se que a felicidade é o nível de utilidade ou satisfação ou que a satisfação é o nível de felicidade e utilidade.

[39] Se traduzirmos «o consumo de bens ou serviços» para linguagem corriqueira, descobrimos que a utilidade é aquilo que uma pessoa aufere pela via do consumo.

[40] «O pressuposto de que todo e qualquer comportamento tem um fim egoísta é extremamente frugal, pois os cientistas gostam de explicar muito com base em pouco. É impossível concluir, nem no geral nem no particular, que o egoísmo seja a motivação mais universal. Por vezes o mundo é confuso, e a explicação extremamente frugal está errada. A ideia de que o interesse próprio faz andar o mundo é refutada por alguns factos conhecidos. Alguns comportamentos beneméritos não são alvo de reciprocidade e, portanto, não são explicáveis pelo interesse próprio a longo prazo. Os pais têm um interesse egoísta em ajudar os filhos, se assumirmos que os filhos tomarão conta dos pais quando forem velhos – mas não é do interesse egoísta dos filhos prestarem este cuidado. E, no entanto, muitos prestam-no.» Elster, *Nuts and Bolts for the Social Sciences*, 54. Cf. também Force, *Self-Interest before Adam Smith*, 10.

[41] Em vez do termo «utilidade», Albert O. Hirschman usa o termo «interesse». Contudo, as implicações são as mesmas; embora pareça elogiar o princípio, ele próprio admite: «[T]ornou-se uma verdadeira moda, bem como um paradigma (*à la* Kuhn), e a grande maioria das ações humanas ficou subitamente explicada pelo interesse próprio, o qual se tornou tautologia em certos casos.» Hirschman, *The Passion and the Interests*, 42.

[42] Sir Karl Popper propôs que se reconhecessem os argumentos científicos de acordo com a refutabilidade dos seus postulados. Que acontecimentos devem ocorrer para demonstrar a falsidade de uma determinada teoria? Se existirem variantes realísticas não comprováveis, a teoria em questão considera-se científica. Por outro lado, se a teoria explica todos os comportamentos possíveis, torna-se pseudociência. Por exemplo, Popper explica por que razão a abordagem marxista da história não tem um caráter científico: Marx consegue explicar absolutamente tudo através da sua teoria, mesmo a situação aparentemente inversa. Se uma dada teoria é capaz de explicar todas as situações possíveis, por exemplo, segundo o contexto da luta de classes, então algo está errado. Poder explicar o todo não é o ponto forte de uma teoria, mas o ponto fraco.

[43] Caldwell, *Beyond Positivism*, 108

[44] *Idem*, 146.

[45] Wittgenstein, *Tratado Lógico-Filosófico*, 4.461–4.462.

[46] Nas culturas antigas, dominadas por uma verdadeira escassez, a parte mais valiosa da carne era a gordura (na língua inglesa, a Bíblia usa o termo *fat of the land*, ou seja, o gordo fruto da terra: «I will give you the best of the land of Egypt and you can

NOTAS | 409

enjoy the fat of the land», Génesis 45:18 – «[E]u vos darei o melhor da terra do Egito, e comereis a fartura da terra») e o sebo, e dava-se aos cães a carne magra. Também Prometeu enganou Zeus com um pedaço de carne que parecia gordura; foi precisamente este o pedaço escolhido por Zeus. Hoje em dia, temos uma abordagem inversa perante a carne.

[47] Mateus 6:25.

9. PROGRESSO, O NOVO ADÃO E A ECONOMIA DO SABAT

[1] Thoreau, *Civil Disobedience and Other Essays*, 96.

[2] Havel, entrevista com R. Kalenská, «Někdy se mě zmocňuje pocit... [Tenho por vezes esta vã sensação...]» in Lidové noviny, Kalenská, 15 de novembro de 2008.

[3] Para mais comentários, cf. Irwin, *The Matrix and Philosophy*, capítulo de Daniel Barwick, «Neo-Materialism and the Death of the Subject», 258. E mais: «A inteligência que aprisiona os seres humanos na *Matrix* tem de controlar os seus cativos de acordo com os desejos dos próprios cativos.» In Irwin, *The Matrix and Philosophy*, capítulo de James Lawler, «We Are (the) One! Kant Explains How to Manipulate the Matrix», 139.

[4] É espantoso notar que inúmeras gerações de crianças utilizaram o mesmo tipo de brinquedos de madeira, exceto as duas gerações mais recentes. Não se verificou nesta área grande progresso nem grandes mudanças no equipamento normal das famílias, até aos dias atuais.

[5] Johnston e Williamson, *What Was the U.S. GDP Then?*

[6] Nisbet, «Idea of Progress», 4.

[7] Um clássico com quase cem anos de idade que aborda este tema é Bury, *The Idea of Progress*, que começa com a Renascimento. Nisbet, quer no livro *The History of the Idea of Progress*, quer no artigo *The Idea of Progress: A Bibliographical Essay*, começa com (e diríamos *apenas com*) os gregos. E, embora mencione de passagem os hebreus, não lhes dedica uma análise séria; «Começamos com Hesíodo (700 a.C.) e o seu *Os Trabalhos e os Dias*», diz o artigo.

[8] Diz Volf, «contudo, para o povo do século XVII e posteriormente, mamon parecia um senhor cada vez mais atraente» Volf, «In the Cage of Vanities», 170.

[9] Lewis, C. S., *Evolutionary Hymn*, 55–56.

[10] É uma paráfrase do aforismo dito pelo espirituoso autor polaco Stanisław Jerzy Lec: «Sabemos que vamos pelo caminho errado, mas, para compensar, aceleramos.»

[11] Nisbet, *History of the Idea of Progress*, 9.

[12] Cf. também Nussbaum, *The Fragility of Goodness*. Em *Protágoras*, os gregos percebem que «a ciência salva-nos e também nos transforma, ajuda-nos a alcançar os fins, mas também a alterá-los», 91. Para uma análise antropológica mais profunda, cf. Eliade, *Cosmos and History*.

[13] Hobbes, *Leviathan*, xliii.

[14] Volf, «In the Cage of Vanities», 175.

[15] Nisbet, «Idea of Progress», na secção «Greek Poets, Sophists, and Historians on Progress».

[16] Nisbet, *History of the Idea of Progress*, 11.

[17] Nisbet, «Idea of Progress». Prossegue: «Tucídides, na sua história sobre a Guerra do Peloponeso, dedica os primeiros capítulos a indicar que, nos tempos remotos, os gregos eram iguais aos bárbaros e selvagens seus contemporâneos, mas, passado bastante tempo, alcançaram a grandeza à sua própria custa.»

[18] Nelson, *Economics as Religion*, xix. Outro livro de relevo será Nelson, *Reaching for Heaven on Earth*.

[19] *Idem*, 81.

[20] In Knight, *Freedom and Reform*, 46.

[21] Nelson, *Economics as Religion*, xxiv.

[22] In Hume, *Selections*, 203–204.

[23] Com primeira edição de 1848, a obra de Mill tornou-se rapidamente a bíblia inglesa da economia no século XIX. O editor de uma edição recente intitula-a: *Principles of Political Economy with Some of Their Applications to Social Philosophy*, ix.

[24] Mill, *Principles of Political Economy*, 4.6.2: «Admito que não me encanta o ideal de vida defendido por quem considera o estado normal dos seres humanos como sendo de luta permanente pela sobrevivência; que o atropelo mútuo, o acotovelamento feroz, e o pisar calcanhares dos outros que forma o tipo existente da vida social, sejam os comportamentos mais desejáveis da raça humana, e que em nada devam aos sintomas desagradáveis de uma das fases do progresso industrial. Pode ser um estágio necessário no progresso da civilização, e estas nações europeias, que até aqui tem tido a fortuna de se escudar dela, podem ainda ter de padecer dos seus efeitos.» Mill, *Principles of Political Economy*, 88.

[25] *Idem*, 4.6.2.

[26] *Idem*, 188, em 4.6.

[27] Keynes, *Essays in Persuasion*, 358–373.

[28] *Idem*, 369.

[29] Keynes, *Economic Possibilities for Our Grandchildren*, 373.

[30] Nelson, *Economics as Religion*, 162.

[31] Becker, *Milton Friedman*, 145, 146.

[32] Cf. também, por exemplo, Stigler, «Economics: The Imperial Science?». Stigler defende: «E, portanto, a economia é uma ciência imperial: tem abordado os problemas fundamentais respeitantes a uma variedade de disciplinas sociais circundantes, com e sem convite», 311.

[33] Ferguson, *War of the World*, xxxvii–xxxviii.

[34] Para mais informação, cf. Kuhn, *Structure of Scientific Revolutions*, ou Redman, *Economics and the Philosophy of Science*, 16–22.

[35] Cf. Baumann, *Modernity and the Holocaust*.

[36] Volf, «In the Cage of Vanities», 176.

[37] Palahniuck, *Clube de Combate*, 164.

[38] A questão de o crescimento económico aumentar o bem-estar do indivíduo não é clara. Cf., por exemplo, o antigo clássico de Tibor Scitovsky, *The Joyless Economy*, ou a obra recente e notória de Luigino Bruni, *Civil Happiness – Economics and Human Flourishing in Historical Perspetive*.

[39] Inglehart, *World Values Survey*.

[40] Inglehart, *Culture Shift*, 242.

NOTAS | 411

[41] Myers, «Does Economic Growth Improve Human Morale?».

[42] Diener, Horwitz, and Emmons, «Happiness of the Very Wealthy».

[43] Cf. também Brickman, Coates, e Janoff-Bulman, «Lottery Winners and Accident Victims»; e Argyle, *The Psychology of Happiness*.

[44] Aristóteles, *Ética a Nicómaco*, 1154a27–1154b9.

[45] Exemplo sugerido pelo economista Robert Frank, da Universidade de Cornell, numa conferência sobre «Understanding Quality of Life: Scientific Perspetives on Enjoyment and Suffering».

[46] Stevenson e Wolfers, *Economic Growth and Subjetive Well-Being*.

[47] Beckett, *À Espera de Godot*, 81. Cf. também Bell, «The Cultural Contradictions of Capitalism», 22.

[48] Aristóteles argumentou que toda a atividade deve ter uma direção e um sentido, *telos*. Para uma versão mais moderna deste tema, cf. por exemplo McIntire, *After Virtue*.

[49] O psicólogo Viktor Frankl escreve sobre a ausência de sentido em *Man's Search for Meaning*, em particular no capítulo «The Existential Vacuum», 106.

[50] Xenofonte, *Hieron*.

[51] Patočka, *Kacířské eseje o filosofii dějin* [*Ensaios Heréticos sobre Filosofia e História*], 98.

[52] Volf, «In the Cage of Vanities», 172.

[53] *Idem*, 171.

[54] Cf. Hirsch, *Social Limits to Growth*.

[55] Agostinho, *Confissões*, I.1.

[56] Eclesiastes 1:8.

[57] Êxodo 31:15.

[58] A República da Eslováquia, com um crescimento do PIB de 10 porcento em 2007, tinha um défice de 1,9% do PIB e era louvada por ter uma política fiscal responsável. O que coloca a questão: Que crescimento forte devemos atingir para nos permitirmos obter um excedente orçamental?

[59] Obtivemos riqueza inimaginável durante o anterior período de crescimento. Por acaso, decorreram sete anos gordos entre a bolha das *start-ups* da Internet e o colapso da Lehman Brothers. E, contudo, pusemos muito pouco, ou nada, de parte para cobrir dívidas passadas e não nos preparámos para os tempos maus. Pelo contrário, muitos países endividaram-se ainda mais. Uma civilização como a nossa precisa de saber mudar de rumo; caso contrário, não deve ficar espantada por merecer sete anos de vacas magras.

10. O EIXO DO BEM E DO MAL E AS BÍBLIAS DA ECONOMIA

[1] Wuthnow, *Rethinking Materialism*, no capítulo «The Economic Absorption of the Sacred»: «Enquanto força moral, a economia é uma fonte primária do bem e do mal. O bem é a essência da economia; produz "bens" que têm "valor"», 103.

[2] Nem esta «verdade óbvia» é assim tão óbvia (a nossa civilização podia ter seguido um desenvolvimento normativo totalmente distinto). Como São João da Cruz, defende outra postura sobre o sofrimento: «Pois no sofrimento a alma continua a adquirir valores

412 | A ECONOMIA DO BEM E DO MAL

e torna-se mais pura, mais sábia e mais cautelosa.» São João da Cruz, *Dark Night of the Soul*, 84.

³ Eclesiastes 11:9.

11. A HISTÓRIA DA MÃO INVISÍVEL DO MERCADO E DO *HOMO ECONOMICUS*

¹ Conforme indica Hirschman no clássico *The Passion and the Interest*, 15. Deve salientar-se, contudo, algo de que Hirschman não mostra estar consciente, que para Agostinho o amor é o impulso básico do ser humano. O amor encontra-se no motivo de tudo, bom ou mau. Nestas três áreas, Agostinho descreve uma situação em que o amor ficou descontrolado ou, por assim dizer, desproporcionado, ou seguiu na direção errada. Para mais informações, cf. Hare, Barnes, e Chadwick, *Zakladatelé myšlení* [*Fundadores do Pensamento*], capítulo 9, sobre Agostinho.

² De acordo com Agostinho, a característica principal da Babilónia, cidade do homem, é a *libido dominandi*, «a ambição do domínio» (*A Cidade de Deus*, 1 prefácio, 1.30; 3.14; 5.13, etc.). Cf. também Fitzgerald *et al.*, *Augustine through the Ages: An Encyclopedia*, 84.

³ Fitzgerald *et al.*, *Augustine through the Ages: An Encyclopedia*, 84. Como refere Thomas Lewis, «dominar não é um fim em si mesmo; é um meio para atingir o fim de reconhecimento do poder que se detém.» (Lewis, T., «Persuasion, Domination and Exchange: Adam Smith on Political Consequences of Markets», 287.) O princípio motor, neste caso, não é o amor-próprio (no sentido do *amour de soi* de Rousseau), mas a simpatia e o desejo de simpatia. Cf. também Force, *Self-Interest before Adam Smith*, 46.

⁴ Hare, Barnes, e Chadwick, *Zakladatelé myšlení* [*Fundadores do Pensamento*], capítulo 9, sobre Agostinho: «"[A]pós a destruição de Cartago, veio o ápice da Discórdia, a avidez. Ambição e todos os males que normalmente irrompem em tempos prósperos." [Agostinho cita Salústio] Inferimos daqui que estes males costumam irromper e aumentar mesmo antes destes tempos.»

⁵ Boli, *The Economic Absorption of the Sacred*, 97.

⁶ Para um estudo mais aprofundado, cf. Hirschman, *The Passion and the Interests*; ou Force, *Self-Interest before Adam Smith*.

⁷ Aqui se vê a importância de atribuir nomes: se a atribuição não ocorre, é como se o tópico não existisse. Tivesse Bernard Mandeville pensado nesta designação e sem dúvida seria lembrado como o seu pai. Pode ter descrito melhor e com mais pormenores o princípio da mão invisível, mas não lhe deu um nome adequado.

⁸ Hayek cita em *The Trend of Economic Thinking*, 85; também em *New Studies in Philosophy, Politics, Economics, and the History of Ideas*, p. 254.

⁹ Aristófanes, *Ecclesiazusae*, 289.

¹⁰ Mateus 13:29.

¹¹ *Summa Theologica* I, Q92, A1, R.O.3.

¹² *Summa Theologica* Ia–IIae, Q79, A1. Cf. também *Summa Contra Gentiles* III, capítulo 71.

NOTAS | 413

[13] Hirschman, *The Passion and the Interests: Political Arguments for Capitalism before Its Triumph*, 11. Aqui, encara a «demolição do herói». Este (triste ou risível) colapso do herói «abandonado» pode encontrar-se no «último herói» iludido, Dom Quixote de Miguel de Cervantes.

[14] Montesquieu, *Spirit of Laws*, 270.

[15] *Idem*, 72.

[16] Pascal, *Pensamentos*, números 284, 283.

[17] Kaye, Introdução a *The Fable of the Bees*, por Bernard Mandeville, 48.

[18] Turner, *Herbert Spencer: A Renewed Appreciation*, 107; cf. também Werhane, «Business Ethics and the Origins of Contemporary Capitalism: Economics and Ethics in the Work of Adam Smith and Herbert Spencer», 19–20.

[19] Komárek, *Obraz člověka a přírody v zrcadle biologie* [*Imagem do Homem e da Natureza no Espelho da Biologia*], 80.

[20] Para mais informações, cf. Komárek, *Obraz člověka a přírody v zrcadle biologie* [*Imagem do Homem e da Natureza no Espelho da Biologia*], 14.

[21] Smith, *Riqueza das Nações*, Livro I, cap.2, parág. 2, ou página 95. A citação extensa: «Dá-me isso, que eu quero, e terás isto, que tu queres, é o significado de todas as propostas deste género [...]. Não é da bondade do homem do talho, do cervejeiro ou do padeiro que podemos esperar o nosso jantar, mas da consideração em que eles têm o seu próprio interesse. Apelamos, não para a sua humanidade, mas para o seu egoísmo, e nunca lhes falamos das nossas necessidades, mas das vantagens deles. Ninguém, a não ser um mendigo, se permite depender essencialmente da bondade dos seus concidadãos» (p. 95).

[22] Romanos 7:21–24.

[23] Génesis 3:22: «Então disse o Senhor Deus: "Eis que o homem é como um de Nós, sabendo o bem e o mal" [...].»

[24] As encíclicas sociais são encíclicas papais que reagem às questões sociais. Para mais sobre este tópico, cf. Rich, *Business and Economic Ethics*.

[25] Morgenthau, *Truth and Power: Essays of a Decade*, 159. Cf. também «The Economic Review: Edition 13», 189.

[26] Juntemos uma aplicação mais sistemática das estruturas pecaminosas a esta ponderação (de certa forma propícia e oportuna a uma nota de rodapé). É possível retirar uma conclusão assaz assustadora do que se afirma; embora atualmente se mostre milagroso e vantajoso para nós, existe o risco de o sistema de capitalismo de mercado como um todo se revelar futuramente uma estrutura pecaminosa. Mesmo sendo o sistema mais eficiente utilizado pelos seres humanos desde a sua existência em sociedade, poderá no entanto conduzir-nos a um beco sem saída, com resultados catastróficos. Por outro lado, o medo sistémico e residual subconsciente do desconhecido existirá subliminarmente em nós, qualquer que seja o sistema escolhido, e jamais conseguiremos isentar-nos dele por completo.

[27] Lucas 23:34.

[28] Mateus 15:14.

[29] O maniqueísmo era o ensinamento dualista em que o bem e o mal tinham igual poder ontológico e teve origem no zoroastrianismo persa.

[30] «Satanás é o grande inimigo de Deus na esfera cósmica, mas é criação de Deus,

414 | A ECONOMIA DO BEM E DO MAL

existe por vontade divina, e a sua força não é mais comensurável com a de Deus do que a dos homens.» *International Standard Bible Encyclopedia*: artigo «Satan».

31 Job 7:11: «Por isso, não reprimirei a minha boca; falarei na angústia do meu espírito; queixar-me-ei na amargura da minha alma.»

32 Job 6:4.

33 Job 13:24.

34 Uma leitura interessante sobre este assunto, embora com uma noção diferente da finalidade do mal, é *On Evil*, de Terry Eagletton.

35 «A noção famosa de Agostinho em que o Mal não assume uma substância positiva própria.» Žižek, *The Parallax View*, 152.

36 «Ao apresentar quer a humanidade quer o Diabo no papel de Servos de Deus, ele [Bernardo de Claraval, no final do primeiro milénio e começo do segundo] implica que Deus é senhor de todos os seres, incluindo do Diabo.» Marx, *The Devils Rights and the Redemption of Literature of Medieval England*, 22.

37 Marshall, *Principles of Economics*, 253. Cf. também Simon, *Empirically-Based Microeconomics*, 12.

38 De especial interesse para nós são os conceitos de James Buchanan. No livro *Economics and the Ethics of Constitutional Order*, classifica três sistemas de ética diferentes: o «Custo de violar as regras» – ou seja, a abordagem liberal extrema, que não deixa margem para comportamentos não oportunistas. Buchanan distancia-se deste. O segundo modelo é a «Imposição de normas transcendentais», que designa por *agostiniano* – a moralidade tem origem em normas transcendentais e externas. Explica determinados comportamentos não oportunistas. O terceiro modelo é o «Interesse próprio e informado», o qual se baseia na ética de David Hume – o indivíduo está ciente dos efeitos secundários dos seus atos. O último modelo é o da «Racionalidade expandida» de David Gauthier, que recorre ao conceito do Dilema do Prisioneiro para explicar o comportamento cooperativo. Cf. Buchanan, *Economics and the Ethics of Constitutional Order*, o capítulo «Economical Origins of Ethical Constraints», 179. Mencionamos aqui apenas os principais representantes de outras tentativas alternativas: A. Sen, F. Fukuyama, A. Etzioni, H. Simon e outros.

39 Sojka, *John Maynard Keynes a současná ekonomie* [*John Maynard Keynes e a Economia Contemporânea*], 89. Cf. também Simon, *Empirically-based Microeconomics*, 15–16.

40 Cf. Etzioni, *Moral Dimension*, capítulos 1 ao 6, para uma descrição pormenorizada deste problema.

41 Marcos 12:29–31: «E Jesus respondeu-lhe: "O primeiro de todos os mandamentos é: Ouve, Israel, o Senhor, nosso Deus, é o único Senhor. Amarás, pois, ao Senhor, teu Deus, de todo o teu coração, e de toda a tua alma, e de todo o teu entendimento, e de todas as tuas forças: este é o primeiro mandamento. E o segundo, semelhante a este, é: Amarás o teu próximo como a ti mesmo. Não há outro mandamento maior do que estes."» Este mandamento surge também em Levítico 19:18.

42 Salmo 137:8.

43 Levítico 24:19–20.

44 Mateus 5:43–48.

45 Smith, *Riqueza das Nações*, 1.2.2.

46 Aristóteles, *Ética a Nicómaco*, 1168a27–1169b3.

NOTAS | 415

12. A HISTÓRIA DOS ESPÍRITOS ANIMAIS: O SONHO NUNCA DORME

[1] Akerlof e Shiller, *Animal Spirits*, 1.

[2] Keynes, *Teoria Geral do Emprego, do Juro e da Moeda*, 169–170.

[3] Bishop, *Economics: An A–Z Guide*, artigo «animal spirits».

[4] Pasquinelli, *Animal Spirits*, 13.

[5] Akerlof e Shiller, *Animal Spirits*, 3.

[6] Por exemplo, Frazer, *Golden Bough*.

[7] Lewis, *The Four Loves*, 147. Lewis escreve ainda, «Não seremos genuinos quando desnudos? Curiosamente, não [...] somos "mais nós próprios" quando vestidos», 146.

[8] Lewis, Prefácio a *Paradise Lost*, 112.

[9] É também importante referir que o denominador comum neste caso foi a vergonha. As crianças não têm vergonha da nudez, mas ficam envergonhadas na presença de estranhos. Quando uma criança fica envergonhada, tenta esconder-se e, se não conseguir, tapa os olhos com as mãos; um adulto esconde os genitais, não os olhos. Uma criança fica envergonhada dos estranhos, mas os adultos dos órgãos sexuais. Isto sugere que nos afastámos da nossa natureza, da nossa nudez?

[10] Cf. Fromm, *To Have or to Be*, 13: «A alternativa entre ter *ou* ser nada diz ao senso comum. Ter é, aparentemente, uma função natural da nossa vida.»

[11] Rousseau, *Discourse on the Origin of Inequality*, 96. Cf. também Force, *Self-Interest before Adam Smith*, 45.

[12] Jung, *Hrdina a archetyp matky* [O Herói e o Arquétipo da Mãe, do original alemão *Heros und Mutterarchetyp*]. *Výbor z díla* [Obras Reunidas de C. G. Jung], vol. 8, 197.

[13] *Idem*, 201.

[14] Nussbaum, *The Fragility of Goodness*, 7.

[15] Aristóteles, *Ética a Nicómaco*, 1102a, 27–1102b7. Ênfase do autor.

[16] Aristóteles, *On the Soul*, 405b11; 409b19–24.

[17] Devo a minha citação de Rohan a Hirschman, *The Passion and the Interests*, 34.

[18] Hirschman, *The Passion and the Interests*, 27. Smith, D., *Helvetius*, 55–56.

[19] Pasquinelli, *Animal Spirits*, 9. Este ditado popular tem possivelmente uma origem judaica: cf. *Talmude*, Tractate Sukkah 52a: «Quando maior a pessoa, maior o Yetzer Hara (inclinação para o mal)» (Pasquinelli, *Animal Spirits*, 211).

[20] Nussbaum, *The Fragility of Goodness*, 262. Cf. também a página 238: «Regressamos repetidamente à pergunta: até que ponto é um ser humano parecido com uma planta (ou um animal não racional), até que ponto se parece com Deus ou com uma forma sólida e imutável?»

[21] Komárek, *Obraz člověka a přírody v zrcadle biologie* [Imagem do Homem e da Natureza no Espelho da Biologia], 144–145.

[22] Marx atribui esta característica à sociedade burguesa industrial: «Numa palavra, cria um mundo à sua imagem.» Marx and Engels, *Manifesto of the Communist Party*, 46.

[23] Cf. Punt, «The Prodigal Son and *Blade Runner*, Fathers and Sons, and Animosity».

[24] Jung, *Hrdina a archetyp matky* [Herói e o arquétipo de uma mãe, do original alemão *Heros und Mutterarchetyp*]. *Výbor z díla* [Obras Reunidas de C. G. Jung], vol. 8, 194.

416 | A ECONOMIA DO BEM E DO MAL

[25] O filme *Watchmen: Os Guardiões*, 2009, realizado por Zack Synder. Autores (argumento) David Hayter, Alex Tse. Mais informações no Internet Movie Database (IMDb, www.imdb.com).

[26] Cf. Campbell, *Hero with a Thousand Faces*.

[27] Jung, *Hrdina a archetyp matky* [O Herói e o Arquétipo da Mãe, do original alemão *Heros und Mutterarchetyp*]. *Výbor z díla* [Obras Reunidas de C. G. Jung], vol. 8, 204–205.

[28] Por tudo isto, creio que o estudo da economia isolado do estudo de temas além desta jamais conduzirá ao entendimento pleno do comportamento humano. E, como tal, negligenciar os temas metafísicos resultará numa ciência económica lúgubre. Receio que a economia atual esteja muito próxima deste estado.

13. METAMATEMÁTICA

[1] Berkeley, *Tratado do Conhecimento Humano*, 144.

[2] http://en.wikipedia.org/wiki/Irrational_number.

[3] Stigler, *Essence of Stigler*, 113.

[4] Groenewegen, P., *A Soaring Eagle: Alfred Marshall 1842–1924*, 413; citado em Weintraub, *How Economics Became a Mathematical Science*, 22.

[5] Emmer, *Mathematics and Culture*, 105.

[6] Fox, *The Myth of Rational Markets*, 6.

[7] *Idem*, 13.

[8] «Fisher Sees Stocks Permanently High», *The New York Times*, 16 de outubro de 1929, 8.

[9] Lanman e Matthews, (23 de outubro de 2008). «Greenspan Concedes to "Flaw" in His Market Ideology». Bloomberg.com.

[10] Neste tema existem autores muito mais capacitados, como: E. R. Weintraub, *How Economics Became a Mathematical Science*; Mirowsky, *More Heat Than Light: Economics as a Social Physics, Physics as Nature's Economics and Machine Dreams: Economics Becomes a Cyborg Science*; Blaug, *The Methodology of Economics*; e, por fim, Deirdre McCloskey, com o livro *The Secret Sins of Economics*.

[11] Podemos apontar o pensamento conceptual como sendo uma das grandes contribuições da Grécia para a matemática moderna. A ideia de atribuir aos elementos um significado parcial, chegando a uma definição tão precisa quanto possível para ser operacional, não é um feito banal, e sem esta abordagem nem a matemática contemporânea nem a ciência existiriam.

[12] Kline, *Mathematical Thought from Ancient to Modern Times*, vol. 1, 13.

[13] *Idem*, vol. 1, 9.

[14] Génesis 6–13.

[15] Êxodo 20.

[16] Génesis 18–19.

[17] Kline, *Mathematical Thought from Ancient to Modern Times*, vol. 1, 13.

[18] Apocalipse 13:18.

[19] Ésquilo, *Prometeu Agrilhoado*, 54.

NOTAS | 417

[20] Kline, *Mathematical Thought from Ancient to Modern Times*, vol. 1, 147–148.

[21] Heidegger, *Philosophical and Political Writings*, 265.

[22] Mini, *Philosophy and Economics*, 84, 88.

[23] As vantagens da matemática como ferramenta são indiscutíveis. Entre as suas características esteve sempre a clareza: um é sempre um (e portanto não é 0,999999 nem 1,00001). A matemática é exata, clara – não é turva. Tem a vantagem de, em si mesma, proporcionar resultados claros, ser consistente e universal. A matemática pode adentrar-se em áreas de pensamento em que os nossos sentidos são insuficientes. Por ser estritamente exata, aguça os nossos espíritos.

[24] Schumpeter, «The Common Sense of Econometrics», 5; foi o primeiro número da revista *Econometrica*. Contudo, outros textos defendiam uma abordagem matemática até um certo nível. Cf. Shionoya, *Schumpeter and the Idea of Social Science: A Meta-theoretical Study*, 44.

[25] Berkeley, *Tratado do Conhecimento Humano*, 107.

[26] Pergunta Platão: como é possível que neste mundo mutável e líquido se encontre algo invariante e imutável? Cf. *Philebus*, 15b.

[27] Neubauer, *O čem je věda* [*O Sentido da Ciência*], 72–73. Tradução do autor.

[28] *Idem*, 74.

[29] No início do século xx, era habitual que um grupo definido de objetos pudesse ser considerado um conjunto. Graças ao *paradoxo de Russell*, demonstrou-se esta insustentabilidade. Os conceitos modernos de teoria dos conjuntos, além da noção dos conjuntos, também conhecem o conceito de classes.

[30] Wittgenstein, *Tratado Lógico-Filosófico*, 6.1.

[31] *Idem*, 6.13, 6.2., 6.21.

[32] Russell, *Mysticism and Logic*, 76.

[33] Wittgenstein, *Tratado Lógico-Filosófico*, 5.6.

[34] Cf. também Mini, *Philosophy and Economics*, 8.

[35] Nussbaum, *The Fragility of Goodness*, 5.

[36] Além disto, o conjunto de pressupostos mutáveis também é verdadeiramente ilimitado. Bastará acrescentar uma motivação humana, além do interesse próprio ou desta ou daquela razão, para explicar porque toda a informação está ou não disponível (ou informação simétrica, aleatória, etc.).

[37] McCloskey, *The Secret Sins of Economics*, 43–44.

[38] Como princípio, a econometria tenta englobar todos os ingredientes não determinísticos e aleatórios num fator residual.

[39] Leontief, «Theoretical Assumptions and Nonobserved Facts», 1, 3.

[40] Kmenta, resenha de *A Guide to Econometrics* por Peter Kennedy, 2003.

[41] Hendry, «Econometrics: Alchemy or Science?», 387–406.

[42] Sims, Goldfeld, Sachs, *Policy Analysis with Econometric Models*, 107.

[43] Kierkegaard, *Concluding Unscientific Postscript to Philosophical Fragments*, 99.

[44] Keynes, *First Annual Report of the Arts Council (1945–1946)*.

14. DONOS DA VERDADE: CIÊNCIA, MITOS E FÉ

[1] O coautor deste capítulo é Martin Pospíšil, também coeditor deste livro e da anterior edição checa.

[2] Shaw, *Man and Superman*, 189.

[3] Lévi-Strauss, *Myth and Meaning, Cracking the Code of Culture*, 16. [Encontrámos o excerto não na obra de Lévi-Strauss, mas em Campbell, *Myths to Live By. N. do T.*]

[4] Kofman, *Conscious Business*, introdução ao capítulo 4 em checo *Vědomý business*, 97. Nin, *The Diary of Anaïs Nin 1939–1944* , 220.

[5] Kolman, *Filozofie čísla* [*A Filosofia dos Números*], 592. A citação continua: «e são capazes de apresentar meta-afirmações sobre uma estrutura herdada – e, portanto, preconcebida –, como se fossem factos comprovados».

[6] Kolman, *Filozofie čísla* [*A Filosofia dos Números*], 592.

[7] Citado em Mini, *Philosophy and Economics*, 40.

[8] Apresentei a deificação do crescimento económico e do progresso científico como exemplos.

[9] Patočka encerra o discurso sobre as divindades mitológicas com a pergunta: «Será esta visão, na sua essência, verdadeira? Foi devidamente compreendida, aqui, a essência da vida humana?» Patočka, *Kacířské eseje o filosofii dějin* [*Ensaios Heréticos sobre a Filosofia da História*], no capítulo «Pre-historické úvahy» [«Pensamento pré-histórico»], 270.

[10] «Com Planck e Einstein, a física renasceu [...]. Tal como os objetos do mundo físico mudaram de aparência – idas estavam as bolas de bilhar, substuídas pelos quanta –, o universo dos objetos matemáticos mudou [...] há que observar as alterações no aspeto da paisagem matemática e usá-las como a base sobre a qual poderemos compreender a reformulação ocorrida na economia que a tornou uma disciplina matemática, ao longo dos dois primeiros terços do século xx.» Weintraub, *How Economics Became a Mathematical Science*, 11.

[11] Wittgenstein, *Tratado Lógico-Filosófico*, 4.023.

[12] Conforme apresentámos no capítulo Metamatemática.

[13] Wittgenstein, *Tratado Lógico-Filosófico*, 6.54.

[14] Heffernanová, *Tajemství dvou partnerů* [*O Segredo dos Dois Parceiros*], 71.

[15] Heffernanová, *Tajemství dvou partnerů* [*O Segredo dos Dois Parceiros*], 73.

[16] Compare-se com Neubauer, *Respondeo dicendum*.

[17] Wittgenstein, *Tratado Lógico-Filosófico*, 4.03.

[18] Weintraub, *How Economics Became a Mathematical Science*, 75.

[19] Wittgenstein, *Tratado Lógico-Filosófico*, 27.

[20] Cf. Russell, *Mysticism and Logic*: «É comum falar-se de uma oposição entre instinto e razão [...] Mas, a bem dizer, a oposição de instinto e razão é grandemente ilusória. Instinto, intuição ou discernimento é aquilo que primeiramente origina as crenças, em seguida confirmadas ou refutadas pela razão [...]. A razão é uma força harmonizadora e controladora, e não criativa. Mesmo no plano mais puramente lógico, é o discernimento que primeiramente acolhe a novidade», 30.

[21] Comte, *Cours de philosophie positive*, 28.

NOTAS | 419

[22] Mises, *Human Action: A Treatise on Economics*, capítulo 38, «The Place of Economics in Learning».

[23] Adams, *À Boleia pela Galáxia*, capítulo 25.

[24] Heffernanová, *Tajemství dvou partnerů* [*O Segredo dos Dois Parceiros*], 61.

[25] Hejdánek, «Básník a slovo» [«O poeta e a palavra»], 57.

[26] Heffernanová, *Tajemství dvou partnerů* [*O Segredo dos Dois Parceiros*], 61.

[27] Cf. também Bernardo de Claraval: «Existem apenas dois males – ou dois grandes males – que lutam contra a alma: um amor vazio pelo mundo e um excesso de amor-próprio (1 Pt 2:11).» (de *Sermon on the Song of songs*, 211). É benéfico perceber que, não obstante o facto de lidarmos com (grandes) males, estes não deixam de ser, na essência, questões de amor (como o caso do amor ao dinheiro, que o Novo Testamento considera «a raiz de todos os males», em 1.Timóteo 6:10).

[28] Cohen, «Anthem».

[29] «Conforme James Olney disse em tempos, citando Paul Valéry, "Todas as teorias são autobiografias"». Weintraub, *How Economics Became a Mathematical Science*, 6.

[30] Se a psique humana absorver (ou for obrigada a absorver) um volume demasiado grande de observações inconsistentes e não consolidadas, não as conseguindo explicar nem relacionar com o mundo real, defende-se, estabelecendo duas personalidades, ou dois mundos, que reagem de forma diferente, conforme a situação aplicável (pois são diferentes!). O contraste dos papéis torna-se tão radical que perdem a sustentabilidade, e deixa de ser suficiente alternar entre eles, tornando assim necessária a alternação entre personalidades.

[31] Nelson, *Economics as Religion*, 58.

[32] Søren Kierkegaard's *Journals and Papers*, 1054, citado em Mini, *Philosophy and Economics*, 211. Talvez tivesse em mente o mesmo que Wittgenstein tentou demonstrar.

[33] Caldwell, *Beyond Positivism*, 140.

[34] Mini, *Philosophy and Economics*, 213.

[35] Ver também Caldwell, *Beyond Positivism*, 112.

[36] Wittgenstein, *Tratado Lógico-Filosófico*, 6.54.

[37] Portanto, o tempo flui em ambas as direções, por assim dizer.

[38] «Mas o que muitos membros do Círculo não compreenderam foi que Wittgenstein não acreditava que aquilo que não podia ser dito devesse ser condenado como algo desprovido de sentido. Pelo contrário, as coisas de que não podíamos falar eram aquelas que realmente importavam». Edmonds e Eidinow, *O Atiçador de Wittgenstein*, 150.

[39] Cf. Mini, *Philosophy and Economics*, 16.

[40] Joseph Shumpeter aconselha a que nos libertemos disto e nos baseemos na experiência histórica. A escola histórica germânica recusa os modelos intemporais abstratos e recorre à história como a única fonte de aprendizagem.

[41] Não perguntemos se é sequer possível montar estes modelos sem recorrer à intuição.

[42] Schumpeter, *Business Cycles: A Theoretical, Historical and Statistical Analysis of the Capitalist Process*, 20.

[43] Wachovski e Wachovski, *Matrix*, 1999.

CONCLUSÃO: ONDE MORAM OS SERES SELVAGENS

[1] Provérbios 16:32.
[2] Milton, *The Poetical Works of Milton*, 106.
[3] Weintraub, *How Economics Became a Mathematical Science*, 6.

BIBLIOGRAFIA*

ADAMS, Douglas. *The Hitchhiker's Guide to the Galaxy*. Londres: Picador, 2002. [Edição portuguesa: *À Boleia pela Galáxia*, tradução de António Vilaça. Parede: Saída de Emergência, 2005].

AGOSTINHO, Santo. *City of God*. Edimburgo: Eerdmans, 2002. http://etext.lib. virginia.edu/ebooks/. [Edição Portuguesa. *A Cidade de Deus*, 4.ª ed., tradução de João Dias Pereira, Lisboa: Fundação Calouste Gulbenkian, 2011]

AGOSTINHO, Santo. *Confessions*. Tradução de Henry Chadwick. Nova Iorque: Oxford University Press, 1991. [Edição Portuguesa: *Confissões*, 2.ª ed., tradução de Arnaldo do Espírito Santo, João Beato e Maria Cristina de Castro-Maia Pimentel, Lisboa: Imprensa Nacional-Casa da Moeda, 2004]

AGOSTINHO, Santo. *Enchiridion on Faith, Hope, and Love*. Washington, DC: Regnery, 1996.

AKERLOF, George A., e Robert J. SHILLER. *Animal Spirits: How Human Psychology Drives the Economy, and Why It Matters for Global Capitalism*. Princeton, NJ: Princeton University Press, 2009.

ANZENBAUCHER, Arno. *Úvod do filozofie* [Introdução à Filosofia]. Praga: Státní pedagogické nakladatelství, 1990.

AQUINO, Tomás de. *Contra Gentiles: On the Truth of the Catholic Faith*. Vol. 3, Providence. Nova Iorque: Hanover House, 1955–57.

---

* Indicamos, a par da referência bibliográfica correspondente (ou mais aproximada, no caso de coletâneas), a versão em língua portuguesa consultada para a presente tradução. O autor fez acompanhar os títulos de língua não inglesa dos seus equivalentes em inglês, opção que respeitámos e traduzimos para português. [*N. do T.*]

AQUINO, Tomás de. *De Regno: On Kingship, to the King of Cyprus*. Tradução de Gerald B. Phelan. Toronto: The Pontifical Institute of Mediaeval Studies, 1949.

AQUINO, Tomás de. *The Summa Theologica of St. Thomas Aquinas, Second and Revised Edition*. 2008. http://www.newadvent.org/summa/.

ARCHIBALD, Katherine G. «The Concept of Social Hierarchy in the Writings of St. Thomas Aquinas». Historian 12, n.º 50 (1949–50): 28–54.

ARENDT, Hannah. *The Human Condition*. Chicago: University of Chicago Press, 1998.

[Edição portuguesa: *A Condição Humana*, tradução de Roberto Raposo. Lisboa: Relógio D'Água Editores, 2001]

ARGYLE, Michael. *The Psychology of Happiness*. Londres, Nova Iorque: Methuen, 1987.

ARISTÓFANES. *Ecclesiazusae*. Londres: Harvard University Press, 1947.

ARISTÓTELES. *The Complete Works of Aristotle: The Revised Oxford Translation*. Org. Jonathan Barnes. Princeton, NJ: Princeton University Press, 1995.

[Edições portuguesas: *Ética a Eudemo*, tradução de J. A. Amaral e Artur Morão. Lisboa: Tribuna da História – Edição de Livros e Revistas, Lda., 2005. *A Política*, sem indicação do tradutor. Lisboa: Círculo de Leitores, 1975.]

ARISTÓTELES, *Nicomachean Ethics*, tradução de T. Irwin (Indianápolis: Hackett Publishing, 1985).

ARISTÓTELES. *The Nicomachean Ethics*. Tradução de W. D. Ross. Oxford: Clarendon Press, 1933.

[Edição Portuguesa: Aristóteles, *Ética a Nicómaco*, tradução de Dimas de Almeida. Lisboa: Edições Universitárias Lusófonas, 2012]

BALABÁN, Milan, e Veronika TYDLITÁTOVÁ. *Gilgameš: Mytické drama o hledání večňého života* [Gilgamesh: Um drama mítico sobre a busca pela imortalidade]. Praga: Vyšehrad, 2002.

BASSHAM, Gregory, e Eric BRONSON. *The Lord of the Rings and Philosophy: One Book to Rule Them All*. Chicago: Open Court, 2003.

BAUMAN, Zygmunt. *Modernity and the Holocaust*. Ithaca, NI: Cornell University, 2000.

BECCHIO, Giandomenica. *Unexplored Dimensions: Carl Menger on Economics and Philosophy (1923–1938)*. Advances in Austrian Economics, 12. Bradford: Emerald Group Publishing, 2009.

BECKER, Gary S. *The Economic Approach to Human Behavior*. Chicago: University of Chicago Press, 1976.

BIBLIOGRAFIA | 423

BECKETT, Samuel. *Waiting for Godot: Tragicomedy in Two Acts*. Nova Iorque: Grove, 1982.

[Edição portuguesa: *À Espera de Godot*, tradução de José Maria Vieira Mendes, 6.ª edição. Lisboa: Edições Cotovia, 2015]

BELL, Daniel. «The Cultural Contradictions of Capitalism». Journal of Aesthetic Education 6, n.º 1 (janeiro–abril 1972): 11–38.

BERKELEY, George. *A Treatise Concerning the Principles of Human Knowledge*. Oxford: Oxford University Press, 1998.

[Edição Portuguesa: *Tratado do Conhecimento Humano*, tradução de Vieira de Almeida. n/d: LargeBooks, 2012]

BHAGWATI, Jagdish N. *In Defense of Globalization*. Oxford: Oxford University Press, 2007.

BIMSON, John J. *The Compact Handbook of Old Testament Life*. Mineápolis, MN: Bethany House, 1998.

BISHOP, Matthew. *Economics: An A–Z Guide*. Londres: Economist, 2009.

BLAUG, Mark. *The Methodology of Economics; or, How Economists Explain*. Cambridge: Cambridge University Press, 1980.

BLECHA, Ivan. *Filosofická čítanka* [Textos de Filosofia]. Olomouc: Nakladatelství Olomouc, 2000.

BOLI, John. «The Economic Absorption of the Sacred». In *Rethinking Materialism: Perspetives on the Spiritual Dimension of Economic Behavior*, organização de Robert Wuthnow, 93–117. Grand Rapids, MI: Eerdmans, 1995.

BONHOEFFER, Ditrich. *Ethics*. Nova Iorque: Touchstone, 1995.

BOURDIEU, Pierre. *Outline of a Theory of Practice*. Cambridge, Nova Iorque: Cambridge University Press, 1977.

BRANDON, Samuel G. F. «The Epic of Gilgamesh: A Mesopotamian Philosophy». History Today 11, n.º 1 (janeiro de 1961): 18–27.

BRICKMAN, Philip, Dan COATES, e Ronnie JANOFF-BULMAN. «Lottery Winners and Accident Victims: Is Happiness Relative?». Journal of Personality and Social Psychology 36 (1978): 917–927.

BROOKES, Bert B. «Schumacher: Meta-Economics versus the "Idolatry of Giantism"». The School of Cooperative Individualism. http://www.cooperativeindividualism.org/brookes_on-e-f-schumacher.html (consultado em 2010).

BRUNI, L. Civil *Happiness: Economics and Human Flourishing in Historical Perspetive*. Londres e Nova Iorque: Routledge, 2006.

BUBER, Martin. *I and Thou*. Tradução de Ronald Gregor Smith. Hesperides Press, 2008.

BUCHANAN, James M. *Economics and the Ethics of Constitutional Order*. Ann Arbor: University of Michigan Press, 1991.

BUCKLE, Henry Thomas. *History of Civilization in England*. Londres: Parker and Son, 1857–1861.

BUNT, Lucas N. H., Phillip S. JONES, e Jack D. BEDIENT. *The Historical Roots of Elementary Mathematics*. Nova Iorque: Dover, 1988.

BURY, J. B. *The Idea of Progress*. Londres: Macmillan, 1920.

CALDWELL, Bruce J. *Beyond Positivism*. Londres: Routledge, 1994.

CAMPBELL, Joseph. *Myths to Live By*. Nova Iorque: Viking, 1972.

CAMPBELL, Joseph. *The Hero with a Thousand Faces*. 2.ª ed. Princeton, NJ: Princeton University Press, 1968.

CAMPBELL, Thomas Douglas. *Adam Smith's Science of Morals*. Londres: Allen & Unwin, 1971.

ČAPEK, Karel. *R.U.R.: Rossum's Universal Robots*. Teatro Nacional, Praga, República Checa, 25 de janeiro de 1921.

ČAPEK, Karel. *R.U.R.: Rossum's Universal Robots*. Praga: Aventinum, 1920. [Edição portuguesa: «R. U. R. Comédia Utópica em Três Atos», tradução de Lima de Freitas, in *Os Melhores Contos de Ficção Científica – De Júlio Verne aos Astronautas*, organização de Lima de Freitas, Coleção Argonauta n.º 100, Lisboa: Edição Livros do Brasil, 1965]

CHEAL, David J. *The Gift Economy*. Nova Iorque: Routledge, 1988.

CHESTERTON, G. K. *Orthodoxy*. Redford, Va: Wilder Publications, 2008.

CHESTERTON, G. K. *St. Thomas Aquinas*. Middlesex: The Echo Library, 2007.

CLASS, Heinrich. *Wenn ich der Kaiser wär: Politische Wahrheifen und Notwendigkeiten*. Leipzig: Weicher, 1912.

COLINS, Chuck, e Mary WRIGHT. *The Moral Measure of the Economy*. Nova Iorque: Orbis Books, 2007.

COMTE, Auguste. *Cours de philosophie positive* [Curso de Filosofia Positiva]. Paris: Bachelier, 1835.

COX, Steven L., Kendell H. EASLEY, A. T. ROBERTSON, e John Albert BROADUS. *Harmony of the Gospels*. Nashville, TN: Holman Bible, 2007.

DAVIES, Norman. *Europe: A History*. Londres: Pimlico, 1997.

DAVIS, Philip J., e Reuben HERSH: *Descartes' dream: the world according to mathematics*. Boston: Harcourt, Brace, Jovanovich, 1986.

BIBLIOGRAFIA | 425

DEFOE, Daniel. *The Political History of the Devil (1726)*. Org. John Mullan e William Robert Owens. Londres: Pickering and Chatto, 2005.

DESCARTES, René. *Discourse on the Method; and, Meditations on First Philosophy*. 4.ª ed. Org. David Weismann. New Haven, CT: Yale University Press, 1996.

DESCARTES, René. *Discourse on the Method of Rightly Conducting One's Reason and of Seeking the Truth in the Sciences*. City: Wildside Press, 2008. [Edição portuguesa: *Discurso do Método*. Tradução de João Gama. Lisboa: Edições 70, 2017]

DESCARTES, René. *Meditations on First Philosophy*. Sioux Falls: NuVision, 2007.

DESCARTES, René. *Principles of Philosophy*. Tradução de V. R. Miller e R. P. Miller. Dordrecht: Kluwer Academic, 1984.
[Edição portuguesa: *Princípios de Filosofia*, Tradução de João Gama, Lisboa: Edições 70, 2006]

DESCARTES, René. «Treatise on Man». In *The Philosophical Writings of Descartes,* Org. Dugald Murdoch, John Cottingham, e Robert Stoothoff. Cambridge: University of Cambridge, 1985.

DETIENNE, Marcel. *The Masters of Truth in Archaic Greece*. Nova Iorque: Zone Books, 1999.

DIAMOND, Jared. *Why Is Sex Fun? The Evolution of Human Sexuality*. Nova Iorque: Basic Books, 2006.
[Edição portuguesa: *Porque Gostamos de Sexo. A Evolução da Sexualidade Humana*. Tradução de Jorge Lima, Lisboa: Temas e Debates, 2001]

DIDEROT, Denis. *Diderot's Selected Writings*. Org. Lester G. Crocker. Tradução de Derek Coltman. Nova Iorque: Macmillan, 1966.

DIENER, E., J. HOROWITZ, e R. A. EMMONS. «Happiness of the Very Wealthy». Social Indicators Research 16 (abril de 1985): 263–274.

DIXIT, Avinash K., e Barry NALEBUFF. *Thinking Strategically: The Competitive Edge in Business, Politics, and Everyday Life*. Nova Iorque: Norton, 1991.

DURKHEIM, Emile. *The Division of Labor in Society*. Tradução de George Simpson. Nova Iorque: Free Press, 1947.

EAGLETON, Terry. *On Evil*. Yale University Press, 2010.

ECKSTEIN, Walther. *Theorie der ethischen Gefühle*. Leipzig: Meiner, 1926.

EDMONDS, Dave, e John EIDINOW. *Wittgenstein's Poker*. Nova Iorque: Ecco, 2001.
[Edição portuguesa: *O Atiçador de Wittgenstein*. Tradução de Jorge P. Pires, Lisboa: Temas e Debates, 2003]

ELIADE, Mircea. *Cosmos and History: The Myth of the Eternal Return*. Nova Iorque: Harper Torchbooks, 1959.

ELIADE, Mircea. *The Myth of the Eternal Return*. Londres: Routledge & Kegan Paul, 1955.

ELIADE, Mircea. *The Sacred and the Profane: The Nature of Religion*. Nova Iorque: Harcourt Brace, 1959.

ELSTER, Jon. *Nuts and Bolts for the Social Sciences*. Cambridge: Cambridge University Press, 1989.

EMMER, Michele. *Mathematics and Culture*. Berlin, Heidelberg, Nova Iorque: Springer-Verlag, 2004.

EPICURO. *Principal Doctrines*. Tradução de Robert Drew Hicks. The Internet Classics Archive, 1925. http://classics.mit.edu/Epicurus/princdoc.html.

EPICURO. *Principal Doctrines*. *Epicurus & Epicurean Philosophy*, 1996. http://www.epicurus.net/en/principal.html.

ÉSQUILO. *Prometheus*. Tradução de Herbert Weir Smyth. Cambridge, MA: Harvard University Press, 1926.

[Edição portuguesa: *Prometeu Agrilhoado*, tradução de Ana Paula Quinta Sottomayor. Lisboa: Edições 70, 2014]

ESTES, Clarissa Pinkola. *Women Who Run with the Wolves*. Nova Iorque: Ballantine Books, 2003.

ETZIONI, Amitai. *Moral Dimension: Toward a New Economics*. Nova Iorque: Free Press, 1988.

FAJKUS, Brĕtislav. *Současná filosofie a metodologie* [Filosofia e a Metodologia da Ciência]. Praga:Filosofický ústav AVČR, 1997.

FALCKENBERG, Richard, e Charles F. DRAKE. *History of Modern Philosophy: From Nicolas of Cusa to the Present Time*. Tradução de A. C. Armstrong. Nova Iorque: Kessinger, 1893.

FERGUSON, Niall. *The Ascent of Money: A Financial History of the World*. Nova Iorque: Penguin Press, 2008.

[Edição portuguesa: *A Ascensão do Dinheiro*. Tradução de Michelle Hapetian, Porto: Livraria Civilização Editora, 2009]

FERGUSON, Niall. *The War of the World: Twentieth-Century Conflict and the Descent of the West*. Nova Iorque: Penguin, 2006.

FEYERABEND, Paul K. *Against Method*. 3.ª edição. Londres, Nova Iorque: Verso, 1993.

[Edição portuguesa: *Contra o Método, edição revista*. Tradução de Miguel Serras Pereira. Lisboa: Relógio D'Água Editores, 1993]

BIBLIOGRAFIA | 427

FISHER, Irving. «Fisher Sees Stocks Permanently High». New York Times, 16 de outubro de 1929, 2.

FITZGERALD, Allan, John C. CAVADINI, Marianne DJUTH, James J. O'DONNELL, e Frederick VAN FLETEREN. Org. *Augustine through the Ages: An Encyclopedia*. Grand Rapids, MI: Eerdmans, 1999.

FORCE, Pierre. *Self-Interest before Adam Smith: A Genealogy of Economic Science*. Cambridge: Cambridge University Press, 2003.

FOX, Justin. *The Myth of Rational Markets*. Nova Iorque: Harper Business, 2009.

FRANK, Robert. Conferência sobre «Understanding Quality of Life: Scientific Perspetives on Enjoyment and Suffering». Princeton, NJ, 1–3 de novembro de 1996.

FRANKEL, Viktor E. Man's *Search for Meaning*. Londres: Hodder and Stoughton, 1964.

FRAZER, James George. *The Golden Bough: A Study in Magic and Religion*. Nova Iorque: Oxford University Press, 1994.

FRIEDMAN, Milton. *Essays in Positive Economics*. Chicago, Londres: University of Chicago Press, 1970.

FROMM, Erich. *To Have or to Be*. Nova Iorque, Londres: Continuum, 2007.

FUKUYAMA, Francis. *The Trust: The Social Virtues and the Creation of Prosperity*. Nova Iorque: Free Press, 1996.

GADAMER, Hans-Georg. *The Idea of the Good in Platonic-Aristotelian Philosophy*. New Haven, CT: Yale University Press, 1988.

GAEDE, Erwin A. *Politics and Ethics: Machiavelli to Niebuhr*. Lanham, MD: University Press of America, 1983.

GAIMAN, Neil, e Terry PRATCHETT. *Good Omens: The Nice and Accurate Prophecies of Agnes Nutter*, Witch. Londres: Viktor Gollancz, 1990.
[Edição portuguesa: *Bons Augúrios*. Tradução de Carlos Grifo Babo. Barcarena: Editorial Presença, 2004]

GALBRAITH, John Kenneth. *The Affluent Society*. Boston: Houghton Mifflin, 1958.

GALBRAITH, John Kenneth. *The Affluent Society*. Boston: Houghton Mifflin, 1998.

GALILEI, Galileu. *Dialogues Concerning the Two Great Systems of the World*. Tradução de Stilman Drake. Ann Arbor: University of Michigan Press, 1970.

GEORGE, Andrew R. *The Babylonian Gilgamesh Epic: Introduction, Critical Edition and Cuneiform Texts*. Oxford: Oxford University Press, 2003.

GOETHE, Johann W. *Goethe's Faust*. Tradução de Walter Kauffman. Nova Iorque: Anchor Books, 1961.
[Edição portuguesa: *Fausto*. Tradução de Agostinho D'Ornellas. Porto: Edições Asa, 2006]

GRAEBER, David. *Toward an Anthropological Theory of Value*. Nova Iorque: Palgrave, 2001.

GREEN, David. «Adam Smith a sociologie ctnosti a svobody [Adam Smith e a Sociologia da Virtude e da Liberdade]». Prostor 7, n.º 28 (1994): 41–48.

GROENEWEGEN, Peter. *A Soaring Eagle: Alfred Marshall, 1842–1924*. Aldershot, UK: Edward Elgar, 1995.

GROENEWEGEN, John. *Transaction Cost Economics and Beyond*. Recent Economic Thought. Boston: Kluwer, 1995.

HALÍK, Tomáš. *Stromu zbývá naděje. Krize jako šance* [Há Esperança. A Crise como uma Oportunidade]. Praga: Nakladatelství Lidové noviny, 2009.

HALL, Joseph. *Heaven upon Earth and Characters of Virtues and Vice*. Org. Rudolf Kirk. Nova Brunswick, NJ: Rutgers University Press, 1948.

HALTEMAN, Richard J. «Is Adam Smith's Moral Philosophy an Adequate Foundation for the Market Economy?». Journal of Markets and Morality 6 (2003): 453–478.

HANEY, Lewis Henry. *History of Economic Thought: A Critical Account of the Origin and Development of the Economic Theories of the Leading Thinkers in the Leading Nations*. Nova Iorque: Macmillan, 1920.

HARE, M. R., J. BARNES, e H. CHADWICK. *Zakladatelé myšlení: Platón, Aristoteles, Augustinus* [Fundadores do Pensamento: Platão, Aristóteles, Agostinho]. Praga: Svoboda, 1994.

HARRIS, H. S. *The Reign of the Whirlwind*. York Space, 1999. http://hdl.handle.net/10315/918.

HARTH, Phillip. Introdução a «The Fable of the Bees; or, Private Vices, Public Benefits» de Bernard Mandeville.

HASBACH, Wilhelm. *Untersuchungen über Adam Smith und die Entwicklung der Politischen Ökonomie*. Leipzig: Duncker und Humblot, 1891.

HAYEK, Friedrich A. *Law, Legislation, and Liberty*. Londres: Routledge and Kegan Paul, 1973.

HAYEK, Friedrich A. *New Studies in Philosophy, Politics, Economics, and the History of Ideas*. Londres: Routledge and Kegan Paul, 1978.

BIBLIOGRAFIA | 429

HAYEK, Friedrich A. *The Trend of Economic Thinking: Essays on Political Economists and Economic Thinking.* Vol. 3. Org. W. W. Bartley e Stephen Kresge. Londres: Routledge, 1991.

HAYTER, David, e Alex TSE. *Watchmen: Os Guardiões.* Realização de Zack Synder. Produção de Warner Bros. Pictures, 2009.

HEFFERNANOVÁ, Jana. *Gilgameš: Tragický model západní civilizace* [Gilgamesh: Um Modelo Trágico da Civilização Ocidental]. Praga: Společnost pro Světovou literaturu, 1996.

HEFFERNANOVÁ, Jana. *Tajemství dvou partnerů: Teorie a metodika práce se sny* [O Segredo dos Dois Parceiros]. Praga: Argo, 2008.

HEIDEGGER, Martin. *Philosophical and Political Writings.* Org. Manfred Stassen. Nova Iorque: Continuum, 2003.

HEIDEL, Alexander. *The Gilgamesh Epic and Old Testament Parallels.* Chicago: University of Chicago Press, 1949.

HEILBRONER, Robert L. *The Wordly Philosophers: The Lives, Times, and Ideas of Great Economic Thinkers.* Nova Iorque: Simon and Schuster, 1953.

HEJDÁNEK, Ladislav. «Básník a Slovo [O poeta e o mundo]». In *České stuide: Literatura, Jazyk, Kultura* [Estudos Checos: Literatura, Linguagem, Cultura], organização de Mojmír Grygar, 57–81. Amesterdão, Atlanta: Rodopi, 1990.

HELLER, Jan. *Jak orat s čertem: kázání* [Como Lavrar com o Diabo]. Praga: Kalich, 2006.

HENDRY, David F. «Econometrics: Alchemy or Science?». Economica 47 (1980): 387–406.

HENGEL, Martin. *Judentum und Hellenismus.* Tubingen: Mohr, 1969.

HENRY, Matthew. *Matthew Henry's Commentary on the Whole Bible.* http://www.apostolic-churches.net/bible/mhc/.

HESÍODO. *Works and Days.* In Hesiod: *Theogony, Works and Days, Testimonia.* Org. Glenn W. Most. Cambridge, MA: Harvard University Press, 2006. [Edição portuguesa: *Teogonia, Trabalhos e Dias.* Tradução de Ana Elias Pinheiro e José Ribeiro Ferreira. Lisboa: Imprensa Nacional da Casa da Moeda, 2014].

HILDEBRAND, Bruno. *Die Nationalökonomie der Gegenwart und Zukunft.* Frankfurt am Main: Erster Band, 1848.

HILL, Roger B. *Historical Context of the Work Ethic.* Athens: University of Georgia, 1996.

HIRSCH, Fred. *Social Limits to Growth*. 1.ª ed. Cambridge, MA: Harvard University Press, 1976.

HIRSCHMAN, Albert O. *The Passion and the Interests: Political Arguments for Capitalism before Its Triumph*. Princeton, NJ: Princeton University Press, 1997.

HOBBES, Thomas. *Leviathan*. Oxford: Oxford University Press, 1996.

HORSLEY, Richard A. *Covenant Economics*. Louisville: Westminster John Knox, 2009.

HUME, David. *A Treatise on Human Nature*. NuVision Publications, 2008. http://www.nuvisionpublications.com.
[Edição portuguesa: *Tratado da Natureza Humana*. Tradução de Serafim da Silva Fontes, Lisboa: Fundação Calouste Gulbenkian, 2012]

HUME, David. *Enquiries Concerning the Human Understanding and Concerning the Principles of Morals*. Oxford: Clarendon Press, 1902.
[Edição portuguesa: *Tratados Filosóficos, volume I, Investigação sobre o entendimento humano*. Tradução de João Paulo Monteiro. Lisboa: Imprensa Nacional Casa da Moeda, 2002. *Tratados Filosóficos, volume II, Dissertação sobre as Paixões, Investigação sobre os Princípios da Moral*. Tradução de João Paulo Monteiro. Lisboa: Imprensa Nacional Casa da Moeda, 2005]

HUME, David. *Selections*. Org. Charles William Hendel. Nova Iorque, Chicago: C. Scribner's Sons, 1927.

HURTADO-PRIETO, Jimena. *Adam Smith and the Mandevillean Heritage: The Mercantilist Foundations of «Dr. Mandeville's Licentious System»*. Versão preliminar. fevereiro de 2004. Cf. http://phare.univ-paris1.fr/hurtado/ Adam % 20Smith.pdf Husserl, Edmund. Cartesian Meditations. Londres: Nijhoff, 1977.

HUXLEY, Aldous. *Brave New World*. Nova Iorque: Harper, 1958.

INGLEHART, Ronald. *Culture Shift: In Advanced Industrial Society*. Princeton, NJ: Princeton University Press, 1990.

INGLEHART, Ronald. *World Values Survey*. 2009. http://www.worldvaluessurvey. org/ (consultado em 2010).

IRWIN, William, org. *The Matrix and Philosophy: Welcome to the Desert of the Real*. Illinois: Carus Publishing Company, 2002.

JOHNSTON, Louis D., e Samuel H. WILLIAMSON. *What Was the U.S. GDP Then?* 2008. http://www.measuringworth.org/usgdp/ (consultado em 2010).

BIBLIOGRAFIA | 431

JUNG, Carl G. «The Archetypes and the Collective Unconscious». In *The Archetypes and the Collective Unconscious: The Collected Works*. Org. R. F. C. Hull. Princeton, NJ: Princeton University Press, 1990.

JUNG, Carl G. *Psychology and Religion*. New Haven, CT: Yale University Press, 1962.

JUNG, Carl G. *Výbor z díla VIII – Hrdina a archetyp matky* [Obras reunidas vol. 8 – O Heroi e o Arquétipo de uma Mãe]. Praga: Nakladatelství Tomáše Janečka – Emitos, 2009.

KAHN, Charles H. *Plato and the Socratic Dialogue*. Cambridge: Cambridge University Press, 1996.

KALENSKÁ, Renata. «Někdy se mě zmocnˇ uje pocit…». Lidové Noviny, 15 de novembro de 2008. http://www.lidovky.cz/nekdy-se-me-zmocnuje-pocit-dca/ln_noviny.asp?c=A081115_000040_ln_noviny_sko&klic=228612&mes=081115_0.

KANT, Immanuel. *Critique of Judgment*. Indianápolis: Hackett, 1987.

KANT, Immanuel. *Introduction to the Metaphysics of Morals*. Whitefish, MT: Kessinger, 2004.

KANT, Immanuel. *Religion within the Limits of Reason Alone*. Nova Iorque: Harper & Brothers, 1960.

KANT, Immanuel. *The Metaphysical Elements of Ethics*. Rockville: Arc Manor, 2008.

KAYE, B. Introduction to *The Fable of the Bees*, de Bernard Mandeville. Oxford: Clarendon Press, 1924.

KERÉNYI, Karl. *Gods of the Greeks*. Londres: Thames & Hudson, 1980.

KERKHOF, Bert. «A Fatal Attraction? Smith's "Theory of Moral Sentiments" and Mandeville's "fable"». History of Moral Thought 16, n.° 2 (1995): 219–233.

KEYNES, John Maynard. *Collected Writings of John Maynard Keynes*. Org. Austin Robinson e Donald Moggridge. Londres: Macmillan for the Royal Economic Society, 1971–89.

KEYNES, John Maynard. «Economic Possibilities for Our Grandchildren». In *Essays in Persuasion*. Org. John Maynard Keynes, 358–373. Nova Iorque: W. W. Norton, 1930.

KEYNES, John Maynard. *Essays in Persuasion*. Nova Iorque: W. W. Norton, 1963.

KEYNES, John Maynard. *First Annual Report of the Arts Council (1945–1946)*. http://www.economicshelp.org/blog/economics/quotes-by-john-maynard--keynes/

KEYNES, John Maynard. *General Theory of Employment, Interest, and Money*. Londres: Macmillan, 1936.

[Edição portuguesa: *Teoria Geral do Emprego, do Juro e da Moeda*. Tradução de Manuel Resende, Lisboa: Relógio D'Água Editores, 2010]

KIERKEGAARD, Sören. *Concluding Unscientific Postscript to Philosophical Fragments*. Org. Charles Moore. Rifton, NI: Plough, 1999.

KIRK, G. S., J. E. RAVEN, e M. SCHOFIELD. *The Presocratic Philosophers*. Cambridge: Cambridge University Press, 1983.

KIRK, Rudolf. Org. *Heaven upon Earth and Characters of Virtues and Vices, by Joseph Hall*. Nova Brunswick, NJ: Rutgers University Press, 1948.

KLINE, Morris. *Mathematical Thought from Ancient to Modern Times*. Nova Iorque: Oxford University Press, 1972.

KMENTA, Jan. Crítica a *A Guide to Econometrics, by Peter Kennedy*. Business Economics 39, n.º 2, abril de 2004.

KNIES, Carl G. A. *Die Politische Oekonomie vom Standpunkte der geschichtlichen Methode*. Braunschweig: C. A. Schwetsche und Sohn, 1853.

KNIGHT, Frank Hyneman. *Freedom and Reform: Essays in Economics and Social Philosophy*. Nova Iorque: Harper & Brothers, 1947.

KNIGHT, Frank Hyneman. «Liberalism and Christianity». In *The Economic Order and Religion*. Org.Frank Hyneman Knight e Thornton Ward Merrian. Nova Iorque, Londres: Harper & Brothers, 1945.

KOLMAN, Vojtěch. *Filozofie čísla* [A Filosofia dos Números]. Praga: Nakladatelství Filosofi ckého ústavu AVČR, 2008.

KOMÁREK, Stanislav. *Obraz člověka a přírody v zrcadle biologie* [Imagem do Homem e da Natureza no Espelho da Biologia]. Praga: Academia, 2008.

KRATOCHVÍL, Zdeněk. *Filosofi e mezi mýtem a vědou od Homéra po Descarta* [Filosofia entre o Mito e a Ciência, de Homero a Descartes]. Praga: Academia, 2009.

KRATOCHVÍL, Zdeněk. *Mýtus, filosofie, věda I. a II.* (Filosofi e mezi Homérem a Descartem) [Mito, filosofia e ciência]. Praga: Michal Jůza & Eva Jůzová, 1996.

KUGEL, James L. *The Bible as It Was*. 5.ª ed. Cambridge, MA: Belknap Press, 2001.

KUHN, Thomas S. *The Structure of Scientific Revolutions*. Chicago: University of Chicago Press, 1969.

KUNDERA, Milan. *Immortality*. Nova Iorque: Perennial Classics, 1999.

BIBLIOGRAFIA | 433

[Edição portuguesa: *A Imortalidade*. Tradução de Miguel Serras Pereira. Lisboa: Publicações D. Quixote, 1990]

KUNDERA, Milan. *Laughable Loves*. Londres: Faber, 1999.

LACAN, Jacques. *The Four Fundamental Concepts of Psycho-Analysis*. Londres: W.W. Norton, 1998.

LACAN, Jacques. «The Signification of the Phallus». In *EcritÉcrits: A Selection*, tradução de Alan Sheridan, 311–323. Londres: Tavistock/Routledge, 1977.

LALOUETTE, Claire. *Ramessova říše – Vláda jedné dynastie*, Praga: Levné knihy, 2009 [no original *L'empire de Ramsès*. Paris: Fayard, 1985].

LANMAN, Scott, e Steve MATTHEWS. «Greenspan Concedes to 'Flaw' in His Market Ideology». Bloomberg, 23 de outubro de 2008. http://www.bloomberg. com/apps/news?pid=newsarchive&sid=ah5qh9Up4rIg.

LEACOCK, Stephen. *Hellements of Hickonomics, in Hiccoughs of Verse Done in Our Social Planning Mill*. Nova Iorque: Dodd, Mead, 1936.

LEONTIEF, W. «Theoretical Assumptions and Nonobserved Facts». American Economic Review 61 (1971): 1–7.

LEVIN, Samuel M. «Malthus and the Idea of Progress». Journal of the History of Ideas 27, n.º 1 (janeiro–março 1966): 92–108.

LÉVI-STRAUSS, Claude. *Myth and Meaning: Cracking the Code of Culture*. Londres: Schocken, 1995.

[Edição portuguesa: *Mito e Significado*. Tradução de António Marques Bessa, Lisboa: Edições 70, 2010]

LÉVI-STRAUSS, Claude. *The Elementary Structures of Kingship*. Org. R. Needham, J. Harle Bell, e J. R. von Sturmer. Boston: Beacon, 1969.

LEWIS, Clive Staples. *A Preface to Paradise Lost*. Nova Deli: Atlantic Publishers and Distributors, 2005.

LEWIS, Clive Staples. *The Weight of Glory and Other Addresses*. 2.ª ed. Nova Iorque: Macmillan, 1980.

LEWIS, Clive Staples. «Evolutionary Hymn». In Poems, 55–56. San Diego: Harcourt, 1964.

LEWIS, Clive Staples. *Letters of C. S. Lewis*. Org. W. H. Lewis. Nova Iorque: Harcourt, Brace & World, 1966.

LEWIS, Clive Staples. *The Four Loves*. Nova Iorque: Harcourt Brace Jovanovich, 1960.

LEWIS, Thomas J. «Persuasion, Domination, and Exchange: Adam Smith on Political Consequences of Markets». Canadian Journal of Political Science 33, n.º 2 (junho de 2000): 273–289.

434 | A ECONOMIA DO BEM E DO MAL

LIDDELL, H. G., e R. SCOTT. *Greek-English Lexicon*. 9.ª ed. Oxford: Clarendon, 1996.

LIMENTANI, Ludovico. *La morale della simpatia: Saggio sopra l'etica di Adamo Smith nella storia del pensiero inglese*. Génova: A. F. Formí ggini, 1914.

LOCKE, John. *Two Treatises of Government*. Cambridge: Cambridge University Press, 2003.

LOWRY, S. Todd. «Ancient and Medieval Economics». In *A Companion to the History of Economic Thought*. Org.Warren J. Samuels, Jeff Biddle, e John Bryan Davis, 11–27. Oxford: Blackwell Publishing, 2003.

LOWRY, S. Todd. *The Archaeology of Economic Ideas: The Classical Greek Tradition*. Durham, NC: Duke University Press, 1988.

LOWRY, S. Todd. «The Economic and Jurisprudential Ideas of the Ancient Greeks: Our Heritage from Hellenic Thought». In *Ancient and Medieval Economic Ideas and Concepts of Social Justice*. Org. S. Todd Lowry, e Barry Gordon. Nova Iorque: Brill, 1998.

LOWRY, S. Todd, e Barry GORDON, org. *Ancient and Medieval Economic Ideas and Concepts of Social Justice*. Nova Iorque: Brill, 1998.

LUTHER, Martin. «Martin Luther's Last Sermon in Wittenberg, Second Sunday in Epiphany, 17. January 1546». In *Dr. Martin Luthers Werke: Kritische Gesamtausgabe*, 51–126. Weimar: Herman Boehlaus Nachfolger, 1914.

MACFIE, Alec L. *The Individual in Society*. Londres: Allen & Unwin, 1967.

MACFIE, Alec L. «The Invisible Hand of Jupiter». Journal of the History of Ideas 32 (outubro–dezembro de 1971): 595–599.

MACINTYRE, Alasdair. *A Short History of Ethics: A History of Moral Philosophy from the Homeric Age to the Twentieth Century*. Londres: Routledge & Kegan Paul, 1998.

MACINTYRE, Alasdair. *After Virtue*. 3.ª ed. Notre Dame, IN: University of Notre Dame Press, 2008.

MAHAN, Asa. *A Critical History of Philosophy*. Nova Iorque: Phillips & Hunt, 2002.

MALTHUS, Thomas. *An Essay on the Principle of Population*. Oxford: Oxford University Press, 2008.

[Edição portuguesa: *Ensaio sobre o Princípio da População*. Tradução de Miguel Serras Pereira, Lisboa: Relógio D'Água Editores, 2014]

MANDEVILLE, Bernard. *A Letter to Dion*. The Project Gutenberg. http://www.gutenberg.org/fi les/29478/29478-h/29478-h.htm.

BIBLIOGRAFIA | 435

MANDEVILLE, Bernard. «An Essay on Charity, and Charity-Schools». In Mandeville, *The Fable of the Bees*. Middlesex: Penguin, 1970.

MANDEVILLE, Bernard. *The Fable of the Bees; or, Private Vices, Public Benefits.* Org. Phillip Harth. Oxford: Clarendon Press, 1924; e uma versão posterior, Middlesex: Penguin, 1970.

MANKIW, Gregory N. *Principles of Economics.* Mason, GA: South-Western Cengage Learning, 2009.

MARSHALL, Alfred. *Principles of Economics.* Londres: Macmillan for the Royal Economic Society, 1961.

MARTINDALE, Wayne, e Jerry ROOT, org. *The Quotable Lewis: An Encyclopedic Selection of Quotes from the Complete Published Works.* Wheaton, IL: Tyndale, 1989.

MARX, Karl. *Capital.* Vol. 1. Org. Ben Fowkes. Londres: Penguin, 1990.

MARX, Karl, e Friedrich Engels. *Manifesto of the Communist Party.* Nova Iorque: Cosimo, 2009.

MARX, Karl. *On the Jewish Question.* Helen Lederer. Cincinnati: Hebrew Union College–Jewish Institute of Religion, 1958.

MAUSS, Marcel. *The Gift: Forms and Functions of Exchange in Archaic Societies.* Londres: Cohen & West, 1966.

MCCLOSKEY, Deirdre N. *The Bourgeois Virtues: Ethics for an Age of Commerce.* Chicago: University of Chicago Press, 2006.

MCCLOSKEY, Deirdre N. «The Rhetoric of Economics». Journal of Economic Literature 21 (junho de 1983): 481–517.

MCCLOSKEY, Deirdre N. *The Secret Sins of Economics.* Chicago: Prickly Paradigm Press, 2002.

MERTON, Robert K. *Social Theory and Social Structure.* Nova Iorque: Free Press, 1968.

MILL, John Stuart. *Autobiography.* The Harvard Classics, 25. Org. de C. E. Norton. Nova Iorque: Collier & Son, 1909.

MILL, John Stuart. *Collected Works of John Stuart Mill.* Vol. 10, *Essays on Ethics, Religion, and Society.* Org. John M. Robson. Londres: Routledge and Kegan Paul, 1979.

MILL, John Stuart. *Essays on Some Unsettled Questions of Political Economy.* Londres: Parker, 1844.

MILL, John Stuart. *Principles of Political Economy: With Some of Their Applications to Social Philosophy.* Organização, com introdução, de Stephen Nathanson. Indianápolis, IN: Hackett, 2004.

MILL, John Stuart. *Utilitarianism*. Forgotten books, 2008. www.forgotten-books.org.

[Edição portuguesa: *Utilitarismo*. Tradução de Eduardo Rogado Dias, Coimbra: Atlântica Editora, 2.ª edição, 1976]

MINI, Piero V. *Philosophy and Economics: The Origins and Development of Economic Theory*. Gainesville: University Presses of Florida, 1974.

MIROWSKY, Philip. *Machine Dreams: Economics Becomes a Cyborg Science*. Cambridge: Cambridge University Press, 2002.

MIROWSKY, Philip. *More Heat Than Light: Economics as a Social Physics, Physics as Nature's Economics*. Cambridge: Cambridge University Press, 1989.

MISES, Ludwig van. *Human Action: A Treatise on Economics*. 4.ª ed. Org. Bettina Bien Graves. Irvington-on-Hudson, NI: Foundation for Economic Education, 1996.

MLČOCH, Lubomír. *Ekonomie důvěry a společného dobra* [Confiança Económica e o Bem Comum]. Praga: Karolinum, 2006.

MONTESQUIEU, Charles de Secondat. *Spirit of Laws*. Org. Anne M. Cohler, Basia Carolyn Miller, e Harold Samuel Stone. Cambridge: Cambridge University Press, 1989.

MORROW, Glenn R. «Adam Smith: Moralist and Philosopher». Journal of Political Economy 35 (junho de 1927): 321–342.

MUCHEMBLED, Robert. *A History of the Devil: From the Middle Ages to the Present*. Cambridge, RU: Polity, 2003.

MUMFORD, Lewis. *The City in History: Its Origins, Its Transformations, and Its Prospects*. San Diego, Nova Iorque, Londres: Harcourt, 1961.

MYERS, David G. «Does Economic Growth Improve Human Morale?». New American Dream. http://www.newdream.org/newsletter/growth.php (consultado em 2010).

NELSON, Robert H. *Economics as Religion: From Samuelson to Chicago and Beyond*. University Park: Pennsylvania University Press, 2001.

NELSON, Robert H. *Reaching for Heaven on Earth: The Theological Meaning of Economics*. Savage, MD: Rowman & Littlefield, 1991.

NELSON, Robert H. *The New Holy Wars: Economic Religion vs. Environmental Religion in Contemporary America*. Pensilvânia: Pennsylvania State University Press, 2010.

NEUBAUER, Zdeněk. *O čem je věda? (De possest: O duchovním bytí Božím)* [*O Que É a Ciência?*]. 1.ª ed. Praga: Malvern, 2009.

BIBLIOGRAFIA | 437

NEUBAUER, Zdeněk. *Přímluvce postmoderny* [Advogado da Pós-Modernidade]. Praga: Michal Jůza & Eva Jůzová, 1994.

NEUBAUER, Zdeněk. *Respondeo dicendum: autosborník k desátému výročí padesátých narozenin* [Respondeo Dicendum: Em Honra do Décimo Ano do Quinquagésimo Aniversário], 2.ª ed. Org. Jiří Fiala. Praga: O. P. S., 2002.

New International Version of the Holy Bible. Grandville, MI: Zondervan, 2001. [Edição portuguesa: *A Bíblia Sagrada.* Tradução de João Ferreira de Almeida revista e corrigida. Lisboa: Sociedade Bíblica de Portugal, 2001.

NIN, Anaïs. *The Diary of Anaïs Nin, 1939–1944.* Nova Iorque: Harcourt, Brace & World, 1969.

NISBET, Robert A. *The History of the Idea of Progress.* New Brunswick, NJ: Transaction, 1998.

NISBET, Robert A. «The Idea of Progress». In *Literature of Liberty: A Review of Contemporary Liberal Thought* 2 (1979): 7–37. Disponível em http://oll.libertyfund.org.

NOVAK, Michael. *Duch demokratického kapitalismu* [O Espírito do Capitalismo Democrático]. Praga: Občanský Institut, 2002.

NOVAK, Michael. *The Catholic Ethic and the Spirit of Capitalism.* Nova Iorque: Free Press, 1993.

NOVOTNÝ, Adolf. *Biblický slovník* [Dicionário Bíblico]. Praga: Kalich, 1992.

NOVOTNÝ, František. *The Posthumous Life of Plato.* Praga: Academia, 1977.

NUSSBAUM, Martha C. *The Fragility of Goodness: Luck and Ethics in Greek Tragedy and Philosophy.* Nova Iorque: Zone Books, 1999.

OATES, Whitney J., e Eugene O'NEILL. *The Complete Greek Drama.* Nova Iorque: Random House, 1938.

O'CONNOR, Eugene Michael. *The Essential Epicurus: Letters, Principal Doctrines, Vatican Sayings, and Fragments.* Buffalo, NI: Prometheus, 1993.

ONCKEN, August. «The Consistency of Adam Smith». The Economic Journal 7 (setembro de 1897): 443–450.

ORWELL, George. *1984.* Nova Iorque: Signet, 1981.

PALAHNIUK, Chuck. *Fight Club.* Nova Iorque: Henry Holt, 1996. [Edição portuguesa: *Clube de Combate.* Tradução de Hugo Gonçalves, Barcarena: Marcador, 2016]

PALAHNIUK, Chuck. *Fight Club – Clube de Combate.* Realizado por David Fincher. Produzido por 20th Century Fox. 1999.

PASCAL, Blaise. *Pensées.* Nova Iorque: Penguin Classics, 1995.

[Edição portuguesa: *Pensamentos*. Tradução de Salette Tavares, Lisboa: Levoir, 2017]

PASS, Christopher, Bryan LOWES, e Leslie DAVIES. *Collins Dictionary of Economics*, Segunda edição. Glasgow: HarperCollins, 1993.

PASQUINELLI, Matteo. *Animal Spirits: A Bestiary of the Commons*. Roterdão: NAi Publishers, 2008.

PATINKIN, Don. *Essays on and in the Chicago Tradition*. Durham, NC: Duke University Press, 1981.

PATOČKA, Jan. *Kacířské eseje o filosofi i dějin* [Ensaios Heréticos na Filosofia da História]. Praga: OIKOYMENH, 2007.

PATTERSON, Stephen, e Marvin MEYER. *The «Scholars' Translation» of the Gospel of Thomas*. http://home.epix.net/ miser17/Thomas.html.

PAVA, Moses L. «The Substance of Jewish Business Ethics». Journal of Business Ethics 17, n.º 6 (abril de 1998): 603–617.

PAYNE, Jan. *Odkud zlo?* [De onde Vem o Mal?]. Praga: Triton, 2005.

PENGUIN CLASSICS. *The Epic of Gilgamesh*. Tradução de N. K. Sandars. Londres, Nova Iorque: Penguin Group, 1972.

[Edição portuguesa: *Épico de Gilgameš*. Tradução, introdução e notas de Francisco Luís Parreira. Porto: Assírio & Alvim, 2017]

PIEPER, Thomas J. *Guide to Thomas Aquinas*. Notre Dame, IN: University of Notre Dame Press, 1987.

PIRSIG, Robert M. *Zen and the Art of Motorcycle Maintenance*. Toronto, Nova Iorque, Londres: Bantam Books, 1976.

PLATÃO. *Complete Works*. Org. M. Cooper e D. S. Hutchinson. Cambridge: Hackett, 1997.

[Edição portuguesa: *A República*, 15.ª edição. Tradução de Maria Helena da Rocha Pereira. Lisboa: Fundação Calouste Gulbenkian, 2017]

POLANYI, Karl. «Aristotle Discovers the Economy». In *Primitive, Archaic, and Modern Economies: Essays of Karl Polanyi*. Org. Karl Polanyi e George Dalton, 78–115. Boston: Beacon Press, 1971.

POLANYI, Michael. *Personal Knowledge: Towards a Post-Critical Philosophy*. Londres: Routledge & Kegan Paul, 1962.

POPE, Alexander. «The Riddle of the World». In *Selected Poetry and Prose*. Org. Robin Sowerby, 153–154. Londres: Routledge, 1988.

[Edição portuguesa: *Ensaio sobre o Homem*. Tradução de Francisco Bento Maria Targini, Barão de São Lourenço. Londres: Oficina Tipográfica de C. Whittingham, 1819]

BIBLIOGRAFIA | 439

POPPER, Karl. *The Open Society and Its Enemies*. Nova Iorque: Routledge, 2003.

POPPER, Karl. *The Poverty of Historicism*. Londres, Nova Iorque: Routledge & Kegan Paul, 1957.

PUNT, Jeremy. «The Prodigal Son and Blade Runner: Fathers and Sons, and Animosity». Journal of Theology for Southern Africa 119 (julho de 2007): 86–103.

RADIN, Paul. *The Trickster: A Study in American Indian Mythology*. Londres: Routledge & Kegan Paul, 1956.

RÁDL, Emanuel. *Dějiny Filosofie: Starověk a středověk* [História da Filosofia: Antiga e Medieval]. Praga: Votobia, 1998.

RAPHAEL, David D. *The Impartial Spectator: Adam Smith's Moral Philosophy*. Oxford: Oxford University Press, 2007.

RAWLS, John. *Lectures on the History of Moral Philosophy*. Cambridge: Harvard University Press, 2000.

REDMAN, Deborah A. *Economics and the Philosophy of Science*. Oxford: Oxford University Press, 1993.

RICH, Arthur. *Business and Economic Ethics: The Ethics of Economic Systems*. 4.ª ed. Leuven, Bélgica: Peeters, 2006.

RICH, Arthur. *Wirtschaftsethik*. Gütersloh: Mohn, 1984–1990.

ROLL, Erich. *A History of Economic Thought*. 3.ª ed. Englewood Cliffs, NJ: Prentice Hall, 1964.

ROTHBARD, Murray N. *Economic Thought before Adam Smith: Austrian Perspetives on the History of Economic Thought*. Vol. 1. Cheltenham, RU: Edward Elgar, 1995.

ROUSSEAU, Jean-Jacques. *Discourse on the Origin of Inequality*. Oxford: Oxford University Press, 1994.

RUSHDIE, Salman. *Fury: A Novel*. Toronto: Vintage Canada, 2002. [Edição portuguesa: *Fúria*. 2.ª edição. Tradução de Alexandra Lopes. Lisboa: Publicações D. Quixote, 2002]

RUSSELL, Bertrand. *Mysticism and Logic and Other Essays*. Londres, Nova Iorque: Longmans, Green, 1918.

SALÚSTIO. *On the Gods and the World*. Tradução de Thomas Taylor. Whitefish, MT: Kessinger, 2003 [1793].

SÃO JOÃO DA CRUZ. *Dark Night of the Soul*. Nova Iorque: Dover, 2003.

SCHOR, Juliet B. *The Overworked American: The Unexpected Decline of Leisure*. Nova Iorque: Basic Books, 1993.

SCHUMACHER, Fritz Ernst. *Small Is Beautiful: Economics as if People Mattered.* Londres: Vintage Books, 1993.

SCHUMPETER, Joseph A. *Business Cycles: A Theoretical, Historical, and Statistical Analysis of the Capitalist Process.* Nova Iorque, Toronto, Londres: McGraw-Hill, 1939.

SCHUMPETER, Joseph A. *History of Economic Analysis.* Londres: Routledge, 2006.

SCHUMPETER, Joseph A. «The Common Sense of Econometrics». *Econometrica 1*, n.º 1 (1933): 5–12.

SCITOVSKY, Tibor. *The Joyless Economy: The Psychology of Human Satisfaction.* Nova Iorque: Oxford University Press, 1992.

SEDLÁČEK, Tomáš. «Spontaneous Rule Creation». In *Cultivation of Financial Markets in the Czech Republic.* Org.Michal Mejstřík, 317–339. Praga: Karolinum, 2004.

SEN, Amartya Kumar. *On Ethics and Economics.* Oxford: Blackwell, 1987.

SHAKESPEARE, William. *The Merchant of Venice.* First Folio. 1623.

SHAW, George B. *Man and Superman.* Rockvill: Wildside Press, 2008.

SHILS, Edward. *Remembering the University of Chicago: Teachers, Scientists, and Scholars.* Chicago: University of Chicago Press, 1991.

SHIONOYA, Yuichi. *Schumpeter and the Idea of Social Science: A Metatheoretical Study.* Cambridge: Cambridge University Press, 2007.

SIGMUND, Paul E., org. *St. Thomas Aquinas on Politics and Ethics.* Nova Iorque: W. W. Norton, 1987.

SIMMEL, Georg. *Pení ze v moderní kultu řˇe a jiné eseej* [O Dinheiro na Cultura Moderna]. 2.ª ed. Org. Otakar Vochoč. Praga: Sociologické nakladatelství, 2006.

SIMMEL, Georg. *Simmel on Culture: Selected Writings.* Org. David Frisby e Mike Featherstone. Thousand Oaks, CA: Sage, 1997.

SIMMEL, Georg. *The Philosophy of Money.* Londres: Routledge and Kegan Paul, 1978.

SIMON, Herbert A. *An Empirically-Based Microeconomics.* Cambridge: Cambridge University Press, 1997.

SIMS, Christopher A., Stephen M. Goldfeld, e Jeffrey D. Sachs. «Policy Analysis with Econometric Models». *Brookings Papers on Economic Activity 1982*, n.º 1 (1982): 107–164.

BIBLIOGRAFIA | 441

SIPE, Dera. «Struggling with Flesh: Soul/Body Dualism in Porphyry and Augustine». An Interdisciplinory Journal of Graduate Students. http://www.publications.villanova.edu/Concept/index.html.

ŠMAJS, Jozef. *Filozofie: Obrat k Zemi* [Filosofia: Regressar à Base]. Praga: Academia, 2008.

SMITH, Adam. *Adam Smith's Moral and Political Philosophy*. Organização com introdução de Herbert Wallace Schneider. Nova Iorque, 1948.

SMITH, Adam. *An Inquiry into the Nature and Causes of the Wealth of Nations*. Library of Economics and Liberty, 1904. http://www.econlib.org/library/Smith/smWN13.html.

SMITH, Adam. *An Inquiry into the Nature and Causes of the Wealth of Nations*. Oxford: The Clarendon Press, 1869.

[Edição portuguesa: *Inquérito sobre a Natureza e as Causas da Riqueza das Nações*. 5.ª edição. Tradução de Teodora Cardoso e Luís Cristóvão de Aguiar. Lisboa: Fundação Calouste Gulbenkian, 2006]

SMITH, Adam. «Essays on Philosophical Subjects». In *The Glasgow of the Works and Correspondence of Adam Smith, III*. Org.D. D. Raphael e A. S. Skinner. Oxford: Oxford University Press, 1980.

SMITH, Adam. *Lectures on Jurisprudence*. Oxford: Oxford University Press, 1978.

SMITH, Adam. *The Theory of Moral Sentiments*. Londres: H. G. Bonn, 1853.

SMITH, Adam. *The Theory of Moral Sentiments*. In *The Glasgow Edition of the Works and Correspondence of Adam Smith*, I. Org.D. D. Raphael e A. L. Macfie. Indianápolis: Liberty Funds, 1982.

SMITH, David Warner. *Helvetius: A Study in Persecution*. Oxford: Clarendon Press, 1965.

SOJKA, M. *John Maynard Keynes and Contemporary Economics*. Praga: Grada, 1999.

SOKOL, Jan. *Člověk a svět očima Bible* [O Homem e o Mundo aos Olhos da Bíblia]. Praga: Ježek, 1993.

SOKOL, Jan. «Město a jeho hradby [A Cidade e as Suas Muralhas]». Vesmír 5, n.º 2 (5 de maio de 2002): 288–291.

SOMBART, Werner. *The Jews and Modern Capitalism*. Nova Brunswick, NJ: Transaction, 1997.

SOUSEDÍK, Stanislav. *Texty k studiu dějin středověké filosofie* [Textos sobre o Estudo da História Medieval da Filosofia]. Praga: Karolinum, 1994.

SPIEGEL, Henry William. *The Growth of Economic Thought*. 3.ª ed. Durham, NC: Duke University Press, 1991.

442 | A ECONOMIA DO BEM E DO MAL

STEVEN, L. Cox, e Kendell H. EASLEY. *Harmony of the Gospels.* Nashville, TN: B&H Publishing, 2007.

STEVENSON, Betsey, e Justin WOLFERS. *Economic Growth and Subjetive Well--Being: Reassessing the Easterlin Paradox.* Cambridge, MA: Centre for Economic Research NBER, 2008.

STIGLER, George J. «Economics, The Imperial Science?». Scandinavian Journal of Economics, vol. 86, n.º 3 (1984), 301–14.

STIGLER, George J. «Frank Hyneman Knight». In *The New Palgrave: A Dictionary of Economics.* Org.John Eatwell, vol. 3, 55–59. Nova Iorque: Stockton Press, 1987.

STIGLER, George J. *The Essence of Stigler.* Org. Kurt R. Leube e Thomas Gale Moore. Stanford: Hoover Institution Press, 1986.

STIGLITZ, Joseph E. *Globalization and Its Discontents.* 1.ª ed. Nova Iorque: W. W. Norton, 2002.

SUPPE, Frederick. *The Structure of Scientific Theories.* Urbana: University of Illinois Press, 1977.

TALEB, Nassim. *The Black Swan: The Impact of the Highly Improbable.* Nova Iorque: Random House, 2007.

[Edição portuguesa: *O Cisne Negro.* 7.ª ed. Tradução de Sónia Oliveira e Manuel Cabral. Alfragide: Publicações D. Quixote, 2014]

TAMARI, Meir. «The Challenge of Wealth: Jewish Business Ethics». Business Ethics Quarterly 7 (março 1997): 45–56.

TARANTINO, Quentin. *Cães Danados.* Realização de Quentin Tarantino. Produção de Miramax Films. 1992.

TASSONE, Giuseppe. *A Study on the Idea of Progress in Nietzsche, Heidegger, and Critical Theory.* Lewiston, NI: Mellen Press, 2002.

The Economist. *Economics A–Z: Animal Spirits.* The Economist Newspaper Limited. 2010. http://www.economist.com/research/economics/alphabetic. cfm?letter=A (consultado em 2010).

The International Standard Bible Encyclopedia. 1939. http://www.internationalstandardbible.com/ (consulttaod em 2010).

The Pervert's Guide to Cinema. Realizado por Sophie Fiennes. Apresentado por Slavoj Žižek. 2006.

THOREAU, Henry David. *Civil Disobedience and Other Essays (The Collected Essays of Henry David Thoreau).* Stilwell, KS: Digireads.com Publishing, 2005.

TOCQUEVILLE, Alexis de. *Democracy in America*, tradução e organização de Harvey C. Mansfield e Delba Winthrop. Chicago: University of Chicago Press, 2000.

TOLKIEN, John Ronald Reuel. *The Lord of the Rings*. Boston: Houghton Mifflin, 2004. [Edição Portuguesa: *O Senhor dos Anéis*. Tradução de Fernanda Pinto Rodrigues. Mem Martins: Publicações Europa-América, 1984]

TURNER, Jonathan. *Herbert Spencer: A Renewed Appreciation*. Beverly Hills, CA: Sage, 1985.

VANEK, Jaroslav. *The Participatory Economy: An Evolutionary Hypothesis and a Strategy for Development*. Ithaca: Cornell University Press, 1974.

VEBLEN, Thorstein. *Essays in Our Changing Order*. Org. Leon Ardzrooni. Nova Brunswick, NJ: Transaction, 1997.

VEBLEN, Thorstein. «The Intellectual Pre-Eminence of Jews in Modern Europe». Political Science Quarterly 34 (março de 1919): 33–42.

VOLF, Miroslav. «In the Cage of Vanities: Christian Faith and the Dynamics of Economic Progress». In *Rethinking Materialism: Perspetives on the Spiritual Dimension of Economic Behavior*. Org. por Robert Wuthnow, 169–191. Grand Rapids, MI: Eerdmans, 1995.

VOLTAIRE. *The Philosophical Dictionary for the Pocket (Dictionnaire Philosophique)*. Londres: Thomas Brown, 1765.

VON SKARŻYŃSKI, Witold. *Adam Smith als Moralphilosoph und Schoepfer der Nationaloekonomie*. Berlim: Grieben, 1878.

WACHOVSKI, Andrew, e Lawrence WACHOVSKI. *Matrix*. Realizado por Andrew Wachovski, e Lawrence Wachovski. Produzido por Warner Bros. Pictures. 1999.

WACHTEL, Paul L. *The Poverty of Affluence: A Psychological Portrait of the American Way of Life*. Nova Iorque: Free Press, 1983.

WALTHER, Eckstein. Introdução a *The Theory of Moral Sentiments*, por Adam Smith. Leipzig: Felix Meiner, 1926.

WEBER, Max. *Ancient Judaism*. Nova Iorque, Londres: Free Press, 1967.

WEBER, Max. *Economy and Society*. Org. por Guenther Roth e Claus Wittich. Berkeley, Los Angeles, Londres: University of California Press, 1978.

WEBER, Max. *The Protestant Ethic and the Spirit of Capitalism*. Nova Iorque, Londres: Routledge, 1992.

WEBER, Max. *The Sociology of Religion*. Boston: Beacon, 1963.

WEBER, Max, e Jan ŠKODA. *Autorita, Etika a Společnost* [Autoridade, Ética e Sociedade]. Praga: Mladá fronta, 1997.

WEINTRAUB, Roy E. *How Economics Became a Mathematical Science*. Durham, NC: Duke University Press, 2002.

WERHANE, Patricia H. «Business Ethics and the Origins of Contemporary Capitalism: Economics and Ethics in the Work of Adam Smith and Herbert Spencer». Journal of Business Ethics 24, n.º 3 (abril de 2000): 19–20.

WESLEY, John. *Wesley's Notes on the Bible*. Grand Rapids, MI: Christian Classics Ethereal Library. http://www.ccel.org/ccel/wesley/notes.html.

WHITEHEAD, Alfred North. *Adventures of Ideas*. Nova Iorque: Free Press, 1985.

WHITEHEAD, Alfred North. *Process and Reality: An Essay in Cosmology*. Nova Iorque: Free Press, 1978.

WHITEHEAD, Alfred North. *Science and the Modern World*. Cambridge: Cambridge University Press, 1926.

[Edição portuguesa: *Ciência e o Mundo Moderno*. Tradução de Alberto Barros, Lisboa: Editora Ulisseia, 1964]

WILLIS, Jim. *God's Politics: Why the Right Gets It Wrong and the Left Doesn't Get It*. São Francisco: HarperSanFrancisco, 2005.

WIMMER, Kurt. *Equilibrium*. Realizado por Kurt Wimmer. Produzido por Dimension Films. 2002.

WITTGENSTEIN, Ludwig. *Tractatus Logico-Philosophicus*. Nova Iorque, Londres: Routledge & Kegan Paul, 1974.

[Edição portuguesa: *Tratado Lógico-Filosófico*, tradução de M. S. Lourenço, Lisboa: Fundação Calouste Gulbenkian, 5.ª edição, 2011]

WOLF, Julius, org. «Das Adam Smith – Problem». Zeitschrift für Socialwissenschaft 1, Berlim: 1898.

WUTHNOW, R., org. *Rethinking Materialism: Perspetives on the Spiritual Dimension of Economic Behavior*. Grand Rapids, MI: Eerdmans, 1995.

XENOFONTE. *Hiero*. Org. H. G. Dakyns. Whitefish, MT: Kessinger, 2004.

XENOFONTE. *The Education of Cyrus*. Org. H. G. Dakyns. Londres: Dent, 1914.

XENOFONTE. *Xenophon: Memorabilia, œconomicus, Symposium, Apology*. Org. E. C. Marchant e O. J. Todd. Cambridge, MA, e Londres: Harvard University Press, 1977.

YATES, Frances A. *Giordano Bruno and the Hermetic Tradition*. Londres: Routledge & Kegan Paul, 1964.

YATES, Frances A. *The Rosicrucian Enlightenment*. Londres, Nova Iorque: Routledge & Kegan Paul, 2003.

YODER, John Howard. *The Politics of Jesus*. Grand Rapids, MI: Eerdmans, 1972.

ZEYSS, Richard. *Adam Smith und der Eigennutz*. Tübingen: Verlag der H. Laupp'schen Buchhandlung, 1889.

ŽIŽEK, Slavoj. *The Parallax View*. Cambridge, MA, e Londres: MIT Press, 2009.

ŽIŽEK, Slavoj. *The Plague of Fantasies*. Nova Iorque, Londres: Verso, 1997.